designer●outlets
ZWEIBRÜCKEN

55 Top-Marken.
55 Trend-Shops.
30-70%* auf alle
Immer.

www.designeroutlets.c
A8 → Ausfahrt 34 „Flughafen"
Tel.: 0 63 32. 9 93 90
Geöffnet: Mo. bis Sa. | 10⁰⁰–19⁰⁰

Traumziel
für Shopping-Fans.

Erleben Sie Designer-Mode zu extrem günstigen
Preisen. Freuen Sie sich ab Sommer 2006 auf viele
neue Marken-Shops – und reservieren Sie sich jetzt
schon Ihr exklusives VIP Voucher Booklet für viele
Zusatz-Rabatte. (Coupon hier im Buch-Innenteil)

Teuer ist woanders

ADIDAS
AIGNER
AUDLEY
BOGNER
BURBERRY
BURLINGTON
CHEVIGNON
CLAIRE D.K.
CONRADT
COTTONFIELD
DIESEL
DOCKERS
ESTELLA
FALKE
GANT U.S.A.
G.K. MAYER SHOES
HALLHUBER
JACQUES HEIM
IN WEAR
JACKPOT
JOSEPH JANARD
LA CITY
LACOSTE
LAURÈL
LEVI'S*
MANDARINA DUCK
MANGO
MARC PICARD
MARVELIS
MATINIQUE
MISSONI
MÖVE
MUSTANG
NAFNAF
NIKE FACTORY STORE
PART TWO
PETIT BATEAU
PILOT
PLAYTEX-WONDERBRA
POLO RALPH LAUREN
QUIKSILVER
ROY ROBSON
SARAR
ST. EMILE
STRENESSE
SWAROVSKI
THE BODY SHOP
TITUS
TOM TAILOR
TONI GARD
TRIGEMA
TRUSSARDI JEANS
UNITED COLORS OF
BENETTON
VERSACE
VESTEBENE
ZUCCHI
ZETT BISTRO
ZETT CAFÉ
ZETT VINOTHEK

Neu!

METTLACH
OUTLET
CENTER

Große Marken. Kleine Preise.

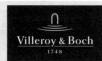 Porzellan, Kristall/Glas, Besteck, Accessoires und Geschenkartikel. *Weihnachten **1** **1***

  Hochwertige, elegante Damen- und Herrenschuhe, dazu Haus- und Freizeitschuhe. **2**

 Fashion – Accessoires – Living **3**

 Hochwertige, in Deutschland hergestellte Marken-Frottierware. **4**

  Alles für die moderne Küche. Die Erlebniswelt für Küche, Wohnen und Wellness. **5**

LANDS' END Sportswear mit amerikanischem Touch. **6**

ERÖFFNUNG
Mitte Oktober 2006

  LACOSTE HOME   LAURA ASHLEY **7**

Tischwäsche – Bettwäsche – Frottierwäsche.

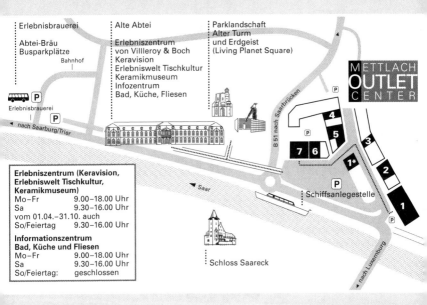

Erlebnisbrauerei

Abtei-Bräu
Busparkplätze
Bahnhof

Erlebnisbrauerei

◄ nach Saarburg/Trier

Alte Abtei

Erlebniszentrum
von Villleroy & Boch
Keravision
Erlebniswelt Tischkultur
Keramikmuseum
Infozentrum
Bad, Küche, Fliesen

Parklandschaft
Alter Turm
und Erdgeist
(Living Planet Square)

METTLACH OUTLET CENTER

B 51 nach Saarbrücken

▲ Saar

◄ Saar

Schiffsanlegestelle

Schloss Saareck

nach Luxemburg

Erlebniszentrum (Keravision, Erlebniswelt Tischkultur, Keramikmuseum)

Mo–Fr	9.00–18.00 Uhr
Sa	9.30–16.00 Uhr
vom 01.04.–31.10. auch	
So/Feiertag	9.30–16.00 Uhr

Informationszentrum Bad, Küche und Fliesen

Mo–Fr	9.00–18.00 Uhr
Sa	9.30–16.00 Uhr
So/Feiertag:	geschlossen

Mettlach – Einkaufen und Mehr!

Shopping, Natur, Kultur, Entspannung, Muße – Mettlach
ist ein lohnendes Einkaufsziel mit attraktivem Mehr-Wert!
Das Erlebnis-Zentrum „The House of Villeroy & Boch",
die historische Parklandschaft mit Altem Turm, dazu die
nähere Umgebung mit Saarschleife und herrlichen Wander-
wäldern – Mettlach bietet alles für einen interessanten
Kurzurlaub! Mehr über die Highlights der Region:

www.tourist-info.mettlach.de

Öffnungszeiten (1–6)

Mo–Fr	9.30–19.00 Uhr
Sa	9.30–16.00 Uhr
In der Weihnachtszeit:	
Sa	9.30–18.00 Uhr

Mettlach Outlet Center
Rund um den Marktplatz
66693 Mettlach
Tel.: 06864/2031
www.mettlachoutletcenter.de

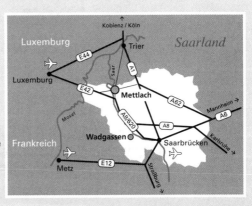

www.rosner.de

FOX'S®

Feminine Mode direkt vom Hersteller

- Kleider, Mäntel, Jacken, Röcke, Hosen, Kostüme
- Immer ca. 5.000 Teile in den Größen 34 - 44
- Geräumige Umkleidekabinen
- 30 kostenlose Parkplätze
- Aktionswochen mit zusätzlichen Rabatten
- Freundliche und kompetente Beratung
- Do + Fr 9.30 - 20.00 Uhr / Sa 9.30 - 16.00 Uhr
- Website: www.foxs-mode.de
- Weitere Infos auf S. 315

FOX'S®

Hugo-Junkers-Straße 15
90411 Nürnberg
Telefon: 0911. 3 78 01 79
Fax: 0911. 3 78 07 99
E-Mail: mailto@foxs-mode.de

über
2 Mio
Schnäppchenführer
Das Original!

**ERFOLG
DURCH
QUALITÄT**

Heinz Waldmüller
Gertrud Born • Armin E. Möller u.a.

Schnäppchen führer

DEUTSCHLAND 2007/08

Die besten Marken

Einkaufsgutscheine im Wert von **2000€**

SCHNÄPPCHENFÜHRER–VERLAG

OUTLET CENTER

Weltweit führende Sport- und Designer-Marken verkaufen im Outlet Center Ochtum Park ihre Kollektionen aus der Vorsaison zu stark reduzierten Preisen. Restbestände und Überproduktionen werden in den Stores mit Preisnachlässen zwischen 30 und 70% unter der ehemaligen Preisempfehlung der Hersteller angeboten.

TOMMY ═ HILFIGER

 MEXX Jackpot

 MARVELIS

100 % Marke
50 % Preis

Hier finden Sie uns:
Direkt an der A1 Ausfahrt Bremen/Brinkum
Factory Outlet Center im Gewerbegebiet Brinkum-Nord
bei Bremen. Beschilderung Ochtum Park folgen.

1200 kostenlose Parkplätze.

Kernöffnungszeiten:
Montag bis Samstag 10.00 bis 18.00 Uhr.

Outlet Center Ochtum Park
Bremer Straße 111, 28816 Stuhr-Brinkum bei Bremen
www.ochtumpark.eu

Schnäppchenführer-Programm

Im Programm des Schnäppchenführer-Verlages sind folgende Titel erhältlich:

Der große Schnäppchenführer NRW
Jetzt mit Einkaufsgutscheinen
ISBN: 3-936161-29-1

Der große Schnäppchenführer Baden-Württemberg
Mit Einkaufsgutscheinen im Wert von 1500 €
ISBN: 3-936161-57-7

Der große Schnäppchenführer Bayern
Mit Einkaufsgutscheinen im Wert von 1000 €
ISBN: 3-936161-19-4

Der große Schnäppchenführer Norditalien
Mit Südtirol, Gardasee, Toskana und Rom
ISBN: 3-936161-32-1

Es gibt die Schnäppchenführer überall, wo es Bücher gibt
oder unter www.schnaeppchenfuehrer.com.

Liebe Leserin, lieber Leser,

diese Ausgabe ist unser Jubiläums-Dankeschön für Sie. 15 Jahre Schnäppchenführer, das feiern wir mit einem Schnäppchen-Jubi-Doppelpack. Das sind zwei
Schnäppchenführer zum Preis von einem: der Schnäppchenführer Deutschland
2007/08 – Mit Einkaufsgutscheinen im Wert von 2000 € – und ein Gratis-
Schnäppchenführer Norditalien mit den 100 besten Outlets.

15 Jahre Schnäppchenführer, das weckt Erinnerungen. Als meine Frau und ich im
Sommer 1991 zu unseren ersten Vor-Ort-Recherchen aufbrachen, erlebten wir den
heißesten Sommer unseres Lebens. Nicht nur wegen der hochsommerlichen
Temperaturen, sondern vor allem deshalb, weil uns viele Hersteller eher unsanft aus
ihren Fabrikverkäufen hinausbeförderten und uns mit Prozessandrohungen über-
häuften. Ein steiniger Weg lag vor uns. Dabei haben wir gelernt: Schnäppchenführer
machen hat viel mit Biss zu tun, mit Ausdauer, mit Durchhalten, mit großen Durst-
strecken. Dann aber, wenn die Bücher fertig gedruckt angeliefert werden und alles
gelungen ist, fühlen wir uns im Schnäppchenführer-Team einfach gut.

Auf unsere Buchreihe Schnäppchenführer sind wir im Jubiläumsjahr besonders stolz.
„Die Schnäppchenführer sind die bekanntesten Einkaufsratgeber im deutschen
Sprachraum. Gesamtauflage: über zwei Millionen" schreibt die Zeitschrift stern und
das Börsenblatt des deutschen Buchhandels lobt in seiner Ausgabe 1/2006: „So etwas
wie die Bibel unter den Ratgebern ist der Schnäppchenführer."

Unsere Einkaufsführer haben den Buchmarkt der Einkaufsführer begründet und ihre
Entwicklung ganz entscheidend beeinflusst. Sie haben den Begriff „Schnäppchen"
und die Marke „Schnäppchenführer" fest in der Umgangssprache verankert und ein
neues Einkaufsverhalten geschaffen. 15 Jahre Schnäppchenführer, das ist eine bei-
spiellose Ratgeber-Erfolgsgeschichte eines David, der den Kampf gegen viele Goliaths
aufgenommen hat (siehe auch Seite 50 ff.).

Dieser Jubi-Doppelpack bietet einen enorm hohen Nutzwert. Er soll Ihnen helfen,
beste Qualität zum günstigen Preis einzukaufen, in Deutschland ebenso wie in
Norditalien. Mit dem Geschenk Schnäppchenführer Norditalien führen wir Sie nach
Bella Italia, das ist ja der Traum vom Dolce Vita, guter Küche und Kultur. Bella Italia
hat auch eine Spitzenstellung in Mode und Design. Und – es ist das Urlaubs-
land Nr. 1 der Deutschen. Was also liegt näher als Sie zum Jubiläum mit einem
Gratis-Schnäppchenführer Norditalien zu überraschen?

Unsere Leser schreiben uns begeistert: „Schon beim ersten Einkauf hat sich der
Schnäppchenführer bezahlt gemacht!" Für unseren Schnäppchen-Jubi-Doppelpack
muss das ja gleich doppelt gelten.

Ihr
Heinz Waldmüller
Herausgeber und Erfinder der
Buchreihe Schnäppchenführer

NB: Empfehlen Sie unsere Jubiläumsausgabe weiter, wenn Sie gute Erfahrungen
damit gemacht haben. Wenn nicht, schreiben, faxen oder mailen Sie uns, was Ihnen
nicht gefallen hat. Unser erklärtes Ziel: Erfolg durch Qualität und Leistung.

Heinz Waldmüller, 30 Jahre lang Redakteur, Reporter und Moderator, Leiter der Ratgeberredaktion des Süddeutschen Rundfunks, ist jetzt Ruheständler. Der engagierte Verbraucherjournalist hat sich jetzt ganz in den Dienst „seiner Kinder", der Schnäppchenführer, gestellt.

Im Jubiläumsjahr '15 Jahre Schnäppchenführer' ist er besonders stolz auf seine Bestseller. Waldmüller gibt in seinen Einkaufsführern die Summe all seiner guten Erfahrungen und seine Tipps zum Einkaufen beim Hersteller an die Leser weiter.

Der Verbraucherjournalist kam viel in Deutschland herum. Dabei entdeckte er: Das ganze Land ist ein Einkaufsparadies der kleinen Preise! Man muss nur wissen, wo beste Markenhersteller ihre Ware ab Fabrik verkaufen. Genau das sagt klipp und klar der Schnäppchenführer.

Als Waldmüller vor 15 Jahren seinen ersten Schnäppchenführer auf den Markt brachte, waren das Wort Schnäppchen und die Welt der Schnäppchen noch weitgehend unbekannt. Beste Einkaufsadressen von Herstellerverkäufen hatte man von Mund zu Mund als Geheimtipps nur der besten Freundin „geflüstert". Seit es die Schnäppchenführer gibt, kann jetzt jedermann auf Schnäppchentour gehen.

Waldmüller und seine Schnäppchenführer sind eine Erfolgsgeschichte. Er hat damit das Einkaufen direkt beim Hersteller populär gemacht. Dass sich diese Entwicklung vom Wunsch zum „Schnäppchen machen" verselbständigt hat und in der Haltung „Geiz ist geil!" mündete, ist für ihn die unerfreuliche Kehrseite seines Erfolges.

Inhalt

Inhaltsverzeichnis alphabetisch nach Bundesländern.
Innerhalb der Bundesländer sind die Fabrikverkaufsorte ebenfalls alphabetisch aufgeführt, innerhalb der Orte die Verkaufsstellen in alphabetischer Reihenfolge der Firmennamen.

Baden-Württemberg

Aalen
Nubert Speaker Factory	Lautsprecher	369
Schott Zwiesel	Gläser, Glaswaren	74
Triumph International	Tag- und Nachtwäsche, Dessous	284

Abstatt
Bosch	Hausgeräte, Haushaltswaren, Elektrowerkzeuge	393

Albstadt
Übersichtskarte Albstadt und seine Ortsteile	76

Albstadt-Ebingen
Comazo	Damen-, Herren-, Kinderwäsche	77

Albstadt-Lautlingen
Mey	Damen- und Herrenwäsche	79

Bayern

Berlin

Brandenburg

Hessen

Mecklenburg-Vorpommern

Niedersachsen

Nordrhein-Westfalen

Rheinland-Pfalz

Belgien

Niederlande

Österreich

Schweiz

15 JAHRE SCHNÄPPCHENFÜHRER
Hintergründe einer Erfolgsgeschichte
Ereignisse und Etappen der Entwicklung

● **8.5.1991: Der Anlass**

Radiosendung „Geld sparen aber wie?" in der Sendung Radiomarkt auf SDR1, 9.20 bis 11.00 Uhr. Ein Beitrag unter vielen: Kurzreportage: Fabrikverkauf bei BOSS, Salamander, WMF, Reporter: Heinz Waldmüller

Riesenecho auf Kurzreportage Fabrikverkauf. Die Telefone in der Redaktion standen nicht mehr still. Alles Frauen mit der Frage: Wo gibt es die Adressen?

● **9.5.1991: Der Verleger**

Anruf Bodo Neiss, Hauptgeschäftsführer der Verlagsgruppe Fink-Kümmery + Frey, Ostfildern, Idee: ein Buch machen, einen Einkaufsführer zum Fabrikverkauf.

● **14.5.1991**

Angebot Verlagsgruppe Fink-Kümmerly + Frey: Einkaufsführer Fabrikverkauf

● **7.7.1991**

Präzisierung und Ausarbeitung des Auftrags, Pilotprojekt für Baden-Württemberg

● **Juni/Juli/August 1991: Hersteller verweigern Zusammenarbeit**

Ca. 50 Briefe an große Hersteller mit der Bitte, dem Autor bei der Recherche behilflich zu sein, werden nicht beantwortet. Deshalb Vor-Ort-Recherche in Baden-Württemberg durch Autor Heinz und Ehefrau Agnes Waldmüller. Viele Hersteller reagierten gereizt und verärgert auf die Idee, ihre Fabrikverkäufe zu veröffentlichen. Sie hatten berechtigte Befürchtungen, dass der deutsche Einzelhandel Hersteller mit Fabrikverkauf boykottieren würde (siehe auch „Boykottaufruf").

● **Januar 1992: Verlag stoppt Buchprojekt**

Das Buchprojekt könne nur weiterverfolgt werden, wenn die Haftung für den Inhalt vom Verlag auf den Autor übergehe. Autor reagierte nach eingehender Beratung mit dem Presserechtler Prof. Wenzel, Stuttgart, wie folgt: „Was ich vor Ort gesehen habe, entspricht den Tatsachen und Tatsachen in einem Buch zu schreiben, das dürfe einem Journalisten nicht verwehrt werden!"

● **19. März 1992: Schnäppchenführer Baden-Württemberg erscheint**

● **30. März 1992: Presseecho**

Das erste Buch über Fabrikverkauf in Deutschland wird vor allem von Fernsehen und Radiosendern vorgestellt (ca. 50 Veröffentlichungen). Starke Zurückhaltung in der Berichterstattung bei Tageszeitungen aus Rücksicht auf Anzeigenkunden.

● **April 1992: Info Verlag an den Buchhandel**

Verbraucherinteresse am Schnäppchenführer übertrifft alle Erwartungen. Die beiden ersten Auflagen (jeweils 10.000 Ex.) sind ausverkauft.

● **November 1992**

DER SPIEGEL Nr. 45/46. Jahrgang vom 2. November 1992, S. 122/123

Der Bundesverband des Deutschen Textileinzelhandels wetterte gegen die Schnäppchenführer: „Das Buch ist eine Sauerei!"

● **20.12.1992**: Sendung SWR 3 Schaufenster „Die Bestseller 1992"

„Die Bestseller aus Baden-Württemberg heißen Schnäppchenführer."

● **Mai 1993**

DIE ZEIT Nr. 22, 28. Mai 1993: „Kathedralen des modernen Tourismus"

DIE ZEIT titelt: „Im Namen der Hose. Auf Pfingsttour mit dem Schnäppchenführer ins schwäbische Metzingen. Dort steht eine der Kathedralen des modernen Tourismus: die Fabrikverkaufshalle einer deutschen Edeltextilienfirma."

● **8. September 1993**: Boykottaufruf und „Schwarze Listen"

Das Bundeskartellamt in Berlin (Aktenzeichen B9 – 71 20 00-OV-13/93) untersagt mit Beschluss vom 08.09.1993 dem Hauptverband des deutschen Einzelhandels (HDV), Herstellern, die Fabrikverkauf betreiben, mit Boykottmaßnahmen und „Schwarzen Listen" zu drohen. Auch Boykottaufrufe eines Einzelhandelsverbandes, Verlag und Pressegrossisten sollten die Belieferung von Buchhändlern und Zeitschriftenhändlern einstellen, wurden vom Bundeskartellamt untersagt. Der Hauptverband des Deutschen Einzelhandels beugt sich diesem Beschluss des Bundeskartellamtes nicht. Er klagt dagegen erfolglos beim Berliner Kammergericht (siehe März 1994 Schnäppchen-Urteil).

● **September 1993**

DER SPIEGEL, Nr. 38/1993, Seite 136: „Mist gebaut"

„...In ihrem Eifer schrieben HDE-Funktionäre (Anmerkung: HDE = Hauptverband des Deutschen Einzelhandels) sogar an den Bundesverband der Presse-Grossisten und forderten ihn auf, Schnäppchenführer nicht mehr an den Handel zu liefern. ...Auch dieses Pamphlet dürfen die HDE-Experten auf Geheiß des Kartellamts künftig nicht mehr verbreiten..."

● **Buchreport 1993**: Elementare Instinkte, Zeitgeist und Mentalität

„...im März vergangenen Jahres war der Verlag noch vorsichtig gewesen und hatte nur 30.000 Exemplare drucken lassen. Jetzt steht fest: **Der Buchhandel hat einen neuen Brotartikel**, und das nicht nur in Baden-Württemberg, wo die Schnäppchenführer „erfunden" wurden..."

„Schnäppchenführer – dieses harmlose Wort (...) hat fast über Nacht ein Bedeutungsfeld bekommen, das sich aus **elementaren Instinkten, Zeitgeist und Mentalität zusammensetzt**."

„...Es gab kuriose Szenen, wie Leute, die sonst niemals Bücher kauften, ihre Zettel aus der Tasche zogen, „Schnäppchenführer" buchstabierten und sich – als er wieder einmal kurzfristig nicht lieferbar war – auf eine Vormerkliste eintragen ließen. In einer Fernsehsendung hieß es einmal gerüchteweise, der „Schnäppchenführer" könnte verboten werden, worauf sogar **Schwarzmarktpreise** bezahlt wurden..."

● **Frühjahr 1994**

Über eine Million verkaufte Schnäppchenführer

● **März 1994**

Schnäppchen-Urteil des Berliner Kammergerichts vom 23.3.1994

Az: Kart19/93 („Schnäppchenführer")

Das Berliner Kammergericht bestätigt den Beschluss des Bundeskartellamtes. Dieses untersagte dem Hauptverband des deutschen Einzelhandels (HDV), Herstellern, die Fabrikverkauf betreiben, mit Boykottmaßnahmen und „Schwarzen Listen" zu drohen.

Auch Boykottaufrufe eines Einzelhandelsverbandes, Verlag und Pressegrossisten sollten die Belieferung von Buchhändlern und Zeitschriftenhändlern einstellen, wurden vom Bundeskartellamt untersagt. Auch dies wurde vom Berliner Kammergericht bestätigt.

● **August 1994**

Schnäppchenführer 450 Wochen auf der Bestsellerliste

Sechs Titel der Buchreihe Schnäppchenführer sind zusammen insgesamt 450 Wochen auf der Bestsellerliste Buchreport, Sachbuch, Platz 1-50 (Quelle: Buchreport).

● **November 1997**

„Deutschlands oberster Schnäppchenjäger" (GEOSAISON Nr. 11/97)

„Heinz Waldmüller ist eigentlich kein Journalist, der für eine Geschichte Kopf und Kragen riskiert, (...). Nur einmal in seinem Leben hat er seine ganze Existenz aufs Spiel gesetzt: die Familie, den Job als Verbraucher-Redakteur beim Süddeutschen Rundfunk, das Haus. Wofür? Für ein Buch mit rund 200 Adressen, die anderen Menschen beim Sparen helfen sollten..."

● **2001: Gründung Schnäppchenführer-Verlag GmbH**

Der Verleger der Schnäppchenführer, die Verlagsgruppe J. Fink in Ostfildern-Kemnat, löst den Buchverlag auf. Der Herausgeber der Buchreihe Schnäppchenführer, der Journalist Heinz Waldmüller und der Werbekaufmann Florian Waldmüller gründen die Schnäppchenführer-Verlag GmbH und verlegen die Buchreihe weiter.

● **2002: Kult-Buch Schnäppchenführer**

Süddeutsche Zeitung, Streiflicht (02.07.2002)

„.....Schluss jetzt. Ja, auch Du Deutsches Volk. Aufwachen! Es langt. ...Tatsächlich leben wir ein halbes Jahr unter dem Euro – und damit unter einer beispiellosen Teuro-Kampagne, welche in den Hirnen von Millionen grauenhaften und analphabetischen Schnäppchenjägern zündete. Warum analphabetisch? **Weil der „Schnäppchenführer" zumeist einziges Buch im Haus ist....**

Schluss jetzt! ...Tod der Teuro-Mentalität. Zuerst wieder inseriert und nochmals inseriert. Dann gehen wir zusammen aus und essen gut. **Und dann? Leisten wir uns einen 2ten Schnäppchenführer."**

● **Januar 2006**

Börsenblatt, Ausgabe 1-2006

Überschrift „**Wenig Moos – und doch viel los!"**

„So etwas wie die Bibel unter den Ratgebern für Sparer ist der Schnäppchenführer... Besonderes Schmankerl: Der Wegweiser enthält Einkaufsgutscheine im Wert von insgesamt mehr als 1500 € – und das bei gerade mal 12.90 € Investition. Ein Schnäppchen eben!"

● **2006: Germanisches Nationalmuseum in Nürnberg**

Schnäppchenführer Ausstellungsgegenstand

Sonderausstellung zur Fußball-WM – Zu Gast bei Freunden

„Was ist deutsch?" 2. Juni bis 6. Oktober. Webadresse: www.was-ist-deutsch.info. Zum Themenfeld „Charakter der Deutschen" wird im **„Tempel der Tugenden"** unter der **Tugend „Sparsamkeit"** eine Sparbüchse aus dem Spätmittelalter ausgestellt. Daneben eine Sparbüchse aus dem 21. Jahrhundert: ein **Schnäppchenführer**.

Die Autoren stellen sich vor

Armin E. Möller, Mitbegründer der seit 1972 erfolgreichen WDR-Verbrauchersendung Quintessenz, ist für Klartext in Radio- und Fernsehbeiträgen bekannt und wurde für seine Sendungen vielfach ausgezeichnet. Er erhielt so ziemlich alle Trophäen, die es für Radio- und Fernsehjournalisten gibt. Häufiger als alle anderen holte er den Ernst-Schneider-Preis, eine der höchsten Auszeichnungen für Wirtschaftssendungen. Schon seine Diplomarbeit schrieb er über den Einkauf. Das schärfte den Blick für die überragenden Schnäppchengelegenheiten in NRW.

Gertrud Born war Beamtin im baden-württembergischen Innenministerium. Als modebewusste Verbraucherin, Ehefrau und Mutter von drei Kindern ist sie seit Jahren passionierte Einkäuferin ab Fabrik. Sie ist Autorin des „Großen Schnäppchenführer Norddeutschland", war Tippgeberin beim Schnäppchenführer Baden-Württemberg, Autorin des Schnäppchenführers Norditalien und Co-Autorin des Schnäppchenführers „Rund um den Bodensee". Seit Jahren ist sie regelmäßig in Norddeutschland, um hier die besten Fabrikverkäufe ausfindig zu machen.

Maria Koblischke, gelernte Verlagskauffrau und dreifache Mutter, übte bereits als Azubi das Rechnen mit spitzem Stift. Mit ihrem sicheren Gespür für von den Unternehmen bewusst versteckte, gute Fabrikläden und ihrer Fähigkeit, Ware und Preise sicher beurteilen zu können, wurde sie zur wichtigsten Stütze des Schnäppchenführer-Teams Nordrhein-Westfalen. Dass vor Jahren ihr Ehemann in Fabrikläden für die Hochzeit eingekleidet wurde, bewies schon damals das hohe Engagement für beste Ware zu Fabrikverkaufspreisen.

Fabrikverkauf – was ist das?

Nicht alle Adressen in diesem Buch haben Fabrikverkauf im Rechtssinn. Für Fabrikverkauf im Rechtssinn gibt es strenge Rechtsnormen. Als Verbraucherjournalist habe ich meine Aufgabe nicht darin gesehen, zu überprüfen, ob die aufgeführten Firmen Fabrikverkauf im Rechtssinn durchführen. Ausschlaggebend war vielmehr die Frage: Ist dieser Verkauf für Sie eine gute Einkaufsadresse im Sinne von Marke, Warenqualität und Preisvorteil? Deshalb gibt es in diesem Buch auch Factory Outlets, Outlet Stores, Outlet Center, Vertriebsgesellschaften, Lagerverkäufe, Direktverkäufe, Werksläden oder auch Einzelhandelsgeschäfte, die Ware aus der eigenen Fabrik zu günstigen Preisen verkaufen. Die Firmenadressen geben keine Auskunft über die Rechtsform oder über die Gesellschaft, die den Verkauf betreibt.

Tipps erwünscht!

In dieser Reihe haben wir bisher ca. 3000 Fabrikverkäufe vor Ort recherchiert. Wir haben jedoch die Spreu vom Weizen getrennt und nur die besten Marken ausgewählt und veröffentlicht. Das heißt nicht, dass wir wirklich schon alle hervorragenden Einkaufsquellen aufgespürt hätten. Wir bitten hier um Ihre Mithilfe. Nachdem es nichts gibt, was man nicht noch besser machen könnte, bitten wir um Ihre Geheimadressen, aber auch um Ihre Anregungen, Ihre Kritik, Ihre Vorschläge. Bitte teilen Sie uns auch mit, wenn Ihnen Herstelleradressen nicht gefallen haben und warum. Wir prüfen jede Kritik und nehmen Hersteller, über die es Beschwerden gibt, wieder aus unseren Schnäppchenführern heraus. Wir sind allein Ihnen verpflichtet und sonst niemandem. Für die besten 100 Vorschläge von neuen Adressen gibt es Buchprämien.

Bitte schreiben Sie, Sie helfen damit allen Verbrauchern, die mit unseren Schnäppchenführern preisgünstig einkaufen wollen.

Schnäppchenführer Deutschland 2007/08
Heinz Waldmüller
Schnäppchenführer-Verlag GmbH
Postfach 44 29
70782 Filderstadt

Fax: 07 11/77 72 06
E-Mail: info@schnaeppchenfuehrer-verlag.de
Internet: www.schnaeppchenfuehrer.com

Zum Gebrauch

Die Einkaufsgutscheine: Hat ein Hersteller einen Einkaufsgutschein zur Verfügung gestellt, so wird dies auf der entsprechenden Firmenseite im Hauptteil des Buches mit dem Button „Einkaufsgutschein" neben dem Markenlogo (oder den Logos) gekennzeichnet. Auf Seite 438 finden Sie die Rahmenbedingungen zum Einlösen der Gutscheine und auf den Folgeseiten sämtliche Gutscheine in der alphabetischen Reihenfolge der Markennamen.

Die Übersichts- und Großraumkarten auf den Seiten 58 bis 69 zeigen deutlich, wo sich die Orte mit Fabrikverkauf oder die Hersteller befinden. Diese Karten sind eine erste Orientierung für Ihre Schnäppchentour.

Im Inhaltsverzeichnis nach Orten (Seite 18 bis 49) erfahren Sie, auf welcher Seite ein Fabrikverkauf im Hauptteil des Buches beschrieben wird. Achtung: Das Inhaltsverzeichnis nach Orten ist nach Bundesländern gegliedert. In alphabetischer Reihenfolge werden für jedes Bundesland alle Orte mit Fabrikverkauf benannt. Unter jedem Ort sind alle Verkäufe des Ortes aufgeführt und zwar alphabetisch nach Firmennamen, die nicht immer identisch sind mit den Marken. Zusätzlich erhält man eine erste Information über das jeweilige Warenangebot.

Anwendungsbeispiel Orte: Sie möchten wissen, welche Fabrikverkäufe es neben Hugo Boss in Metzingen gibt. Im Inhaltsverzeichnis unter Metzingen werden ca. 30 Firmen benannt. Die Details finden Sie auf Seite 247 ff. Von der Anreisebeschreibung über die Karten bis hin zu Warenangebot, Ersparnis, Ambiente und Öffnungszeiten erfahren Sie hier Seite für Seite die Spezialinformationen zu jeder einzelnen Firma.

➤ Dieser Pfeil in den Orientierungskarten zeigt Ihnen den Standort der jeweiligen Firma an.

Ein Firmen- und Markenregister (Seite 517 ff.) und ein **Warenregister** (Seite 513 ff.) dienen als weitere Suchhilfen. Diese beiden Register geben darüber hinaus erste Hinweise auf die jeweiligen Warengruppen einer Verkaufsstelle.

Anwendungsbeispiele Firmen: Sie suchen die Firma Esprit. Sie finden das Unternehmen am schnellsten im **Firmen- und Markenregister**. Zusätzlich erhalten Sie die Information, dass diese Firma an zwei Standorten Damenbekleidung ab Fabrik verkauft (Seite 258 und 339). Sie suchen Outdoor-Bekleidung. Hier gehen Sie am besten ins **Warenregister**. Dort erfahren Sie unter dem Stichwort Outdoor-Bekleidung, auf welchen Seiten entsprechende Hersteller beschrieben sind.

Im **Postleitzahlenregister** (Seite 529 ff.) können sie rasch feststellen, wie viele und vor allem welche Firmen es in Ihrem Umkreis bzw. in Ihrer Zielregion gibt.

Drei **Schnäppchentouren** entlang der großen Nord-Süd-Autobahnen in Deutschland (Seite 536 ff.) zeigen auf, wo sich interessante Fabrikverkäufe links und rechts dieser großen Achsen befinden. Nach der jeweiligen Karte gibt es eine Beschreibung, in welchem Bundesland und welcher Stadt die Verkäufe zu finden sind und welche Waren dort angeboten werden.

Wichtig noch: Jede Firmenbeschreibung ist eine Momentaufnahme. Redaktionsschluss war im Juli 2006. Falls sich die Einkaufssituation geändert hat, berichten Sie uns Ihre Erfahrungen. Ihnen viel Spaß und Erfolg beim Einkaufen.

Was spart man beim Fabrikverkauf ?

Zugegeben, eine schwierige Frage, weil echte Vergleiche zum Teil unmöglich sind. Der Fachhandel bietet die hochaktuelle Ware an. Zum Abverkauf in der Fabrik kommt dagegen auch Ware der vergangenen Saison. Wenn die identische Ware in den Fachgeschäften nicht zu finden ist, ist ein exakter Preisvergleich nicht möglich. Der Verbraucher will jedoch wissen, wie hoch die Ersparnis ist. Deshalb wurden für die Ermittlungen der Preise Hilfskonstruktionen gesucht. Beispiel aus dem Bekleidungsbereich: Es wurde die vergleichbare neue Kollektion als Maßstab herangezogen, auch wenn es nicht die gleiche Ware, sondern allenfalls vergleichbare Ware ist.

Als Faustregel lässt sich sagen: Im Textil- und Schuhbereich ist die Bandbreite der Ersparnis groß. Es konnte eine durchschnittliche Preisreduzierung zum empfohlenen Endverkaufspreis von zirka 25 bis 50 % ermittelt werden.

Und noch etwas ist wichtig: Die Prozentangaben sind immer Circa-Angaben. Wo es möglich war, diente als Preisvergleichsmaßstab der empfohlene Endverkaufspreis aus Händlerpreislisten und Prospekten oder es wurde vor Ort in Fachgeschäften recherchiert. Um zu einer möglichst objektiven Beurteilung zu kommen, wurde in Zweifelsfällen aus den unterschiedlichen Aussagen ein Mittelwert festgelegt.

Korrekturstand der vorliegenden Ausgabe: Juli 2006.

Vor- und Nachteile des Fabrikverkaufs

Vorteile
- Konkurrenzlos preisgünstige Einkaufsmöglichkeit.
- Markenqualität: Als Einkäufer ab Fabrik mit Markenbewusstsein treffe ich im Vorfeld meine Entscheidung, welcher Marke ich mein Vertrauen gebe.
- Sehr gute Preis-Leistungs-Relation (Qualität zum halben Preis).
- Produktpalette der jeweiligen Marke/Firma meist in großer Auswahl.
- Kennenlernen des Produktionsbetriebes und der Produktionsbedingungen.
- Fabrikverkauf als Chance für Kurzurlaub (Anlässe für Kurzurlaub schaffen oder Freunde besuchen).

Nachteile
- Nicht immer jeder Artikel in jeder Größe und Farbe vorhanden.
  Tipp: Winterware schon im September/Oktober, Frühjahrs- und Sommerware ab Mitte Februar einkaufen. Anrufen, ob die neue Ware schon da ist.
- Oft nur Ware eines Herstellers.
- Vor Ort kein Waren-, Preis- und Qualitäts-Vergleich mit anderen Produkten anderer Firmen möglich.
  Tipp: Sich schon zu Hause informieren evtl. auch über Kataloge oder Internet.
- Anfahrtswege oft lang, Zeitverlust, Benzinkosten.
  Tipp: Fahrgemeinschaften mit Nachbarn, Freunde besuchen, Wochenendausflug, Shoppingurlaub, Schnäppchenreise oder Einkaufen ab Fabrik in normale Reiseroute einbeziehen.
- Kaufrausch, weil Ware so preisgünstig ist oder wenig Ware. Gefahr, dass man ohne Einkauf zurückkommt oder Ware kauft, die einem gar nicht gefällt.
  Tipp: Vor der Schnäppchentour Reiseroute ausarbeiten, die mehrere Fabrikverkäufe einbezieht.
- Preisgünstige Ware oft mit kleinen Fehlern. Kein Umtausch bei fehlerhafter Ware.
  Tipp: Ware genau anschauen.
- Kaum Beratung. Lagerhallen-Atmosphäre.
  Tipp: Solche Firmen auswählen, die inzwischen ihren Fabrikverkauf zu ihrer Visitenkarte gegenüber dem Endverbraucher gemacht haben. Mit aktueller Ware, ansprechendem Ambiente und sehr fachkundigen Kundenberaterinnen. Das ist der Trend im Fabrikverkauf.

Übersicht Deutschland-Nord

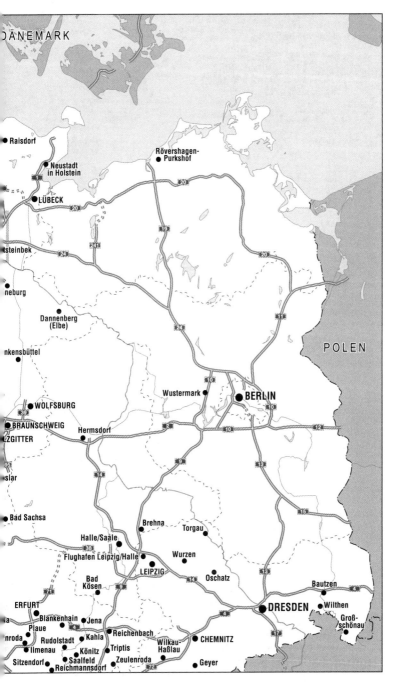

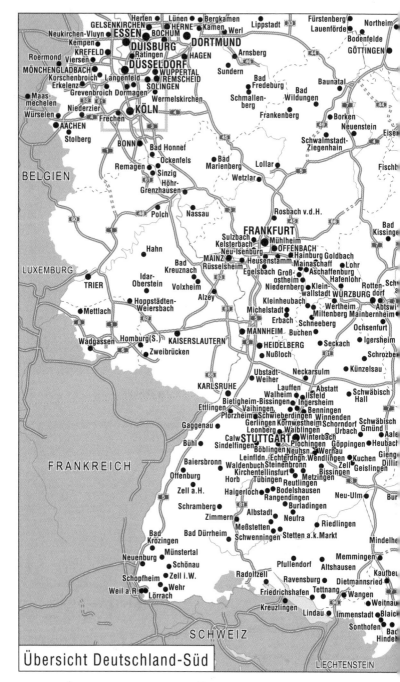

Übersicht Deutschland-Süd

61

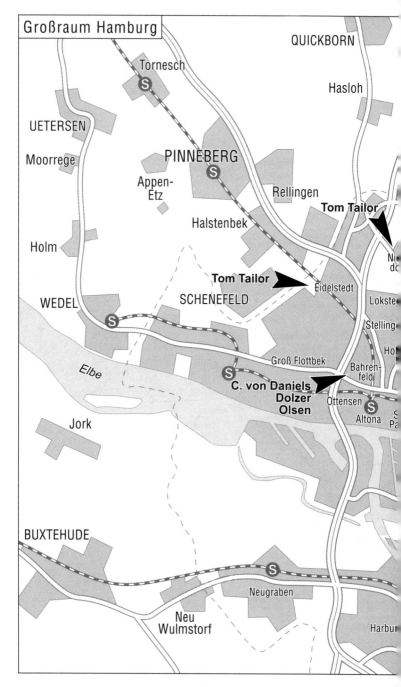

Großraum Hamburg

QUICKBORN

Tornesch
Ⓢ

Hasloh

UETERSEN

Moorrege

PINNEBERG
Ⓢ

Appen-
Etz

Rellingen

Tom Tailor

Halstenbek

Holm

Ni
d

WEDEL

Tom Tailor

SCHENEFELD

Eidelstedt

Lokste

Ⓢ

Stelling

Ho

Groß Flottbek

Bahren-
feld

Ⓢ

**C. von Daniels
Dolzer
Olsen**

Ottensen Ⓢ

Elbe

Altona Pa

Jork

BUXTEHUDE

Ⓢ

Neugraben

Neu
Wulmstorf

Harbu

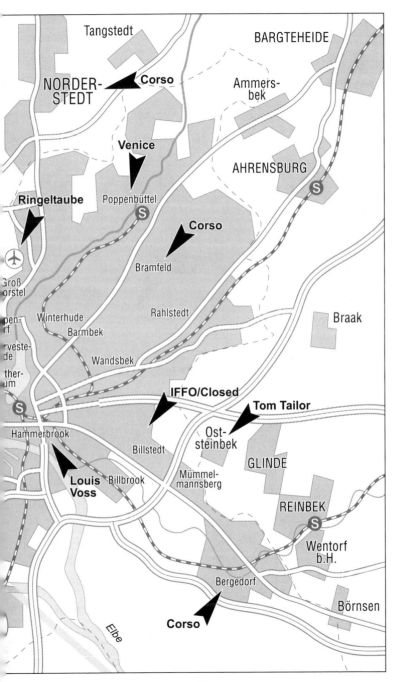

63

Großraum Ostwestfalen

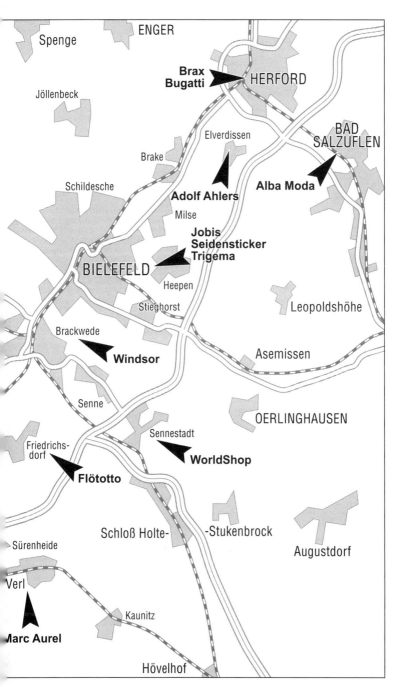

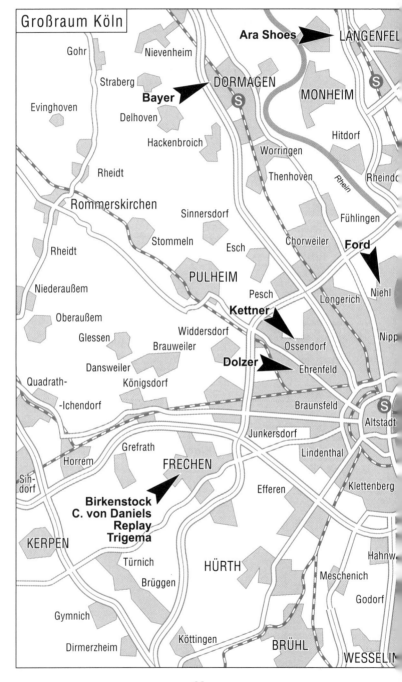

Großraum Köln

Gohr
Nievenheim
Ara Shoes ➤ LANGENFEL
Straberg
DORMAGEN
MONHEIM
Bayer ➤
Ⓢ
Evinghoven
Delhoven
Hackenbroich
Hitdorf
Worringen
Rheidt
Thenhoven
Rheindc
Rommerskirchen
Sinnersdorf
Fühlingen
Stommeln
Esch
Chorweiler
Ford ➤
Rheidt
Niederaußem
PULHEIM
Pesch
Longerich
Niehl
Oberaußem
Kettner ➤
Glessen
Widdersdorf
Nipp
Brauweiler
Ossendorf
Dansweiler
Dolzer ➤
Quadrath-
Königsdorf
Ehrenfeld
-Ichendorf
Braunsfeld
Ⓢ
Altstadt
Junkersdorf
Grefrath
Lindenthal
Horrem
FRECHEN
Sin-
dorf
Efferen
Klettenberg
Birkenstock
C. von Daniels
Replay
Trigema
KERPEN
Hahnw.
Türnich
HÜRTH
Meschenich
Brüggen
Godorf
Gymnich
Köttingen
BRÜHL
Dirmerzheim
WESSELIᴺ

Rhein

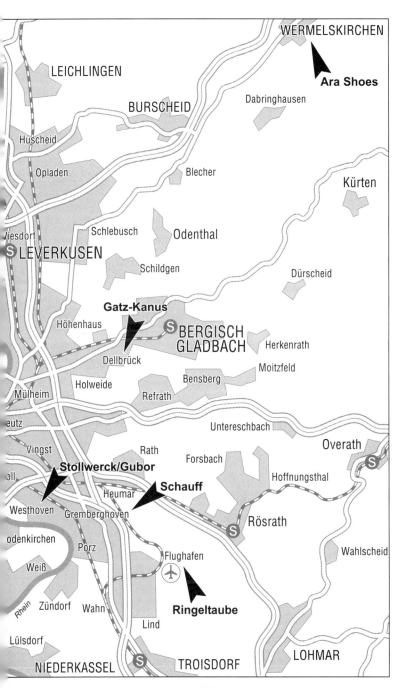

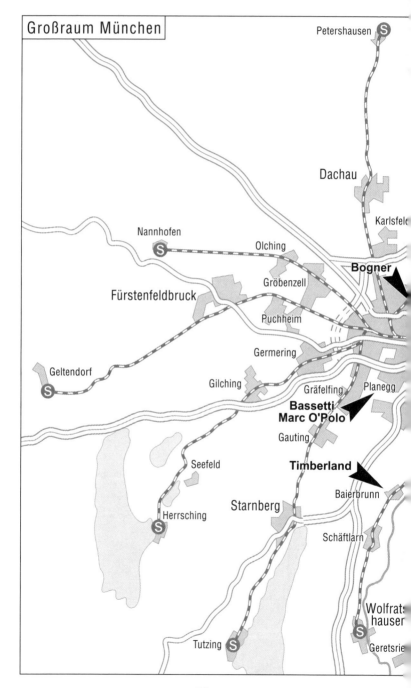

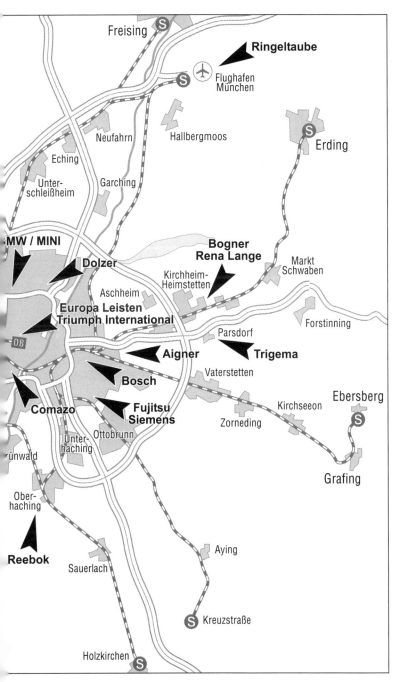

Freising

Ringeltaube

Flughafen
München

Neufahrn · Hallbergmoos

Eching

Erding

Unter-
schleißheim · Garching

MW / MINI

Dolzer

**Bogner
Rena Lange**

Markt
Schwaben

Kirchheim-
Heimstetten

Aschheim

**Europa Leisten
Triumph International**

Forstinning

DB

Parsdorf

Aigner · **Trigema**

Vaterstetten

Bosch

Ebersberg

Kirchseeon

Comazo

**Fujitsu
Siemens**

Zorneding

Unter-
haching · Ottobrunn

ünwald

Grafing

Ober-
haching

Reebok

Aying

Sauerlach

Kreuzstraße

Holzkirchen

Elégance Designer Outlet

Elégance ist ein großer Name in der Modewelt. Der Versender schickt Mode aus den Metropolen der Welt ins Haus und uns in sein Designer Outlet. Hier kann man sozusagen in Katalogen spazieren gehen. Den Preisvergleich macht das besonders einfach.

Exklusive, elegante Mode

Warenangebot
Lagerüberhänge und Einzelstücke aus den Elégance-Boutique-Katalogen. Accessoires wie Schuhe, Taschen, Gürtel und Tücher. Auf jedem Artikel sind ursprünglicher und reduzierter Verkaufspreis angegeben. Eventuelle kleine Fehler sind gekennzeichnet.

Ersparnis
Etwa 25 bis 30 %, bei speziellen Räumungsartikeln mehr.

Ambiente
Wie Modemarkt, aber mit einer speziellen, vom Versand abgeleiteten Auswahl. Beraten wird nicht von einfachen Verkäufern/Verkäuferinnen; wer in dieser gediegenen Unternehmung der Kundschaft kompetent und freundlich hilft, ist automatisch ein Mitglied des so genannten „Modeteams".

Adresse
Elégance Rolf Offergelt GmbH, Jülicher Straße 306, 52070 Aachen, Telefon: 02 41/43 92 18.

Öffnungszeiten
Dienstag bis Freitag 9.30 bis 18.30 Uhr, Donnerstag 9.30 bis 19.00 Uhr, Samstag 9.30 bis 14.00 Uhr.

Anreise
A544 bis zum Ende, Europaplatz. Am Kreisverkehr die 1. Ausfahrt in die Joseph-von-Görres-Straße nehmen. Diese führt auf die Jülicher Straße, dort rechts ab.

Als der erste Schnäppchenführer gedruckt wurde, war Lambertz ein an-
gesehenes, aber recht mittelständisches Unternehmen. Inzwischen gehört
Lambertz zu den ganz Großen seiner Branche.

... wird groß und größer

Warenangebot

Kleingebäck aller Art, Printen, Dominosteine, Kokosmakronen, Spitzkuchen,
Kekse (auch Vollwert), Lebkuchen. Dazu:
Haeberlein & Metzger Premium-Spezia-
litäten, Nürnberger Lebkuchen, Pralinen,
große Auswahl an Geschenkpackungen.

Ersparnis

20 bis 50 %, bei Bruchware, Fehlpartien
und Saisonresten noch mehr.

Ambiente

Angenehmer, kleiner Laden mit SB-
Regalen, dem Haupttor gegenüber.

Adresse

Aachener Printen- und Schokoladen-
fabrik Henry Lambertz GmbH & Co. KG,
Borchersstraße 18, 52072 Aachen,
Telefon: 02 41/8 90 50.

Öffnungszeiten

Januar bis August: Montag bis Freitag
9.00 bis 17.00 Uhr, Samstag 10.00 bis
13.00 Uhr. September bis Dezember:
Montag bis Freitag 8.30 bis 18.30 Uhr,
Samstag 8.30 bis 17.00 Uhr.

Weitere Verkaufsstellen

● 49549 **Ladbergen**, Heemann GmbH,
Im Sande 3, Telefon: 0 54 85/84 18.

● 52146 **Würselen-Broichweiden**,
Kinkartz GmbH & Co. KG, Nassauer
Straße 31-33, Telefon: 0 24 05/70 91 63.
● 89231 **Neu-Ulm-Schwaighofen**,
Max Weiss GmbH & Co. KG, Junkers-
straße 4-6, Telefon: 07 31/7 29 12 52.
● 90425 **Nürnberg-Großreuth**, Ferdi-
nand Wolff GmbH & Co. KG, Kilianstraße
96, Telefon: 09 11/9 37 93 12.

Anreise

A4 Aachen Richtung Heerlen. Ausfahrt
Aachen-Laurensberg. Richtung Innenstadt. Nach ca. 400 m rechts. 1. Ausfahrt Gewerbegebiet Süsterfeld.

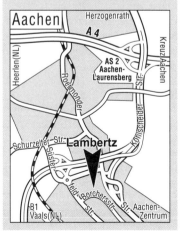

Lindt

Der Lindt-Werksverkauf ist nicht nur einer der am besten ausgebauten Fabrikläden in Deutschland, sondern hier wurde auch an all das gedacht, was vielerorts bei Fabrikläden noch verbessert werden kann. Sei es die besonders lobenswerte Warenauszeichnung oder aber eine Rampe, so dass auch Rollstuhlfahrer leicht das süße Paradies von Lindt erreichen können.

Die Edelmarke en gros

Warenangebot

Schokoladen – gefüllt und ungefüllt, Sorten wie Lindor, Diabetikerprodukte, Saisonprodukte, Pralinen, auch -bruch, Geschenkartikel, MHD-Angebote (Produkte, deren Mindesthaltbarkeitsdatum in drei bis sechs Monaten erreicht wird).

Ersparnis

25 bis 75 % bei MHD-Angeboten und Bruchpralinen. Der Preisvergleich zur regulären Ware ist leicht; der unverb. Verkaufspreis wird mit angegeben.

Ambiente

Wie ein Selbstbedienungssupermarkt. Bei starkem Andrang sind fünf Kassen besetzt. Vor Ostern und Weihnachten großer Andrang!

Adresse

Werksverkauf Chocoladenfabrik Lindt & Sprüngli, Süsterfeldstraße 130, 52072 Aachen, Telefon: 02 41/88 81-0.

Öffnungszeiten

Montag bis Freitag 9.00 bis 18.00 Uhr, Samstag 9.00 bis 13.00 Uhr. Sonderöffnungszeiten zu Weihnachten (ab 1. Oktober): Montag bis Freitag 9.00 bis 19.00 Uhr, Samstag 9.00 bis 17.00 Uhr. Vor Ostern (ab Aschermittwoch): Montag bis Freitag 9.00 bis 19.00 Uhr, Samstag 9.00 bis 15.00 Uhr.

Anreise

Autobahnkreuz Aachen A4 Richtung Heerlen. Ausfahrt Aachen-Laurensberg. Richtung Innenstadt. Nach ca. 400 m rechts. 1. Ausfahrt Gewerbegebiet Süsterfeld. An der Querstraße links, am Kreisverkehr rechts.

ZENTIS

„Edel" wurde bei Zentis mit „Bel" übersetzt. Dadurch wurde die Konfitüre zu Belfrutta, die Mandel-Nougat-Creme zu Belmandel und das in „hochfeiner Qualität" (Originalton Zentis) gefertigte Marzipanbrot zu Belmanda.

„Bel ..." steht für edel

Warenangebot

Konfitüren, süße Cremes, Marzipan-spezialitäten; auch Ware mit kleinen Ausstattungsfehlern (das Etikett sitzt nicht so, wie es sollte). Die Handschrift des Qualitätskontrolleurs ist unübersehbar: Viele Angebote sind mit breitem, schwarzem Filzstift markiert. Diese (sehr brauchbare) Ware landet am Verkaufsschalter.

Ersparnis

30 bis 50%. Artikel „auf dem Brett" (gestanzte Kartonagen) noch billiger.

Ambiente

Verkauf in einem neuen Gebäude, ganz einfach zu finden, da ausgeschildert.

Adresse

Zentis GmbH & Co. KG, Jülicher Straße 177, 52070 Aachen, Telefon: 02 41/4 76 00.

Öffnungszeiten

Montag bis Freitag 9.00 bis 11.45 und 12.30 bis 16.30 Uhr. Samstag geschlossen.

Anreise

A544 bis zum Ende, Europaplatz. Am Kreisverkehr die 1. Ausfahrt in die Joseph-von-Görres-Straße nehmen. Diese führt direkt auf die Jülicher Straße. Dort rechts ab. Nach ca. 200 m erreicht man auf der linken Seite die Einfahrt zum Kundenparkplatz.

Jedes Glas ein Unikat – so lautet die Maxime der Firma Schott Zwiesel. Bei
der Tochterfirma von Carl Zeiss ist jedes Glas mundgeblasen und von Hand
gefertigt. Schott Zwiesel ist spezialisiert auf Trinkglasgarnituren, Geschenkartikel und Accessoires aus hochwertigem Kristall und Bleikristall. Das
Unternehmen bietet sowohl klassisches als auch zeitloses Design.

Handmade

Warenangebot

Große Auswahl an 1.-Wahl-Ware aus
der gesamten Produktpalette von Schott
Zwiesel und Jenaer Glas. Wein- und
Saftgläser, Vasen, Kerzenleuchter und
Glasgeschirr. Die Produkte von Carl
Zeiss werden nur an Betriebsangehörige
verkauft. Im hinteren Teil des Ladens
befindet sich der Restpostenverkauf
von Tchibo.

Ersparnis

20 bis 30% auf 1.-Wahl-Ware, 2. Wahl
40 bis 80%.

Ambiente

Ansprechende Warenpräsentation im
großen Verkaufsraum, Ware ist preisausgezeichnet und übersichtlich in
Regalen präsentiert. 2.-Wahl-Artikel
gibt es nur im abgetrennten Eingangsbereich.

Adresse

Schott Zwiesel, Werksverkauf Aalen,
Schleifbrückenstraße 8, 73430 Aalen,
Telefon: 073 61/68 08 02, Fax: 68 08 06.

Öffnungszeiten

Montag bis Freitag 9.00 bis 18.00 Uhr,
Samstag 9.00 bis 13.00 Uhr. Samstage
im Advent 9.00 bis 16.00 Uhr.

Anreise

A7 Ulm–Würzburg, Ausfahrt Aalen-
Westhausen. Auf der B29 in Richtung Aalen. In Aalen immer Richtung Bahnhof. In der Bahnhofstraße
geht es links in die Schleifbrückenstraße. Der Fabrikverkauf befindet
sich nach 50 m auf der rechten Seite.

Der Familienbetrieb gehört zu den führenden Anbietern im Bereich Tee- und Kräuterwaren. Fünf Jahrzehnte Erfahrung machen Abtswinder Tees und Naturheilmittel zu Spitzenprodukten.

Die Teemeister

Warenangebot

Kräuter-, Früchtetees, Schwarztees, Heilkräuter, Gewürze, Kaffee, Bonbons, Spezialitäten für die Gesundheit, Diätprodukte, Körner und Getreide aus kontrolliert biologischem Anbau, Teesträuße, Suppen, Nudeln, geröstete Kürbiskerne, Honig. Lagerverkauf von Schaumwaffeln und anderen Süßwaren.

Ersparnis

Ca. 50 bis 60 %.

Ambiente

1000 verschiedene Artikel, davon ca. 150 Teesorten, sind übersichtlich und gut zugänglich in dem Laden sortiert. Probeausschank. Parkplätze vor dem Laden.

Besonderheiten

Gewürzmuseum auf 650 m² (Eintritt: 2,- €. Eigene Spezialitätenrösterei. Für Busse nach Absprache Führung durch das Museum (1 Stunde), Teeprobe, Einkauf. Versand-Preisliste anfordern. Ab 50,- € Warenwert Lieferung frei Haus.

Adresse

H. Kaulfuss, Abtswinder Kräuter, Gewürze, Teeladen, Ebracher Gasse 11-13, 97355 Abtswind, Telefon: 0 93 83/ 9 97 97, Fax: 9 97 98, E-Mail: teeladen @t-online.de, Internet: abtswinder-kraeuterteeladen.de.

Öffnungszeiten

Montag bis Freitag 8.00 bis 18.00 Uhr, Samstag 9.00 bis 13.00 Uhr.

Anreise

A3 aus Richtung Würzburg, Ausfahrt Schweinfurt/Wiesentheid, durch Rüdenhausen Richtung Abtswind. In Abtswind am Marktplatz links, am Gasthof vorbei. Nach 100 m links.

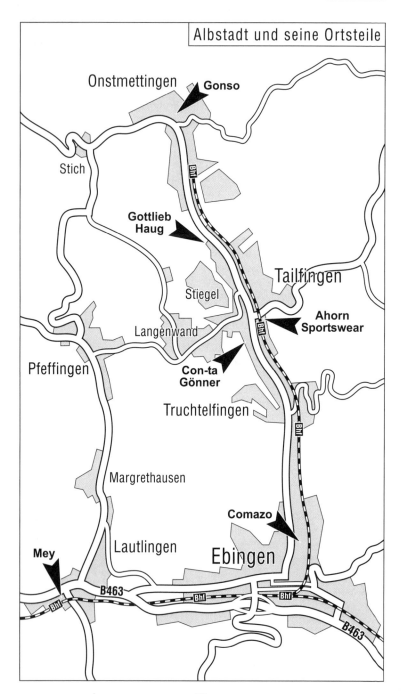

Albstadt und seine Ortsteile

Comazo ist eine der führenden Marken im Damen-Tagwäsche-Bereich. Die Firma produziert klassische Tagwäsche und ergänzt diese durch freche, lässige Kollektionen. Jahrzehntelange Erfahrung und eigene Qualitätssicherung gewährleisten den hohen Qualitätsstandard.

Wäsche-Träume seit 1884

Warenangebot
Exklusive Damenwäsche, modische Herrenwäsche, pfiffige Kinderwäsche, Funktionswäsche und Nachtwäsche, Miederwaren.

Ersparnis
50 % Ersparnis bei 1A-Ware. Bei 2. Wahl noch mehr.

Ambiente
Ca. 200 m² Verkaufsfläche, übersichtliche Warenpräsentation, Kinderspielecke, Kaffee-Ecke, Kundenparkplätze.

Adresse
Comazo-Herstellerverkauf, Keplerstraße 24, 72458 Albstadt-Ebingen, Telefon: 07431/591096, Internet: www.comazo. de.

Öffnungszeiten
Montag bis Freitag 9.30 bis 18.30 Uhr, Samstag 9.30 bis 14.00 Uhr.

Anreise
Auf der B 463 Balingen–Sigmaringen nach Albstadt-Ebingen. Dort Richtung Albstadt-Tailfingen. Siehe auch Übersichtskarte Seite 76.

Weitere Verkaufsstellen (Auswahl)

- 70597 **Stuttgart-Degerloch**, Jahnstraße 6, Telefon/Fax: 07 11/3 27 52 59. Montag bis Freitag 9.00 bis 18.30 Uhr, Samstag 9.00 bis 16.00 Uhr.
- 71032 **B ö b l i n g e n**, Sindelfinger Straße 39, Telefon/Fax: 0 70 31/76 24 83. Montag bis Freitag 9.00 bis 18.00 Uhr, Samstag 9.00 bis 14.00 Uhr.
- 71229 **Leonberg**, Berliner Straße 31, Telefon/Fax: 0 71 52/33 10 57. Montag bis Freitag 9.30 bis 18.30 Uhr, Samstag 9.30 bis 14.00 Uhr.
- 71332 **Waiblingen**, Marienstraße 19-21, Telefon/Fax: 0 71 51/97 60 43. Montag bis Freitag 9.00 bis 18.00 Uhr, Samstag 9.00 bis 13.00 Uhr.
- 72270 **Baiersbronn**, Freudenstädter Straße 10, Telefon/Fax: 0 74 42/12 35 51. Montag bis Freitag 9.30 bis 18.00 Uhr, Samstag 9.30 bis 13.00 Uhr.
- 73329 **Kuchen/Fils**, Hauptstraße 46, Telefon/Fax: 0 73 31/82 48 22. Montag bis Freitag 9.30 bis 18.00 Uhr, Samstag 9.30 bis 14.00 Uhr.
- 74523 **S c h w ä b i s c h H a l l**, Crailsheimer Straße 13/1, Telefon/Fax: 07 91/8 56 50 26. Montag bis Freitag 9.00 bis 18.00 Uhr, Samstag 10.00 bis 13.00 Uhr.
- 76553 **G a g g e n a u**, Hans-Thoma-Straße 4, Telefon/Fax: 0 72 25/98 48 89. Montag bis Freitag 9.00 bis 18.00 Uhr, Samstag 9.00 bis 14.00 Uhr.
- 78658 **Zimmern o.R.**, Raiffeisenstraße 6, Telefon/Fax: 07 41/3 30 97. Montag bis Freitag 10.00 bis 18.30 Uhr, Samstag 10.00 bis 14.00 Uhr.
- 81371 **M ü n c h e n – S e n d l i n g**, Implerstraße 11, Telefon/Fax: 0 89/72 01 54 44. Montag bis Freitag 10.00 bis 19.00 Uhr, Samstag 10.00 bis 14.00 Uhr.
- 82418 **Murnau**, Straßäcker 19, Telefon/Fax: 0 88 41/62 85 40. Montag bis Freitag 9.30 bis 18.00 Uhr, Samstag 9.30 bis 14.00 Uhr.
- 84174 **Eching–Weixerau**, Am Moos 9, Telefon/Fax: 0 87 09/41 28 31. Montag bis Freitag 10.00 bis 18.00 Uhr, Samstag 10.00 bis 17.00 Uhr.
- 85049 **Ingolstadt-Friedrichshofen**, Levelingstraße 38, Telefon/Fax: 08 41/3 70 73 88. Montag bis Freitag 10.00 bis 18.00 Uhr, Samstag 10.00 bis 14.00 Uhr.
- 86165 **A u g s b u r g - L e c h h a u s e n**, Sterzinger Straße 12, Telefon/Fax: 0 87 09/41 28 31. Montag bis Freitag 10.00 bis 18.00 Uhr, Samstag 10.00 bis 14.00 Uhr.
- 87527 **Sonthofen**, Bahnhofstraße 22, Telefon/Fax: 0 83 21/61 96 50. Montag bis Freitag 9.00 bis 18.30 Uhr, Samstag 9.00 bis 14.00 Uhr.
- 87600 **Kaufbeuren**, Gutenbergstraße 5, Telefon/Fax: 0 83 41/9 08 23 07. Montag bis Freitag 10.00 bis 18.00 Uhr, Samstag 10.00 bis 13.00 Uhr.
- 87700 **Memmingen**, Schlachthofstraße 49, Telefon: 0 83 31/8 64 34, Fax: 8 64 68. Montag bis Freitag 10.00 bis 18.00 Uhr, Samstag 10.00 bis 13.00 Uhr.
- 91522 **Ansbach**, Neustadt 6, Telefon/Fax: 0 981/9 53 89 20. Montag bis Freitag 10.00 bis 18.00 Uhr, Samstag 10.00 bis 15.00 Uhr.
- 97228 **Rottendorf**, Edekastraße 1b, Telefon/Fax: 0 93 02/98 04 53. Montag bis Freitag 10.00 bis 18.00 Uhr, Samstag 10.00 bis 13.00 Uhr.
- 99096 **Erfurt-Daberstedt**, Häßlerstraße 8a, Telefon/Fax: 03 61/2 62 55 80. Montag bis Freitag 10.00 bis 18.00 Uhr, Samstag 10.00 bis 13.00 Uhr.

Alle Verkaufsstellen im Internet unter: www.comazo.de.

bodywear

Bei Mey gehen Mode, Passform und Tragekomfort nahtlos ineinander über. Die Kreativteams sind mit viel Fantasie und Liebe zum Detail bemüht, individuelles Lebensgefühl in Wäsche umzusetzen. Der führende Hersteller produziert Bodywear und Nachtwäsche, bei denen alles stimmt.

Mey – immer erste Wahl

Warenangebot

Nur 1.-Wahl-Ware. Komplettes Sortiment an Unterwäsche und Nachtwäsche für Damen und Herren; aktuelle Farben und Muster. Neben dem klassischen Angebot auch Trendunterwäsche.

Ersparnis

Fabrikverkauf heißt in diesem Fall nicht supergünstig. 1.-Wahl-Ware ca. 20% billiger. Stark reduziert sind saisonbedingte Sonderangebote.

Ambiente

Auf Wunsch auch Artikel, die nicht im Verkaufsraum zu finden sind. Katalog zum Einsehen vorhanden.

Adresse

Gebrüder Mey GmbH & Co. KG, Hohenwiesenstraße 3, 72459 Albstadt-Lautlingen, Telefon: 07431/7060, Fax: 706100.

Öffnungszeiten

Montag bis Freitag 9.00 bis 18.00 Uhr.

Anreise

Albstadt liegt zwischen Stuttgart und dem Bodensee. In Albstadt Richtung Lautlingen (Stadtmitte). Die Hauptstraße heißt Laufener Straße. Beim Gasthof Krone (großes Fachwerkhaus) abbiegen Richtung Süden in die Vordere Gasse. Nach 80 m erreicht man die Hohenwiesenstraße, dort großes Firmenschild Gebrüder Mey (Fabrikgebäude), Aufzug 3. Stock. Siehe auch Übersichtskarte Seite 76.

Wer nach Albstadt-Onstmettingen fährt, kann sich jetzt noch mehr freuen. Vier große Marken für Sport- und Freizeitbekleidung sind hier unter einem Dach zu finden. Gonso, eine feste Größe im Bereich Radsport-, Nordic-Fitness- und Ski-Langlaufbekleidung. Für erstklassige Ski- und Snowboard-Mode, aber auch für Streetwear und Outdoor-Bekleidung stehen die Marken Maier Sports und US40. Fitnessbekleidung für selbstbewusste Damen bietet at.one.

Funktion und Mode

Warenangebot

Im Sommer: Radsportbekleidung von Gonso, Outdoor- und Wanderbekleidung von Maier Sports, junge Streetwear von US40, Damen-Fitnessbekleidung von at.one. Im Winter Nordic-Fitness-/Ski-Langlaufbekleidung von Gonso, Ski- und Snowboard-Bekleidung von Maier Sports und US40.

Ersparnis

20 bis 50% bei Auslaufware, 1B-Ware und Sondermodellen. Zum Ende der Sommer-/Wintersaison nochmals reduziert. Aktuelle Saisonware zu fachhandelsüblichen Preisen.

Ambiente

Der Fabrikverkauf wurde vergrößert und ist großzügig und übersichtlich gestaltet. Fachkundige Beratung.

Adresse

Gonso Bike & Active GmbH & Co. KG, Eberhardstraße 24, 72461 Albstadt-Onstmettingen, Telefon: 0 74 32/2 09 52, Fax: 2 09 88.

Öffnungszeiten

Montag bis Freitag 10.00 bis 18.00 Uhr, Samstag 10.00 bis 14.00 Uhr.

Anreise

Der Stadtteil Onstmettingen befindet sich im Norden von Albstadt. Die Eberhardstraße ist eine Parallelstraße zur Hauptstraße (Thanheimer Straße). Der Verkauf ist ausgeschildert. Siehe auch Übersichtskarte Seite 76.

Man nehme die drei Anfangsbuchstaben des Herstellernamens Conzelmann, bringe die beiden Anfangsbuchstaben des Herkunftsortes, der Gemeinde Tailfingen, dazu und fertig ist der Firmenname Con-ta. Auf über 80 Jahre Firmengeschichte kann man stolz zurückblicken.

Der Basic-Spezialist

Warenangebot
Hochwertige Tag- und Nachtwäsche für Damen, Herren und Kinder. Dessous, Funktionswäsche, Hemden.

Ersparnis
Bei regulärer Ware 30 bis 40 %. Zusätzlich immer günstige Schnäppchen.

Ambiente
Ca. 190 m² Verkaufsfläche. Übersichtliche, ansprechende Warenpräsentation. Gute Beratung, Kundenparkplätze.

Adresse
Gebr. Conzelmann GmbH & Co. KG, Untere Bachstr. 60, 72461 Albstadt-Tailfingen, Telefon: 0 74 32/97 95-4 54, Fax: 97 95-50.

Öffnungszeiten
Montag bis Freitag 9.00 bis 18.00 Uhr, Samstag 9.00 bis 12.00 Uhr.

Weitere Verkaufsstellen (Auswahl)
● 72414 **Rangendingen**, Hechinger Straße 36, Telefon: 0 74 71/87 13 27.
● 72477 **Schwenningen**, Talstraße 10, Telefon: 0 75 79/9 33 61-28.
● 74575 **Schrozberg**, Windmühlenstraße 11, Telefon: 0 79 35/72 69 00.

● 82467 **Garmisch-Partenkirchen**, Klammstraße 2, Telefon: 0 88 21/9 66 86 04.
● 88214 **Ravensburg-Weißenau**, Friedrichshafener Straße 6, Telefon: 07 51/65 23 39.

Anreise
B463 Balingen–Sigmaringen nach Albstadt-Ebingen. Weiter nach Albstadt-Tailfingen. Nach der Shell-Tankstelle links ab. Der Verkauf ist ausgeschildert. Siehe auch Übersichtskarte Seite 76.

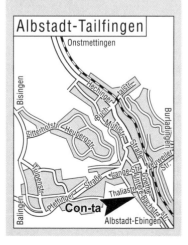

golléhaug
C·O·L·L·E·C·T·I·O·N

EINKAUFS-GUTSCHEIN

Die hier angebotenen Strickwaren entsprechen dem höchsten Genre. Verarbeitet werden hervorragende Qualitäten. Farben und Schnitte sind top-aktuell.

Wie in der Boutique

Warenangebot
Nur Damenbekleidung, vor allem Strickwaren: Pullover, Strickjacken und Strickwesten, T-Shirts. Alles farblich aufeinander abgestimmte Themen. Dazu werden passende Hosen, Röcke, Jacken und Blazer angeboten. Größe 36 bis 52.

Ersparnis
20 bis 30% auf 1. Wahl.

Ambiente
Sehr ansprechender Verkaufsraum. Ware nach Farben und Preisklassen sortiert. Verkauf und Sortiment wie in einer Boutique. Der Unterschied: Hier gibt es auch sehr günstige 1B-Ware.

Adresse
Gottlieb Haug GmbH & Co. KG, Emil-Mayer-Straße 35 (beim Naturbad), 72461 Albstadt, Telefon: 074 32/97 92-50, Fax: 97 92-30, Internet: www.gollehaug.de.

Öffnungszeiten
Montag bis Freitag 9.00 bis 12.00 und 13.30 bis 18.00 Uhr, Samstag 9.00 bis 13.00 Uhr. Im August (2. bis 4. Augustwoche) bleibt der Verkauf geschlossen.

Anreise
Auf der B463 Balingen–Sigmaringen nach Albstadt-Ebingen. Dort nach Albstadt-Tailfingen. In Tailfingen Richtung Onstmettingen. Nach dem Ortsendeschild links ins Industriegebiet. Golléhaug befindet sich beim Naturfreibad direkt auf der rechten Seite. Verkauf beim Besucherparkplatz. Siehe auch Übersichtskarte Seite 76.

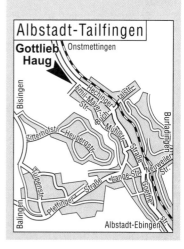

EINKAUFS-GUTSCHEIN

Ahorn Sportswear ist bundesweit der Übergrößenspezialist für Sport- und Freizeitmode. Auch im Bereich der Piqué-Polohemden nimmt Ahorn eine Spitzenposition ein. Das Basic-Programm wurde wesentlich erweitert, das Angebot an schadstoffgeprüften Textilien vergrößert. Größen: S bis 10XL.

Sportlich bis Größe 10XL

Warenangebot

Damen- und Herren-Aktivsport-Bekleidung. Darüber hinaus alles für den „Übergrößen-Mann": Sportswear, Aktivsportmode, Tag- und Nachtwäsche, Hemden für Business und Freizeit, Lederbekleidung, Bademäntel, Socken. Erhältliche Größen: L bis 10XL (Bauchumfang von ca. 2 m).

Ersparnis

Bei neuen und laufenden Kollektionen ca. 30 %, Auslaufmodelle und -farben ca. 50 %, Designermuster, Einzelstücke ca. 70 %.

Ambiente

Verkaufsräume im Erdgeschoss, übersichtliche Präsentation, freundliches, fachkundiges Personal, gute Beratung.

Adresse

Ahorn Sportswear Textilien GmbH, Otto-Lilienthal-Straße 2a, 55232 Alzey, Telefon: 0 67 31/94 89 27.

Öffnungszeiten

Montag bis Freitag 9.00 bis 18.30 Uhr, Samstag 9.00 bis 13.30 Uhr.

Weitere Verkaufsstelle

● 72461 **Albstadt-Tailfingen**, Neuweiler Straße 6, Telefon: 0 74 32/17 16 68.

Anreise

A61 Koblenz–Ludwigshafen, Ausfahrt Alzey. Links in Richtung Industriegebiet, dann rechts in die Industriestraße. Durch zwei Kreisverkehre fahren. Danach die 1. Straße links und gleich wieder links, graues Alugebäude.

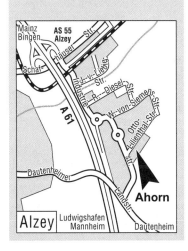

gardeur

Die gardeur AG ist eine große deutsche Bekleidungsfirma, die modische Damen- und Herrenbekleidung herstellt. Sie ist bekannt für tragbare, unkomplizierte, sportive Mode, die im guten Fachhandel zu kaufen ist.

Irgendwann ist es gardeur

Warenangebot
Damen- und Herrenhosen, Anzüge, Krawatten, Röcke, T-Shirts, Blazer, Pullover, Hemden, Gürtel und Stoffe.

Ersparnis
30 bis 50 %.

Ambiente
Der Verkaufsraum ist mit PVC-Boden ausgelegt und hat auch sonst etwas von einer Lagerhalle. Umkleidekabinen und Spiegel sind ausreichend vorhanden. Die Ware ist übersichtlich geordnet. Nach dem Betreten des Firmengeländes ist der Verkauf gut ausgeschildert. Er befindet sich in einem kleineren Gebäude hinter der Fabrik.

Adresse
gardeur AG, Hauptstraße 400, 26689 Apen-Augustfehn, Telefon: 0 44 89/ 3 09 42.

Öffnungszeiten
Montag bis Freitag 10.00 bis 16.30 Uhr, Samstag 9.00 bis 16.00 Uhr.

Anreise
A28 Richtung Emden, Ausfahrt Apen-Westerstede. Dann nach Augustfehn. Die Firma liegt am Ortsrand an der Hauptstraße und ist nicht zu übersehen.

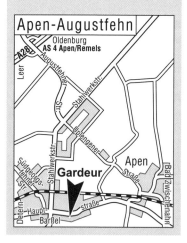

Berndes hat seinen Werksverkauf neu eröffnet und bietet mittlerweile nicht nur eigene Produkte, sondern auch Erzeugnisse vieler Markenpartner an. Hier gibt es alles, was der ambitionierte Küchenchef oder die -chefin braucht.

Alles für die gute Küche

Warenangebot

Kochgeschirr aus verschiedenen Materialien, Küchenhelfer und Zubehör, Textilien, Mühlen, Schneidwaren, Abfalleimer, Brotkästen, Aufbewahrungsbehälter, Porzellan, Bestecke und vieles mehr. Gute Auswahl an 2.-Wahl-Artikeln, Restposten und regulärer Ware.

Ersparnis

Vier Preisstufen mit farblicher Markierung bieten Einsparungen von 30, 40, 50 oder 60 %.

Ambiente

Heller, freundlicher Verkaufsraum mit fachlicher Beratung und Kinderspielecke. Für größere Gruppen werden auch Kochvorführungen angeboten. Ausreichend Parkplätze vorhanden.

Adresse

Berndes Best Buy GmbH, Gewerbegebiet Wiebelsheide, Wiebelsheidestraße 9, 59757 Arnsberg, Telefon: 0 29 32/94 17 90.

Öffnungszeiten

Montag bis Freitag 10.00 bis 18.00 Uhr, Samstag 10.00 bis 16.00 Uhr. Im Dezember: Montag bis Freitag 10.00 bis 20.00 Uhr, Samstag 10.00 bis 16.00 Uhr.

Anreise

A46, Ausfahrt Neheim-Süd, Richtung Rathausplatz/Herdringen. Ruhrbrücke überqueren, am Bahnhof vorbei in den Holzener Weg. Am Industriegebiet in die Wiebelsheidestraße einbiegen, ab dem Hauptwerk dem Straßenverlauf folgen (ca. 1 km).

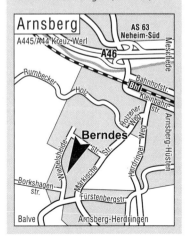

In dritter Generation steht der Name Kalb für individuelle Mode aus Aschaffenburg. Der Fabrikverkauf bietet ein hochwertiges und modisches Angebot. Das Prinzip lautet: höchste Qualität zu sympathischen Preisen.

Edel-Schnäppchen

Warenangebot

Für Herren: Hemden, Anzüge, Sakkos, Strickwaren, Jerseybekleidung, Krawatten, Tagwäsche. Für Damen: Strickwaren, Hosen, Blusen, Blazer, Jerseys, Kostüme, Accessoires wie Taschen und Foulards.

Ersparnis

30 bis 40 %.

Ambiente

Großzügiger Verkaufsraum mit sehr freundlichem Verkaufspersonal, Umkleidekabinen, Selbstbedienung und Beratung, Änderungsservice, Parkplätze.

Adresse

Kalb Fabrikverkauf GmbH, Schwalbenrainweg 36, 63741 Aschaffenburg-Strietwald, Telefon: 0 60 21/41 22 01, Fax: 41 22 17, E-Mail: info@kalb-fabrik verkauf.de, Internet: www.kalb-fabrik verkauf.de.

Öffnungszeiten

Montag bis Freitag 10.00 bis 18.00 Uhr, Samstag 10.00 bis 18.00 Uhr.

Anreise

A3 Frankfurt–Würzburg, Ausfahrt 58, Aschaffenburg-West. Weiter auf der B8 Richtung Aschaffenburg Zentrum. Nach 1 km Ausfahrt Strietwald. An der 1. Ampel links ab in die Linkstraße. Nach 300 m links.

Das Schuhhaus Rohrmeier ist weit über Aschaffenburg hinaus bekannt, als eines der größten Schuhhäuser in Deutschland. Dort gibt es über 100.000 Paar Markenschuhe auf 2000 m² Verkaufsfläche.

Riesengroße Schuhauswahl

Warenangebot
Große Auswahl an Damen-, Herren- und Kinderschuhen fast aller deutscher Markenfabrikate, der bekanntesten internationalen Schuhhersteller und Designer. Unter- und Übergrößen (Damenschuhe von 35 bis 45, Herrenschuhe von 38 bis Größe 50). Breites Taschen- und Accesoires-Programm; Saisonneuheiten.

Ersparnis
Mindestens 15 bis 20%. Tausende von Einzel- und Restpaaren besonders stark reduziert.

Ambiente
Freundliche, fachlich kompetente Beratung, großzügige Atmosphäre. Kinderfüße werden nach WMS vermessen. 100 Parkplätze.

Adresse
Rohrmeier Markenschuhe, Boschweg 10, 63741 Aschaffenburg-Strietwald, Telefon: 0 60 21/4 81 64, Fax: 46 08 70, E-Mail: info@rohrmeier-markenschuhe. de, Internet: www.rohrmeier-marken schuhe.de.

Öffnungszeiten
Montag bis Freitag 9.30 bis 19.00 Uhr, Samstag 9.30 bis 18.00 Uhr.

Anreise
A3 Frankfurt–Würzburg, Ausfahrt Aschaffenburg-West.   Richtung Aschaffenburg. 2. Ausfahrt Richtung Industriegebiet Strietwald abfahren. Dann zweimal links. Oder: A3 Frankfurt–Würzburg, Ausfahrt Aschaffenburg-West. Dann auf der Schnellstraße B8 Richtung Aschaffenburg bis zur Ausfahrt „Gewerbegebiet Strietwald". Nach der Ausfahrt zweimal links. Nach den Bahnbrücken den roten Hinweisschildern folgen.

Die Rintelner Hosenmanufaktur ist auf Hosen spezialisiert. Als Produzent der bekanntesten Hosenmarken in Deutschland, bietet RHM Top-Qualität und neuestes Design. Neben Hosen aus eigener Produktion gibt es auch Bekleidung anderer namhafter norddeutscher Hersteller.

Der Hosenspezialist

Warenangebot
Anzüge, Sakkos, Hosen, Hemden, Pullover, Mäntel, Jeans und Jacken u.a. von Barutti, Otto Kern, Pierre Cardin, Benvenuto. Daneben gibt es auch Damenmode, z.B. von Taifun oder Redgreen.

Ersparnis
Bis zu 50%. Fragen Sie nach der RHM-Kundenkarte. Sie gewährt einen Bonus von 3% und einige weitere Vorteile.

Ambiente
Gepflegter Fabrikverkauf auf über 300 m². Freundliches Personal. Änderungsservice, der die geänderten Teile auch nach Hause liefert.

Adresse
RHM Mode, Handelsgesellschaft mbH & Co. KG, Welle 23, 31749 Auetal-Rolfshagen, Telefon: 05753/960020, Fax: 92050, E-Mail: info@rhm-mode.de, Internet: www.rhm-mode.de.

Öffnungszeiten
Montag bis Mittwoch 15.00 bis 18.00 Uhr, Donnerstag und Freitag 15.00 bis 19.30 Uhr und Samstag 9.00 bis 16.00 Uhr.

Anreise
A2 Hannover–Osnabrück, Ausfahrt Bad Eilsen. Rechts auf die B83 Richtung Hameln/Rinteln, dann links Richtung Rehren, weiter links Richtung Obernkirchen/Rolfshagen und in Rolfshagen rechts Richtung Kathrinhagen. Ca. 200 m nach der Schule finden Sie ein Hinweisschild auf RHM.

BERND BERGER

FACTORY OUTLET

Bernd Berger steht für topaktuelle Designermode, die angenehm tragbar und bezahlbar ist. Die Firma Tatami-Schuh hat die Marke wiederbelebt und ins Gewerbegebiet Lohfeld geholt.

Top Mode zu Top Preisen

Warenangebot
Die gesamte Palette der Damenmode. Aktuelle Kollektionen in großer Auswahl und in ansprechender Präsentation.

Ersparnis
Bis zu 40 %.

Ambiente
Angenehme Atmosphäre, in der man sich gerne von der Mode inspirieren lässt. Gute persönliche Beratung, Anprobekabinen, großer Parkplatz. Das Bernd Berger Factory Outlet wurde in den Gebäudekomplex des Birkenstock Fachgeschäfts integriert.

Adresse
Bernd Berger Factory Outlet, Tatami Schuh GmbH, Rheinstraße 2, 53604 Bad Honnef, Telefon: 0 22 24/9 78 24 68.

Öffnungszeiten
Montag bis Freitag 9.00 bis 19.00 Uhr, Samstag 9.00 bis 18.00 Uhr.

Anreise
B42 Bonn–Neuwied, Ausfahrt Bad Honnef. Den Schildern „Gewerbegebiet Lohfeld" folgen. Das Outlet befindet sich im Gebäudekomplex des Birkenstock-Fachgeschäfts. Einfahrt gegenüber der Zufahrt zur Rheinfähre oder aus Richtung Neuwied: B42, Ausfahrt Rheinbreitbach/Bad Honnef; den Schildern „Gewerbegebiet Lohfeld" folgen.

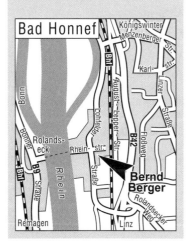

BIRKENSTOCK
Made in Germany • Tradition seit 1774

Mehr Schuhe und Sandalen als bei Birkenstock gibt es in kaum einem anderen Outlet. Birkenstock steht für Fußbekleidung mit eingebauter Gesundheit. Nicht zuletzt wegen des einzigartigen Fußbetts wurden „The Birkenstocks" weltweit ein Kultprodukt. Die Marke beweist: Gesunde Schuhe können durchaus modischen Schick haben.

Wellness für die Füße

Warenangebot

Mit 50.000 Paar Schuhe und Sandalen größte Auswahl an Komfortschuhen. Zu den Sandalen-Klassikern kommen modische Linien wie Tatami, Footprints, Papillio, Alpro, Birki und Betula. Geschlossene Schuhe, Sneaker und Stiefel ergänzen das Programm. Größe 25 bis 50.

Ersparnis

Mindestens 10 %, 2. Wahl und Restposten bis zu 70 %.

Ambiente

Schuhfachgeschäft mit Erwachsenen- und Kinderabteilung, Beratung durch geschultes Fachpersonal. Zweistöckige Verkaufshalle. Die Sandalen und Schuhe sind nach Größen geordnet auf langen SB-Regalen. Großer Parkplatz.

Besonderheiten

Rund um Birkenstock haben sich weitere Marken-Fabrikverkäufe angesiedelt, z.B. Trigema, Doris Meyer, Herding, Egeria und Bernd Berger.

Adresse

Birkenstock Fachgeschäft GmbH & Co.

KG, Rheinstraße 2, 53604 Bad Honnef, Telefon: 0 22 24/9 23 80.

Öffnungszeiten

Montag bis Freitag 9.00 bis 19.00 Uhr, Samstag 9.00 bis 18.00 Uhr.

Anreise

B42 Bonn-Neuwied, Ausfahrt Bad Honnef; den Schildern „Gewerbegebiet Lohfeld" folgen; Einfahrt gegenüber der Zufahrt zur Rheinfähre.

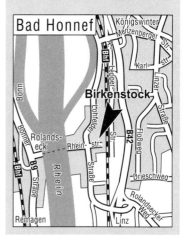

Weitere Verkaufsstellen
Berlin
- 10178 **Berlin-Mitte**, Neue Schönhauser Straße 6-7, Telefon: 0 30/28 09 96 94.

Schleswig-Holstein
- 23730 **Neustadt i. H.**, Eutiner Straße 49, Telefon: 0 45 61/51 37 92.
- 25761 **Büsum**, Hafentörn 2, Telefon: 0 48 34/96 29 04.

Niedersachsen
- 37441 **Bad Sachsa-Tettenborn-Kolonie**, Steinlohstraße 1-7, Telefon: 0 55 23/30 37 63.

Nordrhein-Westfalen
- 40213 **Düsseldorf**, Wallstraße 29, Telefon: 02 11/8 28 55 83.
- 50226 **Frechen**, Kölner Straße 195-197, Telefon: 0 22 34/20 67 84.
- 57392 **Schmallenberg-Bad Frede-burg**, Wehrscheid 24, Telefon: 0 29 74/83 35 91.

Hessen
- 61191 **Rosbach-Ober-Rosbach**, Raiffeisenstraße 6, Telefon: 0 60 03/93 43 90.

Saarland
- 66693 **Mettlach**, Marktplatz 6, Telefon: 0 68 64/27 03 48.

Rheinland-Pfalz
- 67663 **Kaiserslautern**, Merkurstraße 19, Telefon: 06 31/3 50 81 41.

Baden-Württemberg
- 72393 **Burladingen**, Josef-Mayer-Straße 94, Telefon: 0 74 75/91 46 10.
- 79189 **Bad Krozingen**, Im Unteren Stollen 5, Telefon: 0 76 33/80 62 25.
- 79664 **Wehr**, Im Hemmet 12, Telefon: 0 77 62/80 51 80.

- 88361 **Altshausen**, Max-Planck-Straße 9, Telefon: 0 75 84/92 79 79.
- 97999 **Igersheim**, Bad Mergentheimer Straße 38, Telefon: 0 79 31/93 28 20.

Bayern
- 82496 **Oberau**, Werdenfelser Straße 28, Telefon: 0 88 24/91 04 40.
- 87480 **Weitnau**, Klausenmühle 1, Telefon: 0 83 75/97 57 95.
- 87541 **Bad Hindelang**, Am Bauernmarkt 1, Telefon: 0 83 24/95 31 85.
- 97688 **Bad Kissingen**, Rudolf-Diesel-Straße 21, Telefon: 09 71/7 85 33 07.

Öffnungszeiten
Kernöffnungszeiten jeweils Montags bis Freitag 10.00 bis 18.00 Uhr, Samstag 10.00 bis 14.00 Uhr. Mögliche standortspezifische Öffnungszeiten sollten per Telefon erfragt werden.

Das Unternehmen stellt seit über 90 Jahren Spielzeug her. In dieser langen Tradition wurde stets Wert gelegt auf naturgetreues Aussehen, gute Verarbeitung und hohen Spielwert. Durch den Kauf der Marke Silke werden jetzt auch Stoffpuppen und Stofftiere für Kleinkinder gefertigt.

Tiere zum Kuscheln

Warenangebot

Das ganze Tierreich ist hier vertreten: Maikäfer, Schneeeule, Luchs, Elefant, Giraffe und viele, viele andere Plüschtiere führen hier ein friedliches Miteinander mit Stoffpuppen und Teddybären.

Ersparnis

Ca. 20 %.

Ambiente

Der Werksverkauf befindet sich direkt am Firmensitz. Der Verkaufsraum gleicht einem Spielwarengeschäft und lässt mit seiner großen Vielfalt an Plüschtieren und Puppen nicht nur Kinderherzen höher schlagen.

Adresse

Kösener Spielzeug Vertriebs GmbH, Rudolf-Breitscheid-Straße 2b, 06628 Bad Kösen, Telefon: 03 44 63/6 13 63, Fax: 33-110, Internet: www.koesener.de.

Öffnungszeiten

Montag bis Freitag 10.00 bis 18.00 Uhr, Samstag 10.00 bis 17.00 Uhr, Sonntag und Feiertage 11.00 bis 17.00 Uhr.

Anreise

A9 Nürnberg–Berlin, Ausfahrt Naumburg und weiter auf der B180 nach Naumburg und auf der B87 Richtung Weimar nach Bad Kösen. In Bad Kösen links zum „Mutigen Ritter", von dort zum Parkplatz beim Werksverkauf.

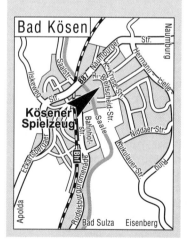

GLÄSER

Das renommierte Unternehmen Gläser bietet attraktive Kombinationen und ein umfangreiches Blusensortiment an. Der Fabrikverkauf ist ein Festival für Frauen, die Wert auf modische, feminine und sportive Bekleidung legen.

Der DOB-Spezialist

Warenangebot
Sehr große Auswahl an Blusen, T-Shirts und Kombimode in verschiedenen Materialien, auch in großen Größen. Ebenfalls erhältlich sind junge Mode und hochwertige Musterteile aus den italienischen Kollektionen.

Ersparnis
30 bis 60 % bei 1B-Teilen, Musterteilen sowie jeweils zum Saisonende.

Ambiente
Heller Verkaufsladen mit Umkleidekabinen, hilfsbereite Verkäuferinnen, Fehler sind auf den Kleidungsstücken angezeichnet.

Adresse
Gläser Fabrikverkauf, Riegelgrube 23, 55543 Bad Kreuznach, Telefon: 06 71/ 7 94 65 15.

Öffnungszeiten
Montag bis Freitag, 9.30 bis 17.30 Uhr, Samstag 9.00 bis 14.00 Uhr.

Anreise
Bad Kreuznach liegt südwestlich von Mainz. Auf der B41/428 Richtung Bad Kreuznach. Hier ins Industriegebiet Süd fahren. In den Kreisverkehr hinein und die Ausfahrt Kreuznach, Industriegebiet Süd 1, nehmen. Gleich die 1. Straße links abbiegen. Nach ca. 50 m auf der rechten Seite ist der Werksverkauf.

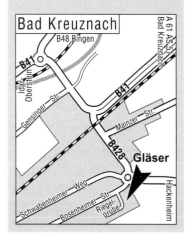

LAURA LEBEK

Das Unternehmen Lebek ist ein Begriff in der Modewelt. Im Verkauf hier sieht man vor allem Mode der Marken Lebek, Laura Lebek und Chevy, soweit das Auge reicht. Zu Saisonbeginn fanden wir eine sehr große Auswahl, die Sie und Ihn fündig werden lässt.

Mode-Mekka

Warenangebot
Standardkollektion: Mäntel, Jacken, Swinger, Anoraks, Blusen, Hosen, T-Shirts, Hemden, Jeans, Bermudas. In der Frühjahrskollektion auch leichtere Stoffe.

Ersparnis
30 bis 45 %. B-Ware ist jeweils auf dem Kleidungsstück vermerkt.

Ambiente
Einfacher, großer Verkaufsraum. Gegen Ende der Saison vermindert sich das Angebot stark.

Adresse
Lebek International Fashion GmbH & Co., Kirburger Straße 1, 56470 Bad Marienberg, Telefon: 0 26 61/91 92 90, Fax: 91 91 79.

Öffnungszeiten
Montag bis Donnerstag 10.00 bis 13.00 und 14.30 bis 17.30 Uhr.

Anreise
Bad Marienberg liegt nordöstlich von Koblenz. Auf der B413 nach Hachenburg, weiter auf der B414 nach Bad Marienberg. Kurz nach dem Ortseingang befindet sich die Firma auf der rechten Seite. In die 2. Firmeneinfahrt fahren und geradeaus auf den Parkplatz. Der Ladeneingang ist rechts.

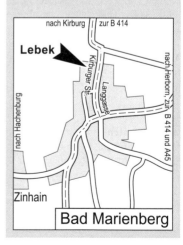

Italienische Mode ist ein Schwerpunkt im Angebot von Alba Moda. Im tiefsten Ostwestfalen hat diese Tochter des Otto-Versands ein außergewöhnliches Angebot exklusiver italienischer Damen- und Herrenmode geschaffen. Diese supergünstige Mode hat Bad Salzuflen zu einem Einkaufsziel weit über Westfalen hinaus gemacht.

Italomode aus Bad Salzuflen

Warenangebot

Damen- und Herrenbekleidung. Tag- und Nachtwäsche, Freizeitbekleidung. Außerdem Artikel vieler bekannter Marken. Preislich besonders interessant: Saisonüberhänge, Restposten usw.

Ersparnis

Bis zu 70 %, auf Saisonüberhänge. Zusätzlich ständig Sonderverkaufsaktionen. Weitere Vergünstigungen mit der kostenlosen „Vorteils-Card", die auf Wunsch sofort im Shop ausgestellt wird.

Ambiente

Großzügiger Shop, kompetente Beratung, klimatisierte Verkaufsräume, preiswerte Cafeteria, Kinderkino. Über 300 kostenlose Parkplätze direkt vor dem Shop.

Adresse

Alba Moda Shop, Daimlerstraße 13, 32108 Bad Salzuflen, Telefon: 0 52 22/ 92 05 55.

Öffnungszeiten

Montag bis Freitag 10.00 bis 19.00 Uhr, Samstag 10.00 bis 18.00 Uhr.

Anreise

A2, Ausfahrt Ostwestfalen-Lippe Richtung Lemgo/Bad Salzuflen. Auf der Ostwestfalenstraße etwa 8 km bis zur Ausfahrt Herford/Detmold (B239), dann 1. Ampelkreuzung geradeaus (B239 überqueren) und 1. Straße (Daimlerstraße) rechts. Zum Parkplatz der Beschilderung folgen.

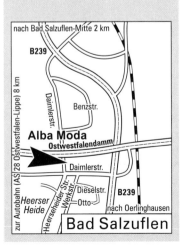

Bekleidung, die von weiten Reisen und glücklich überstandenen Abenteuern erzählt, und Outdoor-Schuhe, die in Ausstattung und Verarbeitung überzeugen: Damit kann man die Natur bei jeder Witterung erleben und genießen.

Simply the Best

Warenangebot

Große Auswahl für Damen, Herren, Kinder: Trekkingschuhe, Boots, Halbschuhe, Stiefel, Mokassins. Herrenbekleidung: Outdoor-Jacken, Lederjacken, Blousons, Trekkinghosen, Hosen, Jeans, Hemden, T-Shirts, Sweatshirts, Accessoires: Taschen, Rucksäcke, Caps, Mützen, Uhren, Handschuhe. Kleine Auswahl an Outdoor-Bekleidung für Kinder.

Ersparnis

30 bis 70 %.

Ambiente

Der großzügige Verkaufsraum ist ganz in Holz gehalten: Timberland eben. Beratung auf Anfrage. Übersichtlich präsentiert. Parkplätze vorhanden, ggf. auf den großen Parkplatz ca. 100 m Richtung Baierbrunn ausweichen.

Adresse

The Timberland World Trading GmbH, Höllriegelskreuther Weg 3-5, 82065 Baierbrunn-Buchenhain, Telefon: 0 89/ 79 36 03 90.

Öffnungszeiten

Montag, Dienstag, Mittwoch, Freitag 13.00 bis 18.30 Uhr, Donnerstag 13.00 bis 20.00 Uhr, Samstag 10.00 bis 16.00 Uhr, Weihnachtssamstage 10.00 bis 18.00 Uhr.

Anreise

A95 München–Garmisch-Partenkirchen, Ausfahrt Schäftlarn, weiter nach Baierbrunn, dort auf der B11 Richtung München. Timberland nach dem Ortsende rechts (Hinweisschild).

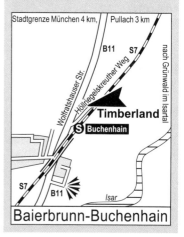

GREIFF

EINKAUFS-GUTSCHEIN

Greiff ist Marke und vereint fachliche Kompetenz und modisches Know-how in Berufsbekleidung und Damen- und Herrenkonfektion. Modische Kollektionen, hochwertige Stoffe, erstklassige Schnitte.

Mode für Sie und Ihn

Warenangebot
Aktuelle Kollektion aus eigener Produktion. Eigene Labels Greiff und Donna G. aber auch zugekaufte Ware. Umfangreiches Vollsortiment: Anzüge, Sakkos, Hemden, Jeans, Kostüme, Pullis, Accessoires. Die Modelinien sind klassisch, leger, trendy. Große Auswahl auch in großen Größen. Hauseigene Schneiderei.

Ersparnis
10 bis 40 % bei aktuellen Kollektionen. Zusätzliche Ersparnis bei 2.-Wahl-Ware und Musterteilen.

Ambiente
Angenehme Verkaufsatmosphäre auf etwa 1200 m² Verkaufsfläche. Fachkundige Beratung auf Wunsch. Parkplätze direkt vor der Tür.

Adresse
Greiff Mode GmbH & Co., Memmelsdorfer Straße 250, 96052 Bamberg, Telefon: 09 51/40 52 78, Fax: 40 52 23, E-Mail: outlet@greiff.de, Internet: www.greiff-outlet.de.

Öffnungszeiten
Montag bis Freitag 9.30 bis 19.00 Uhr, Samstag 9.00 bis 16.00 Uhr.

Anreise
A73 Nürnberg–Bamberg–Coburg, Ausfahrt Memmelsdorf/Bamberg-Gartenstadt, Richtung Bamberg. Nach 300 m ist links das Greiff-Firmengebäude. Das Factory Outlet befindet sich etwas weiter hinten.

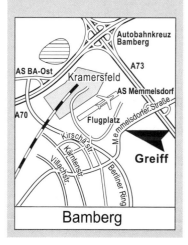

WINKLE
POLSTERBETTEN

Die Firma Winkle liefert täglich 700 bis 800 Polsterbetten ins In- und Ausland; angesiedelt in der unteren bis mittleren Preisklasse.

Qualität preiswert

Warenangebot

Polsterbetten, Kippsofas, Funktionssofas, Wasserbetten, Lattenrahmen, Steppwaren und Standard-Matratzen aus eigener Produktion, Latex-Matratzen. Nur Retouren, beschädigte Ware, Auslaufmodelle, Messegarnituren und 2.-Wahl-Ware.

Ersparnis

30 bis 50%. Extra-Reste-Verkauf.

Ambiente

Sehr schöner Präsentationsraum. Fachkundiges Personal, das auch den Aufbau erklärt. Anlieferung der Ware in die nähere Umgebung möglich.

Adresse

Winkle Polsterbetten, Ludwigsburger Straße 91, 71726 Benningen, Telefon: 0 71 44/99 70, Fax: 9 97 99.

Öffnungszeiten

Montag bis Donnerstag 8.00 bis 12.00 und 13.00 bis 17.00 Uhr, Freitag 8.00 bis 12.00 und 13.00 bis 16.00 Uhr, Samstag 8.00 bis 12.00 Uhr. Im August Betriebsferien, bitte vorher anrufen.

Anreise

Auf der Strecke Ludwigsburg-Benningen befindet sich rechts am Ortseingang von Benningen unübersehbar die Polsterbetten-Fabrik. Von der A81 Stuttgart–Heilbronn kommend, Ausfahrt Pleidelsheim, weiter nach Murr, von Murr nach Benningen, durch den Ort Richtung Ludwigsburg hindurch durchfahren, Firma am Ortsende links.

Benningen am Neckar

KPM

König Friedrich der Große gab der Porzellanmanufaktur Namen und Zeichen: das königsblaue Zepter. Seitdem entstanden hier in jeder Epoche stilprägende Porzellane, immer wieder neue Klassiker in schöner, traditioneller und moderner Formgebung und Bemalung. Das handgeformte KPM-Porzellan besitzt außerdem hohe Funktionalität und findet deshalb zunehmend Verwendung in der gehobenen Gastronomie.

Die Klassiker in Porzellan

Warenangebot
Angeboten wird im Manufakturverkauf in erster Linie hochwertiges Porzellan. Daneben gibt es jedoch auch B-Ware und Auslaufmodelle.

Ersparnis
10 bis 30 %.

Ambiente
Im Manufakturverkauf auf dem Firmengelände können Sie sich einen einzigartigen Überblick über die außerordentliche Porzellankunst der KPM verschaffen. 2.-Wahl-Ware ist besonders gekennzeichnet.

Adresse
KPM-Königliche Porzellanmanufaktur Berlin GmbH, Manufakturverkauf, Wegelystraße 1, 10623 Berlin-Charlottenburg, Telefon: 0 30/39 00 92 15, Fax: 39 00 92 22, E-Mail: manufakturverkauf@kpm-berlin.de, Internet: www.kpm-berlin.de.

Öffnungszeiten
Montag bis Freitag 10.00 bis 19.00 Uhr, Samstag 10.00 bis 16.00 Uhr.

Anreise
Mit der S5, S75, S3, S9 zum S-Bahnhof Tiergarten. Dort ist der neue Manufakturverkauf. Mit dem Pkw: A100, Ausfahrt Kaiserdamm, dieser wird zunächst zur Bismarckstraße und dann zur Straße des 17. Juni. Von dieser links in die Bachstraße und wieder links in die Wegelystraße.

Becon Berlin ist Hersteller hochwertiger Bekleidung für Herren und Damen. Unter dem Label Becon menswear und Becon women erwartet Sie eine abgestimmte, gut kombinierbare Kollektion aus hochwertigen Stoffen.

Nicht nur Männersache

Warenangebot
Für Herren: Anzüge, Mäntel, Hosen, Sakkos, Westen, Pullis, Schals und Krawatten in reicher Auswahl. Das Angebot für Damen ist eher überschaubar. Neue Ware, aber auch Ware aus der Vorsaison. Kostenlose Änderungen beim Kauf eines Anzugs bzw. Kostüms. Weitere Vorteile mit einer Businesscard.

Ersparnis
30%, bei Sonderangeboten mehr.

Ambiente
Großer Verkauf, übersichtliche Warenpräsentation, freundliches Personal.

Adresse
Becon Berlin, Factory Outlet, Eldenaer Straße 35, 10247 Berlin-Friedrichshain, Telefon: 0 30/2 93 45 20, Internet: www.becon-berlin.de.

Öffnungszeiten
Montag bis Freitag 10.00 bis 19.00 Uhr, Samstag 10.00 bis 15.00 Uhr.

Weitere Verkaufsstellen
● 10117 **Berlin-Mitte**, Friedrichstraße 194-199, Telefon: 0 30/20 65 84 91. Montag bis Freitag 10.00 bis 19.00 Uhr, Samstag 10.00 bis 16.00 Uhr.

● 10369 **Berlin-Lichtenberg**, Landsberger Allee 171, Telefon: 0 30/97 60 40 12. Montag bis Freitag 10.00 bis 20.00 Uhr, Samstag 10.00 bis 16.00 Uhr.
● 14057 **Berlin-Westend**, Kaiserdamm 38, Telefon: 0 30/30 10 16 62. Montag bis Freitag 11.00 bis 20.00 Uhr, Samstag 10.00 bis 16.00 Uhr.

Anreise
A10, Ausfahrt Berlin-Hellersdorf, B1/B5 stadteinwärts, von der Frankfurter Allee rechts (Petersburger Straße), am Bersarinplatz halbrechts (Thaerstraße) und wieder rechts.

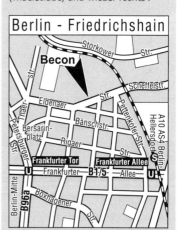

Berlin - Friedrichshain

Unter dem Mono-Label Lisa D. entwirft und schneidert Elisabeth Prantner ihre Kollektionen. Seit 1995 hat sie ihr Atelier in den Hackeschen Höfen. Ihre Mode ist auffällig, ausgefallen und für sehr modemutige Frauen gemacht.

Die Mode-Poetin

Warenangebot

Hosenanzüge, Kostüme, Röcke, Kleider, T-Shirts, Mäntel, Taschen. Der Schnitt ist beileibe nicht konservativ. Elisabeth Prantner arbeitet mit erstaunlich wirkungsvollen Details. Sie verwendet Naturstoffe in warmen Erdfarben, aber auch bunte Farben in neuen Fasern. Die ganz besondere Zugabe sind die Taschen.

Ersparnis

Ausgefallene Mode, die nicht serienmäßig gefertigt ist, hat ihren Preis. Eine Hose kostet etwa 220,– €. Sollte die Hose nicht ganz passen, können Sie diese auch nach Ihren Maßen schneidern lassen. Nebenan in Hof 5 beim Atelier werden Musterteile und Reste aus der Vorsaison zu 20 % reduzierten Preisen angeboten. Hier sind die Öffnungszeiten: Montag bis Donnerstag 12.00 bis 15.00 Uhr, Freitag und Samstag 12.00 bis 19.00 Uhr.

Ambiente

Kleine Boutique in sehr angenehmer Atmosphäre, das Personal hat Freude daran, die Kunden zu beraten .

Adresse

Lisa D., Elisabeth Prantner, Hackesche Höfe, Hof 4, Rosenthaler Straße 40/41, 10178 Berlin-Mitte, Telefon Geschäft: 0 30/2 82 90 61, Geschäft im Hof 5 mit Anschluss an das Atelier, Telefon: 0 30/ 2 83 43 54, Internet: www.lisad.com.

Öffnungszeiten

Montag bis Samstag 11.00 bis 19.30 Uhr, Sonntag 12.00 bis 16.00 Uhr.

Anreise

U8 bis Weinmeisterstraße oder S 3, 5, 7, 9 zur S-Bahnhaltestelle Hackescher Markt. Mit dem Auto sehr schwierig.

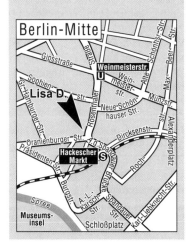

trippen

Die Trippen-Erfolgsgeschichte begann mit einer Holzschuhkollektion. Heute sind Trippen-Schuhe weltbekannt als ergonomische Schuhe in modischem Design, handgefertigt, mit hohem Tragekomfort. Sie werden in einer eigenen Fabrik in Zehdenick hergestellt. Mit seiner Cupkollektion hat Trippen dem Siegeszug der Sneaker ein modernes und handwerklich hochwertiges Produkt entgegengestellt.

Eine Erfolgsgeschichte

Warenangebot
Großes Angebot an klassisch-schlichten Damen- und Herrenschuhen, Stiefeln und Designer-Holzsandalen aus der vorhergehenden Saison.

Ersparnis
Bis 50 %.

Ambiente
Museale Industrieatmosphäre im Hinterhof. Außer dem kleinen Fabrikverkauf im zweiten Hof hinten links gibt es jetzt auf der rechten Seite beim Aufgang D im dritten Stock einen weiteren großen Verkaufsraum. Dieser Verkaufsraum ist nur zu Fuß zu erreichen, der Aufzug ist längst stillgelegt. Ein Telefon gibt es hier ebenfalls nicht.

Adresse
Trippen Fabrikverkauf, Chausseestraße 35, 10115 Berlin-Mitte, Telefon: 0 30/ 2 80 75 17.

Öffnungszeiten
Montag bis Freitag 10.00 bis 18.00 Uhr, Samstag 10.00 bis 16.00 Uhr.

Anreise
A100 bis AS Beusselstraße und geradeaus weiter in die Seestraße bis zur Kreuzung Seestraße/Müllerstraße. Hier rechts in die Müllerstraße und geradeaus weiter in die Chausseestraße. Oder mit der U6 bis zur Haltestelle Zinnowitzer Straße.

 **Marc Cain** Second Season

Immer etwas Besonderes: Das ist Designermode von Marc Cain. Marc Cain kleidet Frauen von Kopf bis Fuß und überzeugt durch die ideale Kombinierbarkeit. Dem Trend ist die Mode von Marc Cain oft voraus.

Treffpunkt Mode

Warenangebot
Sie können ein komplettes Outfit von Marc Cain aus der vorherigen Saison zusammenstellen, vereinzelt gibt es auch 2.-Wahl-Ware, aber auch diese aus der vorherigen Saison. Die Größen reichen von 1 bis 6, was den Größen 34 bis 44 entspricht. Es gibt Mäntel, Lederbekleidung, Blusen, Röcke, Hosen, Jacken, T-Shirts, Strickwaren, Schuhe, Accessoires, Schals, Taschen, Hüte.

Ersparnis
50%. Außerdem gibt es immer eine Ecke mit zusätzlich reduzierter Ware.

Ambiente
Großer gepflegter Lagerverkauf mit übersichtlich nach Farben sortierter Ware. Das Personal ist sehr freundlich und hilfsbereit.

Adresse
Marc Cain Second Season, Marc Cain GmbH, Oudenarder Straße 16, 13347 Berlin-Wedding, Telefon: 0 30/4 55 00 90, Fax: 45 50 09 25.

Öffnungszeiten
Montag bis Freitag 10.00 bis 19.00 Uhr, Samstag 10.00 bis 16.00 Uhr.

Weitere Verkaufsstelle
● 72411 **Bodelshausen**, Steinstraße 3, Telefon: 0 74 71/7 09-0.

Anreise
A100 bis zum Ende und geradeaus in die Seestraße. In Richtung Wedding halten. Kurz nach der Kreuzung Seestraße/Müllerstraße bei den Osram-Höfen rechts liegt die Oudenarder Straße. Parkplätze im Innenhof.

Die Firma Umlauf und Klein hat Erfahrung in der Herstellung damenhaft-sportiver Mode. Die Firma wurde in Burgdorf bei Hannover gegründet und ist dann nach Berlin umgezogen. Hier werden jetzt die in Mode und Qualität ansprechenden Modelle entwickelt, die dann in Asien gefertigt werden.

Berliner System

Warenangebot
Damenmäntel, Freizeitjacken, Blazer, Röcke, Hosen, T-Shirts und Blusen. Es handelt sich um Ware aus der Vorsaison, aber es gibt auch Modelle aus der laufenden Kollektion und 2.-Wahl-Ware.

Ersparnis
30 bis 50%.

Ambiente
Großer Lagerverkauf beim Werk mit Selbstbedienung. Umkleidekabinen sind vorhanden, Parkmöglichkeiten auf der Straße vor dem Firmengebäude.

Adresse
Umlauf und Klein GmbH & Co, Seesener Straße 10/13, 10709 Berlin-Wilmersdorf, Telefon: 0 30/8 96 00 40.

Öffnungszeiten
Mittwoch und Donnerstag 10.00 bis 19.00 Uhr, Freitag 10.00 bis 16.00 Uhr.

Anreise
A100, Ausfahrt Hohenzollerndamm, dort Richtung Wilmersdorf halten. An der 1. Kreuzung links in die Seesener Straße. Oder mit der S41, S42 oder S47 bis zur Haltestelle Hohenzollerndamm und zu Fuß ca. 400 m zum Fabrikverkauf.

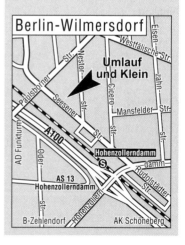

JOBIS

Jobis wurde in den 30er-Jahren in Berlin gegründet und ist seit 1946 in Bielefeld ansässig. Heute ist Jobis ein Tochterunternehmen der Seidensticker-Gruppe. Jobis ist für modernes Styling, Qualität und passformgerechte Verarbeitung bekannt.

Luxus zum Schnäppchenpreis

Warenangebot

Damenbekleidung in den Größen 36 bis 48. Mäntel, Jacken (Wolle, Daune und Stepper), Hosenanzüge, Kostüme, Coordinates, Hosen, Blazer, Röcke, T-Shirts, Blusen, Strickwaren. Auch Vollpelze, Jacken und Mäntel mit Pelzinnenfutter.

Ersparnis

Bis 30 %. Musterteile und 2.-Wahl-Ware 50 %. Sonderaktionen zu entsprechenden Sonderpreisen.

Ambiente

Übersichtliche Warenpräsentation, gute Auswahl, Parkplätze vor dem Haus.

Adresse

Jobis Factory Shop, Am Stadtholz 39-43, 33609 Bielefeld, Telefon: 05 21/32 80.

Öffnungszeiten

Montag bis Freitag 10.00 bis 18.00 Uhr, Samstag 10.00 bis 14.00 Uhr.

Weitere Verkaufsstelle

● 97877 **Wertheim-Dertingen**, Wertheim Village, Almosenberg, Telefon: 0 93 42/85 73 32 oder 85 73 33.

Anreise

A2, aus Richtung Dortmund kommend, Ausfahrt 26, Bielefeld-Sennestadt. Richtung Bielefeld Zentrum. In Höhe IKEA auf den Ostwestfalendamm, der nach dem Tunnel in die Eckendorfer Straße übergeht. An der 3. Ampel rechts. Über die A2 aus Richtung Hannover kommend, Ausfahrt 29, Herford. Richtung Herford/Bielefeld. Über die B61, Herforder Straße, hinter Seidensticker an der nächsten Ampel links in die Straße „Am Stadtholz".

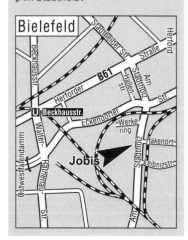

SEIDENSTICKER

Früher kam man nur mit einem Werksausweis in den Seidensticker-Werksverkauf. Jetzt verkauft Seidensticker mit viel Selbstbewusstsein ab Fabrik.

Alles Vorzeigemarken

Warenangebot

Breite Auswahl an Damen- und Herrenbekleidung: Pullover, Polo-Shirts, Hemden, Blusen, Nachtwäsche, Hosen, Jacken. Überhänge, Musterteile und 1B-Ware. Marken: Seidensticker, Jobis, Jacques Britt, Otto Kern, Joop!, Camel active, Dornbusch, Redford, Alpenland, Private Label, Jean Chatel, Lorenzo, Calvino, Mc Kay. Nicht alle Marken in allen Outlets.

Ersparnis

Meist 30 bis 40 % und manchmal 50 %, Sonderangebote darüber.

Ambiente

Gepflegter Laden. Gute, übersichtliche Warenpräsentation. Parkplätze vorhanden.

Adresse

Factory Outlet Store Seidensticker, Herforder Straße 182-194, 33609 Bielefeld, Telefon: 05 21/3 06-3 47, E-Mail: fos.bielefeld@seidensticker.de, Internet: www.seidensticker.de.

Öffnungszeiten

Montag bis Freitag 10.00 bis 18.00 Uhr, Samstag 10.00 bis 15.00 Uhr.

Weitere Verkaufsstellen

● 33378 **Rheda-Wiedenbrück**, Bosfelder Weg 7, Telefon: 0 52 42/40 40 44.

● 72555 **Metzingen**, Mühlstraße 5, Telefon: 0 71 23/2 14 90.
● 87527 **Sonthofen**, Burgsiedlung 1, Telefon: 0 83 21/67 43 50.
● 97877 **Wertheim-Dertingen**, Wertheim Village, Unit 95, Almosenberg, Telefon: 0 93 42/91 66 90.
● NL-6041 **Roermond**, McArthurGlen Designer Outlet Center Roermond, Stadsweide 150, Telefon: 00 31/4 79/31 72 17.

Anreise

A2, Ausfahrt Ostwestfalen-Lippe. Vom Ostwestfalendamm in die Eckendorfer Straße, dort links und wieder rechts.

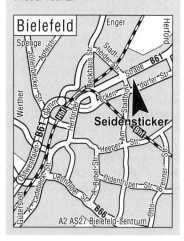

Windsor ist eine exklusive Premium-Marke. Der Stil ist klassisch, zeitlos und doch modern. Windsor wird von Damen und Herren getragen, die etabliert sind, die sich geschmackvoll, aber nie langweilig kleiden.

Stilvoll, modisch und seriös

Warenangebot

Damen- und Herrenbekleidung aus den Kollektionen Windsor women und Windsor men, aber auch viele Artikel aus den Joop-Kollektionen Joop women und Joop men. Anzüge, Kostüme, Blazer, Röcke, Hosen, Jacken, Mäntel, Blusen, Strickwaren, Hemden, Schuhe, Krawatten und Accessoires.

Ersparnis

Bis zu 30 % bei aktueller Ware, herabgesetzte Ware bis zu 60 % günstiger. Zweimal jährlich Saisonendverkäufe.

Ambiente

Gepflegtes Bekleidungshaus mit Fachpersonal, Anprobekabinen. Der Verkauf befindet sich nicht am Firmensitz. Zahlen mit EC-Karte möglich.

Adresse

Windsor Damen- und Herrenbekleidungs-GmbH, Aachener Straße 23, 33649 Bielefeld-Brackwede, Telefon: 05 21/1 45 30, Internet: www.windsor.de.

Öffnungszeiten

Montag bis Freitag 10.30 bis 18.00 Uhr, Samstag 9.00 bis 16.00 Uhr.

Weitere Verkaufsstelle

● 72555 **Metzingen**, Reutlinger Straße 36, Telefon: 0 71 23/38 09 09.

Anreise

A2 Dortmund–Hannover, Ausfahrt Bielefeld-Sennestadt. Auf der B68 weiter Richtung Brackwede/Paderborner Straße bis zum Südring. Auf dem Südring am Anschluss Severingstraße/Ostwestfalendamm vorbei bis zur Einfahrt ins Gewerbegebiet. Rechts in die Straße „Im Brocke", wieder rechts in die Archimedesstraße bis zur Aachener Straße.

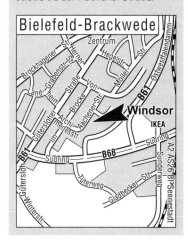

WorldShop
⊘ Lufthansa

Lufthansa-Vielflieger bekommen die WorldShop-Kataloge ins Haus geschickt. Die anderen LH-Passagiere finden Prospekte in den Sitztaschen der Flugsessel vor ihnen: Der Lufthansa WorldShop bietet ausgewählte, hochwertige In-Markenartikel für Flugreisen, Sport und Freizeit. Hier das Outlet der WorldShop Versandzentrale!

Von Piloten geliebt

Warenangebot

Reiseaccessoires und Reisebekleidung der gehobenen Klasse, Reisetaschen, Kleidersäcke, Rimowa-Koffer mit dem Lufthansa-Logo, Pilotenlederjacken, Bree-Handtaschen, Reise-Unterhaltungselektronik von Sony, Jacken von Schoeffel, Sportgeräte usw. – alles führende Marken.

Ersparnis

Auf monatlich wechselnde Aktionsangebote bis zu 35% Rabatt, teilweise mehr. Auf das übrige Sortiment 10% Rabatt.

Ambiente

Auf ca. 200 m² wird in hellem, freundlichen Ambiente gepflegt und stilvoll (Einrichtung durch Lufthansa vorgegeben) die Ware präsentiert. Freundlicher Service. Ausreichend Parkplätze.

Adresse

WorldShop Lufthansa Outlet, Edisonstraße 15, 33689 Bielefeld-Sennestadt, Telefon: 0 52 05/15-4 03.

Öffnungszeiten

Montag bis Freitag 10.00 bis 18.00 Uhr, Samstag 10.00 bis 14.00 Uhr.

Weitere Verkaufsstelle

● 53263 **Neu-Isenburg**, Schleussnerstraße 54, Telefon: 0 61 02/88 48 86.

Anreise

A2, Ausfahrt Bielefeld-Sennestadt, Richtung Paderborn (rechts). An der 1. Ampelkreuzung links in die Lämershagener Straße. 1. Möglichkeit wieder links. Am Ende der Straße rechts in die Industriestraße abbiegen und sofort die nächste Straße wieder links in die Edisonstraße.

Bär-Schuhe sind bekannt für Qualität und handwerkliche Verarbeitung (vorwiegend Mokassin, handgenäht). Keine Massenware, auch Schuhe für Problemfüße bei Damen und Herren.

Bärig zu Fuß

Warenangebot
Bequeme Schuhe vom Hausschuh bis zum Trekkingstiefel für alle Lebensbereiche (Beruf, Freizeit, Sport). Elchleder-Jacken, Kleinlederwaren und Taschen.

Ersparnis
2.-Wahl-Ware 10 bis 30 %. Sonderangebote, Musterware, Restverkäufe: 50 %. Aber: Bär ist kein Billig-Schuh-Hersteller.

Ambiente
Das gesamte Bär-Bequemschuh-Programm und große Auswahl an Auslaufmodellen, 2.-Wahl-Ware und Fehlfarben zu attraktiven Sonderpreisen. 100 m² Verkaufsfläche mit Bistrobereich.

Besonderheiten
Schuh-Teststrecke; Schuhgrößen von Größe 35 bis 51.

Adresse
Bär GmbH, Pleidelsheimer Straße 15, 74321 Bietigheim-Bissingen, Telefon: 0 71 42/95 66 60, Fax: 95 66 33.

Öffnungszeiten
Montag bis Freitag 9.00 bis 19.00 Uhr, Samstag 9.00 bis 18.00 Uhr.

Anreise
Die Firma befindet sich im Industriegebiet Büttenwiesen am Forst im Ortsteil Bietigheim. Immer den Schildern zu Möbel-Hofmeister folgen. Der Fabrikverkauf von Bär ist ca. 250 m neben Möbel-Hofmeister.

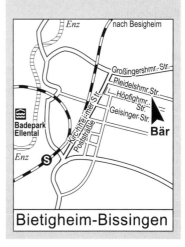

Bietigheim-Bissingen

Big Pack und Lafuma sind die starken Outdoor-Marken mit Top-Qualität. Sie bieten funktionale, passende, haltbare, qualitativ hochwertige und richtungsweisende Produkte an.

Die Spezialisten für Outdoor

Warenangebot
2. Wahl, Muster, Auslaufware direkt vom Hersteller. Ski- und Outdoor-, Fleece-, Regen-, Trekking- und Reise-bekleidung, Daunenjacken, Rucksäcke, Schlafsäcke.

Ersparnis
30 bis 60%. Bei 2.-Wahl-Ware und Einzelstücken auch höhere Nachlässe möglich.

Ambiente
Gepflegte Lagerverkaufshalle mit Um-kleidekabinen.

Besonderheiten
Sonderverkäufe im Frühjahr und Herbst.

Adresse
Lafuma Group, Fabrikstraße 35, 73266 Bissingen/Teck, Internet: www.lafuma.de.

Öffnungszeiten
Donnerstag 15.00 bis 19.00 Uhr, Freitag 10.00 bis 19.00 Uhr, Samstag 9.00 bis 16.00 Uhr, Montag bis MIttwoch ge-schlossen.

Anreise
5 Minuten von der A8 Stuttgart–München, Ausfahrt 57, Kirchheim/Teck-Ost. Auf der B465 Richtung Süden, nach ca. 1200 m links Richtung Nabern/Bissingen. In Bissingen 2. Straße links, Fabrikstraße bis ans Ende.

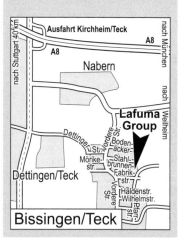

Es spricht für eine Automarke, wenn diejenigen, die sie gebaut haben, ihre Autos auch fahren. Die eigenen Mitarbeiter gehören zu den besten Kunden der Automobilfabriken. Die Spielregeln dabei sind jedem geläufig: Der neue Wagen muss mindestens ein Jahr lang gefahren werden. Danach kann er so oder so oder so verkauft werden.

Traumwagen vom Parkplatz

Warenangebot
Sämtliche Opel-Modelle: Jahreswagen von Privat.

Ersparnis
17 bis 25 % oder mehr, je nach Zustand, Kilometerleistung, Typ und Modell. Die Preise sind grundsätzlich „Verhandlungsbasis".

Ambiente
Jahreswagen-Börse. Dazu an allen Samstagen bis zu 500 verschiedene Autos. Auf dem „Börsenplatz" fällt der Vergleich leichter. Dazu gibt es auch Telefonhandel: Montag bis Freitag von 12.30 bis 13.00 Uhr 02 34/9 89 27 33 anrufen. Dort werden die Telefonnummern verkaufswilliger Mitarbeiter mit dem jeweiligen Wunschmodell mitgeteilt. Autobörsen auf dem Parkplatz immer samstags 8.00 bis 13.00 Uhr.

Adresse
Adam Opel AG, Opelring, Parkplatz an der Zufahrt zum Hauptportal 1, 44803 Bochum, Telefon: 02 34/9 89 01 (für Terminauskünfte), Internet: www.opel.de.

Öffnungszeiten
Siehe Ambiente.

Anreise
A43, Ausfahrt 18, Bochum-Laer. Rechts auf Werner Hellweg bis Möbel Hardecke, dort rechts in Richtung Stadt. Nach Shell-Tankstelle in Sheffield-Ring, 2. Abzweigung rechts ist der Opel-Ring. Ums Werk herum bis zu Tor 1 fahren.

Die Steilmanns sind stolz darauf, dass sie aus dem Ruhrgebiet stammen und es geschafft haben, den Kohlenpott auf die Mode-Weltkarte zu setzen. Hier gründete Klaus Steilmann sein Bekleidungsunternehmen. Hier startete auch die mit der Steilmann-Gruppe verwandte Time-Collection.

Mode aus dem „Kohlenpott"

Warenangebot

Modische und dabei tragbare Damen- und Herrenbekleidung, vom T-Shirt bis zum Mantel. Marken der Steilmann-Gruppe als 1B-Ware oder Überproduktion. Beste Qualitäten.

Ersparnis

60 %.

Ambiente

Große Textilverkaufshallen im Discountlook mit Riesenauswahl, klare Warengliederung, Anprobemöglichkeiten, Beratung, Parkplätze.

Adresse

Steilmann, Fashion Factory Store, Friedrich-Lueg-Straße 2-8, Ecke Berliner Straße/Friedrich-Lueg-Straße, 44867 Bochum-Wattenscheid, Telefon: 0 23 27/94 03 67.

Öffnungszeiten

Montag bis Mittwoch 12.00 bis 18.00 Uhr, Freitag 12.00 bis 19.00 Uhr, Samstag 10.00 bis 14.00 Uhr.

Weitere Verkaufsstellen

● 44628 **Herne**, Baumstraße 22-24, Telefon: 0 23 23/93 92 95.

● 49090 **Osnabrück**, Adolf-Köhne-Straße 6, Telefon: 05 41/56 00 91 28.

● 45891 **Gelsenkirchen-Schalke**, Daimlerstraße 14, Telefon: 02 09/3 61 35 28.

● 59192 **Bergkamen-Rünthe**, Industriestraße 22, Telefon: 0 23 89/78 35 81.

Anreise

A430, Ausfahrt Bochum-Wattenscheid-West, auf der Berliner Straße bis zur Friedrich-Lueg-Straße, die rechts abzweigt. Fashion Factory Store gegenüber von Mercedes Lueg auf der rechten Straßenseite.

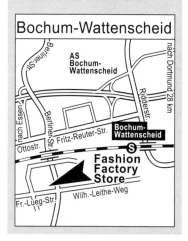

 **Marc Cain** Second Season

Marc Cain ist ein internationaler Mode- und Qualitätsbegriff. Das Unternehmen ist Lieferant von noblen Damenbekleidungs-Coordinates, Jeans- und Sportswear, Schuhen und Accessoires. Wer direkt zu Marc Cain nach Bodelshausen kommt, findet hochmodische Ware vor.

Exklusiv-Modelle

Warenangebot
Mäntel, Jacken, Kleider, Blusen, Pullis, Westen, T-Shirts, Hosen, Röcke. Jacken, Kleider, Blusen, Röcke aus Nappa- und Veloursleder. Schuhe, Gürtel, Taschen, Hüte und Handschuhe.

Ersparnis
Bei hochmodischer Ware, z.B. 1. Wahl ca. 60 % Ersparnis, 1B-Ware 80 % reduziert. Ware liegt im hochpreisigen Segment.

Ambiente
Großer Verkaufsraum, fachkundiges Personal, von dem man sich beraten lassen sollte, freundlich und kompetent. Vor dem Verkaufsraum Schließfächer für die mitgebrachten Taschen. Extra reduzierte Ware ist nur im hintersten Teil des Verkaufsraumes zu finden. Aktuelle Ware im vorderen und mittleren Bereich. Teilweise ist es sehr eng, viele Umkleidekabinen.

Adresse
Marc Cain Fabrikverkauf, Steinstraße 3, 72411 Bodelshausen, Telefon: 0 74 71/ 7 09-0 oder -2 74, Fax: 70 91 22.

Öffnungszeiten
Montag bis Freitag 10.00 bis 18.00 Uhr, Samstag 10.00 bis 16.00 Uhr.

Weitere Verkaufsstelle
Marc Cain Second Season:
● 13347 **Berlin-Wedding**, Oudenarder Straße 16, Telefon: 0 30/4 55 00 90.

Anreise
B27 Tübingen–Hechingen, Ausfahrt Bodelshausen. In die Bahnhofstraße (Hauptstraße L389), nach ca. 300 m rechts in die Steinstraße. Oder A81, Ausfahrt Rottenburg, Richtung Hechingen, 3. Ort ist Bodelshausen.

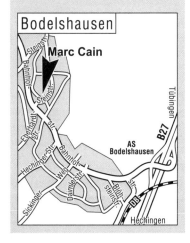

Die Herkules Hobelbankfabrik geht mit ihren Produkten über die Baumarkt-Qualität hinaus. Ihre schweren und halbschweren Hobelbänke sind auch für den professionellen Einsatz geeignet. Im Möbelbereich fertigt sie Container und Regalsysteme.

Wo gehobelt wird ...

Warenangebot

Neben Hobelbänken gibt es Werkbänke mit Stahlrohruntergestellen, auch höhenverstellbar und behindertengerecht. Das Containersystem mit Massivholzschubkästen ist komplett aus Buchenholz hergestellt und das Herkules-Regalprogramm aus Massivholzstollen. Damit kann sich der Kunde Regale jeder Abmessung zusammenstellen. Regal- und Containerprogramm sind in Möbelqualität.

Ersparnis

25 bis 50 %.

Ambiente

Heller Raum, in dem Teile der Ware ausgestellt sind.

Adresse

Herkules Hobelbankfabrik, Uslarer Straße 22, 37194 Bodenfelde, Telefon: 0 55 72/18 35, Fax: 49 21, Internet: www.herkules-deutschland.de.

Öffnungszeiten

Montag bis Freitag 16.00 bis 18.00 Uhr, Samstag 9.00 bis 13.00 Uhr.

Anreise

A7 Kassel–Hannover. Von Norden: Ausfahrt Northeim, von Süden: Ausfahrt Hann. Münden. Von Westen: A4 Dortmund–Kassel, Ausfahrt Warburg. Jeweils Richtung Uslar/Beverungen fahren. Der Verkauf befindet sich direkt an der Durchgangsstraße am Ortsein- bzw. -ausgang.

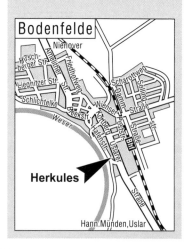

HARIBO

Der Goldbär hat eine neue Spielwiese, eine viel größere und schönere als früher – ein paar Straßen von der Fabrik entfernt. Haribo hat seinen Fabrikverkauf zu einer Sehenswürdigkeit gemacht mit viel Platz, toller Einrichtung und bisweilen bärenstarken Ausstellungsstücken.

Goldbär ganz groß

Warenangebot

Vollständiges Haribo-Sortiment, große Auswahl an exklusiven Haribo-Boutique-Artikeln (Merchandise-Ware). Zusätzlich umfangreiches Angebot an 2.-Wahl-Artikeln.

Ersparnis

Bei 2.-Wahl-Artikeln über 40%.

Ambiente

Riesiger Laden mit großem Parkplatz. Sehr gepflegte Warenpräsentation. Sehr große, gut ausgestattete Kinderspielecke.

Adresse

Haribo-Shop, Friesdorfer Straße 121, 53175 Bonn-Bad Godesberg, Telefon: 02 28/9 09 29 30.

Öffnungszeiten

Montag bis Freitag 10.00 bis 18.00 Uhr, Samstag 10.00 bis 14.00 Uhr.

Weitere Verkaufsstellen

● 08112 **Wilkau-Haßlau**, Haaraer Straße 7-13, Telefon: 03 75/69 22 90.

● 52653 **Solingen-Gräfrath**, Wuppertaler Straße 76, Telefon: 02 12/2 50 21 42.

● 97350 **Mainbernheim**, Gebr.-Schmidt-Straße 14, Telefon: 0 93 23/8 71 10.

Anreise

Von Bonn aus auf der B9 bis unter der Bahnunterführung hindurch. Danach rechts zur Laufenbergstraße, die nächste Querstraße ist die Friesdorfer Straße.

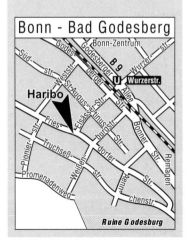

Bonn - Bad Godesberg

bierbaum

wohnen und verwöhnen

Vom Garn bis zum fertigen Bettset achtet Bierbaum auf herausragende Verarbeitung und kann Qualitäten „Made in Germany" bieten, die zum Besten gehören, was in Deutschland hergestellt wird. In der Textilbranche gehören Bierbaum-Marken zu den unumstrittenen Spitzenprodukten.

Spitze (nicht nur) für's Bett

Warenangebot

Spitzenprodukte in Bettwäsche (Irisette). Heim-, Kinder- und Schlafdecken in Baumwolle und Acryl oder Gemisch. Tischwäsche, Flinka-Haushaltstücher, Unterwäsche und Schlafanzüge für Damen und Herren Marke „Ceceba". Frottierwaren, Kilo- und Meterware Bettwäsche, Decken und Haushaltstücher zum selber Nähen und Ausnahmemaße. 1. und 2. Wahl.

Ersparnis

33 bis über 66%, bei 2. Wahl und Sonderposten.

Ambiente

Fabrikverkauf im eigenen, großzügig gestalteten Verkaufsraum. Separate Abteilungen für Unterwäsche und Haushaltstücher. Parkmöglichkeiten.

Adresse

Bierbaum Unternehmensgruppe GmbH & Co. KG, Werksverkauf, Gelsenkirchener Straße 11, 46325 Borken, Telefon: 0 28 61/9 48–1 72.

Öffnungszeiten

Montag bis Freitag 13.00 bis 18.30 Uhr, jeden 2. Dienstag im Monat 9.30 bis 18.30 Uhr.

Weitere Verkaufsstelle

● 48691 **Vreden**, Ottensteiner Straße 2, Telefon: 0 25 64/93 18 36.

Anreise

A31, Ausfahrt 34, Borken, auf der B67 Richtung Borken. 1. Ausfahrt Borken-Kaserne, rechts Richtung Borken. Über die 1. Ampel geradeaus, dann der Beschilderung folgen. Oder: A2 am Autobahnkreuz Bottrop auf die A31 Richtung Gronau/Emden bis zur Ausfahrt Borken, dann weiter wie oben.

Mustang ist die bekannteste deutsche Jeansmarke. Sie garantiert ausgezeichnete Passform, bietet qualitativ hochwertige Verarbeitung durch Detailgenauigkeit, ist viele Jahre tragbar, geht nicht aus der Form – nicht einmal am Bund und hat eine hohe Farbkonstanz.

Jeans forever young

Warenangebot

Auslaufmodelle und Restposten von Mustang-Jeans und Jackets für Damen und Herren. Keine hochaktuelle Ware. Auch 2.-Wahl-Ware. Große Auswahl an verschiedenen Jeans-Modellen, Jeanshemden, T-Shirts, Sweatshirts, Pullovern, Freizeithemden, Jeansröcken und -kleidern, Shorts. Accessoires wie Handschuhe, Schals, Mützen, Caps, Ledergürtel, Freizeitschuhe, Taschen. Materialien: Jeans, Tencel, Cordsamt, Baumwolle, Leinen, Stretchstoffe.

Ersparnis

25 bis 70 %.

Ambiente

Die Ware ist auf 320 m² übersichtlich präsentiert. Ca. 7000 Teile sind verfügbar. 20 Umkleidekabinen.

Adresse

Jeans-Depot Mustang, Otto-Lilienthal-Straße 7, 06796 Brehna, Telefon: 03 49 54/4 18 24, Fax: 4 15 25.

Öffnungszeiten

Montag bis Freitag 9.30 bis 19.00 Uhr, Samstag 9.30 bis 16 Uhr.

Weitere Verkaufsstellen

● 74653 **Künzelsau**, Würzburger Straße 48-52, Telefon: 0 79 40/9 25 20, Fax: 92 52 22.

● 74743 **Seckach**, Waidachshofer Straße 25, Telefon: 0 62 92/9 51 05.

Anreise

A9 Nürnberg–Berlin, Ausfahrt Halle-Bitterfeld. Auf der B100 Richtung Brehna, Bitterfeld. Rechts im Business Center Halle-Leipzig befindet sich der Verkauf.

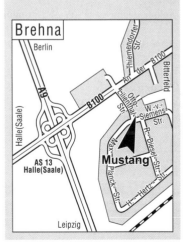

PADDOCK'S®
JEANS

Paddock's ist eine deutsche Jeansmarke. Es sind keine Kult-Jeans, sondern alltagstaugliche, tragbare Modelle. Sie werden in allen Variationen herge-stellt und sind vor allen Dingen preiswert. Die Stoffe und Schnitte sind nicht nur für Träger und Trägerinnen mit Traummaßen geeignet.

German Jeans

Warenangebot
Jeans, T-Shirts, Sakkos, Jacken, Jeans-jacken, Westen für Damen, Herren und Kinder.

Ersparnis
50 %, bei 2. Wahl mehr.

Ambiente
Das Factory Outlet befindet sich in einem separatem Gebäude mit moder-ner Präsentation und fachmännischer Beratung.

Adresse
Ospig Textilgesellschaft W. Ahlers GmbH & Co., Carsten-Dreßler-Straße 17, 28279 Bremen-Arsten, Telefon: 04 21/ 8 40 11 46, Fax: 84 01-1 37.

Öffnungszeiten
Montag bis Freitag 10.00 bis 18.00 Uhr, Samstag 10.00 bis 14.00 Uhr.

Anreise
A1 Bremen–Oldenburg, Ausfahrt Arsten, dort auf den Autobahnzu-bringer Richtung Arsten. In Haben-hausen abfahren, Richtung Arsten/ Arsterdamm. Dann links Richtung Arsten und in das Industriegebiet hinein. Die Firma Paddock's ist hier ausgeschildert. In einer Rechtskurve nun links in die Carsten-Dreßler-Straße. Diese beschreibt einen Halb-kreis um die Firma Paddock's herum.

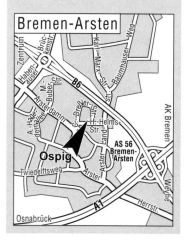

Die Kleine Wolke ist seit über 25 Jahren einer der führenden Badtextilien-hersteller. Als Tochterfirma des Leifheit-Konzerns werden hier auch viele Haushaltsgeräte im Werksverkauf angeboten.

Praktisches für Bad & Co.

Warenangebot

Badteppiche, Duschvorhänge, Sicher-heitseinlagen, Frottierwaren, Acces-soires, Bügeltische, Stehhilfen, Leitern, Haushaltstritte, Wäschetrockner, div. Haushaltsartikel wie Isolierkannen und Ähnliches.

Ersparnis

Bei 1B-Ware bis 50%, bei Auslauf-artikeln, 2. Wahl und Überproduktionen 60%.

Ambiente

Direkt am Parkplatz des Verwaltungs-gebäudes befindet sich der Eingang zum Werksverkauf. Großzügiger Ver-kaufsbereich mit umfangreichem Waren-angebot, der aber den Charme einer Lagerhalle aufweist.

Adresse

Kleine Wolke Textilgesellschaft mbH & Co. KG, Fritz-Tecklenborg-Str. 3, 28759 Bremen-Grohn, Telefon: 04 21/6 26 10.

Öffnungszeiten

Donnerstag 15.00 bis 18.00 Uhr, Sams-tag 10.00 bis 13.00 Uhr. Achtung: 1. Mai bis 30. September nur donnerstags geöffnet!

Anreise

Die Kleine Wolke Textilgesellschaft befindet sich in Bremen-Nord. Von der A27 Bremen–Cuxhaven in Bre-men-Burglesum abfahren und auf der B74 nun in Richtung Burgle-sum/Vegesack weiterfahren. Bei Bremen-Grohn abfahren, zweimal links in die Schönebecker Straße, diese nun ganz durchfahren bis zur Kreuzung.

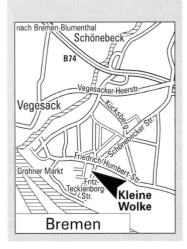

zero

Zero ist ein junges, europäisches Modeunternehmen mit Sitz in Bremen. Was die Top-Stylisten in Mailand und Paris zeigen, wird hier in trag- und bezahlbare Mode umgesetzt. Jedes Jahr werden mehr als 2000 aufeinander abgestimmte Fashion-Artikel produziert, zugeschnitten auf die moderne, städtische Lebensart.

European Lifestyle

Warenangebot
Reichhaltiges Angebot an junger Damenmode für jede Gelegenheit: fürs Büro, für die City, für den Sport, für die Party, für den Ball. Bei den reduzierten Teilen handelt es sich in der Regel um Ware aus der Vorsaison.

Ersparnis
Die Ware ist mit Farbpunkten gekennzeichnet. Je nach Farbe beträgt die Ersparnis zwischen 30 und 70 %, teilweise bis 90 %.

Ambiente
Großes, neues Factory Outlet, zielgruppenorientiert und mit einfachster Einrichtung. Em Erdgeschoss aktuelle Mode zu regulären Preisen, reduzierte Ware im 1. Stock.

Adresse
Zero Factory Store, Scipiostraße 10, 28279 Bremen-Habenhausen, Telefon: 04 21/83 18 34, Fax: 8 30 50 41, Internet: www.zero.de.

Öffnungszeiten
Montag bis Freitag 10.00 bis 20.00 Uhr, Samstag 9.00 bis 18.00 Uhr.

Anreise
A1 Osnabrück–Hamburg, Ausfahrt Bremen-Arsten und auf den Autobahnzubringer 6 Richtung Obervieland, Ausfahrt Habenhauser Brückenstraße. Von hier links in die Borgwardstraße und dann rechts in die Scipiostraße.

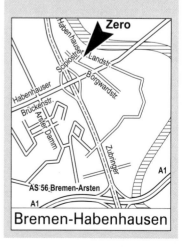

WILKENS

Traditionsreiche Silbermanufaktur. Seit 1810 werden hier Silberwaren in sehr guter Qualität hergestellt. Im Fabrikverkauf werden Rest- und Sonderposten sowie Rückläufe außerordentlich günstig angeboten.

Highlights der Tafelkultur

Warenangebot
Bestecke zwischen klassisch und modern, Tafelgeräte in den Materialien 925-Sterling-Silber, 180 g versilbert sowie 18/10 Edelstahl, Geschenkartikel, Schmuck, Porzellan, Messer, Glaswaren, Weinzubehör, Scheren, Maniküre-Sets, Kochgeschirr, Küchenhelfer etc.

Ersparnis
30 bis 50 %, bei Sonderposten auch mehr.

Ambiente
Ansprechend ausgestatteter, einzelhandelsmäßig anmutender Verkaufsraum mit freundlicher, entgegenkommender Bedienung.

Adresse
Wilkens & Söhne GmbH, An der Silberpräge, 28305 Bremen-Hemelingen, Telefon: 04 21/41 03-2 04, Fax: 4 10 32 76, E-Mail: werksverkauf@wilkensund soehne.com.

Öffnungszeiten
Montag bis Donnerstag 10.00 bis 16.00 Uhr, Freitag 10.00 bis 18.00 Uhr, Samstag 10.00 bis 14.00 Uhr.

Anreise
A1 Bremen–Osnabrück, Ausfahrt Bremen-Hemelingen. Auf dem Zubringer die 2. Ausfahrt, dann rechts (An der Grenzpappel), gleich wieder links in die Hannoversche Straße einbiegen. Auf der Bahnüberführung links fahren in die Hemelinger Bahnhofstraße. Von dieser dann die 2. Straße rechts abbiegen. Verkauf nach ca. 200 m.

Seitenbacher®

EINKAUFS-GUTSCHEIN

Bekannt ist die Firma Seitenbacher vor allem für ihre Müslispezialitäten. Der Fabrikverkauf offenbart die ganze Vielfalt der Produktpalette dieses äußerst erfolgreichen Unternehmens: vom Fruchthütchen bis hin zu Diät-Lebensmitteln.

Lecker, lecker, lecker ...

Warenangebot

Seitenbacher Müsli, Mühlen-Müsli, Backzutaten, Brotbackmischungen, Getreide und Flocken, Sämereien, Suppen und Soßen, Diät-Lebensmittel, Getreideküchle, Öl, Teigwaren ohne Ei, ökologisch oder mit Frischei, Kekse, Nüsse, Trockenfrüchte und Honig. Auch Cerealien, Riegel, Schokofrüchte und Fruchthütchen.

Ersparnis

Mindestens 10 %.

Ambiente

Ansprechender Verkaufsladen, Warensortiment übersichtlich angeordnet, freundliche Bedienung. Versand möglich.

Adresse

Seitenbacher, Siemensstraße 14 (Industriegebiet II), 74722 Buchen (Odenwald), Telefon: 0 62 81/30 67, Fax: 93 55.

Öffnungszeiten

Montag bis Freitag 8.00 bis 12.00 und 13.00 bis 17.00 Uhr.

Anreise

Von Stuttgart kommend auf der B27 Richtung Walldürn. Die 2. Ausfahrt nach Buchen führt ins Industriegebiet. Von der B27 aus ist Seitenbacher bereits zu sehen. Immer der Beschilderung Industriegebiet II folgen.

Trigema, Deutschlands größten T-Shirt- und Tennisbekleidungs-Hersteller, kennt man aus der ARD-Fernsehwerbung. Trigema produziert ausschließlich in Deutschland. Im Gegensatz zu den anderen großen Sportmarken.

Deutschlands Nr. 1

Warenangebot
Original-Katalogangebot für Damen, Herren und Kinder. Sport- und Freizeitbekleidung, Bademoden, Tag- und Nachtwäsche. Auch Übergrößen 4 bis 5XL erhältlich.

Ersparnis
Gutes Preis-Leistungs-Verhältnis.

Ambiente
Auf Wunsch sachkundige Beratung, volles Katalogangebot.

Besonderheiten
Im Trigema-Haus auch andere bedeutende Hersteller wie Einhorn, Birkenstock, Jaedicke, Allegra. Preisgünstiges Tanken in Burladingen, Altshausen und Rangendingen.

Adresse
Trigema-Verkauf, Josef-Mayer-Straße 94, 72393 Burladingen, Telefon: 0 74 75/ 8 82 29, Fax: 8 82 28.

Öffnungszeiten
Montag bis Freitag 9.00 bis 18.00 Uhr, Samstag 9.00 bis 15.00 Uhr.

Anreise
Von Hechingen kommend am Ortseingang.

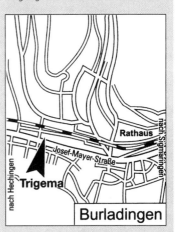

Weitere Verkaufsstellen (Auswahl)
Alle Verkaufsstellen im Internet unter www.trigema.de.

Schleswig-Holstein
● 23730 **Neustadt i.H.**, Eutiner Straße 49, Telefon: 0 45 61/71 47 11.
● 25761 **Büsum**, Am Hafentörn 2, Telefon: 0 48 34/96 28 60.

Niedersachsen

● 37441 **Bad Sachsa-Tettenborn-kolonie**, Steinlohstraße 1-7, Telefon: 0 55 23/30 34 88.

Nordrhein-Westfalen

● 33609 **Bielefeld**, Eckendorfer Straße 64, Telefon: 05 21/3 05 90 50.

● 50226 **Frechen**, Europaallee 4, Telefon: 0 22 34/27 40 04.

● 53604 **Bad Honnef**, Lohfelderstraße 33, Telefon: 0 22 24/91 10 05.

● 57392 **Bad Fredeburg**, Wehrscheid 24, Telefon: 0 29 74/83 33 99.

Rheinland-Pfalz

● 53489 **Sinzig**, Entenweiherweg 12 (GI-Park), Telefon: 0 26 42/90 65 89.

● 55546 **Volxheim**, Im Veltensgarten 4, Telefon: 0 67 03/96 02 55.

● 66482 **Zweibrücken**, Designer Outlets Zweibrücken, Londoner Bogen 10-90, Telefon: 0 63 32/46 04 25.

Saarland

● 66693 **Mettlach**, Marktplatz 6 (zwischen den Werksverkäufen Villeroy & Boch), Telefon: 0 68 64/27 03 34.

Hessen

● 34537 **Bad Wildungen**, Brunnenallee 32-34, Telefon: 0 56 21/ 96 52 63.

● 36286 **Neuenstein-Aua**, Weyerswiesenstraße 14, Telefon: 0 66 77/ 91 90 05.

● 61191 **Rosbach v.d.H.**, Raiffeisenstraße 4, Telefon: 0 60 03/93 02 90.

Baden-Württemberg

● 70806 **Kornwestheim**, Stammheimer Straße 10, im Firmengelände von Salamander, Telefon: 0 71 54/80 17 79.

● 72414 **Rangendingen**, Hechinger Straße 56, Telefon: 0 74 71/8 30 20.

● 76275 **Ettlingen-Albtal**, Pforzheimer Straße 202, Telefon: 0 72 43/ 53 77 05.

● 77736 **Zell am Harmersbach**, Hauptstraße 2, Telefon: 0 78 35/63 11 86.

● 78073 **Bad Dürrheim**, Robert-Bosch-Straße 15, Telefon: 0 77 26/37 05 48.

● 79189 **Bad Krozingen**, Im Unteren Stollen 5, Telefon: 0 76 33/ 1 39 36.

● 97999 **Igersheim**, Bad Mergentheimer Straße 38, Telefon: 0 79 31/ 4 30 00.

Bayern

● 63814 **Mainaschaff**, Industriestraße 1-3, im Firmengelände der Firma Frankenstolz-Schlafkomfort, Telefon: 0 60 21/45 89 26.

● 82496 **Oberau**, Werdenfelser Straße 28, Telefon: 0 88 24/92 90 20.

● 83451 **Piding**, Lattenbergstraße 7, Telefon: 0 86 51/71 55 00.

● 85599 **Parsdorf**, Heimstettener Straße 1, Telefon: 0 89/90 12 99 30.

● 87541 **Bad Hindelang**, Am Bauernmarkt 1, Telefon: 0 83 24/ 95 31 40.

● 91350 **Gremsdorf**, Gewerbepark 1, im Firmengelände der Schuhfabrik Manz, Telefon: 0 91 93/50 41 30.

● 92348 **Berg b. Neumarkt (Oberpfalz)**, Karl-Schiller-Straße 8, Telefon: 0 91 81/26 32 39.

● 94086 **Bad Griesbach-Karpfham**, Schwaimer Straße 67, Telefon: 0 85 32/ 92 46 76.

● 95100 **Selb**, Hutschenreuther Platz 2, im Werksgelände Hutschenreuther, Werk B, Telefon: 0 92 87/89 07 41.

● 96103 **Hallstadt**, Biegenhofstraße 5, Telefon: 09 51/7 00 94 94.

● 97688 **Bad Kissingen**, Rudolf-Diesel-Straße 21, Telefon: 09 71/6 92 80.

Die Marken Cecil und Street One sind mit ihrer unkomplizierten, sportiven Mode ein unverkennbarer Trend. Mit markanten Einzelteilen und ihrer vielseitigen Kombimode bieten sie das Rezept für den neuen Stilmix. Hinzugekommen ist die Marke One Touch für die Frau ab 35.

Stil-Cocktail

Warenangebot
Pullover, Hosen, Jacken, Jeans, Kleider, Westen, Hemden, Röcke, Socken, Unterwäsche, Accessoires. Bei 2. Wahl zum Teil mit Fehlern.

Ersparnis
Bis zu 50 % und mehr.

Ambiente
Der Verkauf befindet sich in einem hellen Raum im Erdgeschoss. Die Ware wird übersichtlich präsentiert.

Adresse
Fashion Logistik-GmbH, Wernerusstraße 39, 29227 Celle.

Öffnungszeiten
Montag bis Freitag 10.00 bis 18.00 Uhr, Samstag 9.00 bis 14.00 Uhr.

Anreise
Vom Zentrum Celle aus die Hannoversche Straße in Richtung Westercelle/Hannover. In Westercelle geht dann eine relativ große Straße (Dasselbrucher Str.) rechts ab, der man folgt, bis rechter Hand keine Wohnhäuser mehr zu sehen sind. Dort geht es dann rechts ins Industriegebiet Westercelle. Der Verkauf ist ein etwas von der Straße zurückgesetztes, neues weißes Gebäude mit auffälligen, roten Tür- und Fensterrahmen.

bruno banani
NOT FOR EVERYBODY

Bruno Banani steht für hochwertige Designer-Unterwäsche und Bademoden. Aus dem Segment Designer-Unterwäsche hat sich bruno banani in wenigen Jahren zur kompletten Lifestylemarke mit Lizenzprodukten im Bereich Sonnenbrillen, Uhren, Socken, Schmuck und Parfüm entwickelt. Der Kult um Bruno Banani geht weiter.

„Funtastic Underwear"

Warenangebot
Herren- und Damenunterwäsche, Bademoden sowie Lizenzprodukte wie Uhren, Parfum, Socken und Schmuck.

Ersparnis
30 bis 70 % bei Herren- und Damenunterwäsche, teilweise auch bei Uhren und Schmuck.

Ambiente
Renovierter Altbau im ehemaligen Textilfirmengebäude. Moderner 120 m² großer Verkaufsraum im Untergeschoss, qualifiziertes und freundliches Fachpersonal, Umkleidekabinen, Bezahlung mit EC-, Visa- und Mastercard möglich.

Adresse
Bruno Banani factory store, Schloßstraße 12, 09111 Chemnitz, Telefon: 03 71/8 44 96 21, Fax: 8 44 96 22, E-Mail: mail@bruno.banani-factorystore.de.

Öffnungszeiten
Montag bis Freitag 10.00 bis 19.00 Uhr, Samstag 10.00 bis 14.00 Uhr.

Anreise
Von der A72 bzw. A4 kommend Ausfahrt Chemnitz-Nord. Richtung Chemnitz Zentrum auf der Leipziger Straße. Nach ca. 4 km links in die Hartmannstraße und an der 2. Ampelkreuzung links in die Schloßstraße einbiegen. Nach ca. 50 m rechts zu den Parkplätzen. Gegenüber ist der Factory Store.

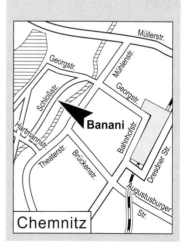

nya nordiska textiles

nya nordiska entwickelt Dekorations- und Möbelbezugsstoffe, die für ihre Qualität und Funktionalität vielfach mit Preisen ausgezeichnet worden sind. nya nordiska ist im gehobenen Marktsegment der Heimtextilbranche angesiedelt. Die Verbindung von Tradition und Moderne sind Teil der Unternehmensphilosophie.

Stoffdesign für Zuhause

Warenangebot
Große Auswahl an Gardinen-, Deko- und Möbelbezugsstoffen. Außerdem gibt es Tischdecken, Stoffe mit kleinen Fehlern, Bastelstoffe, Reststücke, Auslauf- und Kiloware.

Ersparnis
40 %.

Ambiente
Kleiner Laden mit viel Stoff.

Adresse
nya nordisca Textiles GmbH, An den Ratswiesen 4, 29451 Dannenberg, Telefon: 05861/8090, E-Mail: secretary@nya.com, Internet: www.nya.com.

Öffnungszeiten
Montag und Freitag 9.00 bis 16.30 Uhr.

Anreise
Von Lüneburg auf der B216 nach Dannenberg. Im Ort an der 1. Kreuzung, dem Prohaskaplatz, links in die Jeetzelallee und nach ca. 1000 m rechts in die Ratswiesen und dort in den Innenhof von nya nordiska. Hier ist der Magazinverkauf ausgeschildert.

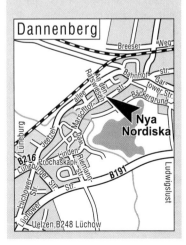

dELMOd (

Elegant und effektvoll, klassisch, sportlich und feminin, so lässt sich die qualitativ hochwertige Damenmode von delmod international beschreiben. Mit diesen Attributen hat Delmod international sich einen Platz in der internationalen Modewelt errungen.

Einfach klassisch

Warenangebot

Röcke, Hosen, Blusen, Kleider, Kostüme, Hosenanzüge, Blazer, Jacken, Mäntel, auch Kombimode sowie elegante Abendmode. Es gibt 1.- und 2.-Wahl-Ware. Delmod international gibt es von Größe 36 bis 50 und 18 bis 25.

Ersparnis

30 bis 50 %.

Ambiente

Der Lagerverkauf befindet sich ganz in der Nähe des Werkes im Moorweg 5. Großer, gut sortierter Verkauf mit 13 Umkleidekabinen. Parkplätze vorhanden.

Adresse

Delmod international, Bekleidungs-industrie GmbH & Co. Hanse-Kleidung KG, Moorweg 5, 27753 Delmenhorst-Deichhorst, Telefon: 0 42 21/85 40.

Öffnungszeiten

Montag bis Mittwoch und Freitag 12.00 bis 17.00 Uhr, Donnerstag 12.00 bis 20.00 Uhr, Samstag 9.00 bis 13.00 Uhr.

Anreise

A28 Oldenburg/Delmenhorst, Ausfahrt Delmenhorst-Deichhorst, Richtung Stadtmitte, die 1. Straße rechts und dann der Beschilderung folgen. Der Lagerverkauf ist gut ausgeschildert.

Die Haut ist eines der wichtigsten Organe des Menschen. Sie bestimmt in hohem Maße das Aussehen und schützt vor schädlichen Einwirkungen. Seit mehr als 80 Jahren arbeitet die Firma mit wertvollen Pflanzen- und Milchstoffen, um eine besonders milde Hautpflege herzustellen.

Nicht nur für Babys

Warenangebot

Für Kinder: Kleie-Kinderbad, Creme, Öl, Puder, Shampoo, Wundschutzpaste, Ringelblumensalbe, Lactana Bio-Säuglingsmilchnahrung, hypoallergene Nahrung, auch Säuglingsnahrung, milchfreie Säuglingsanfangsnahrung, Bessau Spezialnahrungen bei Durchfallerkrankungen. Für Erwachsene: probiotische Nahrungsergänzungsmittel (Probifido, Eugalan), Milchzucker, Trinkgelatine, Ringelblumensalbe, Kamillen-, Rosmarin-, Öl-, Molke- und Kleiebäder, Kamillencreme, Arnikasalbe.

Ersparnis

10 bis 30% u.a. auf Retouren. Sonderangebote.

Ambiente

Kleiner Verkaufsraum, in dem Töpfer-artikel und Vesper (für die Angestellten) verkauft werden. Sehr freundliche Verkäuferin, Fachberatung, Prospekte, Kundenparkplätze.

Adresse

Töpfer GmbH, Heisinger Straße 6-10, 87463 Dietmannsried, Telefon: 0 83 74/ 9 34-0, Fax: 9 34-11, Internet: www. toepfer-gmbh.de.

Öffnungszeiten

Montag, Mittwoch und Donnerstag 8.00 bis 12.00 Uhr, Dienstag und Freitag 8.00 bis 12.00 und 13.00 bis 16.00 Uhr.

Anreise

A7 Ulm-Kempten, Ausfahrt Dietmannsried. Richtung Ortsmitte; 500 m nach dem Ortseingang ist die Firma links.

Käthe Kruse

Puppen haben viele Namen. Hier aber wurde ein Name zum Synonym für eine besonders faszinierende Puppenwelt. Die Puppen von Käthe Kruse, in Handarbeit gefertigt, sind der Inbegriff für hochwertige Sammlerpuppen. Sie sind allerdings im Werksverkauf hier nicht erhältlich. Aber: Name und Marke Käthe Kruse stehen heute für die gesamte Erlebniswelt Kinderzimmer und für hochwertige Kinderbekleidung.

Käthe Kruse weckt Gefühle

Warenangebot

Käthe Kruse Klassik Puppen sind nicht im Werksverkauf erhältlich! Aber: Babyspielzeug aus weichen Stoffen wie z.B. Schmusetücher, Stoffpuppen nach Waldorf-Art, Spieluhren, Schnullerketten, Wärmflaschen, Kräuterpuppen, Taschen, Puppenbekleidung, Bettwäsche, Vorhänge, Teppiche, Wickeltischauflagen. Kinderbekleidung, auch Bademäntel. Die Ware ist aus der vergangenen Saison, Auslaufmodelle oder Muster.

Ersparnis

30 bis 50%.

Ambiente

150 m² große, freundliche Räume. Ware ansprechend präsentiert. Zwei Umkleidekabinen. Ec-Karte und Kreditkarten werden akzeptiert. Parkplätze.

Adresse

Käthe Kruse Werksverkauf, Augsburger Straße 18, 86609 Donauwörth, Telefon: 09 06/7 06 78-0, Fax: 7 06 78-70, E-Mail: info@kaethe-kruse.de, Internet: www.kaethe-kruse.de.

Öffnungszeiten

Freitag 10.00 bis 18.00 Uhr, Samstag 10.00 bis 14.00 Uhr.

Anreise

B2 Augsburg–Nürnberg, Ausfahrt Donauwörth-Süd. 1. Ampel rechts, Richtung Stadtmitte. Durch den Ortsteil Nordheim fahren, 1. Haus auf der rechten Seite direkt neben der Shell-Tankstelle.

Dem rechtsrheinischen Stammwerk Leverkusen schräg gegenüber arbeitet das linksrheinische Bayer-Werk Dormagen. Wer sich vom Äußeren des Ladens täuschen lässt, verpasst etwas. Das Gebäude sieht wie ein Fabrikbau aus, aber seine wahre Schönheit zeigt sich innen. Der Shop wird professionell gemanagt, was man auch an der sorgfältigen Warenpräsentation erkennt.

Ein linksrheinischer Bayer

Warenangebot
Kosmetikartikel, Sonnenschutzmittel, Diabetikerartikel, Hustenbonbons, Bekleidung, Wäsche, Strümpfe, Matratzen, Frottierwaren, Holzschutzmittel, Pflanzenschutzmittel, Tiergesundheitsprodukte. Sonderposten verschiedener Art.

Ersparnis
10 bis 30 %.

Ambiente
Großer, ebenerdiger Laden im rückwärtigen Teil des Bayer-Vereinshauses.

Adresse
Bayer-Kaufhaus-Shop, An der Römerziegelei, 41539 Dormagen, Gebäude B9, Telefon: 0 21 33/51 52 87.

Öffnungszeiten
Montag bis Freitag 11.00 bis 17.30 Uhr.

Anreise
A57, Ausfahrt und Richtung Dormagen. Nach der Bahnunterführung rechts in „An der Langenfuhr". Immer geradeaus: Die Straße wird später zur Bayer-Straße, die in „An der Römerziegelei" mündet.

REPLAY

Dass die Jeans-Schneider ein sehr klares Konzept fahren, hat ihre Gemeinde von Markenüberzeugten wachsen lassen. Jeanskleidung mag einfach wirken – doch die Feinheiten unterscheiden die Marken erheblich.

Jede Menge Jeans

Warenangebot

Jeans, Shorts, Jacken, Hemden, Blousons, Hosen, Socken, Schuhe und das übrige Outfit. Große Auswahl, viele Größen, alle lieferbaren Farben der Marke Replay und verwandter Marken.

Ersparnis

30 bis über 50 %. Zu Sonderangebotszeiten darüber hinaus.

Ambiente

Das bei Jeanskleidung bewährte Konzept eines klaren, sehr übersichtlich angeordneten Warenangebots mit der Möglichkeit der Farbüberprüfung und mehreren Anprobekabinen wurde auch hier beachtet. Rund um die Jeans wurden die übrigen Warengruppen angeordnet, so dass Kombinieren Spaß macht.

Adresse

Replay Outlet, Bürgerstraße 15, 47057 Duisburg-Neudorf-Nord, Telefon: 02 03/ 3 63 14 66. Achtung: Ein Umzug des Outlets in näherer Zukunft ist möglich.

Öffnungszeiten

Montag bis Freitag 11.00 bis 19.00 Uhr, Samstag 10.00 bis 16.00 Uhr.

Weitere Verkaufsstellen

● 40472 **Düsseldorf-Lichtenbroich**, Volkardayer Weg 68, Telefon: 02 11/ 4 79 22 43.
● 50226 **Frechen**, Kölner Straße 114, Telefon: 0 22 34/3 79 42 90 12.

Anreise

A59, Ausfahrt Duisburg-Zentrum, unter der Bahnunterführung hindurch bis zum Sternbuschweg, hier links. Die Bürgerstraße zweigt rechts vom Sternbuschweg ab.

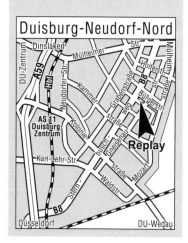

Der Katalog umfasst mittlerweile ca. 600 Seiten. Regelmäßig wird er in den Zeitschriftenregalen ausgelegt und verkauft. Da gibt es dann die Übersicht über das gesamte Sortiment des Versenders. Was beim Saisonwechsel übrig bleibt, wird in Düsseldorf ausgestellt und verkauft.

Alles für den Biker

Warenangebot

Ledermode für Motorradfahrer, dazu Nylonkluften, Motorradhelme, -stiefel, Sportschuhe, Regen- und Thermobekleidung, Kinderlederkollektionen, Damenlederbekleidung – vom Minirock bis zu schwarzen Pants, Aufnäher, Aufkleber, Bücher, Campingartikel, Brillen, Nierengurte, Gepäck, Verschleißteile für Motorräder, Verkleidungen, Sitzbänke, Lenker und Spiegel, Pflegeartikel, Zubehör usw. Meist 1. Wahl, aber auch 2. Wahl.

Ersparnis

Bis zu 75 %.

Ambiente

Lagerverkauf in einer großen Lagerhalle, (Halle 15). Einige Preise können mit den Preisangaben in den ausliegenden Katalogen verglichen werden. Großer Kundenparkplatz.

Adresse

Lagerverkauf Hein Gericke, Reisholzer Werftstraße 19, Hafen Reisholz 2, 40589 Düsseldorf-Benrath, Telefon: 02 11/9 89 89.

Öffnungszeiten

Donnerstag 14.00 bis 19.00 Uhr, Freitag 14.00 bis 20.00 Uhr, Samstag 9.00 bis 16.00 Uhr.

Anreise

A59, Ausfahrt Garath. Frankfurter Straße wird zur Münchner Straße. Nach der Überführung über die Bonner Straße in nördlicher Richtung auf die Reisholzer Werftstraße und in die Toreinfahrt Reisholzer Werftstraße 19.

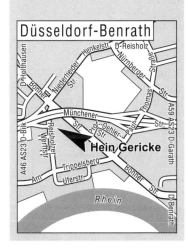

Das gibt es nur in Düsseldorf: Edelste Kleidung – aus natürlichen Materialien, auch aus seltenem Leder – wird hier nicht nur angeboten, sondern inszeniert – im mit Abstand schönsten Werksladen Deutschlands, in dem es auch mal Champagner gibt. Ein Naturladen besonderer Natur.

Edel die Ware, edel der Shop

Warenangebot
Lederjacken aus Hirschleder, Elchleder, Kaschmirpullover, Herrenhemden, Twin-Sets (Kaschmir) für Damen. Die Jacken kosten einen vierstelligen Betrag.

Ersparnis
40 bis gut 50 %.

Ambiente
„Lagerverkauf" der vornehmeren Sorte, Anprobe, Beratung usw. Es lohnt sich, die Kataloge zu bestellen.

Adresse
SPL Vertriebs GmbH, Neckarstraße 1, 40219 Düsseldorf-Unterbilk, Telefon: 02 11/3 03 67 75.

Öffnungszeiten
Montag bis Freitag 10.00 bis 18.30 Uhr, Samstag 10.00 bis 18.00 Uhr.

Anreise
In Düsseldorf in Richtung Rhein-ufertunnel/Landtag/Rheinturm, am WDR-Funkhaus vorbei in die Ham-merstraße. Von Westen her günstige Anfahrt über Rheinkniebrücke oder die Südbrücke.

JILSANDER

Designer-Couture der internationalen Modemetropolen. Der Name Jil Sander steht für Modernität, Understatement, Qualität und Innovation. Die Kollektionen, gefertigt aus edlen Naturfasern oder neuartigen Material-mixturen, zeichnen sich aus durch puristische und dreidimensionale Schnitte. Die Marke hat Weltruf: 60% der Produktion gehen in den Export.

Purismus Pur

Warenangebot
Die nahezu komplette Kollektion der vergangenen Saison: Blusen, Pullover, Hosen, Blazer, Anzüge, Gürtel, Schuhe, Taschen – keine Kosmetikprodukte.

Ersparnis
50 bis 70%.

Ambiente
Sehr gepflegtes Ambiente mit freundli-chem Verkaufspersonal.

Adresse
Jil Sander AG, Berliner Damm 5-11, 25479 Ellerau, Telefon: 0 40/55 30 20.

Öffnungszeiten
Montag bis Freitag 10.00 bis 19.00 Uhr, Samstag 10.00 bis 16.00 Uhr.

Anreise
A7 Richtung Flensburg, Ausfahrt Quickborn, Richtung Ellerau, gleich auf der rechten Seite am Berliner Damm.

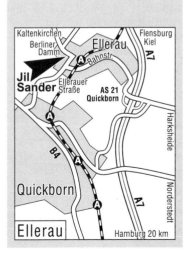

Bei Statz hat jetzt Brinkmann die Hosen an. Die Übernahme dieser gediegenen Hosenfabrik ist dem Outlet bestens bekommen. Jetzt gibt es hier neben Statz auch die Brinkmann-Marke Bugatti.

Statz mit Supermarken

Warenangebot

Herren- und Damenhosen, Jeans, Anzüge, Sakkos, Hemden, Sportswear und Strickwaren – bisweilen auch in Sondergrößen. Das schon gute Statz-Angebot wird durch die Brinkmann-Weltmarken ergänzt.

Ersparnis

Ca. 50%, bei einigen Angeboten und 2. Wahl mehr. Bisweilen Sonderrabatte zum Saisonende.

Ambiente

Großer, gediegen ausgestatteter Fabriktextilladen mit Anprobekabinen, sehr motiviertem Personal und guter Übersicht über das Angebot, das man sich auf den Kleiderstangen gründlich ansehen kann. Viele Spiegel, Tageslicht für die Farbbeurteilung und allgemein gute Warenpräsentation.

Adresse

Statz Bekleidungswerke Brinkmann GmbH & Co., Kölner Straße 100, 41812 Erkelenz, Telefon: 0 24 31/80 53 41.

Öffnungszeiten

Donnerstag 16.00 bis 19.00 Uhr, Freitag 15.00 bis 19.00 Uhr, Samstag 10.00 bis 13.30 Uhr.

Anreise

Aus Richtung Düsseldorf über die A46, Ausfahrt 9, Erkelenz-Ost. Richtung Erkelenz. Gleich in Richtung Westen auf die Alfred-Wirth-Straße und auf ihr ziemlich parallel zur Autobahn; nach etwa 1,5 km mündet diese Straße auf die Kölner Straße, dort rechts abbiegen.

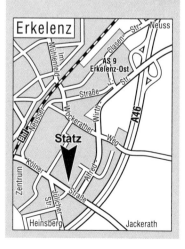

Die Marke Via Appia gilt bei der modebewussten Frau als interessant und hochwertig. Der Hersteller von Damen-Shirts und Pullovern ist in führenden Modehäusern und im engagierten Fachhandel vertreten.

Gute Passform, große Größen

Warenangebot
1.- und 2.-Wahl-Ware, Restposten, Überhänge, Rücklaufe aus aktueller Kollektion. Pullover, Shirts, Kleider, Hosen, Röcke. Kollektion Via Appia (Größe 36-46), Via Appia Due (Größe 42-54).

Ersparnis
30 bis 40%, zum Saisonschluss zusätzlich bis zu 50%.

Ambiente
320 m² großer, heller, nüchtern eingerichteter Verkaufsraum mit 15 Umkleidekabinen. Die Ware ist auf Ständern präsentiert und preisausgezeichnet. Ständige „Schnäppchenecke". Über die Telefonnummer: 09131/9994-0, kann ein kostenloser Infoflyer mit Wegbeschreibung angefordert werden. Per E-Mail kann ein kostenloser Newsletter abonniert werden. Eingetragene Kunden werden über Sonderverkäufe informiert. Gute Parkmöglichkeiten.

Adresse
Via Appia Factory Store, Röthelheimpark, Kurt-Schumacher-Straße 16, 91052 Erlangen, Telefon: 09131/9994211, Fax: 999453, E-Mail: factory store@via-appia-mode.de, Internet: www.via-appia-mode.de.

Öffnungszeiten
Montag bis Freitag 9.30 bis 19.00 Uhr, Samstag 9.00 bis 16.00 Uhr.

Anreise
A3, Ausfahrt Tennenlohe, weiter auf der B4 Richtung Erlangen. Ausfahrt Erlangen-Ost/Gräfenberg/Südl. Universitätsgelände. Links in die Kurt-Schumacher-Straße. Nach ca. 3 km am Kreisverkehr Richtung OBI. Der Factory Store ist auf der linken Seite.

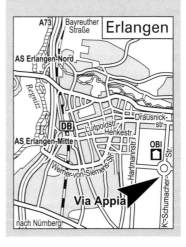

EINKAUFS-
GUTSCHEIN

Seit 1914 werden in Fischbach/Rhön hochwertige Qualitäts- und Markenprodukte aus dem Bereich Haushaltswaren (Töpfe, Pfannen, Bräter usw.)
gefertigt und erfolgreich im Fachhandel vertrieben.

Profis kochen mit BAF!

Warenangebot

Töpfe, Pfannen, Bräter, Wok usw. in
Aluminium-Handguss-Qualität und
BAF-Micro-Ceramic-Beschichtung,
Töpfe und Pfannen aus gewalztem
Aluminium mit Teflon-Platinum-Be-
schichtung (von Du Pont), alles für den
perfekt ausgestatteten Haushalt sowie
den Profi-Kochbereich.

Ersparnis

Ca. 30 bis 50%. Dreimal jährlich (vor
Ostern, Sommerfest am 1. Juliwochen-
ende, Vorweihnachtszeit) Sonderverkäufe mit teilweise extrem reduzierten
Sonder- und Restposten, Auslaufmodellen u.ä. in Top-Qualität.

Ambiente

Moderner, übersichtlicher Ausstellungs-
und Verkaufsbereich. Kompetentes
Beratungs- und Bedienungspersonal.
Führungen durch einzelne Fertigungs-
bereiche nach Absprache möglich.

Adresse

BAF Industrie- und Oberflächentechnik
GmbH, Umpfenstraße 18, 36452 Fisch-
bach/Rhön, Telefon: 03 69 66/7 80, Fax:
7 81 42, E-Mail: werksverkauf@baf-
fischbach.de, Internet: www.baf-fischbach.
de.

Öffnungszeiten

Montag bis Freitag 8.00 bis 17.00 Uhr,
Samstag nach telefonischer Anmeldung.

Anreise

A7 Kassel–Fulda, Ausfahrt Fulda-
Nord bzw. Süd. Richtung Tann/
Rhön, dann Richtung Theobaldshof,
Meiningen. An der B285 rechts
Richtung Kaltennordheim, nach ca.
2 km links nach Fischbach. BAF
befindet sich im Ort rechts hinter
der Felda-Brücke.

MADELEINE

Die Marke Madeleine ist ein Begriff für anspruchsvolle Damenmode von einem der bekanntesten Direktversender in Europa. Hersteller-Direktverkauf von Lagerüberhängen, Vorsaisonware und 2.-Wahl-Ware. Die Artikel stammen nicht aus den aktuellen Katalogen oder weisen kleine Fehler auf.

Damenwahl

Warenangebot
Gute Auswahl an Damenbekleidung: Mäntel, Kleider, Kostüme, Jacken, Blazer, Hosen, Blusen, Röcke, Dessous, Sportswear, Schuhe, Accessoires, Bademoden.

Ersparnis
40 bis 70 %.

Ambiente
Gepflegter Verkaufsraum mit Lagercharakter. Freundliche, fachkundige Beratung.

Adresse
Madeleine discount, Boschstraße 5-7, 91301 Forchheim, Telefon: 0 91 91/ 97 53 27.

Öffnungszeiten
Montag bis Freitag 9.00 bis 19.00 Uhr, Samstag 9.00 bis 14.00 Uhr.

Weitere Verkaufsstelle
● 72411 **Bodelshausen**, Im Center M, Daimlerstraße 2, 72411 Bodelshausen, Telefon: 0 74 71/70 61 32 oder 70 61 23.

Anreise
A 73 Nürnberg–Bamberg, Ausfahrt Forchheim-Süd/Ebermannstadt. In Richtung Ebermannstadt fahren. An der 2. Ampel links, ca. 1000 m geradeaus bis zur Ampelkreuzung. Weiter geradeaus, nach ca. 300 m rechts in die Boschstraße abbiegen. Der Fabrikverkauf liegt am Ende der Straße.

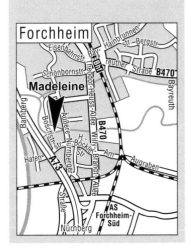

THONET

Der Caféhausstuhl Nr. 14, von dem bis 1930 über 50 Millionen Stück verkauft wurden, ist ein bis heute gefertigter Klassiker. Michael Thonet, Erfinder der Bugholztechnik und dieses legendären Stuhls, gilt als eine der größten Persönlichkeiten der internationalen Möbelgeschichte. Das Lebenswerk von Michael Thonet bestimmt das Unternehmen, das in der fünften Generation geführt wird, noch heute. So sind neben aktuellen Entwürfen sowohl die traditionellen Bugholzstühle als auch die klassischen Stahlrohr-Freischwinger aus der Bauhauszeit im Thonet-Lieferprogramm zu finden.

Legendäre Stühle und mehr

Warenangebot
Messe- und Ausstellungsstücke sowie Fotomuster, die leichte Gebrauchsspuren zeigen. Weiterhin 2.-Wahl-Modelle mit kleinen Fehlern.

Ersparnis
Je nach Modell und Ausführung zwischen 20 und 50 %.

Ambiente
Lager innerhalb des Betriebsgeländes. Sehr gute Beratung und Service. Parkplätze vor dem Haus.

Adresse
Gebrüder Thonet GmbH, Michael-Thonet-Straße 1, 35066 Frankenberg, Telefon: 0 64 51/5 08-0.

Öffnungszeiten
Montag bis Donnerstag 9.00 bis 12.00 und 14.00 bis 16.00 Uhr, Freitag 9.00 bis 16.00 Uhr. Auch Öffnung nach telefonischer Absprache möglich.

Anreise
A45 Dortmund–Frankfurt, Ausfahrt Dillenburg, Richtung Frankenberg. In Frankenberg Richtung Bahnhof orientieren, danach der Beschilderung „Thonet" folgen.

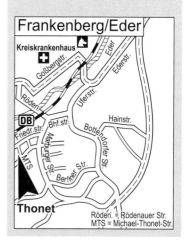

Das Perlen- & Schmuckcenter Frankfurt ist ein seit 35 Jahren in Frankfurt-Westend etabliertes Familienunternehmen. Die Familie Narasimhan ist Importeur, Hersteller, Großhändler und Lieferant für Großkonzerne mit Edelsteinen, Diamanten, Perlen und Goldschmuck. Es gibt auch eine extra Abteilung für den Direktverkauf.

Perlen vom Importeur

Warenangebot

Zucht-, Südsee-, Tahiti-, China- und Süßwasserperlen. Lose Perlen, Stränge, Ketten, Armbänder, Ringe, Ohrschmuck, riesiges Schließensortiment. Änderungen aller Art. Goldschmuck 585 und 750 von Standard bis hochwertig für Damen, Herren und Kinder.

Ersparnis

Bis 50 %.

Ambiente

Straßenschaufenster, fachkundige Beratung, alle Artikel ausgezeichnet, Kreditkarten akzeptiert, Getränke. Parkplätze im Hof.

Besonderheiten

Perlen-Pass, Schmuck-Pass, Geschenk-Gutscheine. Umarbeitung und Neuanfertigung von Perl- und Goldschmuck. Reparaturen wie: eigene Perlenketten verändern, kürzen, verlängern, Zwischenteile, neues Schloss. Ein Besuch im nahen Palmengarten ist lohnend.

Adresse

Perlen- & Schmuckcenter Frankfurt, Friedrichstraße 23/Ecke Liebigstr. 33,

60323 Frankfurt-Westend, Telefon: 0 69/ 71 71 72, Fax: 72 78 70, E-Mail: info@ perlen-schmuckcenter.de, Internet: www.perlen-schmuckcenter.de.

Öffnungszeiten

Montag bis Freitag 10.00 bis 18.00 Uhr, Samstag 10.00 bis 14.00 Uhr.

Anreise

Der Verkauf ist in Frankfurt-Westend, Nähe Palmengarten, Einfahrt von der Liebigstraße 33 her.

Die Freiherr von Poschinger Glasmanufaktur ist die älteste Glashütte Deutschlands mit der ältesten Glas-Familientradition der Welt. Seit über 400 Jahren fertigt sie in reiner Handarbeit Gläser von erlesener Qualität.

Wiege der Glasmacherkunst

Warenangebot
Hochwertige, handgefertigte Trinkgläser, Objekte, Vasen, Gartenobjekte, Lampen, und Geschenkartikel. Malerei-, Gravur- und Schliffveredelungen. Sonderanfertigungen, Repliken, Reproduktionen, Beleuchtungsteile, Badausstattung.

Ersparnis
Ab-Manufaktur-Preise und Sonderangebote mit 20 bis 50% Ersparnis. Überwiegend 2. Wahl.

Ambiente
„Der Glasbaron" – Manufakturverkauf & Glasgalerie – zeigt die ganze Fülle an handgefertigten Gläsern.

Besonderheiten
Sonderanfertigungen, Ergänzung alter Service. Ansprechpartner für alle Probleme rund um das Thema Glas. Glashütten-Führungen jederzeit möglich. Informationen anfordern.

Adresse
Freiherr von Poschinger Glasmanufaktur, Moosauhütte 14, 94258 Frauenau, Telefon: 0 99 26/9 40 10, Fax: 17 11.

Öffnungszeiten
November bis Ende April: Montag bis Freitag 10.30 bis 16.00 Uhr, Samstag 10.30 bis 14.30 Uhr. Mai bis 31. Oktober: Montag bis Freitag 10.30 bis 18.00 Uhr, Samstag 10.30 bis 14.30 Uhr, Sonntag 10.30 bis 14.30 Uhr.

Anreise
A3 Regensburg–Passau oder A92 München–Deggendorf, jeweils Autobahnanschluss Kreuz Deggendorf. Richtung Regen/Zwiesel über Rusel. Bei Regen weiter in Richtung Zwiesel/Bayrisch Eisenstein Nach dem Tunnel Ausfahrt Zwiesel MItte. In Frauenau der Beschilderung folgen.

Die gediegene korrekte Kleidung für Büro und Kundengespräch muss nicht unbequem sein. Bequeme Kleidung muss nicht aussehen „wie für zu Hause". C. von Daniels schafft es, seriöse Damen- und Herrenbekleidung so zu schneidern, dass sie so gerne getragen wird wie Freizeitkleidung.

Edel und dabei bequem

Warenangebot

Hemden, Anzüge, Outdoor-Jacken, Krawatten, Sakkos, Hosen, Schuhe, Pullover und Mäntel für Herren. Für Damen: Mäntel, Blazer, Hosen, Schals, Shopper, Daunenjacken, breites Angebot an Pullovern und Twin-Sets – alles gehobenes Warengenre. Das Angebot dürfte noch interessanter werden, da nun Van Laack zu von Daniels gehört.

Ersparnis

30 bis 50 %.

Ambiente

Größerer, gediegener Fabrikverkauf mit viel Flair, engagierte Fachverkäufer aus dem Konfektionsbereich, die auch beraten. Gute Parkmöglichkeiten.

Adresse

C. von Daniels Factory-Store, Europaallee 52, 50226 Frechen (= Gewerbegebiet), Telefon: 0 22 34/95 85 50.

Öffnungszeiten

Montag bis Freitag 10.00 bis 19.00 Uhr, Samstag 10.00 bis 18.00 Uhr.

Weitere Verkaufsstelle

● 22761 **Hamburg-Bahrenfeld**, Ecke Bornkampsweg 2/Stresemannstraße 377/379, Telefon: 0 40/85 40 77 77.

Anreise

A1, Ausfahrt Frechen, weiter auf der B264 Richtung Frechen. Gleich die 1. Möglichkeit rechts in die Kölner Straße und wieder rechts in die Europaallee. Der Verkauf befindet sich fast am Ende der Straße links.

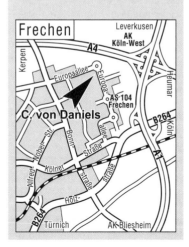

FÜRSTENBERG

Fürstenberg ist ein idyllisch gelegener Ort, der sich mit seiner Porzellantradition Weltruf erworben hat.

Weltbekannt

Warenangebot
Gesamtkollektion der Manufaktur in 1. und 2. Wahl: Porzellanservice, Geschenkartikel, Figuren, Sonderauflagen usw.

Ersparnis
30 bis 50 % bei 2.-Wahl-Artikeln und Sonderangeboten.

Ambiente
Wunderschön im historischen Schlosshof der Manufaktur gelegener, gut sortierter Verkauf.

Tipp
Das schmucke Städtchen Fürstenberg liegt am Rande des Naturparks Solling-Vogler, am östlichen Ufer der Weser, direkt an der Märchenstraße. Das manufaktureigene, einzige Porzellanmuseum Norddeutschlands sowie das Café Lottine sind immer einen Besuch wert.

Adresse
Porzellanmanufaktur Fürstenberg, Werksverkauf „Porzellan im Schloss", Meinbrexener Straße 2, 37699 Fürstenberg/Weser, Telefon: 0 52 71/40 10.

Öffnungszeiten
In der Hauptsaison: Dienstag bis Sonntag und Feiertage 10.00 bis 18.00 Uhr.

Die Öffnungszeiten sind jeweils kostenlos zu erfragen unter der Telefonnummer 08 00/7 67 93 55.

Anreise
Von Norden: B83 über Hameln Richtung Holzminden/Höxter. Dort auf die B497 Richtung Uslar. In Neuhaus im Solling Richtung Boffzen. Dort der Beschilderung nach Fürstenberg folgen. Von Süden und Westen: A44, Ausfahrt Warburg, B252 Richtung Brakel, dann auf der B241 Richtung Beverungen. Über Beverungen/Lauenförde und Meinbrexen nach Fürstenberg.

Storki Toys ist der Werksverkauf der Simba-Dickie-Group, einer der fünf weltweit führenden Spielwarenhersteller. Im Werksverkauf findet man Spielwaren der Marken Simba, Dickie, Big, Eichhorn, Noris, Schuco und Tamiya.

Lust aufs Spielen

Warenangebot

Nur 1.-Wahl-Ware: Big Bobby-Car mit Zubehör, Traktoren, Spielzeuge zum Fahren und Rutschen, Spielburg, Sandkästen, Schlitten, Baby-Spielwaren, Holzspielwaren, Plüschtiere, Autos, Puppen, Bastel- und Kreativspielwaren, Brettspiele und vieles mehr.

Ersparnis

20 bis 30%, auch Sonderposten und Sonderangebote.

Ambiente

Großer, heller und übersichtlicher Verkaufsraum, reichhaltiges Angebot.

Adresse

Storki Toys, An der Waldschänke 3, 90765 Fürth-Stadeln, Telefon: 09 11/ 7 87 62 14, Fax: 7 87 62 15, E-Mail: storki-toys@simbatoys.de, Internet: www.spielwaren-outlet.com.

Öffnungszeiten

Montag bis Freitag 9.00 bis 18.00 Uhr, Samstag 9.00 bis 13.00 Uhr.

Anreise

A73 Ausfahrt Fürth-Ronhof. Richtung Erlanger Straße. Diese mündet in die Stadelner Hauptstraße. Rechts abbiegen in die Straße „An der Waldschänke".

Diese Firma ist bekannt für schwäbische Qualitätsarbeit und deshalb Haltepunkt für alle, die erstklassige Haushaltsprodukte suchen: Mütter, Schwiegermütter, Brautpaare auf Reisen und Hobbyköche.

Der Qualitätsbegriff

Warenangebot

Die große Produktpalette des WMF-Konzerns in 2a-Qualität: Bestecke, Kochgeschirr, Küchenmesser, Küchenhelfer, Schnellkochtöpfe, Serviergeräte, Gläser, Haushalts- und Geschenkartikel.

Ersparnis

25 bis 30 % auf alle 2A-Waren, Sonderangebote mit Preisnachlässen bis zu 50 %. Ein Testkauf für eine Haushaltsgründung brachte 35 % Ersparnis.

Ambiente

1400 m² Verkaufsfläche, sechs Kassen, hilfsbereite, freundliche Bedienung. Im angrenzenden WMF-Bistro sind kleine Gerichte sowie Kaffee und Kuchen erhältlich. Großer Parkplatz. Barzahlung oder EC-Karte, keine Kreditkarten.

Adresse

WMF, Württembergische Metallwarenfabrik, Eberhardstraße (an der B10), 73312 Geislingen/Steige, Telefon: 0 73 31/25 88 70, Fax: 25 82 20, E-Mail: Fischhalle@WMF. de, Internet: www.fischhalle.wmf.de.

Öffnungszeiten

Montag bis Freitag 9.30 bis 18.00 Uhr, Samstag 9.30 bis 16.00 Uhr. Am 24.12 und 31.12. geschlossen.

Anreise

Werksgebäude unübersehbar an der B10 im Ort. Geislingen/Steige liegt zwischen Göppingen und Ulm. Von der A8 Stuttgart–Ulm kommend Ausfahrt Mühlhausen, dann noch 15 km. Im Ort große Hinweisschilder „Fischhalle" (= Werksverkauf von WMF). Oder: A7 Ulm–Würzburg, Ausfahrt Heidenheim. Richtung Heidenheim, Böhmenkirch nach Geislingen.

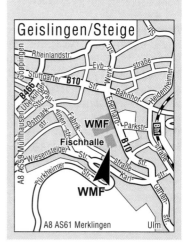

Die Firma Deuter ist einer der bekanntesten Rucksackhersteller in Deutschland. Funktionalität sowie ein gutes Preis-Leistungs-Verhältnis stehen an erster Stelle.

Formschön & strapazierfähig

Warenangebot

Rucksäcke von Deuter – vom kleinen Kinderrucksack über Moderucksäcke, Wanderrucksäcke bis zum Bergsteigerrucksack. Außerdem Fahrradreisetaschen, Bikerrucksäcke und Inlineskaterrucksäcke, Gürteltaschen, Handtaschen, Taschen in vielen verschiedenen Größen vom kleineren Schminketui über Freizeit-/Reisetaschen hin zu verschiedenen Koffern und Trolleys. Immer günstige Trend-Angebote.

Ersparnis

Ca. 30 %.

Ambiente

Nennt sich „2.-Wahl-Shop", auf dem Firmengelände leicht zu finden.

Adresse

Deuter Sport und Leder GmbH, Siemensstraße 1-5, 86368 Gersthofen, Telefon: 08 21/49 87-1 25, Fax: 49 87-119.

Öffnungszeiten

Nur Dienstag und Donnerstag 8.00 bis 16.00 Uhr.

Anreise

Auf der A8 nach Augsburg. B17 von Augsburg in Richtung Donauwörth, B2, Ausfahrt Industriegebiet Gersthofen-Nord, beim Sternodrom Mercedeshaus vorbei, links in die Messerschmittstraße abbiegen, dann die 4. Straße wieder links ist die Siemensstraße.

Kunert ist ein bekanntes und renommiertes Unternehmen in der Strumpf-branche. Seine Produkte zeugen von hoher Qualität und Aktualität.

Streicheleinheiten für Beine

Warenangebot
Damen-, Herren- und Kinderstrümpfe und Strumpfhosen, Socken in aktuellen Farben und Designs. Burlington-Pullover, Hemden etc.

Ersparnis
1.-Wahl-Ware, 2.-Wahl-Ware und Son-derposten mit einer Ersparnis bis zu 70 %.

Ambiente
Der Verkauf findet in einer modern ein-gerichteten Verkaufsstelle statt, über-sichtliche Warenpräsentation. Ware gut ausgezeichnet, große Auswahl. Park-plätze direkt vor dem Verkauf.

Adresse
Kunert Werke, Industriestraße 4, 09468 Geyer/Sachsen, Telefon: 03 73 46/6 22 01, Fax: 6 22 48.

Öffnungszeiten
Montag bis Freitag 9.00 bis 18.00 Uhr, Samstag 9.00 bis 12.00 Uhr.

Weitere Verkaufsstellen
● 72160 **Horb am Neckar**, Industrie-straße 37, Telefon: 074 51/55 22 44.
● 87509 **Immenstadt**, Julius-Kunert-Straße 44, Telefon: 0 83 23/1 22 75.
● 87719 **Mindelheim**, Trettachstraße 2, Telefon: 0 82 61/12 61.

Anreise
A72 Chemnitz–Hof, Ausfahrt Stoll-berg. Von Stollberg über Zwönitz nach Geyer. Die Zwönitzer Straße bis zum Ortskern fahren, bei der Post in die Ehrenfriedersdorfer Straße ein-biegen, dann rechts in die Industrie-straße, nach 100 m erreicht man das große, moderne Fabrikgebäude.

Vor 125 Jahren hat ein Plüsch-Bärle den Siegeszug in die Kinderzimmer angetreten: Der Teddybär! „Geboren" wurde er von Margarete Steiff und avancierte zum beliebtesten Kuscheltier aller Zeiten. Steiff „Knopf im Ohr" ist aber auch die faszinierende Entwicklung eines Markenzeichens, das heute Sinnbild höchster Qualität ist.

Knopf im Ohr

Warenangebot
Sehr große Auswahl an Plüschtieren und Puppen. Sortimentartikel.

Ersparnis
Im Museums-Shop bis zu 15%, in der Fundgrube bis maximal 40%.

Ambiente
Werksverkauf im Gebäude des Steiff Erlebnismuseums. Parkplätze vorhanden. Zusätzlich 2.-Wahl-Verkauf (Fundgrube), Burgstraße/Ecke Goethestraße.

Besonderheiten
Das Steiff Erlebnismuseum **„Die Welt von Steiff"** in einem architektonisch sehr interessanten Gebäude (täglich, außer an Feiertagen: April bis Oktober: 9.30 bis 19.00 Uhr, November bis März: 10.00 bis 18.00 Uhr.
Ein Tipp für Sammler: Der **Steiff Club** zählt weltweit rund 50.000 Mitglieder.

Adresse
Margarete Steiff GmbH, Margarete-Steiff-Platz 1 (Werksverkauf), 2.-Wahl-Verkauf (Fundgrube): Burgstraße 37/Ecke Goethestraße, 89537 Giengen/Brenz, Telefon: 0 73 22/1 31-5 00, Fax: 1 31-7 00,

Internet: www.steiff.de, www.steiff-club.de.

Öffnungszeiten
April bis Oktober: täglich (auch Samstag und Sonntag) 9.30 bis 19.00 Uhr. November bis März: täglich 10.00 bis 18.00 Uhr.

Anreise
Giengen an der Brenz liegt direkt an der A7 Ulm–Würzburg, Ausfahrt Giengen/Herbrechtingen. Steiff ist im Stadtzentrum an der Brenz.

Giengen an der Brenz

B/A/S/L/E/R

Basler ist ein bekannter und renommierter Name für hochwertige Damenmode. Das Unternehmen ist in über 50 Ländern vertreten. Die Kreationen im internationalen Stil gibt es jetzt auch im Fabrikverkauf. Basler bietet für Frauen mit gehobenem Anspruch Mode für jeden Anlass.

Mode mit Stil

Warenangebot

Breite Auswahl an Kollektions-, Musterteilen und 2.-Wahl-Ware. Klassische Blazer, elegante Blusen, hochwertige Strickwaren, aktuelle Shirts in frischen Farben, Coordinates, modische Outdoor-Jacken, Hosen und dazu passende Pullover, schicke Westen.

Ersparnis

1. Wahl bis zu 30%, 2. Wahl, je nach Fehler, bis zu 50%. Auf alle Kollektions- und Musterteile zusätzliche Preisreduzierung, Sonderaktionen.

Ambiente

Übersichtlich gestalteter Verkaufsraum mit kompetentem und freundlichem Fachpersonal. Gute Parkmöglichkeiten.

Adresse

Basler, Dammer Weg 51, 63773 Goldbach, Telefon: 0 60 21/50 43 22, E-Mail: fabrikverkauf@basler-fashion.com.

Öffnungszeiten

Montag bis Freitag 10.00 bis 18.00 Uhr, Samstag 10.00 bis 14.00 Uhr.

Weitere Verkaufsstellen

● 72555 **Metzingen**, Outlet Center Samtfabrik, Nürtinger Straße 63, Telefon: 0 71 23/20 65 00.

● 97877 **Wertheim-Dertingen**, Wertheim Village, Almosenberg.

Anreise

A3 Frankfurt–Nürnberg, Ausfahrt Aschaffenburg-Ost/Goldbach-West. Auf der B26, Aschaffenburger Straße, Richtung Goldbach. Am Ortseingang 1. Straße links in den Eulenweg. Nach ca. 100 m links in den Dammer Weg.

150

DESCH
Factory-Shop

Die Desch Herrenkleiderwerke fertigen seit 130 Jahren hochwertige Bekleidung für den Herrn. Im Desch Factory-Shop bietet das Unternehmen ein Herren-Sortiment mit internationalem Anspruch.

Hochwertige Herrenmode

Warenangebot
Anzüge, Sakkos, Hosen. Ergänzt wird das Angebot durch Hemden, Krawatten, Gürtel. Für die Freizeit: Baumwollhosen, Jeans, Freizeit- und Lederjacken, Mäntel, Strickwaren.

Ersparnis
30 bis 60 %.

Ambiente
Der Factory-Shop päsentiert sich in einem freundlichen Ambiente und bietet den Service eines Einzelhandelsgeschäftes. Neben den Desch-Produkten findet man auch Fremdfabrikate namhafter Markenhersteller. Änderungsservice und Kundenparkplatz vorhanden.

Adresse
Desch Factory-Shop GmbH & Co KG, Dammer Weg 39, 63773 Goldbach, Telefon: Factory Shop 0 60 21/59 79 19, Fax: 59 79 17, E-Mail:shop@desch.com, Internet: www.desch-factory-shop.de.

Öffnungszeiten
Dienstag bis Freitag 10.00 bis 19.00 Uhr, Samstag 9.00 bis 14.00 Uhr.

Anreise
A3 Frankfurt–Würzburg, Ausfahrt Aschaffenburg-Ost/Goldbach-West. Auf der B26 Richtung Goldbach. 1. Straße links in die Aschaffenburger Straße. Nach ca. 200 m wieder links in den Eulenweg. Dort nochmals links in den Dammer Weg. Ab Aschaffenburger Straße der Beschilderung folgen.

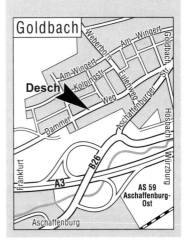

märklin

Wie lange ist das her, als Sie Ihre erste Modellbahnanlage gebaut haben? 20, 25, 30 Jahre? Seitdem hat sich viel verändert. Die Modelleisenbahn ist effekt- und erlebnisreicher geworden. Und: Digitale Steuerungssysteme schaffen eine rundum vernetzte Welt unbegrenzten Spielvergnügens.

Mythos Märklin

Warenangebot

Über 80 verschiedene Lok- und über 500 Waggontypen der Spurweiten Z, Spur 1, HO und N. Begrenztes Angebot. Keine Artikel aus dem aktuellen Katalog, aber auch Modelle, die es nur hier gibt. Solche Museumsmodelle sind ein echter Sammlertipp. Wechselndes Angebot. Teilweise begrenzte Abgabemengen. Große Auswahl an Starterpackungen. Auch Faller-Modellbahn-Zubehör, Produkte der Firmen Trix, Noch und Herpa, Souvenir-Artikel.

Ersparnis

25 bis 30 %, bei Sonderposten bis 50 %.

Ambiente

Verkauf ist dem Museums-Shop angegliedert. Zwei Räume, übersichtlich gestaltet. Sehr gut informiertes Personal. Das Museum lohnt einen Besuch. Parkplätze im Firmengelände.

Adresse

Märklin Museums-Shop, Holzheimer Straße 8-12, 73037 Göppingen, Telefon: 07161/60 82 89. Ab Oktober 2006 sind Museum und Werksverkauf am Firmenstandort Stuttgarter Straße in Göppingen.

Öffnungszeiten

Montag bis Sonntag 9.00 bis 17.00 Uhr. An Feiertagen geschlossen. An Sonn- und Feiertagen dürfen nur Artikel mit Souvenir-Charakter verkauft werden.

Anreise

A8 Stuttgart-München, Ausfahrt Wendlingen. B313 zum Plochinger Dreieck, dort B10 nach Göppingen, Ausfahrt Göppingen/Heiningen. Weiter Richtung Göppingen. Am Möbelhaus Rieger (rechts) vorbei und sofort nächste Straße rechts.

Die Marke Haflinger steht für Haus-, Freizeit- und Hüttenschuhe. Sie ist in Deutschland und im Ausland bekannter als die Marke Highlander. Der Angebotsschwerpunkt der Fabrikverkäufe liegt aber auf Highlander-Schuhen. Dies sind Schuhe, in denen Ihre Füße vital und gesund bleiben.

Der passt!

Warenangebot

Gute Auswahl an Bequemschuhen von Highlander für Damen und Herren, für Beruf und Freizeit. Es gibt jeweils einen Schuh des Monats. Auch Golfschuhe. Haflinger Hüttenschuhe und Clogs. Sondermodelle und 1B-Ware.

Ersparnis

30 bis 50%. Schuhe außerhalb der Saison teilweise zusätzlich reduziert.

Ambiente

Zielgruppengerechtes Schuhgeschäft mit ausreichend Lagerräumen, die eine gute Verfügbarkeit der Modelle gewährleisten.

Adresse

Fabrikverkauf Bequemschuhe, Hüttenschuhe, Marktstraße 28, 38640 Goslar, Telefon: 0 53 21/30 28 76, E-Mail: highlander@bequemschuh-versand.de, Internet: www.fabrikverkaufschuhe.de.

Öffnungszeiten

Montag bis Freitag 10.00 bis 18.00 Uhr, Samstag 10.00 bis 14.00 Uhr.

Anreise

A7 Kassel–Hannover, Ausfahrt Rhüden (von Süden), Derneburg/Salzgitter (von Norden). B82 nach Goslar. Dort Richtung Altstadt. Am Ende der Bäringer Straße links und gleich rechts auf den Hof.

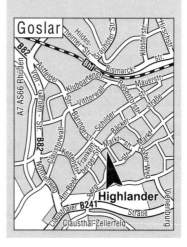

bugatti ODERMARK

Die Odermark Bekleidungwerke produzieren sportliche und klassische Herrenmode im mittleren und hohen Qualitäts-Genre. Neben den eigenen Produkten wird Bekleidung namhafter Hersteller angeboten.

Ausschließlich Männersache

Warenangebot
Anzüge, Sakkos, Sportswear, Hosen, Mäntel, Hemden, Krawatten, Strickwaren und Gürtel etc. In vermieteten Nebenräumen gibt es hochwertige Damenbekleidung bekannter Hersteller.

Ersparnis
30 bis 40%, bei Sonderposten und 2. Wahl entsprechend mehr. Zweimal im Jahr findet ein Sonderverkauf statt.

Ambiente
Einzelhandelsähnlicher Verkaufsraum mit kompetenter und freundlicher Bedienung.

Adresse
Odermark Bekleidungswerke Brinkmann GmbH & Co. KG, Odermarkplatz 1, 38640 Goslar, Telefon: 0 53 21/7 08-1 45, E-Mail: info@odermark.de, Internet: www.odermark.de.

Öffnungszeiten
Montag bis Freitag 13.00 bis 18.00 Uhr, Samstag 10.00 bis 14.00 Uhr.

Anreise
A7, Ausfahrt Rhüden auf die B82 oder Ausfahrt Derneburg auf die B6 nach Goslar und hier Ausfahrt Ohlhof/Zentrum in die Immenröder Straße bis zur Kreuzung Okerstraße. Hier liegt der Odermarkplatz. Zufahrt über den Hof der AOK.

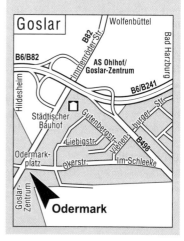

Reebok

Reebok ist einer der bekanntesten Sportartikelhersteller der Welt. Im Reebok-Outlet Store an der Autobahnraststätte Greding, direkt an der Autobahn Nürnberg–München, in Oberhaching bei München, im FOC Wertheim Village in Wertheim und in Metzingen bei Stuttgart hat der Sportfreund die Qual der Wahl.

Wear the vector outperform

Warenangebot

Sportschuh- und Sportbekleidungsangebot, jedoch keine aktuelle Ware. Lauf-, Tennis-, Fußball-, Fitness- und Basketballschuhe, Tennis-, Fitness-, Freizeitbekleidung, Kindersportbekleidung. Auch Business- und Freizeitschuhe der Marke Rockport, Taschen, Rucksäcke.

Ersparnis

30 bis 50%. Bei Aktionen bis zu 70%.

Ambiente

650 m² Verkaufsfläche, Atmosphäre und Ausstattung angenehm. Outlet im amerikanischen Stil, qualifizierte Beratung, vier Umkleidekabinen, Spielecke, Parkplätze.

Adresse

Reebok-Outlet Store, An der Autobahn 2, 91171 Greding, Telefon: 0 84 63/6 42 20, Fax: 6 44 22 10.

Öffnungszeiten

Montag bis Freitag 10.00 bis 19.00 Uhr, Samstag 9.00 bis 16.00 Uhr.

Weitere Verkaufsstellen

● 72555 **Metzingen**, Mühlstraße 5,

Telefon: 0 71 23/94 72 97, Fax: 94 96 81, E-Mail: metzingen.outlet@reebok.com.
● 82041 **Oberhaching**, Keltenring 9, Telefon: 0 89/61 38 23 10.
● 97877 **Wertheim-Dertingen**, Wertheim Village, Almosenberg, Telefon: 0 93 42/91 86 50.

Anreise

A9 Nürnberg–München, Ausfahrt Greding. Direkt an der Autobahn, oberhalb von McDonald's.

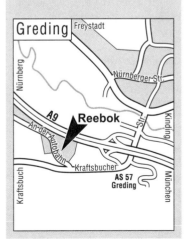

Gönner

Die Firma Gönner gehört zu den größten und modernsten Strickwarenherstellern in Deutschland. Sie produziert hochwertige Ware für die ganze Familie.

Modern Woman

Warenangebot

Pullover, Strickjacken, Kombinationen,
Shirts, Blusen, Hosen und Röcke für
Damen. Herren- und Kinderpullover.
Saisonüberhänge, 2.-Wahl-Ware, Mus-
terteile, Restposten, Stoffe und Garne.

Ersparnis

40 bis 60 %, Musterkollektionen noch
günstiger.

Ambiente

Ware auf 600 m² übersichtlich präsentiert. Freundliches Personal. Parkplätze.

Adresse

Gönner GmbH & Co., Gewerbepark 1,
91350 Gremsdorf, Telefon: 0 91 93/
50 28 30, Internet: www.goenner.de.

Öffnungszeiten

Montag bis Freitag 9.00 bis 19.00 Uhr,
Samstag 9.00 bis 16.00 Uhr, 1. Samstag
im Monat 9.00 bis 18.00 Uhr.

Weitere Verkaufsstellen

- 72414 **Rangendingen**, Hechinger
Straße 36.
- 72461 **Albstadt-Tailfingen**, Untere
Bachstraße 60.
- 87480 **Weitnau-Hofen**, Am Werkhof 4.
- 87645 **Schwangau**, König-Ludwig-
Straße 2.

- 88499 **Riedlingen**, Gammertinger
Straße 33, Telefon: 0 73 71/93 66-0.
- 89331 **Burgau-Unterknöringen**,
Greisbacher Straße 6, Telefon: 0 82 22/
96 57 12.
- 94060 **Pocking**, Würdinger Straße 6.
- 95100 **Selb**, Vielitzer Straße 26, Factory
In, Telefon: 0 92 87/95 65 95.
- 96052 **Bamberg**, Dr.-Robert-Pfleger-
Straße 1, Telefon: 09 51/6 01 09 14.

Anreise

A3 Nürnberg–Würzburg, Ausfahrt 80,
Höchstadt-Ost. Der Fabrikverkauf
befindet sich direkt an der Autobahnausfahrt, im Industriegebiet.

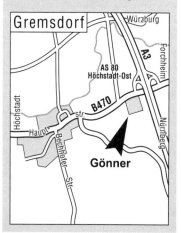

Werksverkauf

Funny-Frisch, Mars und Ültje sind die führenden Marken im Segment salziger und süßer Snackartikel. Hier findet sich das geballte Angebot für Naschkatzen, Snacker und Nuss-Süchtige!

Süß oder Salzig

Warenangebot

Die großen Marken aus dem Snack- und Schokoriegelsortiment: Kartoffelchips, Kartoffelsnacks, Erdnüsse, Nussmischungen, Schokoriegel der Marken Funny-Frisch, Chio, Pom-Bär, Mars, Twix, Milky Way, Wolf Bergstraße und M&Ms, Bounty, Ültje und Merchandising-Artikel. Im „Schnäppchen-Paradies" besonders günstige Produkte.

Ersparnis

20 bis 30%, Schnäppchen-Paradies-Artikel 50%.

Ambiente

Großer, freundlich gestalteter Laden, fachkundiges Personal und eine Riesenauswahl an Produkten. „Schnäppchen-Paradies" als eigener Bereich. Probiertheke. Parkmöglichkeiten.

Besonderheit

Ein eigenes Kino zeigt Unternehmensfilme für Gruppen; rechtzeitig dafür anmelden.

Adresse

Intersnack Werksverkauf, Marie-Curie-Straße 10-14, 41515 Grevenbroich, Telefon: 0 21 81/2 12 10 14.

Öffnungszeiten

Montag bis Freitag 11.00 Uhr bis 18.00 Uhr, Samstag 10.00 bis 16.00 Uhr.

Anreise

A540, Jüchen–Rommerskirchen, Ausfahrt Grevenbroich Süd. Weiter Richtung Wevelinghoven. Der Aluminiumstraße bis zur Kreuzung folgen, über die Zeppelinstraße dann rechts ins Industriegebiet. Dort links in die Otto-Hahn-Straße. Rechts in die Alfred-Nobel-Straße. An deren Ende links in die Marie-Curie-Straße.

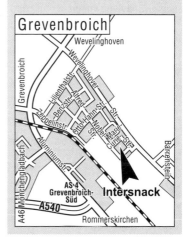

EDUARD DRESSLER

EINKAUFS-GUTSCHEIN

Die Erzeugnisse von Eduard Dressler zeichnen sich aus durch erlesene Stoffe, perfekten Schnitt und sorgfältigste Verarbeitung in bester handwerklicher Tradition. Höchste Qualität wird insbesondere durch die individuelle Prüfnummer garantiert, mit der jedes Kleidungsstück bis hin zum Fabrikverkauf versehen wird. Im Verkauf jetzt auch gesichtet: Herrenmode von Aigner.

For very important Persons

Warenangebot
Eduard Dressler: Anzüge, Sakkos, Hosen, Smokings, Blazer, Mäntel, Krawatten, Socken. Aigner: Hemden, Jacken, Strickwaren, Lederjacken, Mäntel, Lederwaren, Accessoires.

Ersparnis
Mindestens 30%, größtenteils sogar 40% auf 1. Wahl.

Ambiente
Getarnt im Fachgeschäft „V.I.P Clothing" gibt es erstklassige Ware von Eduard Dressler und Aigner in großer Auswahl.

Adresse
Dressler Bekleidungswerke Brinkmann GmbH & Co.KG/Div. V.I.P., Babenhäuser Straße 16, 63762 Großostheim, Telefon: 0 60 26/50 24 84.

Öffnungszeiten
Dienstag bis Freitag 10.00 bis 18.00 Uhr, Samstag 10.00 bis 14.00 Uhr.

Anreise
A3 Frankfurt–Würzburg, Ausfahrt Stockstadt/Obernburg. Weiter auf der B469 bis zur Ausfahrt Großostheim/Ringheim/Flugplatz, Richtung Großostheim führt der Weg direkt auf die Babenhäuser Straße.

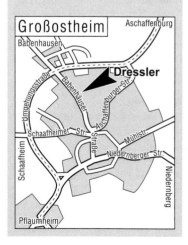

EINKAUFS-GUTSCHEIN

Eigene Fertigung, ausschließlich Verarbeitung geprüfter, erstklassiger Meterware aus dem EU-Raum. Großes Angebot bis Kragenweite 54, auch Überlängen in Armlänge und Übergrößen.

Der Hemdenprofi

Warenangebot
Herrenhemden im oberen bis höchsten Qualitätsstandard durch eigenen Fertigungsbetrieb. Riesensortiment von klassisch bis hochmodisch. Gute Auswahl auch in ausgefallenen Größen und Überlängen. Sonderanfertigung nach Maß sowie für Vereinsausstattung möglich. Das Sortiment wird ergänzt durch Herrenstrickwaren, Krawatten und Socken.

Ersparnis
Ca. 50 %.

Besonderheiten
Änderungswünsche werden vom Kundenservice sofort erledigt. Sonderanfertigungen haben eine Lieferzeit von fünf bis sechs Wochen.

Adresse
Petermann, Hemden- und Blusenfabrik, Aschaffenburger Straße 28, 63762 Großostheim, Telefon: 0 60 26/50 02-0, Fax: 50 02-21/-22, Internet: www.hemdenfabrik.de.

Öffnungszeiten
Montag bis Freitag 9.00 bis 18.00 Uhr, Samstag 9.00 bis 15.00 Uhr.

Anreise
A3 Frankfurt–Nürnberg, Ausfahrt Stockstadt. Großostheim liegt im Maintal bei Aschaffenburg am Autobahnzubringer Stockstadt/Miltenberg. 2. Ausfahrt nach Großostheim, Verkauf ist unmittelbar vor der Eder-Brauerei. Auffallend durch vier Fahnen mit „Pesö" an der Einfahrt.

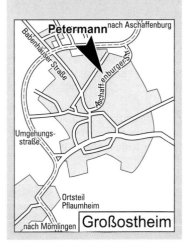

Qualität als Prinzip, Luxus, der höchsten Ansprüchen gerecht wird, stilistische Klarheit, die den Stil der Elite auszeichnet.

Exklusive Herrenmode

Warenangebot
Anzüge, Sakkos, Hosen, Hemden, Krawatten, Mäntel. Verkauft wird nur die aktuelle Ware in 1. Wahl.

Ersparnis
30 bis 50 %.

Ambiente
Verkauf direkt aus dem Lager; „Förderhaken" transportieren „noch warme Ware" aus der Fabrik ins Lager; da hier auch der Einzelhändler seine Ware auswählt, keine Preisauszeichnung, die Verkäuferin ist im Besitz der Preisliste; einfache Umkleidekabinen, Spiegel sind aufgestellt. Kundenparkplätze vorhanden

Adresse
Otto Schuler GmbH, Aschaffenburger Straße 35, 63762 Großostheim, Telefon: 0 60 26/97 24-0, Fax: 62 67.

Öffnungszeiten
Montag bis Freitag 9.00 bis 18.00 Uhr, Samstag 10.00 bis 16.00 Uhr.

Anreise
Großostheim liegt südlich von Aschaffenburg. Von Aschaffenburg kommend, ist die Firma nach dem Ortseingang das erste Haus auf der rechten Seite. Zum Verkauf führt die weiße Tür im flachen, rechten Gebäude der Firma.

Vom Frottierhandtuch bis zum Bademantel, ein reichhaltiges Angebot an qualitativ hochwertiger Ware, gefertigt auf modernsten Anlagen.

Kuschelig, mollig, farbenfroh

Warenangebot
Hand-, Gäste-, Bade- und Liegetücher, Badteppiche, Bademäntel in Walk und Velours der Marken Frottana und Möve.

Ersparnis
30 bis 50 %, bei Sonderposten 70 %.

Ambiente
Die Verkaufsstelle „Frottier-Shop" befindet sich links neben dem Verwaltungsgebäude.

Adresse
Frottana-Texil GmbH & Co. KG, Waltersdorfer Straße 54, 02779 Großschönau, Telefon: 03 58 41/82 45, Fax: 82 62.

Öffnungszeiten
Montag bis Freitag 9.00 bis 18.00 Uhr, Samstag 9.00 Uhr bis 16.00 Uhr.

Weitere Verkaufsstellen
● 14641 **Wustermark**, B5 Designer Outlet Center Berlin-Brandenburg, Alter Spandauer Weg 1, Telefon: 03 32 34/2 07 99.
● 66482 **Zweibrücken**, Designer Outlets Zweibrücken, Londoner Bogen 10-90, Telefon: 0 63 34/99 35 15.
● 72555 **Metzingen**, Wilhelmstraße 54, Telefon: 0 71 23/16 55 15.
● 97877 **Wertheim-Dertingen**, Wertheim Village, Gewerbegebiet Almosenberg, Telefon: 0 93 42/85 85 27.
● B-3630 **Maasmechelen**, Maasmechelen Village, Zetellaan 125 b, Telefon: 00 32/89 46 71 96.
● NL-6041 **Roermond**, McArthurGlen Designer Outlet Roermond, Stadsweide 132-134, Telefon: 00 31/4 75 33 08 47.

Anreise
A4 Eisenach–Dresden–Görlitz, Ausfahrt Bautzen-West. Auf der B96 nach Zittau. In Oberoderwitz rechts abbiegen nach Großschönau. Frottana befindet sich an der Straße nach Waltersdorf auf der rechten Seite.

FLÖTOTTO

Weder die Möbelhändler noch die Kollegen aus der Möbelindustrie lieben Flötotto besonders. Dieser Hersteller hat sich schon früh auf den Möbeldirektverkauf spezialisiert. „Verkaufen ab Fabrik" ist für dieses Unternehmen keine lästige Nebenbeschäftigung, sondern bewusste Vertriebsstrategie.

Alles nur ab Fabrik

Warenangebot
Schlaf-, Wohn-, Kinder- und Gästezimmer. Büroeinrichtungen und Einrichtungssysteme, Schrankwände. Gesamtkatalog kann ab Werk gratis bestellt werden. Retouren und Möbel mit kleinen Schäden werden als Einzelstücke verkauft.

Ersparnis
Bei Bestellungen 10 % Rabatt für Selbstabholer. Retouren und Möbel mit kleinen Schäden während der Sonderverkäufe bis zu 40 % günstiger.

Ambiente
Große, gepflegte Möbelausstellung mit allen Mustereinrichtungen.

Adresse
Flötotto GmbH, Senner Straße 32, 33335 Gütersloh-Friedrichsdorf, Telefon: 0 52 09/5 91-2 61 (Durchwahl Exklusivgeschäft).

Öffnungszeiten
Es finden etwa alle drei Monate Sonderverkäufe statt. Die Termine sind der Tagespresse zu entnehmen oder können telefonisch erfragt werden.

Anreise
A2, Ausfahrt und Richtung Gütersloh. Nach 3 km rechts in die Carl-Bertelsmann-Straße einbiegen, nach 8 km an der großen Kreuzung in Friedrichsdorf links in die Brackweder Straße. Dort nach 500 m rechts in die Senner Straße.

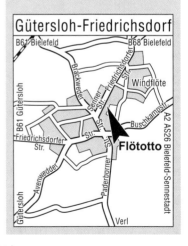

Gütersloh-Friedrichsdorf

Seit 1935 baut die Firma mit das Beste, was auf dem Kindermöbel-Sektor zu finden ist. Hervorragende Verarbeitung und strapazierfähiges Material halten den hohen Anforderungen, die an Kindermöbel gestellt werden, voll stand.

Der Kindermöbel-Spezialist

Warenangebot
Ausschließlich 2.-Wahl-Ware, Entwicklungs-, Auslauf-, Messemodelle, Rücknahmen. Kinderbetten, Hoch-, Spiel-, Etagenbetten, Schülerschreibtische, Wickelkommoden, Kinderschränke.

Ersparnis
Je nach Beschädigungsgrad bis zu 40 %.

Ambiente
Fabrikhalle mit ca. 1000 m².

Besonderheiten
Unterfranken ist berühmt durch seine Frankenweine in der Bocksbeutelflasche. Würzburg ist immer eine Reise wert. Aber auch die Weinorte drumherum. Es bietet sich an, ein verlängertes Wochenende einzuplanen.

Adresse
Paidi-Möbel GmbH, 2.-Wahl-Lager, Bahnhofstraße 12-16, 97840 Hafenlohr, Telefon: 0 93 91/5 01-1 92, Fax: 5 01-1 60, Internet: www.paidi.de.

Öffnungszeiten
Montag bis Freitag 9.00 bis 12.30 und 13.00 bis 17.00 Uhr, Samstag 8.30 bis 13.00 Uhr.

Anreise
Hafenlohr liegt kurz (3 km) hinter Marktheidenfeld bei Würzburg. Von der A3 Frankfurt–Nürnberg aus Richtung Würzburg kommend, Ausfahrt Marktheidenfeld. Weiter Richtung Lohr/Hafenlohr, am Ortseingang scharf links, Paidi nach ca. 200 m.

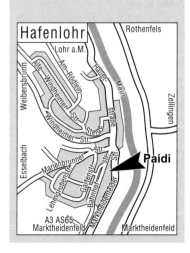

Zwieback gibt es in allen möglichen Formen und Geschmacksrichtungen: mit Schokolade, Kokos usw. und natürlich das Produkt, von dem schon Firmengründer Carl Brandt selbstbewusst sagte: „weltbekannt durch Qualität".

Die Marke für Zwieback

Warenangebot

Zwieback, Zwieback und nochmal Zwieback. Dazu noch Süßwaren – etwa aus Schokolade – vom bayerischen Brandt-Werk, das mit führend in der Herstellung von Schokoladehohlfiguren (Weihnachtsmann, Osterhase) und von alkoholgefüllten Pralinen (Weinbrandkirschen, Weinbrandbohnen) ist. Auch Produkte mit besonderem Ballaststoffgehalt, wie Vollkornbrötli.

Ersparnis

20 %.

Ambiente

Ladengeschäft wie Discountladen. Ware wird in Kartons auf Metallregalen präsentiert. Auch wenn die Fabrik verlegt worden ist, der Verkauf wird – wie gewohnt – weitergeführt.

Adresse

Brandt Zwieback-Schokoladen GmbH & Co. KG, Westerbauer Straße, 58135 Hagen-Haspe, Telefon: 0 23 31/47 70.

Öffnungszeiten

Dienstag bis Freitag 10.00 bis 17.15 Uhr.

Anreise

A1, Ausfahrt Gevelsberg. Richtung Hagen fahren. B7 (Hagener Straße) links. Der Bundesstraße folgen (in Höhe von Brandt heißt sie Enneper Straße). Nach dem 2. Übergang Ampel links, in die Nordstraße und gleich wieder links in die Westerbauer Straße. Der Werksverkauf ist im Gebäude links vor dem Schlagbaum.

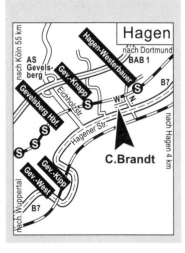

DORIS MEYER ✤
Exclusive Bettwäsche

Die Firma „Collection Doris Meyer" liegt in einem romantischen Tal der berühmten Fliederstadt Haigerloch und ist seit 160 Jahren im Familienbesitz (ältestes Textilunternehmen Südwürttemberg/Hohenzollern). Bekannt für gute Qualität, schöne Designs, Bettwäsche und Spannbetttücher.

Bettgeflüster

Warenangebot
Ausgesucht schöne Jersey-Bettwäsche in großer Auswahl in vielen Designs, auch Unis, in allen Größen. Dazu passende Spannbetttücher in 38 Farben und allen Größen (bis 220 cm Länge). Nicky-Velours-Bettwäsche und -Spannbetttücher werden in den Wintermonaten angeboten.

Ersparnis
40 bis 50 %.

Ambiente
Schöner 200 m² großer Verkaufsraum mit übersichtlich angeordneten Regalen (war früher eine alte Remise). Ware nach Größen geordnet. Attraktive Warenpräsentation.

Adresse
Doris Meyer GmbH & Co. KG, 72401 Haigerloch-Karlstal, Telefon: 0 74 74/ 69 09 33, Fax: 69 09 41, Internet: www. doris-meyer.de.

Öffnungszeiten
Montag bis Freitag 10.00 bis 12.00 und 13.30 bis 17.00 Uhr, Samstag 10.00 bis 12.30 Uhr.

Weitere Verkaufsstellen
● 53604 **Bad Honnef**, Lohfelder Straße 33 (im Birkenstock-Firmengelände), Telefon: 0 22 24/9 78 01 16, Fax: 9 78 01 17.
● 75365 **Calw-Wimberg**, Ostlandstraße 5, Telefon: 0707/96 65 40.
● 79189 **Bad Krozingen**, Im Unteren Stollen 5.

Anreise
A81 Stuttgart–Singen, Ausfahrt Empfingen, weiter Richtung Bad Imnau. Karlstal ist ein Ortsteil von Haigerloch, liegt jedoch im Tal.

Haigerloch-Karlstal

Mc Neill-Schulranzen bieten im Straßenverkehr, auch an trüben Tagen, viel Sicherheit durch das neonfarbene Design; sie sind orthopädisch geformt und pflegeleicht (abwaschbar).

Testsieger und Marktführer

Warenangebot

Schulranzen und Zubehör in verschiedenen Größen und Materialien, Kindergartentaschen, Schulbeutel, Schüleretuis, modische Schul- und Reiserucksäcke. Auch Schultaschen aus Vollrindleder. Business-Taschen, Reisegepäck, Koffer, Trolleys von „Wallstreet". Rucksäcke, Sporttaschen von „Take it Easy".

Ersparnis

Sondermodelle und Auslaufdesigns 20% und mehr.

Ambiente

Eingang im Innenhof rechts durch die Glastüre, übersichtliche Präsentation, nicht generell preisausgezeichnet. Gute Parkmöglichkeiten.

Besonderheiten

Auf alle Schulranzen gibt es eine Entsorgungsgarantie. Alte Ranzen werden mit einem kleinen Betrag vergütet und zu fast 100% recycelt.

Adresse

Thorka GmbH, McNeill-Schultaschen, Siemensstraße 28, 63512 Hainburg-Klein-Krotzenburg, Telefon: 0 61 82/ 9 57 10, Fax: 6 69 98.

Öffnungszeiten

Montag bis Donnerstag 13.00 bis 16.00 Uhr, jeden 1. Samstag im Monat 9.00 bis 13.00 Uhr.

Anreise

Hainburg-Klein-Krotzenburg liegt zwischen Aschaffenburg und Hanau; A3 Frankfurt–Aschaffenburg bis Ausfahrt Seligenstadt. Von Seligenstadt Richtung Hainburg. Nach der Ortsausfahrt Seligenstadt 1. Ampel links, 1. Querstraße, dann rechts (Siemensstraße), 1. Einfahrt wieder rechts.

Halloren ist die älteste Schokoladenfabrik Deutschlands. Im Jahr 2004 feierte sie ihr 200-jähriges Jubiläum. Sie war bis zum Zweiten Weltkrieg berühmt durch Ihre Mignon Pralinés und ist seit 1950 wieder als Schokoladenfabrik in Betrieb. Seit den 90er-Jahren ist sie auf Erfolgskurs mit einer der modernsten Produktionsstraßen Europas.

Die Kugel rollt

Warenangebot

Die Original Halloren Kugel ist wohl das bekannteste Produkt. Es gibt sie in vielen Geschmacksrichtungen, z.B. Sahne-Cacao, Latte Macchiato, Stracciatella und Schoko-Eierlikör. Außerdem gehören die Baumkuchen Kugeln, Kokosflocken, sowie Trüffel, Pralinen, Schokoladetafeln und die bekannten Mozartkugeln aus eigener Produktion zum Sortiment.

Ersparnis

Die größte Ersparnis gibt es bei Artikeln mit kleinen Schönheitsfehlern und Bruchware.

Ambiente

Der große Fabrikverkauf bietet auf 400 m² die ganze Produktvielfalt. Daneben erstreckt sich über zwei Etagen das Halloren Schokoladenmuseum mit dem einmaligen Schokoladenzimmer. Außerdem gibt es ein gepflegtes Café.

Adresse

Halloren Schokoladenfabrik GmbH, Delitzscher Straße 70, 06112 Halle/Saale, Telefon: 03 45/5 64 20, Fax: 5 64 2250, Internet: www.halloren.de.

Öffnungszeiten

Montag bis Freitag 9.00 bis 18.30 Uhr, Samstag 9.00 bis 13.00 Uhr, Sonntag 10.30 bis 17.30 Uhr. Führungen nur nach vorheriger Absprache unter Telefon: 03 45/5 64 21 92.

Anreise

A14 Döbeln–Magdeburg, Ausfahrt Halle Ost und ca. 3 km stadteinwärts in die Delitzscher Straße. Der Verkauf ist gegenüber dem Verlagsgebäude Mitteldeutsche Zeitung.

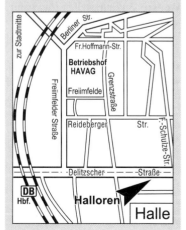

Handelsgesellschaft mbH

Das Angebot in den Corso-Filialen stammt zum überwiegenden Teil aus Retouren und Überhängen vom weltweit größten Versandhaus „OTTO". Das bedeutet ein ständig wechselndes Sortiment von bis zu 1000 Teilen je Filiale.

Corso ... find' ich auch gut

Warenangebot
Damen-, Herren- und Kinderbekleidung, Schuhe etc.; wechselndes Sortiment.

Ersparnis
Bis zu 50 %.

Ambiente
Kaufhausatmosphäre; große, übersichtliche und wohlgeordnete Ladenräume.

Adresse
Corso Handelsgesellschaft mbH, **21029 Hamburg-Bergedorf**, Stuhlrohrstraße 10, Telefon: 0 40/72 41 04 31.

Weitere Verkaufsstellen (Auswahl)
● 12355 **Berlin-Rudow**, Eichenauer Weg 61, Telefon: 0 30/6 69 90 50.
● 13088 **Berlin-Weißensee**, Gehringstraße 26-30, Telefon: 0 30/92 09 21 40.
● 13403 **Berlin-Reinickendorf**, Auguste-Viktoria-Allee 99-100, Telefon: 0 30/41 78 38 01.
● 21339 **Lüneburg**, Am alten Eisenwerk 8, Telefon: 0 41 31/3 57 60.

● 22179 **Hamburg-Bramfeld,** Wandsbeker Straße 17-19, Telefon: 0 40/6 46 15 79-4 oder -5.
● 22848 **Norderstedt**, Rugenbarg 45a, Telefon: 0 40/52 87 68 27.
● 23552 **Lübeck**, Königstraße 123-125, Telefon: 04 51/2 03 86 40.
● 24223 **Raisdorf**, Mergenthaler Straße 18, Telefon: 0 43 07/10 41.
● 24943 **Flensburg**, Engelsbyer Straße 13, Telefon: 04 61/6 22 59.
● 26129 **Oldenburg-Wechloy**, Posthalterweg 17-19, Telefon: 04 41/2 17 61 00.
● 31135 **Hildesheim**, Bavenstedter Straße 102, Telefon: 0 51 21/51 84 64.
● 38640 **Goslar**, Liebigstraße 4, Telefon: 0 53 21/31 39 24.
● 45141 **Essen**, Bamlerstraße 92, Telefon: 02 01/2 94 62 86.

Öffnungszeiten
Achtung! Die Öffnungszeiten der einzelnen Filialen sind unterschiedlich.

Mit harmonisch aufgebauten Kollektionen ist Olsen bei den Modetrends im mittleren Preissegment mitbestimmend. Sportliche Mode ist ebenso ein zentrales Thema wie der einzelteilige Aufbau der Coordinates.

Hanseatisch und weltoffen

Warenangebot
Strickwaren und Shirts in allen Variationen, Hosen, Kleider, Röcke, Jacken, Mäntel und Accessoires. Bei dem Angebot handelt es sich um Ware aus der vergangenen Saison, 2.-Wahl-Ware aus der aktuellen Kollektion und Musterteile.

Ersparnis
35 bis 50 %. Weitere Preisersparnis bis 70 % gegen Saisonende.

Ambiente
Großzügige und gepflegte neue Verkaufsräume von ca. 400 m². Freundliche und kompetente Beratung. Parkplätze sind vorhanden.

Adresse
Olsen Retail GmbH, Schnackenburgallee 52, 22525 Hamburg-Bahrenfeld, Telefon: 0 40/85 15 70 57, Fax: 85 15 70 63, Internet: www.olsen.de.

Öffnungszeiten
Montag bis Freitag 11.00 bis 19.00 Uhr, Samstag 10.00 bis 16.00 Uhr.

Anreise
A7 Hamburg–Flensburg, Ausfahrt Volkspark. An der Ampel links und schon nach 200 m sehen Sie auf der linken Seite die Firma Olsen.

CLOSED

Traditionell finden die Lagerverkäufe der Firma Closed im Halbjahres-rhythmus statt. Die Modemarke Closed entstand 1977 in Rimini und wird inzwischen mit großem Erfolg weit über Europa hinaus im Fachhandel vertrieben. Bei den Lagerverkäufen sogar zu extra kleinen Preisen.

Für geladene Gäste

Warenangebot
Jeans, Jeansjacken, -westen, Hemden, T-Shirts, Sweatshirts, Röcke, Kleider, Blusen, Lederjacken, Strickwaren, auch Turnschuhe und mehr.

Ersparnis
Bis 50 %, zum Teil mehr.

Ambiente
Großer, gut sortierter Lagerverkauf. Umkleidekabinen, Spielecke, Parkplätze.

Besonderheiten
Der Verkauf befindet sich nicht am Firmensitz. Einkaufen kann man nur mit einer persönlichen Einladung. Diese gilt auch für eine Begleitperson. Um eine Einladung zu bekommen: Anruf unter 0 40/73 35 00 35 oder E-Mail an service @iffo.de bzw. einladung@iffo.de. Auch im Verkaufsraum kann man sich in eine Kundenliste eintragen.

Adresse
Closed/IFFO Store Outlet, Billbrookdeich 43, 22113 Hamburg-Billbrook, Telefon: 0 40/73 35 00 35, Fax: 73 35 00 31.

Öffnungszeiten
Stehen in der Einladung.

Weitere Verkaufsstelle
● 18182 **Rövershagen-Purkshof**, Karl's Erlebnishof, Dorfstraße 2, Telefon: 03 82 02/40 50, Fax: 40 52 23.

Anreise
Von der A7 oder A25 auf die A1 Richtung Lübeck und bei der Ausfahrt Moorfleet über die Andreas-Meyer-/Gruson-/Wöhlerstraße vor der Blauen Brücke links ab in den Billbrookdeich. Vor dem großen Klinkergebäude rechts, nur ganz kleines Schild an der Seitentür.

Die Detlev Louis GmbH ist seit langem Marktführer im Bereich Motorradbekleidung, -ersatzteile und -zubehör. Seit mehr als zehn Jahren gibt es die Restpostenkette „Beste Reste – Die Louis-Restpostenmärkte". Noch günstigere Angebote als in deren Filialen sind jetzt im ständigen Lagerverkauf in Hamburg erhältlich.

Bikerdreams

Warenangebot
Riesiges Sortiment an Motorradbekleidung, Motorradhelmen, -stiefeln, -handschuhen, Regenkombis und sonstigem Zubehör der Marken Louis, Vanucci, Cycle Spirit u.a.

Ersparnis
Im Schnitt 40 %, bei Einzelstücken bis 80 %.

Ambiente
Der Louis Lagerverkauf mit über 1000 m² Verkaufsfläche ist ein neuer Anlaufpunkt für die Bikerszene.

Adresse
Detlev Louis Motarradvertreibsges. mbH, Verkauf ab Lager, Süderstraße 129, 20537 Hamburg-Hammerbrook, Telefon: 0 40/23 80 81 14, Fax: 20 94 98 93, Internet: www.louis.de.

Öffnungszeiten
Dienstag bis Freitag 11.00 bis 19.00 Uhr, Samstag 10.00 bis 16.00 Uhr.

Weitere Verkaufsstellen
Beste Reste – Die Louis-Restpostenmärkte gibt es in **Aachen Bielefeld**, Düsseldorf,

Essen, Frankfurt, Hannover, Saarbrücken, Stuttgart. Öffnungszeiten: 1. März bis 31. August: Montag bis Freitag 10.00 bis 20.00 Uhr, Samstag 9.00 bis 16.00 Uhr. 1. September bis 28. Februar: Montag bis Freitag 10.00 bis 19.00 Uhr, Samstag 10.00 bis 16.00 Uhr. Siehe auch im Internet unter www.louis.de.

Anreise
Von Hamburg-Centrum kommend B75 Richtung Flughafen (Heidekampsweg); 2. Möglichkeit links ab.

Edle Pelze, edle Stoffe, Ton in Ton kombiniert, hoch- bis höchstwertige Pelzkombinationen nach eigenen Entwürfen und aus eigener Herstellung mit weltweitem Vertrieb. Charakteristisch für Produkte der Marke Voss sind nicht nur die edlen Materialien, sondern auch die erstklassige Verarbeitung.

Pelz in Pelz, Ton in Ton

Warenangebot
Pelzjacken, Pelzmäntel, Pelz-Accessoires, Kragen, Westen, Stolen, Schals und Manschetten, Felldecken und Kissen, hochwertige Stoffmäntel und -jacken mit Pelzfütterung und/oder Besatz, auch für Herren, Capes mit Pelzverbrämung.

Ersparnis
20 bis 50%, Einzelteile bis 75%.

Ambiente
Edle, sehr gepflegte Atmosphäre im weitläufigen Verkaufsraum. Riesiges Angebot. Am besten vorher anrufen. Möglicherweise verweist man Sie darauf, dass nicht an Privatkunden verkauft wird. Fragen Sie dann nach dem Termin des nächsten Lagerverkaufs.

Adresse
Bruno Voss & Co., Spaldingstraße 85, 4. OG, 20097 Hamburg-Hammerbrook, Telefon: 0 40/2 37 83 30, Fax: 23 78 33 49, Internet: www.brunovoss.de.

Öffnungszeiten
Montag bis Freitag 9.00 bis 17.00 Uhr.

Anreise
Mit dem Pkw: rechter Hand auf der Spaldingstraße, Ecke Nagelsweg (eigener Kundinnenparkplatz!); mit öffentlichen Verkehrsmitteln: S- und U-Bahnstationen Berliner Tor, S-Bahn Hammerbrook oder Hauptbahnhof.

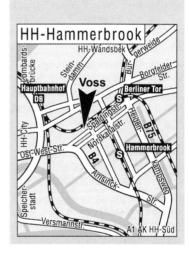

VE\iCE

Venice hat mit seinen Freizeitschuhen einen hohen Bekanntheitsgrad erreicht und ist inzwischen auch für seine Freizeittextilien der Marken Pure Venice und SLC bekannt. Venice beliefert Konzerne, den Fachhandel und Versandhäuser in ganz Europa.

Sportiv gewinnt

Warenangebot

Damen-, Herren- und Kinderfreizeit-schuhe der Marken Venice und Tommy t aus eigener Herstellung sowie Fremd-fabrikate verschiedener anderer Mar-ken. Außerdem gibt es Sport- und Kinderbekleidung, Damen-, Herren- und Kinderjeans, Freizeitjacken, Bademoden, Taschen und Sporttaschen.

Ersparnis

30 bis 60%, bei Restposten und Sonder-angeboten auch mehr. Sie finden hier echte Schnäppchenpreise.

Ambiente

Helle, luftige Halle mit neuer Einrich-tung. Übersichtliche Warenpäsentation. Die Schuhe stehen auf Warenträgern und Paletten und sind einzeln ausge-zeichnet. Kompetente Fachkraft. Park-plätze vorhanden.

Adresse

Thomsen Vertriebs GmbH, Venice, Poppenbütteler Bogen 66, 22399 Hamburg-Poppenbüttel, Telefon: 0 40/6 06 74 90, Fax: 60 67 49 11.

Öffnungszeiten

Montag bis Mittwoch und Freitag 10.00 bis 18.00 Uhr, Donnerstag 10.00 bis 19.00 Uhr, Samstag 10.00 bis 14.00 Uhr.

Anreise

City-Ring 3/Poppenbütteler Weg über die Ulzburger Straße/Harks-heider Straße und dann rechts bei Opel Dello in den Poppenbütteler Bogen einbiegen. Nach ca. 300 m (im Bogen) fahren Sie in den Hof. Der Verkauf ist ausgeschildert. Mit öffentlichen Verkehrsmitteln ab S-Bahn-Station Poppenbüttel mit Bus-linie 178 bis Sandkuhlenkoppel.

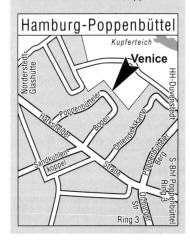

Die Firma Bahlsen ist ein traditionsreicher, großer Keksbäcker mit immer neuen Backideen. Die Liebe zum Backen spiegelt sich nicht nur im Geschmack, sondern auch in der Optik wider. Den wachsenden Ansprüchen der Kunden begegnet das Unternehmen mit hochwertigen Qualitätsprodukten.

Der große Keks

Warenangebot
Fast alle Bahlsen-Produkte.

Ersparnis
30 bis 50 %.

Ambiente
Bahlsen hat neben seinem Hauptwerk in Hannover in der Podbielskistraße 13 einen ganz modernen Fabrikverkauf eingerichtet.

Adresse
Bahlsens Keksfabrik KG, Podbielskistraße 11, 30163 Hannover-List, Telefon: 05 11/96 00.

Öffnungszeiten
Kernöffnungszeiten der Verkaufsstellen: Montag bis Freitag 9.00 bis 18.00 Uhr, Samstag 9.00 bis 13.00 Uhr.

Weitere Verkaufsstellen
● 12099 **Berlin-Tempelhof**, Oberlandstraße 52-63, Telefon: 0 30/7 59 50.
● 26316 **Varel**, Am Hafen 2 (Kohlhof), Telefon: 0 44 51/12 30.
● 30853 **Langenhagen**, Walsroder Straße 194/Ecke Hubertusstraße, Telefon: 05 11/77 19 10.

Anreise
A2 Braunschweig–Bielefeld, Ausfahrt Hannover/Langenhagen. Über die Vahrenwalder Straßen Richtung Zentrum bis zum Niedersachsenring. Rechts auf die Ferdinand-Wallbrecht-Straße, am Lister Platz links in die Podbielskistraße.

Jeder kenn die Pelikanprodukte. Egal, ob Deckfarbenkasten oder Füller für die Schule oder Druckerzubehör und Schreibutensilien fürs Büro. Pelikanprodukte sind Klassiker. Die Füllhalter aus Hannover mit ihrer weichen Feder und dem perfekten Tintenleitsystem sind bei Vielschreibern erste Wahl.

Da wird Schreiben zum Genuss

Warenangebot

Angeboten wird die ganze, große Pelikan-Produktpalette vom Buntstift bis zum Radiergummi, vom Spaßmaler bis zum edlen Füller. Außerdem gibt es HC-Photo-Papier und viele Schreib- und Office-Papiere.

Ersparnis

20 bis 30 %.

Ambiente

Werksverkauf im Stil eines Schreibwarengeschäfts.

Adresse

Pelikan Werksverkauf, Werftstraße 9, 30163 Hannover-List, Telefon: 05 11/ 6 96 92 16.

Öffnungszeiten

Dienstag bis Donnerstag 12.00 bis 17.00 Uhr.

Anreise

A2, Braunschweig–Bielefeld, Ausfahrt Hannover/Langenhagen und über die Vahrenwalder Straße Richtung Zentrum bis zum Niedersachsenring. Dort links und die 3. Straße wieder links in die Linsingenstraße. An der Heiliggeist-Kirche rechts in den Nordring und dann links in die Werftstraße.

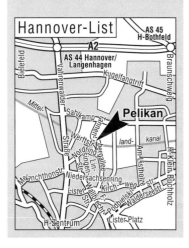

JOOP! ARTTOBE

Mode von Joop! für die Frau entsteht in Heidelberg. Der Lizenznehmer der Joop! Womenswear hat direkt neben seinem Firmensitz in Heidelberg-Wieblingen ein Outlet, wo Kunden in angenehmer Atmosphäre entspannt einkaufen können. Neben der Marke Joop! gibt es auch die junge, internationale Designermarke Art to be für trendige Frauen.

Joop Woman

Warenangebot

Damenbekleidung für Business und Freizeit: Hosenanzüge, Kostüme, Kleider, Blazer, Röcke, Hosen, Shirts, Strickwaren, Jacken, Mäntel.

Ersparnis

30 %, 2. Wahl 50 %, Restposten noch günstiger. Ständig wechselnde Aktionen.

Ambiente

Kompetentes Personal berät. Änderungsservice. Ware kann auf Wunsch zugeschickt werden. Ausreichend Umkleidekabinen. Ware ist vom Umtausch ausgeschlossen. Bezahlung mit EC-Karte, American Express, Visa-, und Mastercard möglich.

Adresse

Factory Store, Maaßstraße 24/1, 69123 Heidelberg-Wieblingen, Telefon: 0 62 21/ 83 21 26, E-Mail: Info@art-to-be.de.

Öffnungszeiten

Montag bis Freitag 13.00 bis 19.00 Uhr, Samstag 10.00 bis 16.00 Uhr.

Anreise

Der Fabrikverkauf liegt im Gewerbegebiet Heidelberg-Wieblingen. A5 Karlsruhe–Frankfurt, am Heidelberger Kreuz in Richtung Heidelberg fahren. Nächste Ausfahrt Wieblingen abfahren. Den Schildern in Richtung Gewerbegebiet Wieblingen folgen. Über die Brücke, dann an der Ampel links. An der nächsten Ampel rechts in die Maaßstraße abbiegen. Anfahrtsskizze auch unter www.art-to-be.de.

V. FRAAS

V. Fraas, weltweit führender Hersteller textiler Accessoires, mit Niederlassungen in New York, London, Paris, Toronto und Hongkong, hat seinen Firmensitz in Wüstenselbitz im Frankenwald. Bis zu 10 Mio. Schals werden bei V. Fraas jährlich hergestellt.

Accessoires der feinen Art

Warenangebot

Schals aus Schurwolle, Acryl, Cashmink, Baumwolle und Kaschmir. Tücher und Schals in vielen Dessins und Größen. Sehr großes, erstklassiges Angebot. Accessoires wie Handschuhe, Taschen, Modeschmuck, Krawatten und Gürtel. Decken aus Baumwolle, Wolle und Kaschmir.

Ersparnis

Ca. 30 bis 50 %. Das ganze Jahr über Sonderpostenverkäufe.

Ambiente

Neuer Verkaufsraum, Ware ist übersichtlich und preisausgezeichnet in Regalen ausgelegt, Tücher auf Bügeln. Schals nach Materialart sortiert.

Adresse

V. Fraas AG & Co., Kulmbacher Straße 208, 95233 Helmbrechts-Wüstenselbitz, Telefon: 0 92 52/70 30, Fax: 70 35 00.

Öffnungszeiten

Montag bis Freitag 11.00 bis 18.00 Uhr, Samstag 10.00 bis 13.00 Uhr.

Anreise

A9, Ausfahrt Münchberg-Nord; rechts Richtung Helmbrechts. In Helmbrechts 1. Ausfahrt links Richtung Kulmbach. Nach ca. 2 km links Richtung Wüstenselbitz; am Ortseingang 1. Haus auf der rechten Seite (im Haus des Kindergartens); Parkmöglichkeiten hinter dem Haus.

Brax ist eine besonders feine Firma. Das zeigt sich am klassizistischen Verwaltungsgebäude ebenso wie am Wahlspruch „The Sign of good trousers, Brax, finest Quality". Ein Markenzeichen für gute Hosen eben. Beste Hosenqualität ist in der Tat ein Kennzeichen für Brax, die Markenhose in der sich die Träger „gut fühlen" sollen.

Die Hose mit Anspruch

Warenangebot
Hosen aller Arten und Größen für Damen und Herren. Sehr große Auswahl auch in Über- und Untergrößen. Herren- und Damenoberteile (Strick, Polo- und Sweat-Shirts, Hemden) sowie Golfbekleidung.

Ersparnis
30 bis 50 %. Bei Angeboten bis zu 70 %.

Ambiente
Die neuen Verkaufsräume befinden sich in einer neuen Fabrikhalle. Ca. 1000 m² Verkaufsfläche, modern und übersichtlich gestaltet. Damen- und Herrenabteilung.

Adresse
Brax-Leineweber GmbH & Co.KG, Im Kleinen Felde (neben Marktkauf), 32051 Herford, Telefon: 0 52 21/5 92-1 25.

Öffnungszeiten
Montag bis Freitag 11.00 bis 18.00 Uhr, Samstag 9.00 bis 14.00 Uhr.

Anreise
A2 Dortmund–Hannover, Ausfahrt Herford/Bad-Salzuflen. Auf der B61 und B239 Richtung Herford. Nach ca. 300 m links in den Westring. Am Kreisverkehr an der 1. Ausfahrt in die Straße „Im Kleinen Felde" einbiegen.

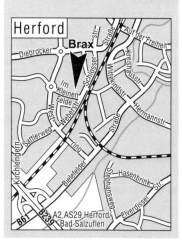

bugatti

Die Firma Brinkmann gehört zu den Großen der deutschen Textilindustrie. Bereits kurz nach dem Krieg begann Vater Brinkmann mit der Produktion. Früh erkannte Brinkmann die Möglichkeit des Exports. Er fertigt seit vielen Jahren auch in Italien.

Die Heimat von Weltmarken

Warenangebot
Mäntel, Jacken, Blousons, Anzüge, Sakkos, Hosen, Hemden, Strickwaren, Lederbekleidung, Blusen, Schuhe, Socken, Accessoires, Wäsche, Bademäntel, Schirme, Krawatten, Gürtel. Musterteile und 2.-Wahl-Artikel.

Ersparnis
Etwa 40%.

Ambiente
Verkaufsraum in kantinenähnlichem Raum.

Adresse
F. W. Brinkmann GmbH, Fabrikverkauf, Wehmühlenstraße 9, 32049 Herford, Telefon: 0 52 21/88 42 92.

Öffnungszeiten
Montag bis Freitag 13.00 bis 18.00 Uhr, Samstag 9.00 bis 14.00 Uhr.

Anreise
A2, Ausfahrt Herford-Ost, weiter in Richtung Herford, am Arbeitsamt rechts in die Werrestraße. Nach ca. 500 m links in die Wehmühlenstraße.

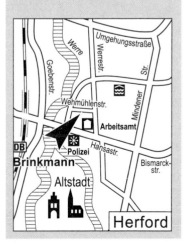

179

GIN TONIC®   OTTO KERN   pierre cardin

Ahlers ist ein Top-Markenhersteller aus Ostwestfalen, auch wenn auf Ahlers-Etiketten kaum der Name Ahlers zu finden ist. Je nach Produktgruppe setzt der Herrenbekleidungsfabrikant auf unterschiedliche Markennamen – jede für sich ein Programm. Darunter Marken wie Pierre Cardin, Otto Kern, Gin Tonic, Pioneer, Pionier Sportive, Jupiter etc.

Jede Marke ein Programm

Warenangebot
Herrenbekleidung in großer Vielfalt und für alle Zielgruppen, klassisch und sportlich. Auch die Damenabteilung hat eine große Auswahl zu bieten.

Ersparnis
Überhänge und 2. Wahl oft über 50%, 1. Wahl häufig 25 bis 40%. Sonderangebote und besondere Preishits sind gekennzeichnet.

Ambiente
Freundlicher Fabrikverkauf mit Einzelhandelscharakter in einem eigenen Gebäude. Gute fachliche Beratung; sehr positiv fallen die vielen, großzügig bemessenen Anprobekabinen auf.

Adresse
Westfälische Textilwerke Adolf Ahlers KG, Elverdisser Straße 313, 32052 Herford-Elverdissen, Telefon: 0 52 21/ 9 79-6 71.

Öffnungszeiten
Montag bis Freitag 10.00 bis 18.00 Uhr, Samstag 9.00 bis 14.00 Uhr.

Anreise
A2, Ausfahrt Herford/Bad Salzuflen. Auf der B239 (Zubringer) Richtung Herford. Die Elverdisser Straße kreuzt und ist ausgeschildert.

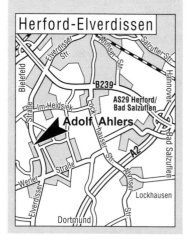

180

Direkt an der A2 bei Magdeburg liegt das A2 Outlet. Es ist das erste deutsche Factory Outlet Center, das direkt an ein Fachmarkt-Zentrum anschließt. Das neue Outlet Center bietet in einer modern gestalteten Mall so bekannte Marken wie zum Beispiel Schiesser, Delmod, Hatico oder Marc Shoes.

FOC direkt an der A2

Warenangebot

Mode für Damen, Herren und Kinder, Jeans, Sportartikel und Sportbekleidung, Spezialangebote für Übergrößen, Schuhe, Wäsche, Bestecke und Porzellan. Angeboten werden die Marken: aem'kei, Benvenuto, Birkenstock, Brand, Brühl, Clasen, Conta, D&H, Dachstein, Delmod, Disney, Duff, Enzo Lorenzo, Everest, F2, Hatico, Isabell, Jette Joop, K2, Kamik, Kanz, Koflach, LeComte, Lotos, Lucia, Marc Shoes, Marcona, Mistral, Schiesser, Redfield, Wilkens & Söhne.

Ersparnis

30 bis 70 %.

Ambiente

Das FOC erstreckt sich über 15.000 m² und wächst ständig. Bei jedem Besuch entdeckt man neue Marken. Im direkt benachbarten Einkaufszentrum kann man gleichzeitig seinen Wocheneinkauf erledigen. Über 3000 kostenlose Kundenparkplätze.

Adresse

A2 Outlet, Am Elbepark 1, 39326 Hermsdorf, Telefon: 03 92 06/68 98 9-0, Internet: www.a2outlet.de.

Öffnungszeiten

Montag bis Freitag 10.00 bis 20.00 Uhr, Samstag 10.00 bis 18.00 Uhr. Im Advent Montag bis Samstag 10.00 bis 20.00 Uhr. Nach Ankündigung auch an Sonntagen geöffnet.

Anreise

A2 Hannover-Berlin, Ausfahrt Irxleben. Weiter Richtung Hohenwarsleben. 1. Straße links (Berliner Allee), an deren Ende wieder links: Am Elbepark. Der Beschilderung A2 Outlet folgen.

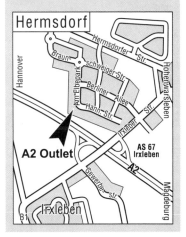

CARLO COLUCCI

Der italienische Modemacher zählt zu den Großen der Modezunft. Die Firma Carlo Colucci ist in den letzten Jahren zur Lifestyle-Marke avanciert und kleidet Frau und Mann von Kopf bis Fuß.

Qualität und Eleganz

Warenangebot
Für Herren: Pullover, Westen, Outdoor-Jacken, Hemden, Sweatshirts u.a. Shirts, Gürtel, Mützen, Accessoires, Jeans, Anzüge, Sakkos, Hosen. Für Damen: Pullover, Jacken, Kleider, Röcke, Shirts, Jeans, Accessoires.

Ersparnis
Zwischen 30 und 40 %. 2. Wahl bis 50 %.

Ambiente
Auf einer Einkaufsfläche von über 1200 m² bietet sich dem Einkäufer ein perfekt gestaltetes Ambiente mit italienischem Springbrunnen, Großbildleinwand etc.

Adresse
Carlo Colucci Vertriebs GmbH & Co. KG, Am Eichelberg 1, 91567 Herrieden, Telefon: 0 98 25/8 27 40.

Öffnungszeiten
Montag, Dienstag, Mittwoch, Freitag 9.00 bis 18.00 Uhr, Donnerstag 9.00 bis 20.00 Uhr, Samstag 9.00 bis 18.00 Uhr.

Anreise
A6 Heilbronn–Nürnberg, Ausfahrt Herrieden (neben dem ARAL-Rasthof). Firma direkt an der Ausfahrt.

CARL GROSS

EINKAUFS-GUTSCHEIN

Die Marke Carl Gross ist im gehobenen Fachhandel zu finden und steht für Eleganz und hohen Tragekomfort. Die Produktionsstätte in Hersbruck ist der Ort für Ideen, Fertigungsmethoden und Techniken, die in den Produktionsstätten im Ausland umgesetzt werden.

Lässig, modisch, trendy

Warenangebot

Hauptsächlich 1.-Wahl-Ware, zweimal im Jahr 2.-Wahl-Aktionen. Aktuelle Kollektionen, Produktionsüberhänge, Musterteile, Restposten. Anzüge, Sakkos, Westen, Hosen, Krawatten, Hemden, Socken, Schuhe, Gürtel, Pullover, Polo-Shirts. Hemden und Krawatten sind in Material und Farbe auf die Anzüge abgestimmt.

Ersparnis

Ca. 30%. Bei Sonderverkäufen zusätzlich bis zu 30%. Outfitpaket: Beim Kauf einer kompletten Ausstattung (z.B. Hose, Hemd, Sakko, Socken und Gürtel) kann der Kunde zusätzlich sparen.

Ambiente

Großzügiger und gut eingerichteter Fabrikverkauf auf ca. 400 m² Verkaufsfläche mit kompetentem Personal. Ausreichend Umkleidekabinen, kleine Sitzgruppe mit Snacks. Bei Sonderverkäufen werden die Kunden angeschrieben. Dafür liegt zum Eintragen eine Kundenliste aus. Parkplätze vorhanden.

Adresse

Carl Gross, Houbirgstraße 7, 91217 Hersbruck, Telefon: 0 91 51/73 60, Fax: 73 61 85, Internet: www.carlgross.de.

Öffnungszeiten

Mittwoch 9.30 bis 19.00 Uhr, Freitag 9.30 bis 17.00 Uhr, Samstag 9.30 bis 14.00 Uhr.

Anreise

A9 Nürnberg–Berlin, Ausfahrt Hersbruck. Weiter auf der B14 in Richtung Hersbruck, Abzweigung Hersbruck-Süd und der Beschilderung Carl Gross folgen.

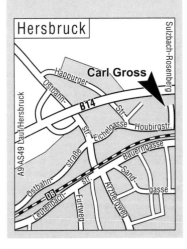

FACKELMANN®

EINKAUFS-GUTSCHEIN

Fackelmann gehört zu den europaweit bedeutenden Herstellern und Vertreibern von Haushaltswaren und Badmöbeln. Das Unternehmen ist mit 21 Produktions- und Vertriebsstätten weltweit aktiv und stellt Haushaltsprodukte aus Holz, Kunststoff und Metall, Staubsaugerbeutel sowie Badmöbel, Waschbecken und Accessoires her.

Im Haushalt zuhause

Warenangebot

Im Schnäppchenmarkt werden Auslaufartikel, Waren mit kleinen Fehlern, Ausstellungsstücke und Artikel mit beschädigten Verpackungen etc. angeboten. Das Sortiment umfasst Haushaltswaren und Küchenhelfer aus Holz, Metall und Kunststoff, Messer, Party-Artikel, Backformen und Zubehör der Marken Fackelmann, Zenker und Nirosta und weiterer Marken sowie Badmöbel (komplette Ensembles und Einzelstücke). Das Angebot kann von Monat zu Monat variieren. Keine Garantie für Verfügbarkeit oder Nachkaufmöglichkeit.

Ersparnis

30 bis 50 %, bei vielen Waren über 50 %. Angeboten werden Artikel in Preislagen ab 1,-/2,- oder 5,- €.

Ambiente

Rustikales Lagerhaus, Angebot auf zwei Ebenen. Es lohnt sich, rechtzeitig zum Beginn der Öffnungszeiten zu kommen.

Adresse

Fackelmann GmbH+CO. KG, Nürnberger Straße, Bahnhofsgelände rechts der Pegnitz, 91217 Hersbruck-Altensittenbach, Telefon: 0 91 51/81 10, Fax: 81 12 94, Internet: www.fackelmann.de.

Öffnungszeiten

Jeden 1. Freitag im Monat 12.00 bis 16.00 Uhr.

Anreise

A9 Nürnberg-Hof, Ausfahrt Lauf/Hersbruck. B14 Richtung Hersbruck. Dort auf der Nürnberger Straße Richtung Innenstadt. Nach ca. 1 km ist links das Bahnhofsgelände.

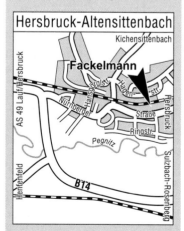

Es gilt nach wie vor: „Herta, wenn es um die Wurst geht". Herta gehört heute zum Nestlé-Konzern und der war und ist immer recht zurückhaltend, wenn es um Fabrikverkäufe geht. Nicht so hier: Bei Herta in Herten gibt es viele gute Nestlé-Marken zu Superpreisen.

Es geht um die Wurst

Warenangebot
Es werden nahezu alle Nestlé-Marken angeboten, dazu viel Frischfleisch und Wurstspezialitäten. Nescafé, Dallmayr-Kaffee, Maggi-Suppen, Tiefkühlkost, Lünebest- und LC1-Molkereiprodukte.

Ersparnis
Von etwa 20 bis zu 90 %.

Ambiente
Wie zwei Läden, der eine mit SB-Verkaufsregalen, der andere wie ein Fleischerladen mit Bedienung.

Besonderheiten
Einkaufsbeutel oder Ähnliches mitbringen – im Laden gibt es keine Verpackungsmaterialien. Am Donnerstag werden Mitarbeiter von 8.00 bis 15.00 Uhr vorrangig bedient, sonst von 8.00 bis 10.00 Uhr. Das bringt Wartezeiten an der Kasse.

Adresse
Herta Personalladen, Herta GmbH, Westerholter Straße 750, 45701 Herten-Westerholt, Telefon: 0 23 66/3 01-4 83.

Öffnungszeiten
Montag 10.30 bis 18.00 Uhr, Dienstag bis Freitag 8.00 bis 18.00 Uhr, Samstag 8.00 bis 13.00 Uhr.

Anreise
A43 bis zur doppelten Anschlusstelle Recklinghausen und Herten. Hier Richtung Herten-Westerholt, immer geradeaus. Herta befindet sich in Westerholt direkt an der Westerholter Straße. 2. Einfahrt zum Parkplatz nehmen (Beschilderung BKK Betriebskrankenkasse). Zum Verkauf durch die Eingangshalle zum Sozialbau.

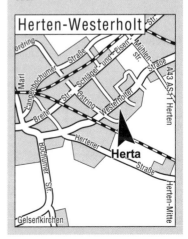

FACTORY OUTLET

Jetzt strömen alle Sportbegeisterten in das neue adidas Factory Outlet. Die Marke ist Symbol für Sport rund um den Globus, die legendären drei Streifen haben Kultcharakter. Auf 2000 m² Verkaufsfläche entstand in der Hauptstadt des Sports ein Factory Outlet, das europaweit Maßstäbe setzt. Einmaliges Ambiente in Anlehnung an eine Sportarena mit einladendem Foyer. Auf der weitläufigen Piazza finden Aktionen und Events statt.

adidas: neue Dimension!

Warenangebot

Riesengroße Auswahl an Sportschuhen und Sportbekleidung, auch für Kinder und Jugendliche. Sonderposten, Lagerüberhänge, Muster, Auslaufartikel, 2.-Wahl-Ware. Produktpalette übersichtlich nach Themen aufgebaut: Fitness, Running, Tennis, Golf, Training, Teamsport, Sportswear, Outdoor, Radsport, Baden, Wellness. Trekkingschuhe, Inlineskates, Rucksäcke.

Ersparnis

30 bis 50 %.

Ambiente

Futuristisches Gebäude, Bistro, Ruhezone, Wickelraum, Internet-Corner. Verkaufsraum: 2000 m², ausreichend Umkleidekabinen, über 400 Parkplätze.

Adresse

Adidas Factory Outlet, Olympiaring 2, 91074 Herzogenaurach, Telefon: 0 91 32/ 84 20 00, Fax: 84 37 65, Internet: www. adidas.com.

Öffnungszeiten

Montag bis Mittwoch 9.00 bis 19.00 Uhr, Donnerstag und Freitag 9.00 bis 20.00 Uhr, Samstag 8.00 bis 18.00 Uhr.

Anreise

A3 Nürnberg–Würzburg, Ausfahrt Frauenaurach/Herzogenaurach. Richtung Herzogenaurach, nach ca. 400 m geradeaus auf der Nordumgehung bleiben. adidas direkt an der Nordumgehung.

Weitere Verkaufsstellen

● 14641 **Wustermark**, B5 Designer Outlet Center Berlin-Brandenburg, Alter Spandauer Weg 10, Telefon: 03 32 34/2 06 21, Fax: 2 06 22.

● 66482 **Zweibrücken**, Designer Outlets Zweibrücken, Londoner Bogen 10-90, Telefon: 0 63 32/47 27 35, Fax: 47 27 36.

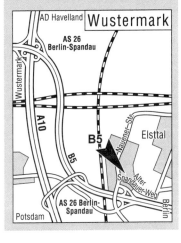

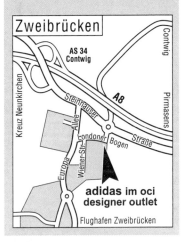

● 28816 **Stuhr-Brinkum bei Bremen**, Bremer Straße 111, Telefon: 04 21/8 77 54 46, Fax: 8 78 68 25.

● 83451 **Piding**, Lattenbergstraße 6, Telefon: 0 86 51/71 46 13, Fax: 71 46 14.

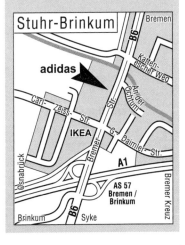

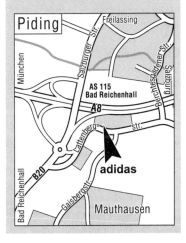

Nike ist Weltmarktführer für Sportschuhe und Sportbekleidung. Der Nike „Swoosh" gilt als Symbol für den Sport rund um den Globus.

Der Nike Swoosh

Warenangebot
Original Nike Produkte für die ganze Familie: Sportschuhe und -bekleidung für viele Sportarten, Bälle, Uhren etc.

Ersparnis
30 bis 70 %.

Ambiente
Ca. 1150 m² Verkaufsfläche im Stil eines Sportgeschäfts, freundliches Personal, Umkleidekabinen, Garantieanspruch, Umtauschmöglichkeit. Verkauf im Haus Sport Hoffmann, gegenüber von Puma.

Adresse
Nike Factory Store, Zeppelinstraße 1, 91074 Herzogenaurach, Telefon: 0 91 32/ 7 45 28 10, Fax: 7 45 28 99.

Öffnungszeiten
Montag bis Mittwoch 9.00 bis 19.00 Uhr, Donnerstag und Freitag 9.00 bis 20.00 Uhr, Samstag 9.00 bis 18.00 Uhr.

Weitere Verkaufsstellen (Auswahl)
● 14641 **Wustermark**, B5 Designer Outlet Center Berlin-Brandenburg, Alter Spandauer Weg 1, Telefon: 03 32 34/20 89.
● 28816 **Stuhr-Brinkum bei Bremen**, Bremer Straße 109, Telefon: 04 21/ 8 40 07 60.
● 66482 **Zweibrücken**, Designer Out-

lets Zweibrücken, Londoner Bogen 10-90, Telefon: 0 63 32/47 94 02.
● 72555 **Metzingen**, Reutlinger Straße 63-67, Telefon: 0 71 23/9 68 50.
● 97877 **Wertheim-Dertingen**, Wertheim Village, Almosenberg, Telefon: 0 93 42/85 82 80.

Anreise
A 9 Nürnberg–Würzburg, Ausfahrt Herzogenaurach. Auf der Nordumgehung Richtung Herzogenaurach. An der 2. großen Kreuzung rechts Richtung Herzo Base. 1. Straße links.

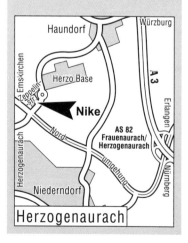

Das Puma Outlet Herzo ist nach amerikanischem Vorbild gebaut und lässt keine Wünsche offen. Puma hat den Sprung von der Sport-Marke zum Lifestyle-Label gemeistert und begeistert Jung und Alt gleichermaßen.

Outlet mit Ambiente

Warenangebot
Große Auswahl aller Sportartikelbereiche: Lauf-, Joggingschuhe, Fußball-, Kinder-, Fitnessschuhe, große Auswahl an Lifestyle-Schuhen. Freizeit-, Funktions-, Sport- und Fitnessbekleidung, Kinderbekleidung, Lifestyle-Mode. Teamsportartikel wie Bälle, Taschen, Accessoires. Integrierter Lifestyle-Store mit den Top-Neuheiten zu regulären Preisen.

Ersparnis
35 bis 50%, bei Einzelteilen bis 80%. Keine Ersparnis bei topaktueller Ware.

Ambiente
Modernstes Ambiente mit viel Glas. Die Verkaufsfläche mit über 1300 m² auf drei Ebenen ist übersichtlich und großzügig. Sehr hilfsbereites Personal. Ausreichend Parkplätze auch für Busse und Wohnwagen vorhanden.

Adresse
Puma Outlet Herzo, Zeppelinstraße 2, 91074 Herzogenaurach, Telefon: 0 91 32/ 74 17-0, Fax: 74 17 16, E-Mail: outlet. herzogenaurach@puma.com, Internet: www.puma.de.

Öffnungszeiten
Montag bis Mittwoch 9.00 bis 19.00 Uhr, Donnerstag und Freitag 9.00 bis 20.00 Uhr, Samstag 8.00 bis 18.00 Uhr.

Weitere Verkaufsstellen
● 28816 **Stuhr-Brinkum bei Bremen**, Bremer Straße 111.
● 66482 **Zweibrücken**, Designer Outlets Zweibrücken, Londoner Bogen 10-90.

Anreise
A3 Nürnberg–Würzburg, Ausfahrt Frauenaurach/Herzogenaurach, Richtung Herzogenaurach. Nordumgehung fahren. An der 3. Ampel nach rechts, 200 m Richtung Herzo Base.

Weitere Verkaufsstellen

● 72555 **Metzingen**, Lindenplatz 1-5, Telefon: 0 71 23/9 74 30. Montag bis Freitag 10.00 bis 20.00 Uhr, Samstag 9.00 bis 18.00 Uhr.

● 96132 **Schlüsselfeld-Elsendorf**, Rudolf-Dassler-Straße 1, Telefon/Fax: 0 95 52/93 30 77. Montag bis Freitag 9.00 bis 18.00 Uhr, Samstag 9.00 bis 14.00 Uhr.

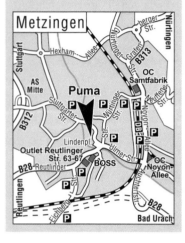

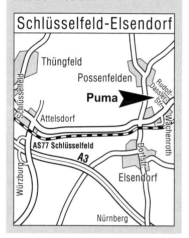

● 90411 **Nürnberg-Schafhof**, Klingenhofstraße 70, Telefon: 09 11/5 27 29 10, Fax: 5 27 29 12. Montag bis Freitag 9.00 bis 18.00 Uhr, Samstag 9.00 bis 14.00 Uhr.

● 97877 **Wertheim-Dertingen**, Wertheim Village, Almosenberg, Telefon: 0 93 42/91 86 50. Montag bis Samstag 10.00 bis 20.00 Uhr.

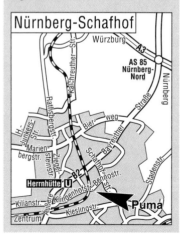

In Herzogenaurach, der Einkaufsstadt für den Sport, hat Sport-Hoffmann jetzt auf 2000 m² ein neues Fachgeschäft eröffnet. Kundenfreundlich befinden sich alle Verkaufsräume auf einer Ebene. Hervorzuheben sind der Schnäppchenmarkt und der „1. FC Bayern Fan Shop in Franken".

Jetzt alles in einem Haus

Warenangebot
Sportschuhe, Sport-, Trainings- und Freizeitbekleidung, Regenbekleidung, Rad-, Wander-, Trekkingbekleidung und -zubehör, Tennis-, Gymnastik- und Bademoden. Taschen, Bälle und Schläger für alle Sportarten. Ski, Skistiefel, Golfartikel, Fußball- und Fanartikel, Fitnessgeräte.

Ersparnis
1.-Wahl-Ware zum regulären Preis. 2.-Wahl-Ware, Auslaufartikel und Sonderposten zwischen 30 und 60 % Ersparnis. Zum Saisonende nochmals attraktive Preisreduzierungen.

Ambiente
Gepflegte Atmosphäre. Kompetentes, freundliches Fachpersonal. Im selben Haus Nike Factory Store auf 1155 m².

Adresse
Sport Hoffmann GmbH & Co. KG, Zeppelinstraße 1, 91074 Herzogenaurach, Telefon: 09132/7819-0, Fax: 781924.

Öffnungszeiten
Montag bis Mittwoch 9.00 bis 19.00 Uhr, Donnerstag und Freitag 9.00 bis 20.00 Uhr, Samstag 9.00 bis 18.00 Uhr.

Anreise
A3 Nürnberg–Würzburg, Ausfahrt Frauenaurach/Herzogenaurach. Auf der Nordumfahrung Richtung Herzogenaurach. An der 2. großen Kreuzung nach ca. 3 km rechts Richtung Herzo Base. 1. Straße links, gegenüber von Puma.

MARC
s h o e s

EINKAUFS-GUTSCHEIN

Marc-Schuhe sind bekannt für ihren Anspruch an Mode und Qualität. Sie sind perfekte Begleiter durch den Alltag oder für den großen Auftritt. Trendiges Design, Funktion und Komfort sind eine gute Verbindung. Der Firmensitz ist in Fischbeck, einem Ortsteil von Hessisch-Oldendorf und dort finden Sie auch den Fabrikverkauf.

Auffallend modisch

Warenangebot
Modische und sportliche Damen- und Herrenschuhe, vom Cityschuh bis zum sportlichen Casualschuh, auch Pumps, Stiefel und Stiefeletten. Außerdem Kinderschuhe, Taschen, Lederaccessoires und Strümpfe.

Ersparnis
30 bis 40 %, je nach Angebot, teilweise auch darüber.

Ambiente
Steht in Beratung und Ausstattung einem normalen Schuhgeschäft in keiner Weise nach.

Adresse
Fabrikverkauf Marc Shoes, Goldbinnen 1, 31840 Hessisch Oldendorf-Fischbeck, Telefon: 0 51 52/60 12 57.

Öffnungszeiten
Montag bis Freitag 10.00 bis 18.30 Uhr, Samstag 10.00 bis 16.00 Uhr.

Anreise
A2 Osnabrück–Hannover, Ausfahrt Rehren, auf der B83 Richtung Hameln, Abzweigung Fischbeck und dort ins Gewerbegebiet einbiegen.

Hess.Oldendorf-Fischbeck

Als Levi Strauss aus dem fränkischen Buttenheim in die USA auswanderte, ahnte niemand, dass er 1853 eine Firma gründen würde, die einmal der weltweite Inbegriff für Jeans werden sollte. Mit robuster Arbeiterbekleidung stattete Levi's die Goldsucher und Pioniere Kaliforniens aus, bis Amerikas Teenager die Levi's Jeans zum Symbol ihrer Rebellion machten.

Quality never goes out of Style

Warenangebot
Produktionsüberhänge, 1. und 2. Wahl, Musterteile, Restposten aus den aktuellen und vergangenen Saisons. Fast das gesamte Sortiment der Marken Levi's, Levi Strauss Signature (tm), Dockers.

Ersparnis
35 bis 50 %, Sonderaktionen bis 70 %.

Ambiente
Ca. 230 m² Verkaufsfläche, gute Parkplatzsituation, geschultes Personal.

Adresse
Levi Strauss Germany GmbH, Lagerverkauf, Levi-Strauss-Allee 18-22, 63150 Heusenstamm, Telefon: 0 61 04/6 01-0, Fax: 6 01-3 50.

Öffnungszeiten
Montag bis Freitag 11.00 bis 19.00 Uhr, Samstag 10.00 bis 16.00 Uhr.

Weitere Verkaufsstellen
● 14641 **Wustermark**, B5 Designer Outlet Center Berlin-Brandenburg, Alter Spandauer Weg 1, Telefon: 03 32 34/90 40, Internet: www.b5center.de.
● 72555 **Metzingen**, Reutlinger Straße

63-67, Levi's und Dockers Factory Outlet, Telefon: 0 71 23/2 04 33.
● 97877 **Wertheim-Dertingen**, Levi Strauss Factory Outlet, Wertheim Village, Almosenberg, Telefon: 0 93 42/85 94 70.

Anreise
A3 Frankfurt–Würzburg, Ausfahrt 53, Obertshausen/Heusenstamm. Folgen Sie im Ort dem Schild Martinsee. Der Verkauf befindet sich direkt am Sportzentrum Martinsee.

RABE

Rabe produziert seit 1920 erfolgreich Bekleidung für Frauen, die tragbare Mode in guter Qualität zu einem günstigen Preis suchen. Liebevolle Details wie Pailletten oder Applikationen und gute Passform zeichnen diese Modelle aus und sind die beste Hilfe bei Ratlosigkeit vor dem Kleiderschrank.

Modequerschnitt

Warenangebot
Kombimode mit Schwerpunkt in Strick und Shirt, Jacken, Westen, Blusen, Röcke, Hosen und Accessoires.

Ersparnis
Bis zu 70 %.

Ambiente
Großzügig gestalteter Verkaufsraum, übersichtlich und gut sortiert in einem separaten Gebäude auf dem Firmengelände. Parkplätze sind vorhanden.

Adresse
Rabe Moden GmbH, Bielefelder Straße 40-42, 49176 Hilter am Teutoburger Wald, Telefon: 0 54 24/23 23 8, Internet: www.rabemoden.de.

Öffnungszeiten
Montag bis Freitag 10.00 bis 18.00 Uhr, Samstag 10.00 bis 14.00 Uhr.

Anreise
A33 Osnabrück Richtung Bielefeld, Ausfahrt Hilter am Teutoburger Wald. An der Ampel links Richtung Bad Iburg, Hilter. Im Kreisverkehr in die Bielefelder Straße Richtung Dissen, Bad Rothenfelde. Nach ca. 1 km finden sie auf der rechten Seite das Factory Outlet.

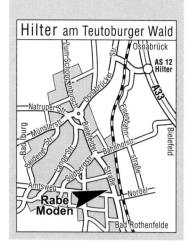

Die Merkelbach Manufaktur hat im salzglasierten Kunsthandwerk das traditionsreiche Steinzeug mit Rauten und Ranken weiterentwickelt: Moderne Formen und frische Farben für Keramikfreunde mit Sinn für junges und elegantes Design.

Heißer Trend im Brennofen

Warenangebot
Zier-, Wein- und Bierkrüge (auch mit Zinndeckel), Becher, Teller, Vasen, Kannen, Ess- und Likörservice, Kleinkeramik, Leuchter, Schalen, Haushaltsartikel vom Brottopf bis zur Käseglocke.

Ersparnis
Bei 1.- und 2.-Wahl-Ware 30 bis 50 %.

Ambiente
Kleiner Verkaufsraum. Betriebsbesichtigungen für Gruppen bis 50 Personen nach Vereinbarung.

Besonderheiten
In der Manufaktur gibt es ein Museum mit Steinzeug aus dem 19. und 20. Jahrhundert. Darin wird die Entwicklung des Kunsthandwerks von Merkelbach gezeigt. Eintritt frei. Die Öffnungszeiten sind identisch mit den Ladenöffnungszeiten.

Adresse
Merkelbach Manufaktur GmbH, Laigueglia-Platz, 56203 Höhr-Grenzhausen, Telefon: 0 26 24/30 21 oder 94 96 00, Fax: 30 23 oder 94 96 01.

Öffnungszeiten
Montag bis Freitag 6.30 bis 15.00 Uhr, Samstag 10.00 bis 14.00 Uhr. Am 1. Juniwochenende großer Keramikmarkt mit Töpferfest.

Anreise
A 48 Koblenz–Autobahndreieck Dernbach, Ausfahrt Höhr-Grenzhausen, weiter Richtung Baumbach. In Höhr-Grenzhausen rechts ab und 3. Straße links Richtung Stadtmitte. 1. Querstraße rechts und dann 4. Querstraße rechts. Dort ist der Laiggueglia-Platz.

Rastal ist ein führender Hersteller von Glas. Im Werksverkauf in Höhr-Grenzhausen finden Sie im Sortiment vom klassischen Gebrauchsglas bis hin zu hochwertigen Geschenkartikeln eine wirklich interessante Palette aus den Materialien Glas, Keramik und Porzellan.

Das Glas. Und mehr.

Warenangebot

Wein- und Bierglas-Serien der Marke Rastal, Marken- und Exklusivgläser, Glasleuchter, Schüsseln, Eis- und Dessertschalen, dekorierte Gläser, Getränkesets, Karaffen, Krüge, Bowlen, Sektkühler, Spezialgläser, Ascher, Bier- und Weizenbiergläser, Seidel, Krüge.

Ersparnis

Sonderposten, Aktions- und Auslaufware bis 50 % reduziert.

Ambiente

Übersichtlicher Verkaufsraum, nettes Personal.

Adresse

Rastal GmbH & Co. KG, Lindenstraße, 56203 Höhr-Grenzhausen, Telefon: 0 26 24/1 61 66, Fax: 1 61 03.

Öffnungszeiten

Montag bis Freitag 9.00 bis 18.00 Uhr, Samstag 9.00 bis 13.00 Uhr.

Anreise

A48, Ausfahrt Höhr-Grenzhausen, die Ausfahrt mündet direkt in die Lindenstraße. Am Kreisverkehr an der 1. Ausfahrt rechts abbiegen. Immer geradeaus, nach ca. 250 m befindet sich auf der rechten Seite der Rastal-Shop.

Das Lagerhaus

Markenware ab Fabrik

Ganz neu im Weserbergland präsentiert sich „Das Lagerhaus" mit Damen-, Herren- und Kindermode. Neben bekannten Marken wie Fruit of the Loom, Hanes, Anvil, Russell, Slazenger und Bugatti gibt es auch Baseball-Caps und Taschen aus eigener Produktion.

Qualität zum kleinen Preis

Warenangebot

Breit gefächertes, modisches Angebot für Damen, Herren und Kinder. Große Auswahl im Basic-Bereich. Von Jeans über Shirts, Tops, Jacken, Taschen bis hin zu Caps und trendigen Accessoires.

Ersparnis

20 bis 50% auf Markenware, Sonderposten bis 80%.

Ambiente

Der Fabrikverkauf befindet sich in einem ehemaligen Modehaus. Die Ware wird übersichtlich auf vier Ebenen präsentiert. Freundliche und helle Atmosphäre. Ausreichend Parkplätze direkt vor dem Eingang.

Adresse

Das Lagerhaus, Weserstraße 12, 37671 Höxter, Telefon: 0 52 71/69 50 00.

Öffnungszeiten

Montag bis Freitag 9.30 bis 18.30 Uhr, Samstag 9.30 bis 16.00 Uhr. 1. Samstag im Monat 9.30 bis 18.00 Uhr.

Anreise

Aus Richtung Bielefeld/Warburg/ Kassel: B64 nach Höxter. An der 2. Ampel nach dem Ortseingang rechts abbiegen in die Westerbachstraße. Dem Straßenverlauf folgen bis zum Bahnhof. „Das Lagerhaus" befindet sich links. Aus Richtung Hameln/ Holzminden: B64 nach Höxter. An der 2. Kreuzung links abbiegen in die Westerbachstraße. Dann weiter wie oben.

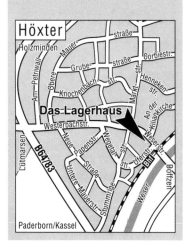

Fissler hat sich seit 150 Jahren einen festen Platz in Millionen von Küchen erobert. Der Name bürgt für Ideen in der Küche, für Innovation und Qualität. Das Unternehmen gehört zu den bedeutendsten Haushaltswarenherstellern in Deutschland.

Kochen wie die Profis

Warenangebot

Komplettes Fissler-Sortiment: Töpfe in vielen Größen und für alle Herde geeignet, ebenso Pfannen (mit Antihaft-Schutz oder aus Edelstahl), Schnellgartöpfe, Stielkasserollen, Bräter, Siebe, Edelstahlschüsseln, Küchenmesser, diverses Zubehör und Küchenhelfer.

Ersparnis

1.-Wahl-Ware ca. 20 bis 25%, 2.-Wahl-Ware ca. 40%.

Ambiente

Sehr gut sortierter Verkaufsladen neben dem Fisslerwerk. Gesamtes Sortiment ist ausgestellt, die Preise sind jeweils ausgezeichnet.

Adresse

Fissler GmbH, Fissler Shop, Hauptstraße 30/Ecke H.-Fissler-Straße, 55743 Idar-Oberstein, Telefon: 0 67 81/4 03-1 20.

Öffnungszeiten

Montag bis Freitag 10.00 bis 18.00 Uhr, Samstag 10.00 bis 14.00 Uhr.

Weitere Verkaufsstelle

● 55768 **Hoppstädten-Weiersbach**, Industriegebiet Neubrücke, Telefon: 0 67 81/40 3-5 63. Montag bis Freitag 9.00 bis 17.00 Uhr.

Anreise

Auf der B41 Bad Kreuznach-Saarbrücken nach Idar-Oberstein. Von dort nach Idar fahren, dort weiter Richtung Allenbach.

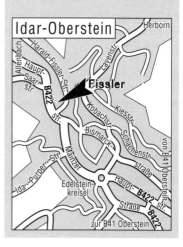

JOKER

Joker ist eine der führenden Jeansmarken im gehobenen Bereich. Modisch beliebt und geschätzt von allen Altersklassen.

All about Jeans

Warenangebot
Joker Jeans & Jackets in klassischen und modischen Farben, aktuelle Sportswear-Hosen. Sehr große Auswahl für Damen, Herren und Kinder.

Ersparnis
1A-Ware 25 bis 30% Ersparnis; 1B-Ware und 2. Wahl 40 bis 50%, Restposten und Sonderangebote noch günstiger.

Ambiente
Übersichtliche und großzügige Präsentation in einer großen Halle erleichtert ein schnelles Zurechtfinden. Beratung, falls gewünscht. Sehr fachkundiges und freundliches Personal. Die Atmosphäre ist hell und freundlich.

Adresse
Joker Jeans OHG, Sälzerstraße 6, Industriegebiet Nord, 74360 Ilsfeld, Telefon: 0 70 62/97 31 20.

Öffnungszeiten
Mittwoch und Freitag 14.00 bis 18.30 Uhr, Samstag 9.00 bis 14.00 Uhr.

Anreise
Ilsfeld liegt an der A81 zwischen Stuttgart und Heilbronn. Der Fabrikverkauf befindet sich in einem Hallenkomplex nahe der Autobahnausfahrt Ilsfeld. Man verlässt die Autobahn, fährt Richtung Ilsfeld und biegt schon nach wenigen hundert Metern rechts in das Industriegebiet Nord ein. Joker befindet sich dort in der Sälzerstraße 6.

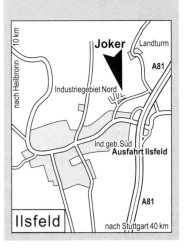

Hudson **KUNERT**

Die Hudson-Kunert-Gruppe ist ein führender europäischer Hersteller von Bein- und Oberbekleidung. Die bekannten Marken Burlington, Hudson, Kunert, Mexx, Levi's Dockers, Helly Hansen und Schiesser basieren auf innovativen Produkten mit internationaler Bedeutung.

Modebeine – Beinmode

Warenangebot
Feinstrumpfhosen und -Strümpfe,, Strickstrumpfhosen, Socken für Damen, Herren und Kinder. Burlington-Oberbekleidung, Sport- und Freizeitmode von Levi's Dockers, Helly Hansen, Babybekleidung und Tag- und Nachtwäsche von Schiesser, 2.-Wahl-Jeans von Levi's, Auslaufmodelle von Venice Beach.

Ersparnis
1. Wahl ca. 30%. 2.-Wahl-Ware sind meist Auslaufmodelle, nur selten fehlerhafte Ware: Ersparnis bis zu 70%.

Ambiente
Große, übersichtliche Verkaufsräume auf zwei Ebenen, 2320 m², Verkaufsfläche. Umfangreiches Angebot neun verschiedener Marken. Angenehme Atmosphäre. Parkplätze vorhanden. Die Kantine ist für alle Besucher geöffnet.

Öffnungszeiten
Montag bis Freitag 10.00 bis 18.30 Uhr, Samstag 10.00 bis 16.00 Uhr.

Adresse
Kunert AG, Julius-Kunert-Straße 44, 87509 Immenstadt, Telefon: 0 83 23/ 1 22 75, Internet: www.bau5.de.

Weitere Verkaufsstellen
● 09468 **Geyer**, Industriestraße 4, Telefon: 03 73 46/6 22 01.
● 72160 **Horb am Neckar**, Industriestraße 37, Telefon: 0 74 51/55 22 44.
● 87719 **Mindelheim**, Trettachstraße 2, Telefon: 0 82 61/12 61.

Anreise
A7 Ulm-Nesselwang bis zum Autobahndreieck Allgäu. Weiter auf der B19 Richtung Oberstdorf/Immenstadt.

⊒LYMP

Olymp-Herrenhemden sind bekannte Markenqualität. Hochwertige Verarbeitung, bequemer Schnitt, sehr gute Stoffe, erstklassiger Tragekomfort. Material: reine Baumwolle. Die Hemden sind sehr leicht zu bügeln.

Wo Zeus eingekauft hätte

Warenangebot

Olymp-Herrenhemden in Markenqualität, Krawatten, Strickwaren, Polo-Shirts, T-Shirts, Socken, Herrenunterwäsche, Gürtel und Pyjamas.

Ersparnis

Mindestens 30 % bei 2. Wahl.

Ambiente

Sehr kompetente, hilfsbereite und freundliche Verkäuferinnen; Ware wird zur Auswahl am Thekentisch vorgelegt.

Adresse

Tracta Textilvertriebs GmbH, Gewerbegebiet Gröninger Weg, Freiberger Straße 26, 74379 Ingersheim-Großingersheim, Telefon: 071 42/ 6 48 86, Fax: 22 06 13.

Öffnungszeiten

Montag bis Freitag 9.00 bis 18.30 Uhr, Samstag 9.00 bis 14.00 Uhr.

Anreise

A81 Stuttgart–Heilbronn, Ausfahrt Pleidelsheim. Ingersheim ist der 1. Ort nach Pleidelsheim (3 km). Bis zur Kreuzung am Ortsende von Ingersheim fahren. Hier links abbiegen Richtung Ludwigsburg/Freiberg. Die 1. Querstraße rechts führt ins Gewerbegebiet Gröninger Weg. Die 2. Möglichkeit wieder rechts.

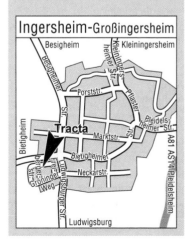

Ingersheim-Großingersheim

Die BRG vermittelt nur und finanziert sich aus den Gebühren der Verkäufer. Seit 1990 wurden mehr als 90.000 Jahreswagen vermittelt.

Audi- und VW-Jahreswagen

Warenangebot

Ständig hat der Audi-Computer ca. 1800 Jahreswagen von Audi und VW im Speicher. Der Kunde gibt seinen Wunsch an und bekommt dann Informationen. Die Anfrage erfolgt per Fax, Telefon, Post, Internet oder E-Mail.

Ersparnis

20 bis 30 % ist der Jahreswagen gegenüber dem Neuwagen billiger. Die Jahreswagenvermittlung ist meist 10 % billiger als ein Jahreswagenhändler. Dafür muss der Kunde das Auto abholen.

Ambiente

Der Käufer kann in den Vermittlungsbüros die Informationen einsehen. Am Samstag gibt es auf dem Audi Parkplatz in Ingolstadt auch einen Verkauf von Jahreswagen von 8.00 bis 12.00 Uhr.

Adresse

Audi/BRG-Jahreswagenvermittlung, Selbsthilfeeinrichtung für die Audi-Belegschaft eG, Ettinger Straße, 85057 Ingolstadt, Telefon: 08 41/89-3 45 67, Fax: 89-3 27 66, E-Mail: info@brg-jahreswagen.de, Internet: www.brg-jahreswagen.de, www.audi.de, www.audi-wa-jahreswagen.de, www.audi belegschaft-jahreswagen.de.

Öffnungszeiten

Montag bis Freitag 8.00 bis 12.00 und 13.00 bis 15.30 Uhr, Samstag 8.00 bis 12.00 Uhr.

Weitere Verkaufsstelle

● 74172 Neckarsulm, NSU-Straße 24-32, Telefon: 0 71 32/31 23 39, Fax: 31 30 66.

Anreise

Die Büros liegen jeweils auf dem Audi-Werksgelände.

BÄUMLER   FÉRAUD   KAISER DeSIGN

Bäumler, der offizielle Generalausstatter der deutschen Herren-Olympia-mannschaft in Athen 2004, macht Modetrends – stilsicher und geschmackvoll. Hervorragende Qualität, modische Kompetenz, Marken mit Ausstrahlung. Einer der bedeutendsten Herrenmodemacher in Europa.

Der Trendsetter

Warenangebot

1A-Ware. 2A-Ware. Mäntel, Anzüge, Sakkos, Hosen, Dinnerjacketts, Smo-kings, Hemden, Krawatten, Jeans, T-Shirts, Strickwaren, Sportswear-Jacken, Socken. Auch Übergrößen (kein voll-ständiges Warenangebot) bis Größe 122 und 31. Es wurden zwei weitere, be-kannte Marken gesichtet: Louis Féraud Damenmode und Kaiser Design, Herren-mode.

Ersparnis

1A-Ware bis 50 % Ersparnis.

Ambiente

Große Verkaufsfläche im Fabrikgelände, gute Präsentation, überzeugendes Warenangebot, fachkundige Beratung, sechs Umkleidekabinen, Großparkplatz. 2.-Wahl-Ware ist extra ausgezeichnet.

Besonderheiten

Änderungsservice.

Adresse

Bäumler-Fabrikverkauf, Friedrich-Ebert-Straße 86-90, 85055 Ingolstadt, Telefon: 08 41/50 50 (Zentrale), Fabrik-verkauf: 5 05-2 48, Fax: 50 52 05, Internet: www.baeumler.com.

Öffnungszeiten

Montag bis Freitag 9.00 bis 18.00 Uhr, Samstag 9.00 bis 16.00 Uhr.

Anreise

A9, Ausfahrt Ingolstadt-Nord. Rechts abbiegen in die Römerstraße, weiter geradeaus, bis linker Hand die Friedrich-Ebert-Straße erscheint. Hier abbiegen und noch ca. 300 m. Die Firma Bäumler befindet sich auf der linken Seite.

rosner

Das Unternehmen ist Trendsetter. Rosner besticht durch seinen lässigen Tragekomfort. Im Fabrikverkauf findet man eine große Auswahl an sportlicher Damen- und Herrenmode.

Lässiger Tragekomfort

Warenangebot

1.- und 2.-Wahl-Ware. Herren: Hosen, Jeans, Jacken, Lederbekleidung, Hemden, Krawatten, Sakkos, Blazer, Westen, Pullover, T-Shirts, Unterwäsche, Sweatshirts, Gürtel. Damen: Hosenanzüge, Kostüme, Röcke, Blusen, Hosen, Jeans, Tops, Blazer, T-Shirts, Sweatshirts. Babys und Kinder: ab Gr. 60 bis 176, Hosen, Jeans, Hemden, Blusen, Sweatshirts, T-Shirts, Jacken etc. Strümpfe für Damen, Herren und Kinder.

Ersparnis

20 bis 30 % bei aktueller Ware, bei Ware der vergangenen Saison 50 % und mehr.

Ambiente

Kaufhausatmosphäre, Bedienung auf Wunsch. 1.- und 2.-Wahl- bzw. fehlerhafte Ware räumlich getrennt, 60 Umkleidekabinen. Sehr gute Parkmöglichkeiten. Cafeteria, Kinderspielecke.

Adresse

Rosner, Fabrikverkauf, Schölnhammerstraße 25, 85055 Ingolstadt, Telefon: 08 41/50 13 90, Kundentelefon: 5 80 64, Fax: 50 13 99.

Öffnungszeiten

Montag bis Freitag 9.00 bis 19.00 Uhr, Samstag 9.00 bis 18.00 Uhr.

Anreise

A9, Ausfahrt 61 Ingolstadt-Nord, rechts in die Römerstraße, geradeaus bis zur Aral-Tankstelle. Dort rechts, nächste Straße links.

Das Outlet-Center Ingolstadt Village beherbergt über 50 Mode- und Designermarken wie Bäumler, Féraud, Helly Hansen, Mandarina Duck, Miss Sixty/Energie, Möve, Rosenthal, Trussardi Jeans, Venice Beach. Weitere Shops sollen folgen. Das Warenangebot deckt die Palette von Mode über Sport- und Outdoor-Bekleidung, Accessoires, Heimtextilien bis hin zu Porzellan und Haushaltswaren ab.

Shopping mit Ambiente

Warenangebot
Damen-, Herren- und Kinderbekleidung, Sport- und Outdoor-Bekleidung, Lederwaren, Reisegepäck, Uhren, Schmuck, Accessoires, Haushaltswaren.

Ersparnis
30 bis 70 %.

Ambiente
Die Architektur spiegelt das traditionelle Industriedesign des frühen 20. Jahrhunderts wider. Gastronomische Angebote, Ausstellungen, Events.

Besonderheiten
Attraktive Lage zwischen Donau und Altmühltal am Rande von Ingolstadt. Ideal für einen kombinierten Shopping- und Kultur-Kurzurlaub.

Adresse
Ingolstadt Village, Otto-Hahn-Straße 1, 85055 Ingolstadt-Feldkirchen, Telefon: 08 41/8 86 31 11, Internet: www.Ingol stadtVillage.com.

Öffnungszeiten
Montag bis Samstag 10.00 bis 20.00 Uhr.

Weitere Verkaufsstelle
● 97877 **Wertheim-Dertingen**, Wertheim Village, Almosenberg, Telefon: 0 93 42/9 19 91 11, Internet: www.Wert heimVillage.com.

Anreise
A9 München–Nürnberg, Ausfahrt Ingolstadt-Ost. Dann der Beschilderung Gewerbepark Nordost/Ingolstadt Village folgen.

Designideen, Täschnerkunst und ökologischer Umgang mit dem Natur-produkt Leder sind die Markenzeichen der 1970 gegründeten Firma BREE ebenso wie der hohe Anspruch an die Funktionalität.

Alles im Griff

Warenangebot
Handtaschen, Businesstaschen, Reise-taschen, Koffer, Geldbörsen, Brief-taschen, Etuis, Rucksäcke aus Leder oder neuen, hochwertigen High-Tech Materialien. Es handelt sich um 2. Wahl, Muster sowie Restposten.

Ersparnis
30 bis 60 %.

Ambiente
Übersichtlicher, gut sortierter Verkauf in einem Nebengebäude auf dem Firmen-gelände.

Adresse
BREE Collection GmbH & Co. KG, Gerberstraße 3, 30916 Isernhagen-Kirchhorst, Telefon: 0 51 36/89 76-2 60, Internet: www.bree.de.

Öffnungszeiten
Montag bis Freitag 12.00 bis 19.00 Uhr und Samstag 10.00 bis 16.00 Uhr.

Anreise
A7 Kassel-Hannover, Ausfahrt Alt-warmbüchen/Kirchhorst (55), Rich-tung Kirchhorst. Links vor dem Orts-eingang Kirchhorst in das Industrie-gebiet Großhorst und dort der Aus-schilderung folgen.

An diesem traditionellen Standort der Glastechnologie wurden 1994 die Weichen für eine innovative Entwicklung der Glasherstellung gestellt. Gemeinsam mit japanischen Spezialisten wird in Jena eine in der Welt einzigartige Glastechnologie entwickelt. Um das Sortiment abzurunden, verkauft man hier alles, was in den „Tchibo"-Läden übrig bleibt, günstiger.

Innovationen in Glas

Warenangebot
Hitzebeständiges Geschirr der Marke Jenaer Glas, Trinkgläser und Vasen, Schalen, Leuchter, Geschenkartikel. Tchibo: Textilien, wie etwa Schals und Pullover, Porzellan, Uhren, Radiowecker, Fahrräder, Halogen-Leuchten, Kerzenleuchter, Tischdecken, etc.

Ersparnis
25 bis 30 % bei Jenaer Glas. Sonderangebote bis zu 40 %. Ständig wechselnde interessante Angebote.

Ambiente
Moderne Verkaufsstelle mit großer Auswahl und guter Warenpräsentation. Besonderheiten: Die Erzeugnisse sind backofen- und mikrowellengeeignet.

Adresse
Wega Warenhandels GmbH, Verkaufsstelle Jena, Otto-Schott-Straße 13, 07745 Jena, Telefon: 0 36 41/68 16 94, Fax: 61 51 64.

Öffnungszeiten
Montag bis Freitag 9.00 bis 18.00 Uhr, Samstag 9.00 bis 13.00 Uhr.

Anreise
A 4 Eisenach–Dresden, Ausfahrt Jena-Göschwitz. Auf der Rudolstädter Straße zum Zentrum. An der Abzweigung Winzerlaer Straße links, dann in die Hermann-Löns-Straße, diese wird zur Tatzend-Promenade. Am Robert-Koch-Platz rechts ab in die Otto-Schott-Straße. Der Werksverkauf ist gut ausgeschildert auf der rechten Seite.

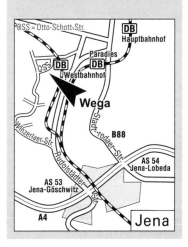

Fast allen Menschen, die in Fabrikläden arbeiten, haben Freude daran, gute Ware extrem günstig verkaufen zu dürfen. Hier in Kahla kommt noch etwas dazu. Die Keksfabrik zählt zu den modernsten Gebäckfabriken Europas. Inklusive dem Fabrikverkauf. Darin ist sich die Belegschaft einig. Dieser Laden ist einer der schönsten und größten für Süßes überhaupt.

Zu Recht stolz darauf!

Warenangebot

Gebäck und Kekse, auch gefüllt, Prinzenrolle, Diabetikergebäck, Pralinen, Konditorengebäck, Schokolade, Saisonware, Knusperbrot, Salzgebäck, diverse Geschenkartikel.

Ersparnis

20 bis 50%, insbesondere bei den Pfundbeuteln: Geschmack wie 1. Wahl, aber einfacher verpackt.

Ambiente

Größter Laden der Griesson – de Beukelaer-Gruppe. Fläche wie großer Supermarkt, Selbstbedienung, zwei Kassen, Probiertheke mit Kaffeeausschank.

Adresse

Griesson – de Beukelaer, Im Camisch 1, 07768 Kahla, Telefon: 03 64 24/80-0, Internet: www.griesson-debeukelaer.de.

Öffnungszeiten

Montag bis Freitag 9.00 bis 18.30 Uhr, Samstag 9.00 bis 13.00 Uhr.

Weitere Verkaufsstellen

● 47906 **Kempen**, Arnoldstraße 62, Telefon: 0 21 52/1 41-0.

● 56751 **Polch**, Nettestraße 52, Telefon: 0 26 54/4 01-0.

● 88045 **Friedrichshafen**, Karlstraße 19, Telefon: 07 51/3 76-0.

● 88214 **Ravensburg**, Schwanenstraße 94, Telefon: 07 51/3 76-0

Anreise

A4 Eisenach–Dresden, Ausfahrt Jena-Göschwitz. Auf der B88 Richtung Kahla (etwa 14 km). Nach Rothenstein und Schöps an der Ampelkreuzung rechts.

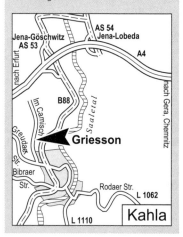

MAJOLIKA
MAJOLIKA KARLSRUHE
KERAMIK MANUFAKTUR

Die Majolika-Manufaktur, im freien Geist des Jugendstil gegründet, hat sich mit hochrangigen Keramikarbeiten einen bedeutenden Ruf geschaffen und ist heute die einzige Keramikmanufaktur in Deutschland.

Kunst in Keramik

Warenangebot

Kerzenhalter, Schalen, Schmuckwandteller, Wandfliesen und Vasen. Tierfiguren in Terrakotta, glasiert in traditioneller Darstellung sowie in moderner Gestaltung, Weinkühler, Espresso-Sets, künstlerische Arbeiten als Unikate oder Replikate. Gartenbereich: Pflanzgefäße, Wasserspeier, Vogeltränken, Gartenfiguren, Brunnen – frostfest gebrannt.

Ersparnis

Regelmäßiger „Schnäppchenmarkt" mit 1.- und 2.-Wahl-Ware, bis zu 30 % reduziert. Termine via Internet oder telefonisch erfragen.

Ambiente

Große, lichtdurchflutete Verkaufsausstellung auf über 500 m²; umfangreiches Angebot, nach Künstlern geordnet. Preisauszeichnung, fachkundige und freundliche Beratung, Bistro, Museum.

Besonderheiten

Führungen durch die Produktionsstätten auf Anfrage.

Adresse

Staatliche Majolika Manufaktur Karlsruhe GmbH, Ahaweg 6-8, 76131 Karlsruhe, Telefon: 07 21/9 12 37 70, Fax: 9 12 37 78, E-Mail: info@majolika-karlsruhe.com, Internet: www.majolika-karlsruhe.com.

Öffnungszeiten

Montag bis Freitag 10.00 bis 19.00 Uhr, Samstag, Sonntag 10.00 bis 17.00 Uhr.

Anreise

A5, Ausfahrt Karlsruhe-Durlach, Richtung Stadtmitte. Vor Beginn der Fußgängerzone rechts (Blick auf das Schloss), nächste Ampel rechts, entlang des Schlossgartens nach ca. 500 m rechts in den Ahaweg.

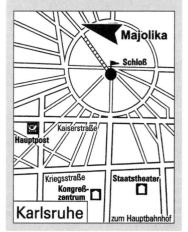

Die Produkte selbst sind die beste Werbung für die zugehörigen Marken. Hier darf probiert werden und dazu gibt es Gratis-Kaffee. Dass die fünf Fabrikläden der Gruppe zu den schönsten überhaupt gehören, macht den Besuch in diesen süßen Paradiesen zu Erlebnissen.

Zum Reinbeißen!

Warenangebot
Kekse und Gebäck der Marken Griesson, de Beukelaer, Prinzenrolle, Soft Cake, Tekrum, salziges Knabbergebäck der Marke Tuc Cracker, Knusperbrot „Leicht und Cross", jeweils 1. und 2. Wahl. Pralinen und Saisonartikel, auch von befreundeten Herstellern.

Ersparnis
40 bis 70 %, besonders die Pfundbeutel mit der 2. Wahl sind sehr günstig.

Ambiente
Feiner Laden, überwiegend Selbstbedienung, auch Beratung. Kaum Wartezeiten. Kostproben der Waren, Gratis-Kaffee. Bezahlen mit EC-Karte möglich. Betriebsbesichtigungen für Gruppen (20 bis 50 Personen) in Kahla, Polch und Ravensburg. Auskunft: www.griesson-debeukelaer.de/besuch.

Adresse
Griesson – de Beukelaer GmbH & Co. KG, Arnoldstraße 62, 47906 Kempen, Telefon: 0 21 52/1 41-0.

Öffnungszeiten
Montag bis Freitag 9.00 bis 18.00 Uhr, Samstag 9.00 bis 13.00 Uhr.

Weitere Verkaufsstellen
● 07768 **Kahla**, Im Camisch 1, Telefon: 0 36 24/8 00.
● 56751 **Polch**, Nettestraße/L52, Telefon: 0 26 54/4 01-0.
● 88045 **Friedrichshafen**, Karlstraße 19, Telefon: 07 51/3 76-0.
● 88214 **Ravensburg**, Schwanenstraße 94, Telefon: 07 51/3 76-0,

Anreise
A40 Duisburg–Venlo, Ausfahrt und Richtung Kempen, 1. Ampel links, nächste rechts, 2. Straße rechts.

Shoes and Fashion

Schuster bleib bei deinen Leisten – dieser Spruch ist das Leitmotiv für die Arbeit der Firma Meindl. Seit nunmehr zehn Generationen produzieren sie Schuhe und Bekleidung mit internationalem Anspruch. Schuhe für Alltag, Freizeit, Sport und Bewegung sowie Leder- und Lammfellbekleidung in modernem alpinem Design.

Auf Schritt und Tritt

Warenangebot

Trekking-, Berg-, Outdoor-Schuhe, „Aktivschuhe" (Sportschuhe für den Alltag), Langlauf-, Trachtenschuhe und Stiefel. Die Kollektion der Trachtenmode umfasst von Lederhosen über Lederjacken bis hin zur Trachtenbluse so ziemlich alles in sehr großer Auswahl.

Ersparnis

Die Sonderangebote aus Restposten, 2. Wahl und Sondermodellen sind 20 bis 40 % günstiger. Bei Jacken und Hosen Anfertigung auch nach Maß!

Ambiente

Großzügiges, neu gestaltetes Einzelhandelsgeschäft.

Adresse

Meindl Bekleidung GmbH & Co. KG, Dorfplatz 8-10, 83417 Kirchanschöring, Telefon: 0 86 85/98 52 70, Fax: 15 75, E-Mail: fashion@meindl.de, Internet: www.fashion.meindl.de.

Öffnungszeiten

Montag bis Freitag 9.00 bis 18.00 Uhr, Samstag 9.00 bis 13.00 Uhr.

Anreise

B20 Freilassing–Passau nach Laufen. Richtung Kirchanschöring. A8, Ausfahrt Siegsdorf über Waging/See nach Kirchanschöring.

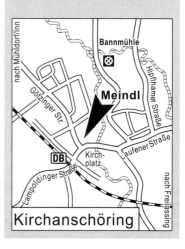

EINHORN

Einhorn ist der Inbegriff hochwertiger Herrenhemden. Bekannt für gute Qualität und gute Passform. Führender Markenhemden-Hersteller.

Klasse: Das Hemd, die Bluse

Warenangebot

Hemden und Blusen, Krawatten, Jacken, Westen, Kleider, Herrensocken, T-Shirts, Stoffreste.

Ersparnis

Bei 1.-Wahl-Ware bis 30%, bei 2.-Wahl-Ware bis 50%. Herrenhemden 2. Wahl ab 20,- € (Sonderangebot ab 10,- €).

Ambiente

Neu: der Fabrikverkauf befindet sich innerhalb des Betriebsgeländes in einer Industriehalle. Heller, großer Verkaufsraum mit mehreren tausend Hemden/Blusen. Nette Verkäuferin, die auch berät. Die Ware ist übersichtlich präsentiert. Kinderspielecke. Sechs Umkleidekabinen, Parkplätze.

Besonderheiten

2.-Wahl-Ware und reduzierte Ware ist vom Umtausch ausgeschlossen.

Adresse

Einhorn, Zeeb und Hornung GmbH & Co., Einhornstraße 10, 72138 Kirchentellinsfurt, Telefon: 071 21/9 60-2 96.

Öffnungszeiten

Dienstag bis Freitag 9.00 bis 13.30 und 14.00 bis 18.00 Uhr, Samstag 10.00 bis 14.00 Uhr.

Weitere Verkaufsstelle

● 72393 **Burladingen**, Josef-Mayer-Straße 94 (im Trigema-Center), Telefon: 074 75/91 46 03. Dienstag bis Freitag 10.00 bis 18.00 Uhr, Samstag 9.00 bis 13.00 Uhr.

Anreise

Aus Richtung Stuttgart kommend B27 bis Ausfahrt Kirchentellinsfurt. Über eine große Bücke in die Ortschaft. An der 1. Kreuzung links. Nach dem Fabrikgebäude von Einhorn links in die Triebstraße und wieder links auf das Betriebsgelände.

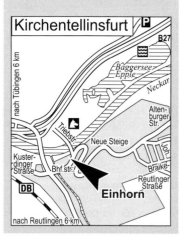

BOGNER

Der Name „Bogner" und das „B" am Reißverschluss stehen für Exklusivität und Klasse. Trendsetter in der Skikollektion. Sportlich, hochwertig, elegant.

Sportlich, hochwertig, elegant

Warenangebot

Komplette Bogner-Kollektion: Damen- und Herrenbekleidung, Sonia Bogner, Sportbekleidung (Ski, Golf, Tennis), Beach- und Freizeitmode. Kinderbeklei-dung Big Ice, Fire & Ice (Young Fashion), Bogner Leather, Accessoires. Die Artikel stammen nicht aus dem aktuellen Sortiment oder weisen kleine Fehler auf.

Ersparnis

40 bis 60 %.

Ambiente

Bogner Extra ist umgezogen direkt aufs Bogner-Werksgelände. Jetzt ca. 900 m² große, helle Lagerräume. Ca. 500 m Entfernung bis zur S-Bahn-Haltestelle Heimstetten (S6).

Adresse

Bogner Extra, Am Werbering 5-9, 85551 Kirchheim-Heimstetten, Telefon: 0 89/4 36 06-6 70, Fax: 4 36 06-6 99.

Öffnungszeiten

Montag bis Freitag 10.00 bis 18.00 Uhr, Samstag 10.00 bis 16.00 Uhr.

Weitere Verkaufsstellen

● 66482 **Zweibrücken**, Designer Out-lets Zweibrücken, Londoner Bogen 10-90, Telefon: 0 63 32/47 29 79, Fax: 47 29 84.

● 72555 **Metzingen**, Nürtinger Straße 63, Telefon: 0 71 23/96 38 47.

● 80993 **München-Moosach**, Trieb-straße 36-38, im selben Gebäude wie Loden-Frey, Telefon: 0 89/14 72 86 01, Fax: 14 72 86 10. Montag bis Freitag 9.30 bis 18.00 Uhr, Samstag 9.30 bis 16.00 Uhr.

Anreise

A94, München–Passau, Ausfahrt Feld-kirchen-Ost, Richtung Heimstetten. Auf die Feldkirchener Straße, rechts in die Weißenfelder Straße, links dann „Am Werbering". Am Ende ist die Hof-einfahrt von Bogner.

RENA LANGE

Die Firmenphilosophie des Modehauses Rena Lange lautet: Verwendung bester Materialien, beste Verarbeitung, beste Passform. Das international erfolgreiche Unternehmen zählt zum hochwertigen, exklusiven Genre der Damenmode.

Charme-Offensive

Warenangebot
Sehr elegante Damenkollektion mit viel Abendmode, Accesssoires.

Ersparnis
60%, am Saisonende nochmals 30 bis 50%.

Ambiente
Stilvolle Shopeinrichtung, helle, übersichtliche Räume, angenehme Beratung.

Adresse
Rena Lange Outlet, Ammerthalstraße 19, 85551 Kirchheim-Heimstetten, Telefon: 0 89/90 93 91 10.

Öffnungszeiten
Mittwoch bis Freitag 10.00 bis 18.00 Uhr, Samstag 10.00 bis 16.00 Uhr.

Weitere Verkaufsstelle
● B-3630 **Maasmechelen Village**, Zetellaan 121, Telefon: 00 32/89 47 18 40, Internet: www.maasmechelenvillage. com.

Anreise
Kirchheim-Heimstetten liegt im Osten von München, nahe der Messe München-Riem. Vom Norden: A99 Richtung Salzburg, dann auf die A94 Richtung München wechseln. Nach wenigen Metern Ausfahrt Feldkirchen-Ost/Heimstetten. Nach der Ausfahrt rechts. An der Kreuzung geradeaus und 2. Straße links. 1. Einfahrt rechts. Haus Nr. 19 auf der linken Straßenseite.

Marktführer von Zier- und Haushaltskeramik, Terrakotta und Keramik-geschenken. Auf einer Riesenfläche und in einem einmaligen Umfeld präsentiert der Keramik Basar das gesamte aktuelle Programm sowie 2A-Ware, Rest- und Sonderposten aus dem Exportprogramm.

1000 m² Einkaufserlebnis

Warenangebot
Großes Angebot an Terrakotta, Übertöpfe und Pflanzschalen, Postamente und Schirmständer, Schalen, Leuchter und Vasen, Tonbratentöpfe und Auflauf-formen, Mikrowellengeschirr, Becher und Krüge, Geschirr, Springbrunnen und Keramikfiguren, Sparschweine und Luftbefeuchter.

Ersparnis
1A-Programm 30 bis 50 %, 2A- und Sonderpostenware bis zu 80 %. Weitere Abschläge zum Saisonende.

Ambiente
Eigenes Verkaufsgebäude „Keramik Basar". Für Gruppen nach Voranmeldung Filmvorführung „Die Herstellung von Keramik" (kostenlos) sowie Kaffee und Kuchen (1,- € pro Person).

Adresse
Keramik Basar, K.E.P.U. GmbH, Bahn-hofstraße 12, 63924 Kleinheubach, Telefon: 0 93 71/49 00, Fax: 49 60.

Öffnungszeiten
Montag bis Freitag 9.00 bis 18.00 Uhr, Samstag 9.00 bis 14.00 Uhr.

Anreise
A3, Ausfahrt Stockstadt, über die B469 Aschaffenburg–Miltenberg. Der Keramik Basar liegt direkt am Bahnhof und ist gut ausgeschildert.

ST.EMILE

Die Marke St.Emile gilt als Geheimtipp beim gehobenen Fachhandel. Der Grund: Die Marke besetzt trendige Themen. Alles, was in Sachen Damenmode etwas mehr Pfiff hat, findet man bei St.Emile. Kundinnen, die anders aussehen möchten als in der Vergangenheit – jünger, modischer – finden hier eine gute Adresse.

Echt anziehend

Warenangebot
Anzüge, Kostüme, Röcke, Hosen, Blazer, Mäntel, Strickwaren, Lederbekleidung. Vorjahresware, Musterteile aus der laufenden Saison, 1. und 2. Wahl.

Ersparnis
Generell 30 bis 50 %.

Ambiente
Die Ware in dem 150 m² großen Verkaufsraum ist sehr übersichtlich sortiert. Die Kunden können in ruhiger Atmosphäre einkaufen. Sechs Umkleidekabinen. Im hinteren Teil des Verkaufsraumes gibt es preisreduzierte Sonderposten. Freundliche und fachkundige Beratung. Bezahlung mit EC-Karte möglich.

Adresse
St.Emile, Wallstraße 6, 63839 Kleinwallstadt, Telefon: 0 60 22/6 62 41 14, Fax: 6 62 49 14.

Öffnungszeiten
Montag bis Freitag 10.00 bis 18.00 Uhr, Samstag 10.00 bis 16.00 Uhr.

Weitere Verkaufsstelle
● 97877 **Wertheim-Dertingen**, Wertheim Village, Almosenberg, Telefon: 0 93 42/91 46 52, Fax: 91 46 72.

Anreise
A3 Frankfurt–Würzburg, Ausfahrt Aschaffenburg. B463 Richtung Miltenberg, Ausfahrt Niedernberg/Großostheim. Richtung Niedernberg nach Kleinwallstadt. Dort Richtung Elsenfeld. St.Emile ist gegenüber dem Bahnhof auf der rechten Seite.

In Sachen Canadier ist Gatz nicht irgendein Hersteller – Gatz, Gatz Royal und das dazugehörige Elch-Markenzeichen sind Kult unter den Kanufahrern, hat doch dieser Hersteller seit den 60er-Jahren das Kanufahren in Deutschland nicht nur begleitet, sondern durch seine Kanus, Bücher, Videos und Zubehörideen richtig populär gemacht.

Der (Deutsch-)Canadier

Warenangebot

Canadier und Kajaks aller Ausführungen und Arten: 1 bis 4 Personen, Mannschaftscanadier (bis 11 Bänke), Bootswagen, Dachgepäckträger, Paddel, Spritzdecken, Lukendeckel, Persenninge, Doppelpaddel, Material für wasserdichtes Packen, Sicherheitszubehör, Pflegesets, Outdoor-Artikel, Schuhe, Flussführer, Tourenbeschreibungen, Wassersportkarten und -atlanten, Videofilme, Fremdboote. Individuelle Wünsche können hier erfüllt werden.

Ersparnis

Vom Preis her sehr interessant sind Sonderangebote, Gebrauchtboote und Vermietung von Canadiern und Kajaks. Hier 25 bis 40 % Ersparnis.

Ambiente

Die Gatz-Fertigung verteilt sich auf mehrere Häuser. Vom Hof aus kann man durch die Fenster die Näherei sehen. Testfahrten möglich.

Adresse

Gatz-Kanus, Bergisch Gladbacher Straße 787, 51069 Köln-Dellbrück, Telefon: 02 21/96 44 77 00.

Öffnungszeiten

Montag bis Freitag 10.00 bis 13.00 und 14.00 bis 18.00 Uhr, Samstag 10.00 bis 13.00 Uhr. Im Sommer werden die Öffnungszeiten geändert. Einfach vor dem Besuch anrufen.

Anreise

A3, Kölner Autobahnring, Ausfahrt und 2 km in Richtung Köln-Dellbrück. Nach Aral-Tankstelle und etwas vor Abzweig Mauspfad: Gatz (Eingang mit Elchsignet gekennzeichnet).

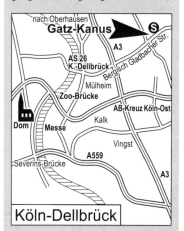

„Ringeltäubchen" sind für die Rheinländer ein Synonym für „Schnäppchen". Den Lufthansa-Beschäftigten sind diese Vögel schon deshalb sympathisch, weil sie fliegen können. Auf die Angebote dieser Airline-Tochter fliegen die Leute rund um die Flugzeuge ohnehin. Hier gibt es den Pilotenkoffer zu Ringeltaube-Preisen, auch mal die Sonnenbrille von Ray-Ban und Delikatessen aus aller Welt sowie Kleidung für Sie und Ihn, auf die – zu Sonderangebotszeiten – alle fliegen.

Wo die Flieger sparen

Warenangebot
Weine und Spirituosen aus aller Welt, Sekt und Champagner in großer Auswahl, Lebensmittel, in- und ausländische Delikatessen, Aktionsware, Kosmetikartikel, Pilotenkoffer und Bekleidung aller Art.

Ersparnis
Zwischen 10 und 60 %. Besonders preiswert: Sekt oder Sonderaktionsartikel.

Ambiente
Neue Verkaufshalle, gestaltet wie ein gepflegter Supermarkt mit klarer Warenaufteilung. Parkplätze am Eingang.

Besonderheit
Für den Kauf von Kosmetikartikeln wird eine Extra-Karte benötigt. Diese muss man sich vor dem Kauf an der Kasse geben lassen. Falls gefragt wird: Irgendwie hat ja jeder am Flughafen zu tun.

Adresse
Ringeltaube, Flughafen Köln/Bonn, Waldstraße 226, 51147 Köln-Flughafen, Telefon: 0 22 03/40 24 73.

Öffnungszeiten
Montag bis Freitag 9.00 bis 18.00 Uhr, Samstag 9.00 bis 14.00 Uhr.

Weitere Verkaufsstellen
Sachsen
● 01109 **Dresden-Klotzsche**, Flughafen Dresden, Terminal, Wilhelmine-Reichard-Ring 1, Telefon: 03 51/8 81 50 87. Montag und Dienstag 7.00 bis 19.00 Uhr, Mittwoch und Donnerstag 7.30 bis 19.00 Uhr, Freitag 7.30 bis 20.00 Uhr, Samstag 8.00 bis 16.00 Uhr, Sonntag 8.00 bis 18.00 Uhr.
● 04435 **Leipzig-Flughafen**, Flughafen Leipzig/Halle, Terminalring 11, Terminal B, Telefon: 03 41/2 24 16 86. Montag bis Freitag 10.00 bis 18.00 Uhr, Sonntag 11.00 bis 16.00 Uhr.

Berlin
● 12527 **Berlin-Schönefeld**, Flughafen Berlin Schönefeld, FBS-Haupttor Nord, Telefon: 0 30/60 91 44 78. Montag bis Freitag 10.00 bis 17.00 Uhr, Samstag geschlossen.
● 13405 **Berlin-Reinickendorf**, Flughafen Berlin-Tegel, Hinter dem BFG-

Verwaltungsgebäude, Telefon: 0 30/ 41 01 33 96. Montag bis Freitag 9.00 bis 18.30 Uhr, Samstag 9.00 bis15.00 Uhr.

Hamburg

● 22335 **Hamburg-Fuhlsbüttel**, Flughafen Hamburg, Sportallee 72, Zufahrt über Obenhauptstraße 1b, Telefon: 0 40/ 50 70 39 74. Montag bis Freitag 9.00 bis 19.00 Uhr, Samstag 9.00 bis15.00 Uhr.

Bremen

● 28199 **Bremen-Neuenland**, Flughafen Bremen, Flughafendamm 49, Telefon: 04 21/5 57 05 45. Montag bis Freitag 10.00 bis 18.00 Uhr, Samstag 9.30 bis 13.00 Uhr.

Niedersachsen

● 30669 **Hannover-Flughafen**, Flughafen Flughafen Hannover-Langenhagen, Telefon: 05 11/9 77 25 57. Montag bis Freitag 9.30 bis 18.00 Uhr, Samstag 9.30 bis 13.00 Uhr.

Nordrhein-Westfalen

● 40474 **Düsseldorf-Lohausen**, Flughafen Düsseldorf, Airport International, Straße Richtung LTU/Halle 8, Telefon: 02 11/4 17 51 57. Montag bis Freitag 10.00 bis 19.00 Uhr, Samstag 10.00 bis 15.00 Uhr.

● 44319 **Dortmund-Wickede**, Flughafen Dortmund, Flugplatz 7-9, Gebäude A/Eingang 2, Telefon: 02 31/ 1 76 95 54. Montag bis Freitag 10.00 bis 14.00 und 15.00 bis 18.00 Uhr.

● 48268 **Greven**, Flughafen Münster-Osnabrück, Hüttruper Heide 71, Telefon: 0 25 71/94 46 60. Montag bis Freitag 11.00 bis 14.00 und 14.30 bis 17.00 Uhr.

Rheinland-Pfalz

● 55483 **Hahn-Lautzenhausen**, Flughafen-Hahn, Gebäude 1404, Telefon: 0 65 43/50 77 77. Montag bis Freitag

11.00 bis 14.00 und 15.00 bis 17.30 Uhr, Samstag 9.30 bis 14.00 Uhr.

Hessen

● 60546 **Frankfurt am Main-Flughafen**, Rhein-Main Airport, Gebäude 374/ gegenüber Tor 21, Telefon: 0 69/ 69 07 89 50. Montag bis Freitag 8.00 bis 19.30 Uhr, Samstag 8.00 bis 16.00 Uhr.

● 65451 **Kelsterbach**, Kleiner Kornweg 32, Telefon: 0 61 07/6 26 06. Montag bis Freitag 10.00 bis 14.00 und 14.45 bis 17.30 Uhr.

● 63329 **Egelsbach**, Flugplatz Egelsbach, Hans-Fleißner Straße, Telefon: 0 61 03/ 94 37 60. Montag bis Freitag 11.30 bis 18.00Uhr, Samstag 10.00 bis 14.00 Uhr.

Bayern

● 85356 **München-Flughafen**, Flughafen München, Nordallee 14, Telefon: 0 89/9 77 39 02. Montag bis Freitag 9.00 bis 18.30 Uhr, Samstag 10.00 bis 14.00 Uhr.

● 85356 **München-Flughafen**, Flughafen München, im Terminal 2, Ebene E 03, Telefon: 0 89/9 75-8 43 33. Montag bis Freitag 10.00 bis 19.00 Uhr, Samstag 10.00 bis 16.00 Uhr.

● 90411 **Nürnberg-Marienberg**, Flughafen Nürnberg, Flughafenstraße 90, Telefon: 09 11/9 37 22 95. Montag bis Freitag 10.00 bis 18.00 Uhr, Samstag 9.30 bis 13.00 Uhr.

Baden-Württemberg

● 70629 **Stuttgart-Flughafen**, Flughafen Stuttgart, LVT-Gebäude, Pforte Ost, Frachtbereich, Telefon: 07 11/ 9 48 42 30. Montag bis Freitag 9.30 bis 18.00 Uhr, Samstag 9.30 bis 14.00 Uhr.

● 88046 **Friedrichshafen**, Flughafen 29, Friedrichshafen, beim Tower, Telefon: 0 75 41/28 42 70. Montag bis Freitag 12.00 bis 18.00 Uhr, Samstag 10.00 bis 14.00 Uhr.

Die eigenen Mitarbeiter sollen stolz auf ihre Produkte sein. Deshalb fördern alle Autofabriken den Verkauf von Neuwagen an die Belegschaftsangehörigen und entsprechend den Absatz der „Jahreswagen".

... die tun was

Warenangebot

Ford-Automobile der laufenden Serien oder der Serien aus dem Jahr zuvor. Meist nur 10.000 bis 15.000 km Fahrleistung.

Ersparnis

Mindestens 25 %, Spitzenmodelle werden mit nur 17 % Nachlass angeboten. Von der Verhandlungsbasis (VB) ausgehend, wird über Endpreis verhandelt.

Ambiente

Über das laufende Angebot an Jahreswagen informiert der Ford-Report, den man ab Werk erhalten kann. Dazu kann über die Ford Jahreswagen-Vermittlung die jeweils aktuelle Liste mit Angeboten und Preisen angefordert werden. Darin auch enthalten: Dienst- oder Testwagen. Hinzu kommt die Jahreswagen-Börse. An vielen Samstagen wird vor dem Werk gehandelt (Termine über die Vermittlung).

Adresse

Ford AG, Jahreswagen-Vermittlung I-VIA-G, Henry-Ford-Straße, 50735 Köln-Niehl, Telefon: 02 21/9 01 43 63 und Ford-Jahreswagenbörse, Mitarbeiter-Parkplatz Süd 1 und 2, Ecke Geestemünder/Henry-Ford-Straße.

Öffnungszeiten

Die Jahreswagen-Vermittlung ist Montag bis Freitag 9.00 bis 12.00 und 13.00 bis 15.00 Uhr oder unter der Fax-Nummer 02 21/9 01 46 58 zu erreichen oder Internet: www.ford.de/gebrauchtwagen.

Anreise

A1 (Nördlicher Autobahnring) Ausfahrt Industriestraße. Industriestraße Richtung Süden, an den Fordwerken vorbei bis 3. Kreuzung und nach rechts in die Geestemünderstraße. Die Börse findet an der Ecke Geestemünder/Henry-Ford-Straße statt.

Der Jagdausstatter kleidet auch Angler von Kopf (Mütze) bis Fuß (Schuhe aller Art) – die Adresse auch für Wanderer und Naturliebhaber.

Mode – nicht nur in Grün

Warenangebot

Bekleidung, Schuhe und Ausrüstungsgegenstände für die Jagd, Angeln, Wandern und Naturerkundung, Regenschutzkleidung. Dazu Loden. Freizeitbetonte Mode bis hin zu Kindergrößen. 1. und 2. Wahl, Sonderangebotsständer, Katalogüberhänge, Räumungsware. Viel Markenware mit den Eigenmarken Kettner-Meindl, Henry-Cottons, Lodenfrey, Linzner-Alpine, Trachten Bush-Line, Klepper, Gore-Tex.

Ersparnis

25 bis 50 %.

Ambiente

Helles, größeres Ladenlokal in der Hauptverwaltung. Durch Haupteingang und gegenüber der Anmeldung gleich rechts.

Adresse

Eduard Kettner, Mathias-Brüggen-Straße 80, 50827 Köln-Ossendorf, Telefon: 02 21/5 96 50.

Öffnungszeiten

Montag bis Freitag 9.30 bis 18.30 Uhr, Samstag 9.30 bis 14.00 Uhr.

Anreise

A1, Ausfahrt Köln-Bocklemünd. Weiter auf der B59, Venloer Straße, Richtung Köln-Zentrum. An der letzten Möglichkeit vor der Bahnbrücke links in die Mathias-Brüggen-Straße abbiegen. Der Verkauf befindet sich nach ca. 1800 m auf der rechten Seite.

STOLLWERCK

Auf dem Stollwerck-Fabrikgelände geht es in ein Schokoladenparadies. Hier sind große deutsche Marken von Sarotti über Sprengel bis hin zu Gubor versammelt. Änderungen sind möglich. Schokoladenkönig Imhoff übergab sein süßes Reich an einen Schweizer Weltkonzern.

Das Multi-Schoko-Paradies

Warenangebot
Schokolade und Süßwaren aller Art, Pralinen, auch als Pralinenbruch im Kilobeutel, diverse Marken aus dem Stollwerck-Sortiment.

Ersparnis
Bis zu 70%. Besonders günstig: Pralinenmischung mit kleinen optischen Fehlern.

Ambiente
Angenehmer Laden, gepflegt aufgebautes Angebot. Parkplätze vorhanden.

Adresse
Stollwerck Werksverkauf, Stollwerckstraße 27-31, 51149 Köln-Westhoven, Telefon: 0 22 03/90 30-2 60.

Öffnungszeiten
Montag bis Freitag 10.00 bis 17.00 Uhr.

Weitere Verkaufsstellen
● 04109 **Leipzig**, Brühl 33, Telefon: 03 41/9 76 91 46.
● 04808 **Wurzen**, Am Mühlengraben 112, Telefon: 0 34 25/81 63 30.
● 07318 **Saalfeld**, Neumühle 1, Telefon: 0 36 71/46 17 46 (TSW-Verkauf).
● 12277 **Berlin-Marienfelde**, Motzener Straße 32 a, Telefon: 0 30/72 01 82 90.

● 30419 **Hannover-Vinnhorst**, Rudolf-Diesel-Weg 10-12, Telefon: 05 11/6 79 41 02 (Sprengel-Werk).
● 79244 **Münstertal**, Dietzelbachstraße 1, Telefon: 0 76 36/78 74 63.
● 79395 **Neuenburg**, Am Bahnhof 2, Telefon: 0 76 31/93 74 95.

Anreise
Autobahnring A4 Aachen–Olpe, Ausfahrt Köln-Poll, Richtung Köln-Porz. Kölner Straße bis Kreuzung Nikolaus-/Stollwerckstraße. Hier links in die Claudiastraße.

SALAMANDER

Salamander ist für Millionen Verbraucher Inbegriff internationaler Schuhmode, erstklassiger Verarbeitung und perfekter Passform. Die bekannteste Schuhmarke in Europa hat eine über 100-jährige Tradition.

Die Nr. 1 in Sachen Schuh

Warenangebot

Starke Schuhmarken im Lagerverkauf: Salamander, Lurchi, Sioux und viele andere. Damit bietet das Unternehmen ein Vollsortiment vom Krabbel- bis zum Seniorenalter. Sehr große Auswahl auch an modischen Accessoires.

Ersparnis

30 bis 50 % bei Markensportschuhen und Modellen von Salamander, Lurchi und Sioux.

Ambiente

Großzügiger Neubau mit 2000 m² Verkaufsfläche. Fachkundige Beratung möglich. Kinderspielecke. Schuhreparaturservice. Modernes Restaurant/Bistro. Im Stil eines Factory Outlet Center verkaufen hier auch andere Hersteller, z.B. Trigema, Yeanshalle, JCC Ledermoden und Allegra.

Adresse

Salamander, Stammheimer Straße 10-14, 70806 Kornwestheim, Telefon: 07154/15-2833, Fax: 152249.

Öffnungszeiten

Montag bis Freitag 10.00 bis 19.00 Uhr, Samstag 10.00 bis 18.00 Uhr.

Weitere Verkaufsstellen

● 14641 **Wustermark**, Alter Spandauer Weg 4a (beim B5 Designer Outlet), Telefon: 033234/22075, Fax: 22077.
● 86842 **Türkheim**, Jakob-Sigle-Straße 58, Telefon: 08245/52-123.

Anreise

Kornwestheim liegt zwischen Stuttgart und Ludwigsburg. Der Lagerverkauf befindet sich gegenüber dem Bahnhof. S-Bahn (S4, S5) hält direkt vor dem Lagerverkauf.

MEXX

„Schön, aber nicht in meiner Größe da", klagten die Schnupperkunden im Kollektionsverkauf von Mexx in Mönchengladbach, wo es nur Musterteile gibt. Für alle, die bei Damengröße 38 oder Herrengröße 50 passen müssen, gibt es das Mexx Factory Outlet Center.

Mexx für alle

Warenangebot

Große Auswahl der Linien Mexx Men, Mexx Woman, XX by Mexx, Mexx Youth, Mexx Sport Men, Mexx Sport Woman. Während im Kollektionsverkauf naturgemäß aktuellste Mode gezeigt wird, wird die Ware hier saisonversetzt angeboten. Überproduktion und Restware werden hier verkauft, wenn der Handelseinkäufer schon an die nächste Saison denkt.

Ersparnis

Etwa 30 bis 40 %.

Ambiente

Geschmackvoll und modern eingerichteter Fachmarkt mit vielen Anregungen, fachkundigen Mitarbeitern und besten Anprobemöglichkeiten, Bistro-Café.

Adresse

Mexx Factory Outlet Center, Friedrich-Ebert-Straße 9, 41352 Korschenbroich, Telefon: 0 21 61/4 02 79 81.

Öffnungszeiten

Montag bis Freitag 10.30 bis 19.00 Uhr, Samstag 10.00 bis 16.00 Uhr.

Weitere Verkaufsstelle

● 41065 **Mönchengladbach-Pesch**, Mexx Kollektionsverkauf, Reyerstraße, Telefon: 0 21 61/61 40. Hier nur Mustergrößen.

Anreise

A52, Mönchengladbach–Düsseldorf, Ausfahrt Schiefbahn. Auf der L382 Richtung Korschenbroich. Nach der Bahnüberführung rechts und gleich nochmals rechts in die Rochusstraße Richtung Kaarst. Diese geht in die Friedrich-Ebert-Straße über.

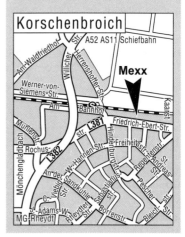

FÉRAUD

Es gibt edle Marken und die ganz edle Ware. Dafür steht Kemper mit berühmten Marken, zu denen etwa die Féraud-Produktion (sprich: Feroo!) gehört. Dieses Markenzeichen schmückt raffiniert-schöne und dabei modisch-tragbare Ware.

Kemper ist Féraud

Warenangebot

Vor allem aktuelle, modische Damenbekleidung mit Anspruch, Accessoires; aber auch Herrenbekleidung. Marken wie Louis Féraud, Kemper, Anna K. und andere. Mode fürs Business und Büro, Strickmode für den Mann. Saisonüberhänge, Auslaufware.

Ersparnis

33 bis 50 % auf die aktuelle Kollektion. Auf die Fabrikverkaufsaktionen achten.

Ambiente

Ein dem Anspruch der Modemacher entsprechender Factory Store in außergewöhnlichem Ambiente, in dem man sich gerne länger aufhält. Café zum Verweilen, monatlich wechselnde Events. Bemerkenswerte Beratung. Großer Parkplatz.

Adresse

Kemper GmbH, Obergath 60, 47805 Krefeld-Fischeln,   Telefon: 0 21 51/ 37 83 00.

Öffnungszeiten

Donnerstag und Freitag 15.00 bis 20.00 Uhr, Samstag 10.00 bis 16.00 Uhr.

Anreise

A44, Ausfahrt Osterath. Auf der B9, Kölner Straße, Richtung Krefeld. Obergath ist die nächste größere Straße und zweigt links ab Richtung Tönisvorst.

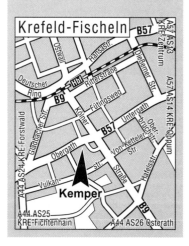

225

strellson JOOP!

Lifestyle-Marken für modisch interessierte Frauen und Männer gibt es in Kreuzlingen/Schweiz, dem Nachbarort von Konstanz. Lifestyle-Mode nur für die Herren bieten die Marken Strellson und Tommy Hilfiger. Joop und Windsor dagegen ziehen Frauen und Männer an.

Hochwertig, aber bezahlbar

Warenangebot
Aktuelle Kollektionen, sehr hochwertige Ware, hervorragende Auswahl. Für Herren: Anzüge, Sakkos, Hosen, Mäntel, Jacken, Jeans, Hemden, Krawatten, Sportswear, Leder- und Strickbekleidung, Unterwäsche, Schuhe, Accessoires. Für Damen: Kostüme, Blazer, Hosen, Röcke, Jeans, Leder- und Strickbekleidung, Blusen, T-Shirts, Accessoires.

Ersparnis
30 %.

Ambiente
Ca. 3000 m² Verkaufsfläche in einem Bau mit Industriecharakter und professionellem Outlet-Design. Übersichtliche Warenpräsentation, geordnet nach Marken und Größen.

Adresse
Strellson AG, Sonnenwiesenstraße 21, CH-8280 Kreuzlingen/Schweiz, Telefon: 00 41/71/6 86 33 27.

Öffnungszeiten
Montag bis Freitag 10.00 bis 18.30 Uhr, Samstag 9.00 bis 17.00 Uhr.

Anreise
A81 Stuttgart–Singen, Ausfahrt Hegau. Auf der B33 nach Konstanz/Bodensee. Kreuzlingen/Schweiz ist der Nachbarort von Konstanz. In Kreuzlingen immer Richtung St. Gallen/Romanshorn. Ab Hauptbahnhof Kreuzlingen, der auf der linken Seite liegt, sind es noch ca. 2 km. Man fährt über mehrere Kreisel immer geradeaus. Nach dem Migros-Einkaufszentrum links in die Sonnenwiesenstraße. Der Fabrikverkauf liegt ca. 100 m vom Bodenseeufer entfernt.

Drei Ski haben bei Kneissl Skigeschichte geschrieben, ja sie wurden zur Ski-legende: der „White Star", der erste Kunststoffski, der „Big Foot", ein kurzer Spaßmacher, und der „Ergo", einer der ersten und besten Ski der Carver-Generation. Die Kufsteiner Skibauer sind weiter innovativ und konzentrieren sich ganz auf ihr Kerngeschäft: Sie produzieren hervorragende Ski.

Skilegenden aus Kufstein

Warenangebot
Aktuelle Modelle und Vorjahresmodelle, Restposten. Teilweise ist aber auch schon die kommende Saisonware erhältlich. 2.-Wahl-Ski, gebrauchte Test-Ski, Alpinski, Langlaufski, Tourenski, Alpinski- und Tourenskibindungen, Ski- und Snowboardschuhe, Wanderschuhe, Teleskopstöcke, Fahrradhelme, Sonnenbrillen, Tennisschläger.

Ersparnis
10 bis 50 %.

Ambiente
Großer Verkaufsraum mit den Abteilungen Schuhe, Tennis und Ski. Immer günstige Angebote. Gute Parkplatzsituation.

Adresse
Kneissl Tirol, Ladestraße 2, A-6330 Kufstein, Telefon: 00 43/53 72/69 90-2 39, Fax: 6 21 87, Internet: www.kneissl.com.

Öffnungszeiten
Montag bis Freitag 9.00 bis 12.00 und 14.00 bis 18.00 Uhr, Samstag 9.00 bis 12.00 Uhr. In der Wintersaison durchgehend geöffnet.

Anreise
A12 Kufstein–Innsbruck, Ausfahrt Kufstein-Nord. Im Kreisverkehr 1. Ausfahrt abfahren und weiter geradeaus. Nach ca. 2 km am Kreisverkehr in Richtung Kiefersfelden, 1. Möglichkeit rechts, dort sieht man schon das Firmengebäude. Vor der Bahnunterführung wieder rechts. Der Shop befindet sich direkt am Haupteingang des Firmengeländes.

Wolfram Siebeck schreibt: „Es ist das große Verdienst von Claus Riedel, den Zusammenhang zwischen der Form eines Weinglases und seinem Inhalt erforscht und daraus die richtigen Konsequenzen gezogen zu haben. Seine Schöpfungen haben das Leben der Weintrinker derart verändert, dass man mit Fug und Recht von einer Revolution sprechen kann."

Erleben Sie den Unterschied

Warenangebot

Für jede Weinsorte gibt es ein eigenes Glas. Die Form des Glaskelches wird hier dem Charakter des Weines untergeordnet. Deshalb gibt es Gläser für über 20 Weinsorten, Champagner, Sekt, Bier, Spirituosen, Wasser, Karaffen, Vasen, Teller und Schalen.

Ersparnis

20 bis 70 %, bei 2.-Wahl-Ware mit kleinsten Fehlern. Aber ein Rotweinglas in 2. Wahl kostet noch ab 10,- €.

Ambiente

Attraktive Schauräume auf über 200 m². Fachkundige Bedienung. „Schau-Hütte" und Sensorik-Museum „Sinnfonie", hier erlebt der Besucher beeindruckend die Welt des Glases. „Schwemme", ein Verkauf mit Angeboten und Restposten bis zur 3. Wahl mit sichtbaren Fehlern. Wein-Glas-Verkostungen: Sie können für Ihren mitgebrachten Lieblingswein hier das perfekte Glas herausfinden.

Adresse

Riedel Glas, Shop-Verkauf, Weissachstraße 28, A-6330 Kufstein, Telefon: 00 43/(0) 53 72/64 89 6-901, Fax: 6 60 88,

E-Mail: Info@Riedel.com, Internet: www.Riedel.com.

Öffnungszeiten

Montag bis Freitag 9.00 bis 17.30 Uhr, Samstag 9.00 bis 17.00 Uhr. Schwemme: Montag bis Freitag 10.00 bis 17.00 Uhr, Samstag 9.30 bis 17.00 Uhr.

Anreise

E60/A12 München–Rosenheim–Innsbruck Ausfahrt Kufstein-Süd. Der Beschilderung „Glashütte" folgen.

Mustang ist die bekannteste deutsche Jeansmarke. Sie garantiert ausgezeichnete Passform, bietet qualitativ hochwertige Verarbeitung durch Detailgenauigkeit, ist viele Jahre tragbar, geht nicht aus der Form – nicht einmal am Bund und hat eine hohe Farbkonstanz.

Jeans forever young

Warenangebot

Teilweise 2.-Wahl-Ware, Auslaufmodelle und Restposten von Mustang-Jeans und Jackets für Damen und Herren. Pullover, T-Shirts, Sweatshirts, Freizeithemden, Jeanshemden, Jeansröcke und -Kleider, Shorts, Baseball-Caps, Lederhosen, Lederjacken, Gürtel, Freizeitschuhe, Taschen, Uhren. Materialien: Jeans, Tencel, Cord, Baumwolle, Leinen, Stretch.

Ersparnis

2. Wahl, Auslaufmodelle und Restposten 25 bis 70 %. Zusätzliche Ersparnis im Schnäppchenmarkt.

Ambiente

Großzügig gestaltete Verkaufsfläche auf 750 m², 45 Kabinen, Spielecke. Ausreichend Parkmöglichkeiten.

Adresse

Jeans-Depot Mustang, Würzburger Straße 48-52, 74653 Künzelsau, Telefon: 0 79 40/9 25 20, Fax: 92 52 22.

Öffnungszeiten

Montag bis Freitag 9.00 bis 20.00 Uhr, Samstag 9.00 bis 18.00 Uhr.

Weitere Verkaufsstellen

● 06796 **Brehna**, Otto-Lilienthal-Straße 7, Telefon: 03 49/4 18 24, Fax: 4 18 25.
● 74743 **Seckach**, Waidachshofer Straße 25, Telefon: 0 62 92/9 51 05.

Anreise

A6, Heilbronn–Nürnberg, Ausfahrt Kupferzell. Dann auf der B19 15 km in Richtung Künzelsau. Dort an der 1. Kreuzung zweimal links ab Richtung Umgehungsstraße Würzburg/Bad Mergentheim. Über die Kocherbrücke, dann rechts in die Würzburger Straße.

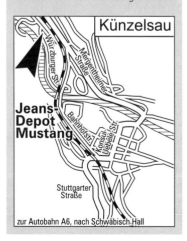

Der Ara hat sich zum bekanntesten und interessantesten Schuh-Vogel Nordrhein-Westfalens entwickelt. Das Wappentier ist gut gewählt: Wie die südamerikanischen Ara-Papageien auch, sind Ara-Schuhe zäh und langlebig – und hin und wieder, je nach Modell, sogar bunt!

Noch mehr vom bunten Ara!

Warenangebot
Damen-, Herren- und Kinderqualitätsschuhe für jeden Tag sowie viele Modelle für besondere Anlässe. 1. und 2. Wahl. Auch Taschen, Hemden, Krawatten, Strickwaren und Strümpfe.

Ersparnis
Etwa 50%.

Ambiente
Die Zeiten des kleinen Verkaufs sind vorbei. Ara klotzt: Eine große Halle voller Schuhe und davor ausreichend Parkplätze, das ist das neue Konzept. Die Ware ist nach Größen sortiert, Anprobemöglichkeiten vorhanden.

Adresse
Ara Shoes AG, Hardt 49, 40764 Langenfeld, Telefon: 0 21 73/1 05-3 32.

Öffnungszeiten
Montag bis Freitag 11.00 bis 18.00 Uhr, Samstag 10.00 bis 14.00 Uhr.

Weitere Verkaufsstellen
● 42929 **Wermelskirchen**, Dörpfeldstraße 20, Telefon: 0 21 96/8 83 47. Montag bis Freitag 11.00 bis 18.00 Uhr, Samstag 10.00 bis 14.00 Uhr.

● 44534 **Lünen**, In den Himmelsknäppen 4, Telefon: 0 23 06/70 02-0. Montag bis Freitag 10.00 bis 18.00 Uhr, Samstag 9.00 bis 14.00 Uhr.

Anreise
A3, Ausfahrt 20, Solingen-Langenfeld. Weiter Richtung Langenfeld-Zentrum. Ara ist leicht zu finden auf der linken Straßenseite.

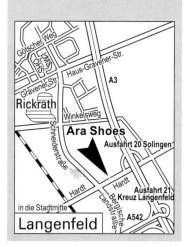

Herlag ist der erste Name bei Massivholz-Gartenmöbeln. Für die Fertigung werden nur ausgesuchte, luftgetrocknete Hölzer verwendet, bei denen auf umweltgerechte Herstellung und Veredelung geachtet wird. Ebenso führend ist Herlag bei Kinderwagen

Lieblingsplätze

Warenangebot
Herlag-Gartenmöbel aus Massivhölzern wie z.B. Buche, Rotimber oder Teakholz. Kinderwagen, Bugy's und Zubehör, Kinderzimmer, Laufställe, Hochstühle, Reisebetten.

Ersparnis
20 bis 50 %, bei Einzelteilen auch mehr.

Ambiente
Großer, übersichtlicher Verkaufsraum. Die Mitarbeiter sind fachlich versiert und helfen gern. Parkplätze vorhanden.

Adresse
Herlag Shop, Meintestraße 17, 37697 Lauenförde, Telefon: 0 52 73/2 11 73, E-Mail: herlag-shop-lauenfoerde@ kettler.de, Internet: www.kettler.de.

Öffnungszeiten
März bis August: Montag bis Freitag 13.30 bis 17.30 Uhr, Samstag 9.00 bis 12.30 Uhr. September bis Februar: Dienstag bis Freitag 13.30 bis 17.30 Uhr, Samstag 9.00 bis 12.30 Uhr.

Anreise
A44 Dortmund–Kassel, Ausfahrt Warburg/Beverungen. Auf der B252 und dann der B241 Richtung Höxter. In Beverungen über die Brücke nach Lauenförde. In Lauenförde bis kurz vor der Bahnbrücke noch auf der B241 bleiben. Die letzte Straße rechts vor der Bahnüberführung ist die Meintestraße. Herlag ist ausgeschildert.

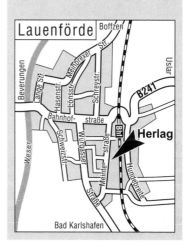

KETTLER *shop*

Kettler ist ein weltweit führender Hersteller von Sport- und Fitnessgeräten. Nicht nur das bekannte Kettcar und die wetterfeste Tischtennisplatte werden hier produziert, sondern auch Alu-Fahrräder und hochwertige Gartenmöbel.

Fitness, Freizeit, Fahrrad

Warenangebot

Fitness- und Heimsportgeräte, Fahrräder, Tischtennisplatten, Kinderfahrzeuge und -spielgeräte, Kinder- und Jugendschreibtische, Solarien. Hochwertige Garten- und Freizeitmöbel, aus Holz, aber auch die bekannten MWH-Eisenmöbel, Sonntex- und Polsterauflagen. Es handelt sich um 2.-Wahl- oder Auslaufartikel.

Ersparnis

20 bis 50%, bei Einzelteilen auch mehr.

Ambiente

Großer, übersichtlicher, gut sortierter Verkaufsraum, auf Wunsch fachkundige Beratung. Parkplätze vorhanden.

Adresse

Kettler Shop, Meintestraße 17, 37697 Lauenförde, Telefon: 0 52 73/2 11 73, E-Mail: kettler-shop-lauenfoerde@kettler.de, Internet: www.kettler.de.

Öffnungszeiten

März bis August: Montag bis Freitag 13.30 bis 17.30 Uhr, Samstag 9.00 bis 12.30 Uhr. September bis Februar: Dienstag bis Freitag 13.30 bis 17.30 Uhr, Samstag 9.00 bis 12.30 Uhr.

Weitere Verkaufsstellen

● 31515 **Wunstorf-Bokeloh**, Cronsborstel 5, Telefon: 0 50 31/70 44 60.

● 59174 **Kamen**, Henry-Everling-Straße 2, Telefon: 0 23 07/97 42 52.

● 59457 **Werl**, Neuwerk 1, Telefon: 0 29 22/8 20 91.

Anreise

A44 Dortmund–Kassel, Ausfahrt Warburg/Beverungen. Weiter in Richtung Höxter. In Beverungen über die Brücke nach Lauenförde und weiter auf der B241 nach Lauenförde. Der Shop ist gut ausgeschildert.

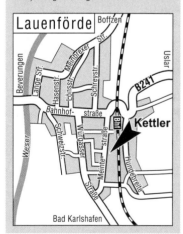

Bueckle ist einer der führenden Hersteller von klassischen, sportiven und topmodischen Strickwaren in Europa.

Bueckle – Knitwear

Warenangebot
Hochwertige Damen- und Herrenbekleidung wie Pullover, Westen, Poloshirts, Sweatshirts, T-Shirts, Anzug-Baukastensystem, Hosen, Jacken, Hemden, Krawatten, Tagwäsche, Socken.

Ersparnis
Zwischen 30 und 50%.

Ambiente
Breites Sortiment und ständig wechselnde Angebote auf 500 m² Verkaufsfläche. Äußerst angenehme Einkaufsatmosphäre, freundliches Personal, Kinderspielecke, kostenlose Parkplätze.

Adresse
Bueckle Company GmbH, Im Brühl 72, 74348 Lauffen/Neckar, Telefon: 07133/1080, Fax: 10849, Internet: www.bueckle.de.

Öffnungszeiten
Mittwoch bis Freitag 10.00 bis 20.00 Uhr, Samstag 9.00 bis 16.00 Uhr, Montag und Dienstag geschlossen.

Anreise
A81 Stuttgart-Heilbronn, Ausfahrt Mundelsheim. Auf der L1115 bis Kirchheim, dort auf die B27 nach Lauffen. Bueckle befindet sich unterhalb des Lauffener Bahnhofs im Gewerbegebiet „Unter Ainer Weg". Zufahrtsstraße „Im Brühl" verläuft parallel zur Bahnlinie.

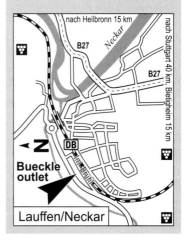

Bettwaren für Anspruchsvolle

OBB verarbeitet vorwiegend hochwertige Produkte im Markenbereich. Der hohe Bekanntheitsgrad in der Branche resultiert auch aus dem Betriebsverbund mit „irisette", und Canada „Northern Goose", Regina-Spezialkopfkissen usw.

Bettwaren für Anspruchsvolle

Warenangebot
Komplettes Sortiment an Kopfkissen, Karo-Steppbetten, Kassettendecken, Dauneneinziehdecken in Normal- und Übergrößen. Alle Artikel mit Federn und/oder Daunen gefüllt.

Ersparnis
Auslaufware bis 50 %, 1B- und Restposten bis 60 % günstiger.

Ambiente
Übersichtlicher Verkaufsraum mit genauer Produktaussage. Ausgebildetes Fachpersonal steht zur Verfügung. Parkplätze auf dem Gelände.

Adresse
OBB – Oberbadische Bettfedernfabrik GmbH, Mühlestraße 54, 79539 Lörrach-Tumringen, Telefon: 0 76 21/15 20 45, Fax: 15 20 20, E-Mail: info@obb.de, Internet: www.obb.de.

Öffnungszeiten
Montag, Dienstag und Freitag 9.00 bis 12.00 und 14.00 bis 17.00 Uhr, Donnerstag 9.00 bis 12.00 und 14.00 bis 18.00 Uhr, Oktober bis März: 1. Samstag im Monat 9.00 bis 12.00 Uhr.

Anreise
A5 Basel–Karlsruhe, Ausfahrt Lörrach. Auf die A98, nach ca. 3 km Ausfahrt Rümmingen. 1. Kreuzung geradeaus (Berg hinunter), dann 1. Ampel links. Die Firma befindet sich nach ca. 400 m auf der rechten Seite (beschildert).

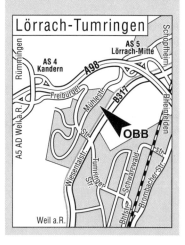

The world of fashion

Die Hucke AG ist einer der führenden Textilanbieter Deutschlands, doch nicht überall, wo Hucke drin ist, steht Hucke drauf. Bekannte und angesehene Textilmarken haben hier ihre Heimat.

Das Viele-Marken-Haus

Warenangebot
Damen-, Kinder- und Herrenbekleidung. Die Damenmode-Marke Hucke, Herrenkonfektionsmarke F. E. Men. Die Kindermode mit den Marken Whoopi, More & More und Steiff sowie Sportbekleidung von Venice Beach. Überproduktionen und Lagerüberhänge, Musterstücke; 2. Wahl mit kleinen Fehlern.

Ersparnis
Mindestens ein Drittel, oft 50 %. Es gilt die Regel, dass Saisonware etwa zu zwei Dritteln des regulären Preises verkauft wird, 2.-Wahl-Artikel zum halben Preis. Auf Sonderartikel achten!

Ambiente
Eine 750 m² große Halle wurde mit allem ausgestattet, was man in einem guten Textilkaufhaus erwarten darf. 150 Parkplätze vor dem Haus, Bistro und Kinderspielecke.

Adresse
Factory Outlet Hucke AG, Strubbergstraße 1, 32312 Lübbecke, Telefon: 0 57 41/80 95-0.

Öffnungszeiten
Montag bis Freitag 9.30 bis 18.30 Uhr, Samstag 9.30 bis 14.00 Uhr.

Weitere Verkaufsstelle
● 46354 **Südlohn-Oeding**, Winterswijker Straße 64, Telefon: 0 28 62/58 90 32.

Anreise
A2, Ausfahrt 29, Herford/Bad Salzuflen. Oder: A30, Ausfahrt 29, Ausfahrt Kirchlengern. Auf der B239 Richtung Lübbecke, dann auf die B65 Richtung Bramsche/Osnabrück bis zum Bahnhof. Etwa in Höhe des Bahnhofsendes links abbiegen.

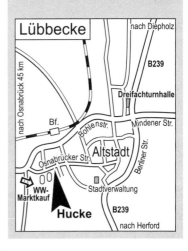

Campbell's Germany ist der Hersteller der bekannten Erasco-Suppen und Fertiggerichte in Dosen und im Aroma-Pack. Doch nicht nur Erasco-Fans werden im Shop fündig, auch andere Marken wie „Heiße Tasse" oder Raguletto werden dort angeboten.

Wo Suppen schmecken

Warenangebot
Alle Produkte der Firma Campbell's Germany aus der laufenden Produktion.

Ersparnis
30 bis 40 %.

Ambiente
Der Verkauf befindet sich in der Nähe des Werkes, in der Zeißstraße. Parkmöglichkeiten vorhanden.

Adresse
Campbell's Germany, Zeißstraße 3-5, 23560 Lübeck, Telefon: 04 51/ 5 30 60.

Öffnungszeiten
Donnerstag 7.00 bis 18.00 Uhr, Freitag 7.00 bis 16.00 Uhr.

Anreise
Von der A1 Hamburg–Lübeck am Kreuz Lübeck auf die neue A20 Richtung Wismar bis zur ersten Ausfahrt Lübeck-Genin. Von dort über die Baltische Allee Richtung Lübeck-Innenstadt und weiter geradeaus in die Geniner Straße. Nach der Jet-Tankstelle rechts in die Zeißstraße.

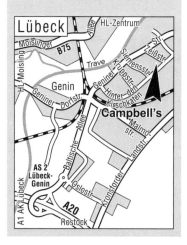

Der Lübecker Marzipanhersteller Niederegger gehört zu Lübeck wie das Holstentor. Niederegger ist weltbekannt und Inbegriff von bestem Marzipan.

Marzipan von A bis Z

Warenangebot
Von Marzipan-Aal bis Marzipan-Zitrone ist alles vorhanden: Marzipan mit und ohne Schokolade, mit Nugat, Pralinen mit und ohne Alkohol, Gebäck und Saisonartikel zu Ostern und Weihnachten.

Ersparnis
Nur bei beschädigter oder untergewichtiger Ware, bei nahem Mindesthaltbarkeitsdatum oder Sonderangeboten.

Ambiente
Großzügiger Erlebnis-Werksverkauf zu dem Thema „Rund um Marzipan".

Adresse
IG Niederegger GmbH und Co. KG, Zeißstraße 1-7, 23560 Lübeck, Telefon: 04 51/5 30 10, Fax: 5 30 11 11, Internet: www.niederegger.de.

Öffnungszeiten
Montag bis Freitag 8.00 bis 17.00 Uhr, Samstag 9.00 bis 14.00 Uhr.

Anreise
Von der A1 Hamburg-Lübeck am Kreuz Lübeck auf die neue A20 Richtung Wismar bis zur ersten Ausfahrt Lübeck-Genin. Von dort über die Baltische Allee Richtung Lübeck-Innenstadt und weiter geradeaus in die Geniner Straße und die 4. Straße rechts in die Zeißstraße.

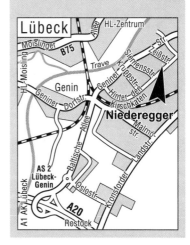

Raffinierte Schnitte, hochwertige Materialien, aufwändige Details und eine sehr gute Kombinierbarkeit in Strick- und Konfektionsmode – so präsentiert sich Lucia mit den drei Marken Lucia, Lecomte und Clasen.

Klassische Kombinationen

Warenangebot
Damenbekleidung in Strick und Stoff: Röcke, Hosen, Pullis, Blusen, Jacken, Mäntel in vielen Kombinationsmöglichkeiten.

Ersparnis
30 bis 50 %.

Ambiente
Großes, neues Factory Outlet an der Ecke Pulverweg/Dahlenburger Landstraße. Gut sortiert, mit Umkleidekabinen.

Adresse
Lucia AG, Pulverweg 6, 21337 Lüneburg, Telefon: 0 41 31/95 70.

Öffnungszeiten
Montag bis Freitag 10.00 bis 18.00 Uhr, Samstag 10.00 bis 16.00 Uhr.

Anreise
Aus Richtung Hamburg über die A 250 nach Lüneburg, Weiterführung B 4, Ausfahrt Stadtkoppel, rechts Richtung Innenstadt, nach ca. 800 m links in den Pulverweg.

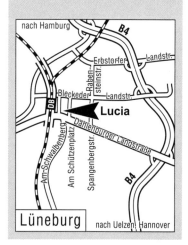

ROY ROBSON

Seit Jahren ist Roy Robson ein Synonym für internationale Männermode gehobener Qualität, die sich durch optimale Passform und ein sehr gutes Preis-Leistungs-Verhältnis auszeichnet. Das Lifestyle-Konzept von Roy Robson bietet dem modernen Mann abwechslungsreiche Kombinationsvarianten und somit immer wieder neue Möglichkeiten, sich in Business und Freizeit individuell zu kleiden.

Lifestyle-Marke

Warenangebot
Anzüge, Sakkos, Hosen, Westen, Hemden, Krawatten, Lederjacken, Jeans, Strickshirts, Sportswear und Schuhe, Eau de Toilette. Jetzt auch das komplette Sortiment der Marke Cinque für Damen und Herren.

Ersparnis
30 bis 50%, bei Rest- und Sonderposten mehr.

Ambiente
Heller, großer Verkaufsraum mit Umkleidekabinen und fachkundiger Beratung. Parkmöglichkeiten vorhanden.

Adresse
Roy Robson Trade GmbH & Co., Verkauf ab Werk, Bleckeder Landstraße 24, 21337 Lüneburg, Telefon: 0 41 31/ 88 72 02, Internet: www.royrobson.de.

Öffnungszeiten
Montag bis Freitag 14.00 bis 18.00 Uhr und Samstag 9.30 bis 16.00 Uhr.

Weitere Verkaufsstellen
● 66482 **Zweibrücken**, Designer Outlets

Zweibrücken, Londoner Bogen 10-90, Telefon: 0 66 32/46 01 74.
● 72555 **Metzingen**, Cinque Moda Outlet, Wilhelmstraße 3, Telefon: 0 71 23/ 16 26 36.

Anreise
Aus Richtung Hamburg über die A250 nach Lüneburg, Weiterführung B4 Ausfahrt Stadtkoppel, rechts Richtung Innenstadt, nach ca. 800 m auf der linken Seite.

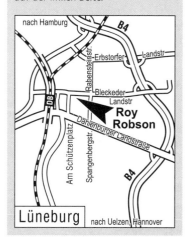

MAASMECHELEN VILLAGE

O U T L E T   S H O P P I N G

Village heißt Dorf und entsprechend ist dieses „Markendorf" ein gemütlicher Ort zum Bummeln. Über 90 Boutiquen machen Maasmechelen Village zu einem der größten Outlet Center in Europa. Und noch ist kein Ende abzusehen: Immer mehr Modemarken kommen hinzu.

Lauter Schnäppchen-Adressen

Warenangebot

Über 150 internationale Designer- und Trendmarken bieten hier Damen-, Herren- und Kinderbekleidung sowie Wäsche aus der vergangenen Modesaison an. Schuhe und Accessoires, Haushaltswaren, Wohnaccessoires, Geschenkartikel. Marken: z.B. Bogner, Diesel, Tommy Hilfiger, Rena Lange, Levi's, Marc O'Polo, Miss Sixty, Puma, Reebok, Sergio Tacchini, St.Emile, United Colors of Benetton, Versace und viele mehr.

Ersparnis

Bis zu 60% gegenüber der ehemaligen unverbindlichen Preisempfehlung des Herstellers. Im Ausverkauf (Januar und Juli) bis zu 80%.

Ambiente

Gemütliches Village, das Shopping-Erlebnis steht im Vordergrund. Die Boutiquen sind edel. Spielplätze, Restaurants, Cafés, Parkplätze.

Adresse

Maasmechelen Village, Zetellaan 100, B-3630 Maasmechelen, Belgien, Telefon: 00 32/89 77 40 00, Internet: www.maasmechelenvillage.com.

Öffnungszeiten

Montag bis Mittwoch und Freitag 10.00 bis 18.00 Uhr, Donnerstag 10.00 bis 20.00 Uhr, Samstag und verkaufsoffene Sonntage 10.00 bis 19.00 Uhr.
15 Einkaufssonntage im Jahr, Termine unter www.maasmechelenvillage.com.

Anreise

A4 Köln–niederl. Grenze. In den NL A76 bis zur belgischen Grenze, dort weiter auf der E314, Exit 33. Beschilderung Maasmechelen Leisure Valley, später Maasmechelen Village folgen.

f.a.n. Frankenstolz Schlafkomfort ist einer der führenden deutschen Hersteller im Bereich der Bettwaren und Matratzen.

f.a.n.tastische Betten

Warenangebot

Großes Matratzensortiment (Federkern, Latex, Kaltschaum, 5-Zonen-System, Kindermatratzen), Lattenroste, Auflagen, Bettwäsche, Steppdecken, Schlafsäcke, Tagesdecken und Bettüberwürfe, Steppbetten, Kissen mit Naturhaar- und Synthetik-Füllungen (waschbar, kochfest), Nackenstützkissen, Daunen- und Federartikel.

Ersparnis

30 bis 50%. Zum Winter-/Sommer-Saisonende weitere Preisvorteile.

Ambiente

Großer Verkaufsraum mit übersichtlichem Artikelangebot, Möglichkeiten zum „Liegetest" bei Matratzen, Fachberatung.

Adresse

f.a.n. Frankenstolz Schlafkomfort, 63814 Mainaschaff, Industriestraße 1-3, Telefon: 0 60 21/7 08-0, Fax: 7 64 79.

Öffnungszeiten

Montag bis Freitag 9.00 bis 17.00 Uhr, Samstag 9.00 bis 13.00 Uhr.

Weitere Verkaufsstellen

● 04758 **Oschatz-Merkwitz**, Hangstraße 19-37, Telefon: 0 34 35/67 08-0,

Fax: 67 08-50. Montag, Mittwoch und Freitag 13.00 bis 17.30 Uhr, Dienstag und Donnerstag 9.00 bis 17.30 Uhr, Samstag 9.00 bis 13.00 Uhr.

● 96132 **Schlüsselfeld-Aschbach**, Sandweg 8, Telefon: 0 95 55/92 40, Fax: 9 24-2 00. Montag 9.00 bis 13.00 Uhr, Freitag 13.00 bis 18.00 Uhr, Samstag 9.00 bis 13.00 Uhr.

Anreise

Mainaschaff bei Aschaffenburg liegt an der A3 Frankfurt–Würzburg. Die Firma ist direkt gegenüber dem Mainparksee.

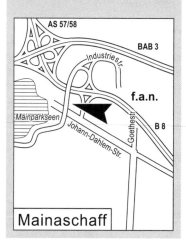

Das Unternehmen rühmt sich, das beste Kristallglas der Welt auf dem Markt zu haben. Schott Zwiesel hat zusammen mit der Universität Erlangen das Glas noch einmal „neu erfunden": das spülmaschinenfesteste, bruchsicherste, kratzfesteste und brillanteste Kristallglas der Welt.

Weltbestes Kristallglas

Warenangebot
Trinkgläser und Glasgeschenke von Schott Zwiesel, Jenaer Glas, Wein-accessoires von Screwpull, Pfannen und Töpfe von Berndes, Tchibo Restposten (mindestens 25 % günstiger).

Ersparnis
20 bis 40 % auf 1.-Wahl-Ware, 1B-Qualität, Auslaufartikel bis 70 % günstiger.

Ambiente
1200 m² Verkaufsfläche, Kinderspielecke. Winzer-Weine des Weingutes Böhm, Wörrstadt, zur Verkostung, Café „Outlet".

Adresse
Schott Zwiesel Werksverkauf, Filiale Mainz, Hattenbergstraße 10/Ecke Bismarckplatz, 55122 Mainz-Neustadt, Telefon: 0 61 31/66-35 58, Fax: 66-19 61, E-Mail: mainz.werksverkauf@zwiesel-kristallglas.com, Internet: www.zwiesel-werksverkauf.de.

Öffnungszeiten
Montag bis Freitag 10.00 bis 18.00 Uhr, Samstag Januar bis Oktober: 10.00 bis 14.00 Uhr, November und Dezember 10.00 bis 16.00 Uhr.

Weitere Verkaufsstellen (Auswahl)
- 73430 **Aalen**, Schleifbrückenstraße 8, Telefon: 0 73 61/68 08 02, Fax: 68 08 06.
- 94227 **Zwiesel**, Dr.-Schott-Straße 35, Telefon: 0 99 22/98-2 49, Fax: 98-5 87.
Weitere Verkäufe im Internet.

Anreise
A643 Dreieck Mainz–Wiesbaden–Mainz/Schiersteiner Kreuz, Ausfahrt Mainz-Mombach. Am Kreisverkehr geradeaus, an der Kreuzung links. Dann rechts halten. Nach der Bahnunterführung rechts ab.

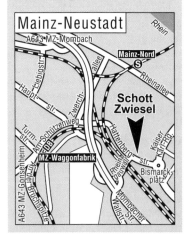

Alle Aktionswaren, die Aldi nicht regulär verkaufen kann, kommen zu 1001 Gelegenheit, dem Restemarkt von Aldi. Der erste 1001-Gelegenheit-Markt wurde im April 2005 eröffnet. Wenn das Konzept funktioniert, sollen weitere Filialen folgen. Hier wird von der Unterwäsche bis zum Computer alles verkauft, mit Ausnahme von Lebensmitteln. Experten schätzen den Anteil nicht regulär verkaufter Aktionsware bei Aldi auf bis zu 30 Prozent.

Bei Aldi muss alles raus

Warenangebot
Bekleidung, Wäsche, Schuhe, Elektro-geräte, Gartengeräte, Unterhaltungs-elektronik, kurz: Alles, was man aus den Aldi-Anzeigen und -Prospekten an Non-Food-Ware kennt.

Ersparnis
30 bis 50 % auf die Aldi-Preise. In der Angebotsecke noch höhere Rabatte.

Ambiente
Aldi-typischer Verkaufsraum auf 700 m² Fläche. Parkplätze vorhanden.

Adresse
1001, Tausendundeine Gelegenheit, Rüsselsheimer Straße 36-40, 68305 Mannheim-Waldhof, Internet: www. aldi.de.

Öffnungszeiten
Montag bis Samstag 8.00 bis 20.00 Uhr.

Anreise
A6 Heilbronn-Mannheim, Ausfahrt Mannheim-Sandhofen. Auf der B35 Richtung Viernheim. Von der Wald-straße rechts in die Hanauer Straße und links in die Rüsselsheimer Straße.

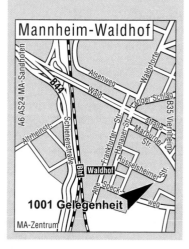

Sanetta ist Marktführer im Kinderwäschebereich und führender Hersteller modischer und qualitativ hochwertiger Kinderbekleidung. Jetzt führt das Outlet auch Damen- und Herrenwäsche sowie hochwertige Damenmode.

Der Spitzenreiter

Warenangebot

Produktionsüberhänge und Sonderposten der Marken Sanetta, Downover by Sanetta, Marc O'Polo Junior, Bademoden sowie Damen- und Herrenwäsche von Marc O'Polo, Bravour und Isco. Kindermode von der Babyausstattung bis zum Teenageralter, auch Kinder-Unterwäsche, Kinder-Strumpfwaren, Mützen, Pullover, Sweatshirts, Hosen, Jacken, Anoraks, Schlafanzüge, Jeans, Latzhosen. Auch Stoffe und Stoffreste. Jetzt auch Damenwäsche von Betty Barclay und hochwertige Damenmode (u. a. von Lotos).

Ersparnis

Im Schnitt 35 %; bei Sonderangeboten und Restware erheblich größere Ersparnis. Zusätzliche Reduzierung im Januar und Juli ca. 50 %.

Ambiente

Großzügig gestalteter Verkaufsraum (1500 m^2) mit übersichtlicher Warenpräsentation, Spielecke, große Stammkundengemeinde.

Adresse

Sanetta Textilwerk, Gebrüder Ammann, Sanettastraße 1-5, 72469 Meßstetten, Telefon: 07431/639-0, Fax: 639-109.

Öffnungszeiten

Montag bis Freitag 9.00 bis 17.30 Uhr, Samstag 9.00 bis 14.00 Uhr.

Anreise

Meßstetten liegt südlich von Albstadt. In Meßstetten auf der Hauptstraße, L433 in Richtung Unterdigisheim. Am Ortsausgang nach dem städtischen Bauhof links einbiegen zu Sanetta (Gebäude mit großem Firmenemblem, gut sichtbar).

Villeroy & Boch
1748

Das 1748 gegründete Unternehmen hat sich zu einem der bedeutendsten Keramikhersteller der Welt entwickelt. Die Marke Villeroy & Boch bürgt für Qualität und gutes Design, eine Marke mit Ausstrahlung und Prestige.

Tischkultur komplett

Warenangebot
Vollsortiment am Tisch. Tafelgeschirr in vielfältiger Materialauswahl (Bone China, Vitro-Porzellan, Fayence), Trinkgläser, Bestecke, Tisch- und Wohnaccessoires. Umfangreiches Sortiment an Serien, alle Teile auch einzeln erhältlich. Gesamtes aktuelles Sortiment.

Ersparnis
30 bis 40% im regulären Sortiment. Auslaufdekore, Restposten bis zu 70%.

Ambiente
Spezialgeschäft für Porzellan, Besteck, Glas, Accessoires, Weihnachtsaccessoires (ganzjährig), Fundgrube. Erlebniszentrum „The House of Villeroy & Boch" mit Keravision, Keramikmuseum, Erlebniswelt Tischkultur und Info-Zentrum Bad, Küche, Fliesen und Wellness.

Adressen
66693 Mettlach, Telefonvorwahl: 0 68 64.
● Villeroy & Boch Outlet Center, Freiherr-vom-Stein-Straße 4-6, Telefon: 20 31, Fax: 72 46.
● Villeroy & Boch Weihnachten, Freiherr-vom-Stein-Straße 19, Telefon: 27 04 63.

Öffnungszeiten
Montag bis Freitag 9.30 bis 19.00 Uhr, Samstag 9.30 bis 16.00 Uhr, in der Weihnachtszeit 9.30 bis 18.00 Uhr.

Anreise
A8, Ausfahrt Merzig. Auf der B51 Richtung Mettlach/Trier. Die Geschäfte sind im Ortskern.

Weitere Verkaufsstellen

● 04680 **Torgau**, Hafenstraße 2-4, Telefon/Fax: 0 34 21/74 01 78.

● 66787 **Wadgassen**, Saarstraße 20, Telefon: 0 68 34/40 02 40, Fax: 4 61 43.

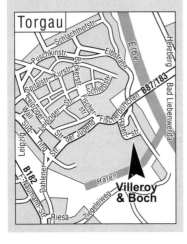

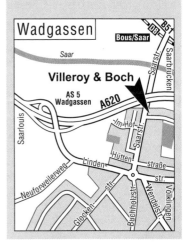

● 23569 **Lübeck-Dänischburg**, Dänischburger Landstraße 79, Telefon: 04 51/20 13 71, Fax: 20 12 08.

● 95100 **Selb**, Vielitzer Straße 26, Telefon: 0 92 87/99 80 70.

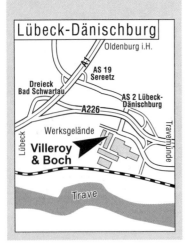

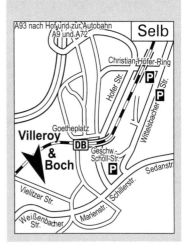

Wo liegt Metzingen?

Metzingen liegt Luftlinie ca. 25 km südlich von Stuttgart am Fuß der Schwäbischen Alb.

Anreisebeschreibungen

1. Anfahrt Metzingen Stadtmitte/Lindenplatz, Boss etc.
1.1. Von den Autobahnen Heilbronn-Stuttgart, Karlsruhe-Stuttgart aus

Am Leonberger Dreieck auf die A8, Stuttgart-München. Bei der Anschlussstelle Stuttgart-Degerloch, Ausfahrt Nr. 52, die Autobahn verlassen. Hier den Tageskilometerzähler auf km 0 stellen. Auf die B27 Richtung Tübingen/Reutlingen fahren. Von hier sind es noch 22,5 km bis Metzingen. Von der B27 zweigt ca. 2 km nach der Ausfahrt Filderstadt-Ost/Bonlanden/Sielmingen/Harthausen die B312 Richtung Reutlingen/Metzingen ab. Die B312 an der Ausfahrt Metzingen-Stadtmitte verlassen. Das ist die 2. Ausfahrt nach Metzingen (bei km 22,5). Die Hauptstraße ist die Stuttgarter Straße. Hier in Richtung Stadtmitte fahren.
Bei km 23 ist links der Lagerverkauf von Double AA, Eco-Schuhe, Ledorado und Radwerk, Stuttgarter Straße 60.
Bei km 23,3 ist rechts der Fabrikverkauf des Stoffherstellers Gaenslen & Völter, hier rechts einbiegen in die Sannentalstraße. Nach 50 m links erreicht man Gaenslen & Völter in der Sannentalstraße 1 (schöne Backsteinfassade).
Bei km 23,9 an der großen Ampel erreicht man den Lindenplatz, die Stadtmitte Metzingens, mit ca. 20 Outlets bekanntester Hersteller rund um den größten Fabrikverkauf Metzingens, Hugo Boss. Am Lindenplatz links ist das Outlet von Strenesse, auf der rechten Seite das von Puma. Am Lindenplatz Richtung Reutlingen rechts abbiegen in die Reutlinger Straße. Auf der linken Seite sieht man das Joop-Gebäude, dann Bally und Escada, dahinter befindet sich Boss, rechts davon sind u.a. die Outlets von Pepe Jeans London, Windsor und Marc O'Polo, siehe auch Übersichtskarte Seite 17. Links abbiegen zum Parkhaus von Boss oder weitere 400 m auf der Reutlinger Straße bleiben, dann links in die Straße Pulverwiesen abbiegen. Dort gibt es einen Parkplatz. Alle Zufahrten zu den weiteren Fabrikverkaufsparkplätzen rund um Boss erreicht man über die Reutlinger Straße.

A c h t u n g : Die frühere Verkehrsführung zur Kanalstraße ist für Autos gesperrt. Hier ist eine Zufahrt zu den Kundenparkplätzen der Firma Boss nicht möglich, verkehrsberuhigte Zone. Es gibt aber das Parkhaus von Boss, gut zu erreichen über die Reutlinger Straße.

1.2. Von Stuttgart aus

Wer von Stuttgart kommend direkt zu Boss und den umliegenden ca. 20 bekanntesten Herstellern rund um den Lindenplatz möchte, dem empfehlen wir, über die
B27 und später die B312 Richtung Metzingen zu fahren und diese an der 3.
Ausfahrt Metzingen zu verlassen. Das ist die nächste Ausfahrt nach Metzingen-
Stadtmitte. Von dort auf der Reutlinger Straße (B28) noch 1,3 km bis zu den Parkplätzen rund um Boss fahren. Diese sind ausgeschildert. Der Vorteil dieser Strecke
ist, dass man sich nicht durch die ganze Stadt quälen muss.

2. Anfahrt Outlet Center Samtfabrik
2.1. Von Stuttgart aus

Von Stuttgart kommend auf die B27 Richtung Reutlingen/Metzingen. Nach der
Ausfahrt Filderstadt-Ost/Bonlanden/Sielmingen/Harthausen auf die B312 Richtung
Metzingen. An der 1. Ausfahrt Metzingen/Nürtingen abfahren, das ist die Nord-
umfahrung von Metzingen. Am 1. Kreisverkehr geradeaus, am 2. Kreisverkehr 1.
Abzweigung rechts Richtung Metzingen fahren. Nach ca. 900 m erreicht man das
Outlet Center Samtfabrik auf der rechten Seite. Parkplätze gibt es auf der Südseite
des Gebäudes.

2.2. Vom Lindenplatz aus

Vom Lindenplatz der B28, Ulmer Straße, weiter Richtung Osten folgen (km 0).
Direkt nach der Eisenbahnunterführung (km 0,5) links in Richtung Kirch-
heim/Nürtingen/Neuffen abbiegen. Das ist die Noyon-Allee. Bei km 0,7 ist rechts
das Top Sports Outlet Reusch und das Outlet von Harlem World. Bei km 1,0 ist links
der Bahnhof Metzingen. Bei km 1,2 fahren Sie über die Ampel geradeaus in
Richtung Kirchheim/Nürtingen/Grafenberg/Neugreuth. Hier ist bereits nach 100 m
diagonal gegenüber ein graues, mehrstöckiges Gebäude mit Backstein-Fabrikschlot
und der Beschriftung Outlet Center Samtfabrik erkennbar. Davor befindet sich ein
Parkplatz. Nach links auf den Parkplatz vor dem Gebäude abbiegen. Im Outlet
Center Samtfabrik sind 15 Fabrikverkäufe z.B. der Firmen Bogner, Peter Hahn,
Woick, Basler, Golfino, Miss Sixty, Oilily und Sigikid zu finden.

3. Anfahrt Outlet Center Samtfabrik und Lindenplatz/Boss etc.
Von der Autobahn Stuttgart-München aus

A8 Stuttgart-München bis zur Ausfahrt Nr. 55, Wendlingen/Nürtingen, dort abfahren. Von hier sind es noch 16 km bis zum Ortsschild Metzingen. Auf der B313 Richtung Nürtingen nach Metzingen fahren. Ca. 800 m nach dem Ortsschild Metzingen befindet sich auf der rechten Seite das **Outlet Center Samtfabrik** u.a. mit den Firmen Bogner, Peter Hahn, Miss Sixty, Golfino, Basler, Oilily und Sigikid. Wer zu **Boss** und den umliegenden 20 Outlets von Firmen wie Marc O'Polo, Joop, Bally, Escada, Esprit, Levi's, Jil Sander, Tommy Hilfiger und Strenesse etc. möchte, fährt immer geradeaus (rechts die Bahngleise) auf der Noyon-Allee. Dann nach ca. 900 m rechts durch die Unterführung in die Ulmer Straße zum **Lindenplatz**. Dort links abbiegen in die Reutlinger Straße (B28). Nach ca. 400 m links abbiegen in die Straße mit dem Namen Pulverwiesen oder einen anderen Parkplatz entlang der Reutlinger Straße ansteuern (ausgeschildert).

4. Anfahrt Aus Richtung Reutlingen

Auf der B28 nach Metzingen. 1. Ausfahrt Richtung Metzingen abfahren, das ist die Reutlinger Straße. Das Parkhaus von Boss ist direkt an der Reutlinger Straße. Diese führt auch weiter in Richtung Stadtzentrum/Lindenplatz, wo die 20 bekanntesten Hersteller ihre Outlets haben.

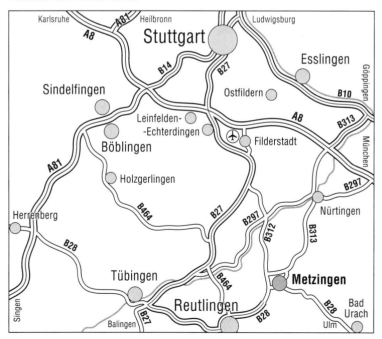

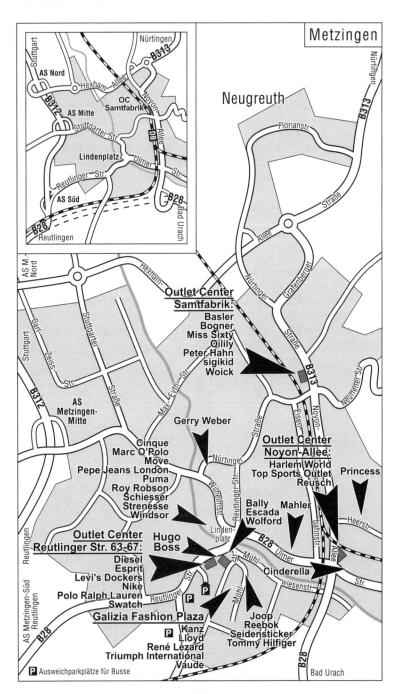

BALLY

Bally ist einer der größten Schuhkonzerne der Welt. Jährlich werden rund 1,6 Millionen Paar Schuhe hergestellt und weltweit 4,5 Millionen Paar Schuhe verkauft.

Die feine Adresse für Schuhe

Warenangebot
Damen- und Herrenschuhe aus der Vorsaison in allen Größen, Accessoires wie Gürtel, Krawatten, Handtaschen, Hemden, Schals, Tücher sowie Lederbekleidung. Bally Golf bietet Bekleidung, Schuhe und Accessoires für Golfer. Regelmäßig Musterteile in allen Bereichen.

Ersparnis
30 bis 70%.

Ambiente
Das Bally Outlet zeigt sich wie ein gut geführtes Schuhgeschäft. Sehr freundliche Atmosphäre, angenehmes Ambiente, sachkundige Verkäuferinnen.

Adresse
Bally Outlet, Reutlinger Straße 49-53, 72555 Metzingen, Telefon: 0 71 23/ 2 08 00, Fax: 97 65 65.

Öffnungszeiten
Montag bis Freitag 10.00 bis 20.00 Uhr, Samstag 9.00 bis 20.00 Uhr.

Anreise
Bally grenzt neben Escada direkt nördlich an den Boss-Fabrikverkauf an. Siehe auch Anreise-Empfehlung und Detailkarten Seite 247 ff.

B/A/S/L/E/R

Das renommierte und für hochwertige Damenmode bekannte Unternehmen ist in über 50 Ländern vertreten. Die Kreationen im internationalen Stil gibt es auch hier im Factory Outlet. Basler bietet für Frauen mit gehobenem Anspruch Mode für jeden Anlass: von der Business-Bekleidung bis hin zu sportiven Outfits.

Mode mit Stil

Warenangebot
Breite Auswahl an Kollektions-, Musterteilen und 2.-Wahl-Ware. Klassische Blazer, elegante Blusen, hochwertige Strickwaren, aktuelle Shirts in frischen Farben, Coordinates, modische Outdoor-Jacken, Hosen und dazu passende Pullover, schicke Westen.

Ersparnis
2. Wahl, je nach Fehler, bis zu 50%. Auf alle Kollektions- und Musterteile zusätzliche Preisreduzierung, Sonderaktionen.

Ambiente
Shop im Outlet Center Samtfabrik. Großzügiger Verkaufsraum, freundliches Personal. Eingang an der Rückseite des Outlet Centers.

Adresse
Basler, Outlet Center Samtfabrik, Nürtinger Straße 63, Telefon: 0 71 23/ 20 65 00, E-Mail: foc.metzingen@ basler-fashion.com.

Öffnungszeiten
Montag bis Freitag 10.00 bis 19.00 Uhr, Samstag 9.00 bis 18.00 Uhr.

Weitere Verkaufsstellen
● 63773 **Goldbach**, Dammer Weg 51, Telefon: 0 60 21/50 43 22.
● 97877 **Wertheim-Dertingen**, Wertheim Village, Almosenberg.

Anreise
Siehe Anreise-Empfehlung und Detailkarten Seite 247 ff.

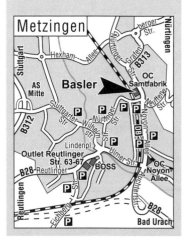

BOGNER

Der Name „Bogner" und das „B" am Reißverschluss stehen für Exklusivität und Klasse. Trendsetter in der Skikollektion, sportlich, hochwertig und elegant, das ist die Bogner-Mode.

Sportlich, hochwertig, elegant

Warenangebot

Aus der Bogner-Kollektion: Damen- und Herrenbekleidung, Sonia Bogner, Sportbekleidung (Ski-, Golf-, Tennis-, Beach-, Freizeitmode), Kinder (Bogner Kids), Fire&Ice (Young Fashion). Bogner Leather, Accessoires. Die Artikel stammen nicht aus dem aktuellen Sortiment oder weisen kleine Fehler auf.

Ersparnis

Bis zu 40 bis 60 %.

Ambiente

Gepflegte, große Verkaufsräume mit Umkleidekabinen und zuvorkommendem Verkaufspersonal. Bogner ist im Outlet Center Samtfabrik.

Adresse

Bogner Extra, Outlet Center Samtfabrik, Nürtinger Straße 63, 72555 Metzingen, Telefon: 071 23/96 38 47.

Öffnungszeiten

Montag bis Freitag 9.30 bis 18.30 Uhr, Samstag 9.00 bis 16.00 Uhr.

Anreise

Siehe Anreise-Empfehlung und Detailkarten Seite 247 ff.

BOSS
HUGO BOSS

Das Unternehmen Hugo Boss ist mit den Marken Boss, Hugo und Baldessarini am Modemarkt aufgestellt. Die Kollektionen dieser Marken und ihrer Linien, z. B. die Boss-Linien Black (Damen- und Herrenkollektion), Selection (luxuriöse Herrenkollektion), Orange (Casualwear für Männer und Frauen) etc. sind auf verschiedene Zielgruppen angelegt. Das ergibt eine Markenwelt mit großer modischer Vielfalt auf hohem Qualitätsniveau.

Markenwelt

Warenangebot

Damen- und Herrenmode aus der gesamten Hugo Boss-Palette in riesengroßer Auswahl. Die Mode für die Frau wird jetzt präsentiert auf einer neu gestalteten und vergrößerten Fläche mit separatem Zugang von der Reutlinger Straße.

Hugo Boss Shoes, Kanalstraße 12: Schuhe, Taschen, Lederaccessoires, Brillen und Uhren.

Hugo Boss Stoffresteverkauf, Kanalstraße 18: Stoffe und Materialien wie z.B. Knöpfe zum Selberschneidern zu günstigen Konditionen.

Ersparnis

30 bis 40 %. Zusätzliche Ersparnis bei 2.-Wahl-Artikeln und zeitlich befristeten Aktionen.

Ambiente

Der Fabrikverkauf hat die Ausmaße eines großen Kaufhauses. Freundliche Werksatmosphäre, riesiger Andrang am Samstag um die Mittagszeit. Ca. 100 Umkleidekabinen, Beratung.

Adresse

Hugo Boss AG, Kanalstraße 6-10, 12 und 18, 72555 Metzingen, Telefon: 0 71 23/94 22 04, Fax: 94 20 37.

Öffnungszeiten

Montag bis Freitag 10.00 bis 20.00 Uhr, Samstag 8.00 bis 20.00 Uhr.

Anreise

Siehe Anreise-Empfehlung und Detailkarten Seite 247 ff.

Cinderella

Baby- u. Kindermoden GmbH

Modische, erstklassige Ware im Mittelpreissegment, teilweise ausgezeichnet mit den Labels von Jacky wie Jacky Baby und Jacky Junior.

Pfiffige Kindermoden

Warenangebot
Jacky Baby- und Kinderbekleidung von der Unterwäsche bis zur modischen Oberbekleidung.

Ersparnis
1.-Wahl-Ware 35 bis 40% günstiger, 2.-Wahl etwa 50% des Ladenverkaufspreises für 1. Wahl. Muster- und Sonderposten.

Ambiente
Größe des Verkaufsraumes: 330 m². Separate Abteilungen für Babys und Kinder. Ware auf Bügeln übersichtlich nach Baby und Kind geordnet, Sonderposten in Wühlkörben.

Adresse
Cinderella, Fabrikverkauf von Jacky, Baby- und Kindermoden, Ulmer Straße 99, 72555 Metzingen, Telefon: 0 71 23/92 95 14, Fax: 92 95 50, Internet: www.jacky.de.

Öffnungszeiten
Montag bis Freitag 9.30 bis 18.00 Uhr, Samstag 9.00 bis 13.00 Uhr.

Anreise
Siehe Anreise-Empfehlung und Detailkarten Seite 247 ff. A8 Stuttgart–München, Autobahnausfahrt Wendlingen, auf der B313 Richtung Nürtingen, weiter nach Metzingen. Dort nach links abbiegen Richtung Ulm, Bad Urach. Nach 50 m befindet sich der Verkauf auf der linken Seite.

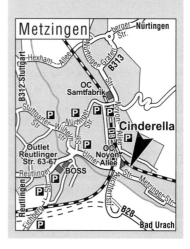

Diesel ist eine der bekanntesten Jeansmarken in Europa. Sie spricht junge Leute an und wirkt jugendlich und modisch. Diesel Jeans sind bekannt für ihre gute Passform. Im Outlet gibt es die trendigen Jeans in den verschiedensten Waschungen und modischen Schnitten, aber auch eher klassische Modelle – und längst nicht nur Jeans – sind in Metzingen zu finden.

Diesel for success

Warenangebot
Jeans, Pullover, Shirts, Sweatshirts, Jacken, Westen, Röcke, Mäntel. Die Ware stammt aus der vergangenen Saison (Second Season). Keine 2.-Wahl-Ware. Sehr große Auswahl an Jeans in unterschiedlichen Modellen und Waschungen. Zehn Modelltypen für Herren, sechs Modelle für Damen. Nicht immer alle Längen und Größen vorrätig.

Ersparnis
30%. Zum Saisonende zusätzlich 30% auf ausgewählte Saisonartikel.

Ambiente
Freundliche Atmosphäre, Musik im Hintergrund, angesprochen wird der Kunde zwischen 20 und 50 Jahren.

Adresse
Diesel, Reutlinger Straße 63, 72555 Metzingen, Telefon: 071 23/9 64 30.

Öffnungszeiten
Montag bis Freitag 10.00 bis 20.00 Uhr, Samstag 9.00 bis 20.00 Uhr.

Anreise
Von Stuttgart aus auf der B27 und später B312 Richtung Reutlingen/Metzingen. Ausfahrt Metzingen-Süd abfahren. Weiter über die B28, die in Metzingen zur Reutlinger Straße wird, nach Metzingen. In der Reutlinger Straße einen Parkplatz ansteuern. Diesel ist in der Ladenpassage, die zu Boss führt, gegenüber von Levi's. Siehe auch Anreise-Empfehlung und Detailkarten Seite 247 ff.

ESCADA

Escada ist eine internationale Marke für Luxus, Eleganz und Qualität. Weltweit ist sie anerkannt als Gütesiegel für Produkte, die höchsten Standards entsprechen. Eine Marke mit höchstem Anspruch an Qualität. Herausragende Kompetenz im Bereich Mode.

Internationale Luxusmarke

Warenangebot
Exklusive Damenbekleidung für Business und Freizeit, sowie Accessoires von Escada, Escada-Sport und Laurèl. 1.-Wahl-Ware aus der Vorsaison. Große Auswahl aus der kompletten Kollektion.

Ersparnis
50 % Ersparnis auf den Original-Einzelhandelspreis, bis zu 85 % in der Reduzierungsphase.

Ambiente
Nach Umbau sehr gute Warenpräsentation auf 888 m² Verkaufsfläche. Ansprechendes, stilvolles Ambiente.

Adresse
Escada Outlet, Reutlinger Straße 49-53, 72555 Metzingen, Telefon: 071 23/9 64 30, Internet: www.escada.com.

Öffnungszeiten
Montag bis Freitag 10.00 bis 20.00 Uhr, Samstag 9.00 bis 20.00 Uhr.

Anreise
Von Stuttgart aus über die B27 und später B312 Richtung Reutlingen/Metzingen. 3. Ausfahrt Metzingen abfahren, weiter über die Reutlinger Straße. Siehe auch Anreise-Empfehlung und Detailkarten Seite 247 ff.

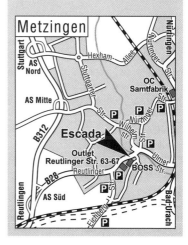

ESPRIT

Esprit ist die bekannteste Marke für Damenmode in Deutschland. Knapp 80 % aller Frauen kennen Esprit und knapp ein Drittel trägt Esprit. Mode von Esprit ist Zeitgeist, ist Mode für die Jugend und jetzt auch für den Mann. Sie liegt preislich und qualitativ im mittleren Genre und ist auch für den jugendlichen Geldbeutel erschwinglich, erst recht natürlich im Esprit Factory Store. Esprit beschäftigt weltweit 8000 Mitarbeiter und hat einen Jahresumsatz von über 800 Millionen Euro.

Forever young

Warenangebot

Damen-, Herren- und Kinderbekleidung, Strickwaren, Sweatshirts, T-Shirts, Hosen, Jeans, Blusen, Jacken, Röcke, große Auswahl an Taschen, Gürteln und Kleinlederwaren. Ausschließlich Ware aus zurückliegenden Saisons, 2. Wahl und Musterteile. Zusätzlich gibt es Schmuck und Uhren.

Ersparnis

30 bis 60 %.

Ambiente

Nach Erweiterung jetzt 1500 m² Verkaufsfläche, übersichtlicher Lagerverkauf, der das Preissegment widerspiegelt. Die Herrenabteilung wurde vergrößert. Das Personal ist freundlich und hilfsbereit.

Adresse

Esprit Factory Store, Reutlinger Straße. 63-67, 72555 Metzingen, Telefon: 0 71 23/9 29 40.

Öffnungszeiten

Montag bis Freitag 10.00 bis 20.00 Uhr, Samstag 9.00 bis 20.00 Uhr.

Weitere Verkaufsstelle

● 40880 **Ratingen-Tiefenbroich**, Am Rosenkothen 2-6, Telefon: 0 21 02/7 43 70. Montag bis Freitag 11.00 bis 18.30 Uhr, Samstag 9.00 bis 16.00 Uhr.

Anreise

Der Esprit Factory Store befindet sich auf dem Boss Areal. Siehe auch Anreise-Empfehlung und Detailkarten Seite 247 ff.

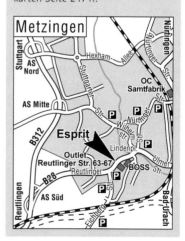

Der Outlet Store für Urban-, Hip Hop- und Streetfashion hat die Marken Pelle Pelle, Bullrot, Harlem World–The Collection, Enyce und Beef Industries im Angebot. Sie sprechen ein szeneorientiertes Publikum an.

Trendmarken für Jugendliche

Warenangebot
Mode aus dem Urban Fashion Bereich. Kollektionsteile für Damen, Herren und Kinder. Angeboten werden hauptsächlich Waren aus der vergangenen Saison, Musterkollektionen, Produktionsüberhänge und 2.-Wahl-Ware. Hosen, Sweatshirts, Shorts, T-Shirts, Accessoires, Jacken, Schuhe.

Ersparnis
30 bis 70 %.

Ambiente
Im Stil eines modernen Szeneladens wird die Ware auf über 600 m² präsentiert. Freundliche Bedienung. Die szeneorientierte Zielgruppe wird besonders angesprochen.

Adresse
Harlem World Factory Outlet, Noyon-Allee 4-10, 72555 Metzingen, Telefon: 071 23/7 26 10, Fax: 72 61 22, E-Mail: outlet@factory-textil.de.

Öffnungszeiten
Montag bis Freitag 9.00 bis19.00 Uhr, Samstag 9.00 bis 18.00 Uhr.

Anreise
Der Verkauf ist 200 m vom Bahnhof Metzingen entfernt Richtung Bad Urach. Von den Outlets rund um Boss kommend auf die B28 Richtung Bad Urach. Nach der Bahnunterführung links in die Noyon-Allee, noch im Kreuzungsbereich befindet sich das Gebäude rechts. Vom Outlet Center Samtfabrik kommend B313 Richtung Bad Urach, das Outlet befindet sich nach 800 m links. Der Verkauf ist im 2. Stock. Siehe auch Anreise-Empfehlung und Detailkarten Seite 247 ff.

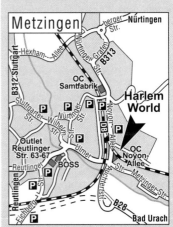

JOOP!

Wer mit seinem Namen bürgt, verpflichtet sich. So ist es nicht verwunderlich, dass Joop!-Bekleidung auch im Outlet seinem Ruf gerecht wird: hochwertige Tuche, verarbeitet zu Mode von Weltrang.

Bekleidung der Spitzenklasse

Warenangebot

Fast die gesamte Palette der Joop-Kollektion für Damen und Herren. Anzüge, Sakkos, Hosen, Jeans, Hemden, Blusen, Jacken, Mäntel, Wäsche, Strickwaren, Socken, Accessoires, Taschen, Schuhe und Schmuck.

Ersparnis

Bis zu 30 % bei aktueller Ware, herabgesetzte Ware bis zu 60 % günstiger. Zweimal jährlich Saisonendverkäufe.

Ambiente

Das Ambiente im dreistöckigen Joop! Outlet entspricht seiner Klasse: schlicht, elegant, unaufdringlich. Großzügige Präsentation, viele Umkleidekabinen. Beratung. Bezahlen mit EC-Karte, Visa und Amex möglich.

Adresse

Joop! Outlet, Mühlstraße 1/Am Lindenplatz, 72555 Metzingen, Telefon: 0 71 23/20 41 10.

Öffnungszeiten

Montag bis Freitag 10.00 bis 20.00 Uhr, Samstag 9.00 bis 20.00 Uhr.

Anreise

A8 Stuttgart–Ulm, Ausfahrt Wendlingen. Auf der B313 Richtung Nürtingen nach Metzingen. Dort Richtung Stadtmitte. Joop! ist am Lindenplatz linke Seite (sofort erkennbar). Siehe auch Anreise-Empfehlung und Detailkarten Seite 247 ff.

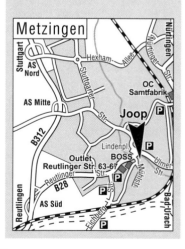

Kanz gehört zu den Marktführern bei Baby- und Kinderbekleidung. Diese hochwertige, strapazierfähige und bezahlbare Kindermode ist nicht nur in vielen Ländern Europas, sondern auch in den USA bekannt. Fröhliche Farben und bequeme Schnitte – das ist Kindermode, wie sie sein soll.

Kindermode wie sie sein soll

Warenangebot

Kindermode von der Babyausstattung bis zum Teenageralter, auch Kinderunterwäsche, Sweatshirts, Pullis, Hosen, Anoraks, Mützen und Schlafanzüge.

Ersparnis

20 bis 30 %, bei Sonderangeboten und Restposten mehr.

Ambiente

Verkaufsraum im vierten Stock eines neuen Gebäudes mit Glasfront. Den ca. 1000 m² großen Verkaufsraum nutzen die Firmen Kanz und Triumph International gemeinsam.

Adresse

Josef Kanz GmbH & Co., Factory Store, Galizia Fashion Plaza, Mühlstraße 2-6, 72555 Metzingen, Telefon: 0 71 23/16 58 03.

Öffnungszeiten

Montag bis Freitag 9.30 bis 20.00 Uhr, Samstag 9.00 bis 20.00 Uhr.

Weitere Verkaufsstelle

● 72419 **Neufra**, Gammertinger Straße 30/1, Telefon: 0 75 74/40 81 85. Montag bis Freitag 9.30 bis 12.30 und 13.00 bis 18.00 Uhr.

Anreise

Kanz befindet sich in der Mühlstraße 2, gegenüber dem Reebok/Patrice Ramim Outlet. Siehe Anreise-Empfehlung und Detailkarten Seite 247 ff.

Als Levi Strauss aus dem fränkischen Buttenheim in die USA auswanderte, ahnte niemand, dass er 1853 eine Firma gründen würde, die einmal der weltweite Inbegriff für Jeans werden sollte. Mit robuster Arbeiterbekleidung stattete Levi's die Goldsucher und Pioniere Kaliforniens aus, bis vor 55 Jahren Amerikas Teenager die Levi's Jeans zum Symbol ihrer Rebellion machten.

Jeans kennen keine Krise

Warenangebot
Großes Angebot der Marken Levi's, Levi Strauss Signature (tm) und Dockers. Ware aus Produktionsüberhängen, Musterteile, Restposten und 2. Wahl mit kleinen Fehlern, aber aus der aktuellen Kollektion. Alle Arten von Jeans, Jeansjacken, Hemden, Shirts, Bermudas.

Ersparnis
30 bis 70%. Das ganze Jahr über Aktionen mit Preisreduzierung.

Ambiente
Originelles Geschäft, hilfsbereites Personal. Dockers steht übrigens für legere, aber korrekte Kleidung.

Adresse
Levi Strauss GmbH und Dockers Factory Outlet, Reutlinger Straße 63-67, 72555 Metzingen, Telefon: 071 23/2 04 33.

Öffnungszeiten
Montag bis Freitag 10.00 bis 20.00 Uhr, Samstag 9.00 bis 20.00 Uhr.

Weitere Verkaufsstellen
● 14641 **Wustermark**, B5 Designer Outlet Center Berlin-Brandenburg, Alter Spandauer Weg 1, Telefon: 03 32 34/ 90 40, Internet: www.b5center.de.
● 63150 **Heusenstamm**, Levi-Strauss-Allee 18-22, Telefon: 0 61 04/6 01-0, Fax: 6 01-3 50.
● 97877 **Wertheim-Dertingen**, Wertheim Village, Almosenberg, Telefon: 0 93 42/85 94 70.

Anreise
Siehe Anreise-Empfehlung und Karten Seite 247 ff. Der Verkauf ist auf dem Boss Areal.

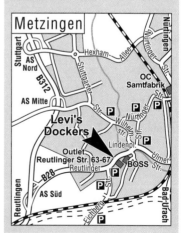

LLOYD

GERMANY

Seit 1888 werden Lloyd-Schuhe nach den Regeln und Qualitätsprinzipien des traditionellen Schuhmacherhandwerks gefertigt. Lloyd-Schuhe mit dem roten Streifen im Absatz sind so international wie die Männer und Frauen, die sie tragen. Rund um den Globus werden Stunde für Stunde 140 Paar Lloyd-Schuhe verkauft.

Die Klassiker

Warenangebot

Großes Angebot an Herrenschuhen vom bequemen Slipper über den modischen Halbschuh bis zum zeitlosen, klassisch-eleganten Schuh. Auch große Größen (bis Schuhgröße 50 bei den Herren und Schuhgröße 42 bei den Damen) sind in guter Auswahl vorhanden, außerdem extra weite Schuhe. Das Angebot an Damenschuhen ist weniger reichhaltig als für die Herren. Daneben gibt es Schuhpflegemittel, Reisegepäck, Gürtel, Hand- und Aktentaschen.

Ersparnis

20 bis 30%, bei Sonderangeboten bis 50% und mehr.

Ambiente

Großer Verkaufsraum in der zweiten Etage des Galizia Fashion Plaza, bequem über eine Treppe oder mit dem Aufzug zu erreichen. Die Schuhe sind in Regalen zur Selbstbedienung übersichtlich nach Größen geordnet.

Adresse

Lloyd Shoes GmbH & Co. KG, Galizia Fashion Plaza, Mühlstraße 2, 72555 Metzingen, Telefon: 0 71 23/94 34 54.

Öffnungszeiten

Montag bis Freitag 9.30 bis 20.00 Uhr, Samstag 9.00 bis 20.00 Uhr.

Weitere Verkaufsstelle

● 27232 **Sulingen**, Hans-Hermann-Meyer-Straße 1, Telefon: 0 42 71/94 00.

Anreise

Der Verkauf befindet sich in der Mühlstraße, gegenüber von Tommy Hilfiger. Siehe Anreise-Empfehlung und Detailkarten Seite 247 ff.

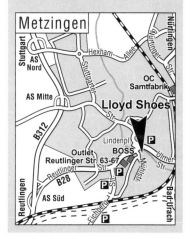

Wir kleiden Ihr Kind ein!

MAHLER
Kindermoden

Modische Baby- und Kinderbekleidung bis Größe 152 ausschließlich aus dem Hause Liegelind. Die Ware ist sehr strapazierfähig, farb- und formecht, trocknergeeignet und verliert beim Waschen nicht ihre natürlichen Farben. Die Marke Liegelind wird in Metzingen exklusiv von Mahler Kindermoden vertrieben. Zusätzlich gibt es hier auch Kinderschuhe der Marke Geox.

Kinder herzlich willkommen

Warenangebot

Kinderbekleidung zu günstigen Preisen. Sortiment von der Erstlings- und Baby-ausstattung bis zum Teenager; auch Kinderunterwäsche, -strumpfwaren, Mützen, Pullover, Sweatshirts, Hosen, Anoraks, Jogging- und Schlafanzüge.

Ersparnis

Im Schnitt 30 %, laufend Sonderposten.

Ambiente

Übersichtliche Präsentation der Ware, aber Lageratmosphäre, reichhaltige Auswahl. Es geht eng zu auf ca. 105 m². Familiäre Atmosphäre, auf Wunsch fachmännische Beratung. Parkplätze im Fabrikhof.

Adresse

Mahler-Kindermoden, Lagerverkauf, Ulmer Straße 81, 72555 Metzingen, Telefon: 071 23/4 23 49, Fax: 91 03 94.

Öffnungszeiten

Montag bis Freitag 10.00 bis 18.00 Uhr, Samstag 9.00 bis 15.00 Uhr.

Anreise

Der Verkauf Ulmer Straße 81 ist an der B28, 80 m westlich der Bahn-unterführung. Siehe auch Anreise-Empfehlung und Detailkarten Seite 247 ff.

Marc O'Polo®

Marc O'Polo ist innovative Bekleidung aus überwiegend natürlichen Materialien für moderne, weltoffene Menschen. Die Lifestyle-Marke auf qualitativ hohem Niveau ist modisches Statement eines individuellen Lebensgefühls.

Casual Wear

Warenangebot

Damen-, Herren- und Kinderbekleidung, Schuhe, Accessoires von sportiv bis modern. 2.-Wahl-Ware, Musterteile, Restposten.

Ersparnis

30 bis 60 %. Die Ware ist aus der Vorjahreskollektion.

Ambiente

Damenbekleidung und Accessoires im Erdgeschoss auf rund 300 m². Herren- und Kinderbekleidung sowie Schuhe im ca. 250 m² großen Obergeschoss.

Adresse

Marc O'Polo Factory Outlet, Reutlinger Straße 38, 72555 Metzingen, Telefon: 071 23/20 05 91, Fax: 20 07 56, Internet: www.marc-o-polo.com.

Öffnungszeiten

Montag bis Freitag 10.00 bis 20.00 Uhr, Samstag 9.00 bis 20.00 Uhr.

Weitere Verkaufsstellen

● 14057 **Berlin-Charlottenburg**, Kaiserdamm 7, Telefon: 0 30/3 25 61 60.
● 28816 **Stuhr-Brinkum**, Bremer Straße 113, Telefon: 0 4 21/8 78 45 80.
● 82152 **Planegg-Martinsried**,

Lena-Christ-Straße 46, Telefon: 0 89/8 57 68 95.
● B-3630 **Maasmechelen**, Belgien, Zetellaan 151, Telefon: 00 32/89 38 35 72.
● NL-6041 **Roermond**, McArthurGlen Designer Outlet Center Roermond, Stadsweide 110/112, Telefon: 00 31/4 75 33 88 22.

Anreise

Das Marc O'Polo Factory Outlet befindet sich an der Reutlinger Straße gegenüber dem Boss Areal. Siehe auch Anreise-Empfehlung und Detailkarten Seite 247 ff.

ENERGIE   **MISS SIXTY**®   **SIXTY**®

Das finden Madonna und Jennifer Lopez gut: Sixty zieht die Stars an, poppig, schrill, bunt. Aber auch ganz normale Jugendliche sind begeistert. Der Modemacher Vittorio Hassan machte aus einer kleinen Näherei in den Abruzzen das Modelabel Miss Sixty, eine Größe im Trendmodemarkt für das junge weibliche Publikum. Die Männer von 18 bis 28 stehen auf die Marke Energie. Die Mode wirkt jung, unkonventionell und ist Kult.

Nicht nur für die Stars

Warenangebot

Sehr große Auswahl an 1B-Ware, also 1.-Wahl-Ware der vergangenen Saison (Second Season) und 2.-Wahl-Ware der Marken Miss Sixty, Sixty, Energie und Killah. Jeans, Stoffhosen, Kleider, Shirts, Jacken, Blusen, Schuhe, Beachwear, Wäsche, Accessoires. Unbestrittener Favorit im Angebot ist Denim.

Ersparnis

30%, Einzelteile und Aktionsware bis zu 70%. Diese Marken sind allerdings im Hochpreissegment angesiedelt. In Deutschland soll man diese Marken wesentlich günstiger einkaufen können als in anderen europäischen Ländern.

Ambiente

Ausstattung und Musik im ca. 300 m² großen Outlet sind auf das junge Publikum ausgerichtet. Die Ware ist übersichtlich und gut sortiert. Qualifizierte Beratung, Umkleidekabinen.

Adresse

Miss Sixty/Energie Outlet Store Metzingen, Outlet Center Samtfabrik, Nürtinger Straße 63, 72555 Metzingen, Tele-

fon: 071 23/20 00 01, E-Mail: Metzingen @sixty-deutschland.de.

Öffnungszeiten

Montag bis Freitag 10.00 bis 20.00 Uhr, Samstag 9.30 bis 19.00 Uhr.

Anreise

Siehe Anreise-Empfehlung und Detailkarten Seite 247 ff. Das Outlet Center Samtfabrik hat Parkplätze auf der Südseite des Gebäudes.

Mit den Linien Basic, Fashion, Active, Nature und Premium bietet die Marke Möve ein reichhaltiges Angebot an qualitativ hochwertiger Ware. Gefertigt wird in Sachsen. Neu ist die Möve Lifestyle-Accessoire-Linie.

Qualität, Design, Lifestyle

Warenangebot
Frottierwaren, Bade- und Saunatücher, Bademäntel für Babys, Kinder, Damen, Herren, Bettwäsche, Tagesdecken, Heimtextilien, Pflege-, Kosmetikartikel, Bad-, Living- und Wohnaccessoires.

Ersparnis
30 bis 70 %.

Ambiente
Moderner Architekturmix auf gut 700 m² und über drei Etagen.

Adresse
Möve Designer Outlet Store Metzingen, Wilhelmstraße 54, 72555 Metzingen, Telefon: 071 23/16 55 25, Fax: 16 55 26.

Öffnungszeiten
Montag bis Freitag 10.00 bis 20.00 Uhr, Samstag 9.00 bis 20.00 Uhr.

Weitere Verkaufsstellen
● 02779 **Großschönau**, Waltersdorfer Straße 54, Telefon: 03 58 41/82 45, Fax: 82 62.
● 14641 **Wustermark**, B5 Designer Outlet Berlin-Brandenburg, Alter Spandauer Weg 1, Telefon: 03 32 34/2 07 99.
● 66482 **Zweibrücken**, Designer Outlets Zweibrücken, Londoner Bogen 10-90.

● 85055 **Ingolstadt-Feldkirchen**, Ingolstadt Village, Otto-Hahn-Straße 1, Telefon: 08 41/90 12 60-0.
● 97877 **Wertheim-Dertingen**, Wertheim Village, Almosenberg.
● B-3630 **Maasmechelen**, Maasmechelen Village, Zetellaan 100.
● NL-6041 **Roermond**, McArthurGlen Designer Outlet Center Roermond, Stadsweide 132-134.

Anreise
Das Outlet ist in der Nähe des Lindenplatzes. Siehe auch Anreise-Empfehlungen und Detailkarten Seite 247 ff.

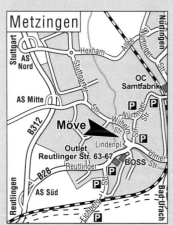

Nike ist Weltmarktführer für Sportschuhe und Sportbekleidung. Der Nike „Swoosh" gilt als Symbol für den Sport rund um den Globus. In Metzingen finden Sie eine große Auswahl an Nike-Produkten der vergangenen Saison.

Die Nr. 1 im Sport

Warenangebot

Sportschuhe und Sportbekleidung für Damen, Herren, Kinder, auch Kleinkinder. Große Auswahl an Sportschuhen, auch bei Sportkleidung für Kinder und Damen. Basketball-, Tennis-, Fußball- und Golfbekleidung sind ebenfalls im Angebot, aber es ist nicht immer alles in jeder Größe zu finden. Außerdem gibt es Rucksäcke und Sporttaschen, Sportbrillen und Uhren.

Ersparnis

30 bis 60%. Viermal im Jahr Sonderverkauf mit 30 bis 60% zusätzlicher Ersparnis.

Ambiente

Ca. 850 m² große Verkaufsfläche im Stil eines Sportgeschäfts mit Umkleidekabinen und freundlichem Personal.

Adresse

Nike Factory Store, Reutlinger Straße 63-67, 72555 Metzingen, Telefon: 0 71 23/9 68 50, Fax 96 85 55.

Öffnungszeiten

Montag bis Freitag 10.00 bis 20.00 Uhr, Samstag 9.00 bis 20.00 Uhr.

Weitere Verkaufsstellen (Auswahl)

● 14641 **Wustermark**, B5 Designer Outlet Center Berlin-Brandenburg, Alter Spandauer Weg 1, Telefon: 03 32 34/20 89.
● 66482 **Zweibrücken**, Designer Outlets Zweibrücken, Londoner Bogen 10-90, Telefon: 0 63 32/47 94 02.
● 97877 **Wertheim-Dertingen**, Wertheim Village, Almosenberg, Telefon: 0 93 42/85 82 80.

Anreise

Siehe Anreise-Empfehlung und Detailkarten Seite 247 ff.

Oilily bietet ein breit gefächertes Kinder- und Damenbekleidungssortiment. Mit seinen starken Farben beeinflusst Oilily die Modewelt auf kreative Weise. Die Artikel stammen aus Vorjahres- oder Musterkollektionen oder weisen kleine Fehler auf.

Children's wear, Women's wear

Warenangebot
Komplettes Oberbekleidungssortiment für Babys, Kinder und Damen in den Größen 56 bis 152 bzw. XS/34 bis XL/44. Außerdem Accessoires wie Schals, Mützen, Socken und Taschen. Auch ein Schreibwarenprogramm wurde gesichtet. Schnäppchenecke mit Sonderangeboten.

Ersparnis
Mindestens 30 % auf Ware der vergangenen Kollektion. Bei 2.-Wahl-Artikeln und Musterteilen 50 % und mehr.

Ambiente
Freundlich, hell, übersichtlich und gut sortiert. Umkleidekabinen. Kinderspielecke mit Video. Oilily Kundenparkplatz.

Adresse
Oilily Outlet, Outlet Center Samtfabrik, Nürtinger Straße 63, 72555 Metzingen, Telefon: 071 23/20 64 77, Fax: 20 64 78.

Öffnungszeiten
Montag bis Freitag 9.30 bis 19.00 Uhr, Samstag 9.00 bis 18.00 Uhr.

Anreise
Siehe Anreise-Empfehlung und Detailkarten Seite 247 ff.

LONDON

Pepe Jeans London wurde 1973 in London gegründet. Seitdem versteht sich die Firma wie keine zweite auf die Produktion modischer Jeans und Freizeitmode. Immer am Puls der Zeit ist Pepe Jeans bekannt für immer wieder neue, kreative Kollektionen. Jede Saison zeigt Pepe Trends auf und gehört somit zu den führenden Jeansmarken.

Führende Jeansmarke in Europa

Warenangebot

Jeans, Shirts, Hemden, Pullis, Strickjacken, Outdoor-Jacken, Schuhe, Taschen, Accessoires.

Ersparnis

30 %. Das ganze Jahr über immer wechselnde Sonderaktionen.

Ambiente

Die Gestaltung des Ladens ist auf ein junges Publikum ausgerichtet. Full Price Store-Atmosphäre auf ca. 400 m² Verkaufsfläche über zwei Stockwerke. Im Erdgeschoss Herren-, im Obergeschoss Damenbekleidung. Ansprechendes, umfangreiches Angebot, freundliches Personal, das auf Wunsch auch berät.

Adresse

Pepe Jeans London, Reutlinger Straße 34, 72555 Metzingen, Telefon: 071 23/ 20 62 77, Fax: 20 05 64, Internet: www. pepejeans.com.

Öffnungszeiten

Montag bis Freitag 10.00 bis 20.00 Uhr, Samstag 9.00 bis 20.00 Uhr.

Anreise

Von Stuttgart aus auf der B27 und später B312 in Richtung Reutlingen/ Metzingen. Ausfahrt Metzingen-Süd abfahren. Über die B28, die in Metzingen zur Reutlinger Straße wird, nach Metzingen. In der Reutlinger Straße einen Parkplatz ansteuern. Pepe Jeans ist auf der linken Seite neben den Factory Outlets von Marc O'Polo und Windsor. Siehe auch Anreise-Empfehlung und Detailkarten Seite 247 ff.

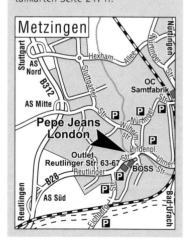

Peter Hahn

Peter Hahn konzentriert sich auf die klassisch-elegante und dezent gekleidete Frau. Die Bekleidung aus hochwertigen Materialien, neuerdings auch aus Mischgeweben, bietet hohen Tragekomfort.

Kompetenz in Qualität

Warenangebot

Für Damen: Jacken, Mäntel, Kostüme, Kleider, Blusen, Shirts, Pullover, Westen, Hosen, Röcke. Für Herren: Sakkos, Hosen, Hemden, Pullis.

Ersparnis

Ca. 30 bis 70 %. Ware in 1. Wahl aus der vergangenen Kollektion. 2. Wahl aus der aktuellen Kollektion, Musterteile in kleinen Größen.

Ambiente

Weitgehend Selbstbedienung, großer Kundenandrang, sechs Umkleidekabinen.

Besonderheiten

Im selben Gebäude 15 weitere Outlets, z.B.: Basler, Bogner, Golfino, Oilily, sigikid.

Adresse

Peter Hahn, Outlet Center Samtfabrik, Nürtinger Straße 63, 72555 Metzingen, Telefon: 0 71 23/9 61 40, Fax: 96 14 15.

Öffnungszeiten

Montag bis Freitag 9.30 bis 18.30 Uhr, Samstag 9.00 bis 16.00 Uhr.

Weitere Verkaufsstelle

● 73650 **Winterbach**, Bahnhofsplatz 1, Telefon: 0 71 81/70 82 07.

Anreise

Von Reutlingen/Stuttgart kommend in Metzingen zunächst Richtung Bad Urach, dann aber nach der Eisenbahnunterführung links abbiegen (Richtung Grafenberg). Nach ca. 500 m biegt man in die Nürtinger Straße. Dort gleich links. Siehe auch Anreise-Empfehlung und Detailkarten Seite 247 ff.

Polo ♞ Ralph Lauren Factory Store

Klassisch, sportlich und edel – so stellt sich die Mode von Ralph Lauren dar. Es ist Mode mit persönlicher Note und wird sowohl von der Jugend als auch von der reiferen Jugend gern getragen. Angesiedelt ist sie im oberen Preissegment. Auch wenn es im Factory Store ausschließlich Waren der Vorsaison gibt, so sind sie doch keineswegs out, sondern „voll auf der Höhe".

Mit sportlicher Note

Warenangebot
Herrenanzüge, Hemden, Sakkos, Herrenhosen, Pullis, Polos, Jeans u.a. Freizeitkleidung, Kostüme, Hosenanzüge, Sommerkleider, Röcke, Hosen, Bermudas, Blusen, Kinderhemden und -hosen, Sweatshirts.

Ersparnis
30 bis 60 %.

Ambiente
„Szeniges" Einkaufen in entspannter Atmosphäre im typischen Ralph Lauren Stil, geprägt von Mahagoni und Messing. Präsentes Personal.

Adresse
Polo Ralph Lauren Factory Store, Reutlinger Straße 63-67, 72555 Metzingen, Telefon: 0 71 23/9 24 70.

Öffnungszeiten
Montag bis Freitag 10.00 bis 20.00 Uhr, Samstag 9.00 bis 20.00 Uhr.

Anreise
Siehe Anreise-Empfehlung und Detailkarten Seite 247 ff. Der Factory Store befindet sich auf dem Boss-Areal.

Der Mercedes unter den Kinderwagen, hochmodische Kollektion. Die Kunden können sich z.b. Stoff und Gestellfarbe des Kinderwagens individuell zusammenstellen (allerdings meist auf Bestellung). Eigenproduktionen sind TÜV GS geprüft.

Kinderwagen ab Fabrik

Warenangebot

Eigenproduktion: Kinderwagen und Sportwagen. Handelsware: vom Schnuller bis zum Kinderbett (keine Bekleidung). Kinderwagen, Buggies, Puppenwagen, Wiegen, Stubenwagen. Möbel: Betten, Schränke, Kommoden, Laufgitter, Hochstühle usw. Flaschen, Schnuller, Sicherheitsartikel, Autositze, Lauflerngeräte, Fahrradsitze, Bettdecken, Spannbezüge, Spielzeug, Wickelauflagen etc.

Ersparnis

Bei Eigenproduktion: ca. 30 %. Bei Handelsware: ca. 10 %.

Ambiente

Helle Verkaufsräume, übersichtliche Präsentation auf ca. 3000 m² Verkaufsfläche. Kinderwagen-Ausstellung im 2. Stock. Fachmännische Beratung, guter Kundendienst, Reparaturabteilung im Haus.

Adresse

Princess-Kinderwagen, Straub GmbH, Heerstraße 10, 72555 Metzingen, Telefon: 0 71 23/92 78-0, Fax: 92 78 78, E-Mail: info@princess-kinderwagen.de, Internet: www.princess-kinderwagen.de.

Öffnungszeiten

Montag bis Freitag 9.30 bis 18.00 Uhr, Samstag 9.30 bis 15.00 Uhr.

Anreise

B313 über Nürtingen nach Metzingen. Weiter auf der B313 bleiben bis es von der Noyon-Allee links ab in die Heerstraße zu Princess geht (Hinweisschild). Siehe auch Anreise-Empfehlung und Detailkarten Seite 247 ff.

EINKAUFS-GUTSCHEIN

Die Raubkatze zeigt sich in ihrem Outlet Store im Zentrum von Metzingen, am Lindenplatz. Das lässt die Herzen aller Puma-Fans höher schlagen, denn Puma hat den Sprung von der Sport-Marke zum Lifestyle-Label gemeistert und begeistert Jung und Alt gleichermaßen.

Outlet mit Ambiente

Warenangebot

Große Auswahl aller Sportartikelbereiche: Lauf-/Joggingschuhe, Fußball-, Kinder-, Fitnessschuhe, große Auswahl an Lifestyle-Schuhen. Freizeit-, Funktions-, Sport- und Fitnessbekleidung, Kinderbekleidung, Lifestyle-Mode. Teamsportartikel wie Bälle, Taschen, Accessoires.

Ersparnis

35 bis 50%.

Ambiente

Das Outlet orientiert sich an amerikanischen Vorbildern. Modernstes Ambiente mit viel Glas. Die Verkaufsfläche mit über 1000 m² auf zwei Ebenen ist übersichtlich und großzügig.

Adresse

Puma Outlet-Store, Lindenplatz 1-5, 72555 Metzingen, Telefon: 0 71 23/9 74 30, Internet: www.puma.com.

Öffnungszeiten

Montag bis Freitag 10.00 bis 20.00 Uhr, Samstag 9.00 bis 20.00 Uhr.

Weitere Verkaufsstellen (Auswahl)

● 28816 **Stuhr-Brinkum bei Bremen**, Bremer Straße 111.

● 66482 **Zweibrücken**, Designer Outlets Zweibrücken, Londoner Bogen 10-90.
● 90411 **Nürnberg-Schafhof**, Klingenhofstraße 70, Telefon: 09 11/5 27 29 10.
● 91074 **Herzogenaurach**, Puma Outlet, Zeppelinstraße 2, Telefon: 0 91 32/74 17-15.
● 97877 **Wertheim-Dertingen**, Wertheim Village, Almosenberg, Telefon: 0 93 42/91 86 50.

Anreise

Siehe Anreise-Empfehlung und Detailkarten Seite 247 ff.

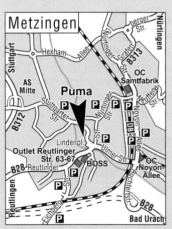

274

Reebok

Reebok ist einer der bekanntesten Sportartikelhersteller der Welt und am bekanntesten sind wohl die für jede erdenkliche Sportart eigens entwickelten Schuhe. Spieler und Athleten, die sich auf ihre „hops" und Schnelligkeit verlassen, um die Konkurrenz zu besiegen, tragen Reebok.

Wear the vector outperform

Warenangebot

Sportschuhe und -bekleidung für Damen, Herren und Kinder, jedoch keine aktuelle Ware. Kapuzen-Sweatshirts, Sweatshirts, T-Shirts, Sporthosen in lang, kurz oder halblang, großes Angebot an Sportschuhen von Tennis über Running, Walking bis Foot- und Basketball und von Beach bis Classic, auch Freizeitschuhe von Rockport, die Reebok in Lizenz fertigt, sowie Taschen und Rucksäcke.

Ersparnis

30 bis 50%, bei Aktionen und zum Saisonende bis 70%.

Ambiente

Ware in zwei großen Räumen in der ersten Etage übersichtlich präsentiert. Freundliches, hilfsbereites Personal.

Adresse

Reebok Outlet Store, Mühlstraße 5, 72555 Metzingen, Telefon: 0 71 23/ 94 72 97, Fax: 949681, E-Mail: metzingen. outlet@reebok.com.

Öffnungszeiten

Montag bis Freitag 10.00 bis 20.00 Uhr, Samstag 9.00 bis 20.00 Uhr.

Weitere Verkaufsstellen

● 78315 **Radolfzell**, Sankt-Johannis-Straße 3, Telefon: 0 77 32/82 26 67.
● 82041 **Oberhaching**, Keltenring 9, Telefon: 0 89/61 38 23 10.
● 91171 **Greding**, An der Autobahn 2, Telefon: 0 84 63/6 42 20.
● 97877 **Wertheim-Dertingen**, Wertheim Village, Almosenberg, Telefon: 0 93 42/85 82 22.

Anreise

Siehe Anreise-Empfehlung und Detailkarten Seite 247 ff.

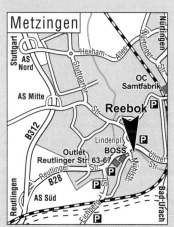

RENÉ LEZARD

Die Mode dieses Herstellers steht für kompromisslose Qualität bei Material und Verarbeitung, klassische Modernität und entspannte Eleganz.

Gelassenheit mit Stil

Warenangebot

Hochwertige Damen- und Herrenbekleidung der Vorsaison (second season), Musterkollektionen, 2.-Wahl-Ware. Mäntel, Anzüge, Lederbekleidung, Hosen, Strickwaren, Shirts, Schuhe und Accessoires für Damen und Herren. Für Damen auch Kostüme, Blusen, Kleider, Abendmode. Für Herren: Sakkos, Hemden, Krawatten, Sportswear.

Ersparnis

30 bis 50 %, bei Saisonschlussverkäufen und auf Einzelteile auch mehr.

Ambiente

Attraktive Warenpräsentation in angenehmer Einkaufsatmosphäre, fachkundige freundliche Beratung. Bezahlen auch mit EC-Cash und Kreditkarte möglich. Ware ist vom Umtausch ausgeschlossen.

Adresse

René Lezard Factory Store, Mühlstraße 2, Galizia Fashion Plaza, 72555 Metzingen, Telefon: 071 23/16 27 16, Fax: 16 27 17, E-Mail: FOCMetzingen@rene-lezard.de, Internet: www.rene-lezard.de.

Öffnungszeiten

Montag bis Freitag 9.30 bis 20.00 Uhr, Samstag 9.00 bis 20.00 Uhr.

Weitere Verkaufsstellen

● 97359 **Schwarzach**, Industriestraße 5-9, Telefon: 0 93 24/30 2-6 22.

● 97475 **Zeil am Main**, Sander Straße 3, Telefon: 0 95 24/30 39 72.

● NL-6041 **Roermond**, McArthurGlen Designer Outlet Center Roermond, Stadsweide 336-338, Telefon: 00 31/4 75/ 31 70 33.

Anreise

René Lezard befindet sich im Galizia Fashion Plaza, gegenüber dem Reebok Outlet. Siehe Anreise-Empfehlung und Detailkarten Seite 247 ff.

reusch · **berghaus**® **QUIKSILVER**

Schön, dass es diese und die Marken Arena, Exxtasy und die italienische Sportmarke Ellesse preiswert im Top Sports Outlet gibt. Sie stehen für Kompetenz in den Sportbereichen Ski, Snowboard, Schwimmen, Beach und Outdoor, aber auch für Freizeit, Ski- und Torwarthandschuhe.

Erfreut das Sportlerherz

Warenangebot
Sport-, Freizeit- und Outdoor-Bekleidung für Damen, Herren und Kinder für die Bereiche Ski, Snowboard, Beach und Baden, Tennis, Teamsport, Nordic Walking. Ski-, Snowboard-, Torwarthandschuhe, Trekkingschuhe, Rucksäcke.

Ersparnis
Bei 1. Wahl ca. 20 bis 30%, bei 2. Wahl, Sonderposten und Musterware ca. 50 bis 70%.

Ambiente
Der Verkauf befindet sich im Outlet Center Noyon-Allee im Erdgeschoss. 600 m² Verkaufsfläche, acht Umkleidekabinen vorhanden.

Adresse
Reusch Deutschland GmbH & Co.KG, Top Sports Outlet, Noyon-Allee 4–10, 72555 Metzingen, Telefon: 0 71 23/ 97 07 00, Fax: 97 07 01, Internet: www. reusch-outlet.de.

Öffnungszeiten
Montag bis Freitag 9.00 bis 19.00 Uhr, Samstag 9.00 bis 18.00 Uhr.

Anreise
Nur 200 m vom Bahnhof entfernt, Richtung Bad Urach. Von Boss kommend, am Lindenplatz B28 Richtung Bad Urach. Direkt nach der Eisenbahnunterführung links in die Noyon-Allee (B313), gleich im Kreuzungsbereich rechts. Siehe auch Anreise-Empfehlung und Detailkarten Seite 247 ff.

Schiesser ist Trendsetter im Wäschebereich und für Millionen von Verbrauchern Inbegriff von Qualität. Das Unternehmen setzt auf modische Unterwäsche. Trendig jung und klassisch, beides gibt es im Outlet.

Qualität auf der Haut

Warenangebot

Tag- und Nachtwäsche für Damen, Herren, Babys, Kinder. Kinderbekleidung, Freizeitbekleidung, Bademoden, Bademäntel, Schlafanzüge.

Ersparnis

25 bis 40%; Einzelstücke bis 50%. Besonders preiswert sind Musterteile.

Ambiente

Schöne Verkaufsräume über zwei Etagen. Im EG für Herren, im OG für Damen und Kinder. Die Ware ist sehr übersichtlich präsentiert und gut ausgezeichnet.

Adresse

Schiesser Outlet, Reutlinger Straße 32, 72555 Metzingen, Telefon: 0 71 23/ 3 81 05 07.

Öffnungszeiten

Montag bis Samstag 10.00 bis 20.00 Uhr.

Weitere Verkaufsstellen (Auswahl)

● 28816 **Stuhr-Brinkum bei Bremen**, Bremer Straße 115-117, Telefon: 04 21/ 87 18 90 50, Fax: 87 18 90 51.

● 78315 **Radolfzell** (Hauptstandort), Schützenstraße 50, Telefon: 0 77 32/ 9 50 97-10, Infotelefon: 9 50 97-77, Fax: 9 50 97-20.

● 79244 **Münstertal-Untermünstertal**, Dietzelbachstrasse 1, Telefon: 0 76 36/ 7 88 97 30, Fax: 7 88 97 31.

● 87509 **Immenstadt/Allgäu**, Julius-Kunert-Straße 44, Telefon: 0 83 23/ 96 92 03, Fax: 96 92 04.

● 95463 **Bindlach bei Bayreuth**, Stöckigstraße 2, Telefon: 0 92 08/57 04 61.

Anreise

Der Verkauf von Schiesser ist in der Reutlinger Straße, gegenüber dem Lindenplatz. Siehe Anreise-Empfehlung und Detailkarten Seite 247 ff.

SEIDEN STICKER   OTTO KERN   camel active

EINKAUFS-GUTSCHEIN

Dieses Unternehmen wurde nicht erst durch das Kulthemd mit der schwarzen Rose bekannt. Seidensticker ist seit 1919 die bekannteste deutsche Hemdenmarke. Kompromissloser Qualitätsanspruch, bequeme Schnitte und klassische Eleganz sind bis heute das Markenzeichen.

Champions League

Warenangebot
Große Auswahl an Hemden der Marken Seidensticker, Jacques Britt und Dornbusch, Krawatten, Blusen von Seidensticker, kleine Auswahl an Kleidern, Röcken und Damenhosen auch von Otto Kern, Bekleidung von Camel active.

Ersparnis
30 bis 40 %, bei Sonderangeboten mehr, vor allem zum Saisonende.

Ambiente
Gepflegter, großer Verkaufsraum mit freundlichem, hilfsbereitem Personal und übersichtlicher Warenpräsentation.

Adresse
Seidensticker Factory Store, Mühlstraße 5, 72555 Metzingen, Telefon: 0 71 23/2 14 90, E-Mail: fos.metzingen@seidensticker.de, Internet: www.seidensticker.de.

Öffnungszeiten
Montag bis Freitag 10.00 bis 19.00 Uhr, Samstag 10.00 bis 20.00 Uhr.

Weitere Verkaufsstellen
● 33378 **Rheda-Wiedenbrück**, Bosfelder Weg 7, Telefon: 0 52 42/40 40 44.
● 33609 **Bielefeld**, Herforder Straße 182-194, Telefon: 05 21/3 06-3 47.
● 87527 **Sonthofen**, Burgsiedlung 1, Telefon: 0 83 21/67 43 50.
● 97877 **Wertheim-Dertingen**, Wertheim Village, Unit 95, Almosenberg, Telefon: 0 93 42/91 66 90.
● NL-6041 **Roermond**, McArthurGlen Designer Outlet Center Roermond, Stadsweide 150.

Anreise
Siehe Anreise-Empfehlung und Detailkarten Seite 247 ff.

Die Marke mit dem Klecks kennt man. Das ist Kindermode, die passt. Hier wird viel Aufwand im Detail für die Kleinsten getrieben, damit sie sich wohl fühlen. Und nicht zu vergessen: die Sigikid-Kuscheltiere.

Ein Klecks für Kinder

Warenangebot
Erstlingsbekleidung wie Strampler, Mützen etc. ab Größe 62. Baby- und Kinderbekleidung wie Hosen, Sweatshirts, T-Shirts, Mädchenkleider, Anoraks, Schneeanzüge, Nachtwäsche in den Größen 68 bis 140, teilweise bis Größe 152.

Ersparnis
10 bis 50 %. Zusätzliche Preisersparnis bei Aktionen.

Ambiente
Freundlich, übersichtlich, gut sortiert.

Besonderheiten
Im selben Gebäude, dem Outlet Center Samtfabrik, 15 weitere Outlets bekannter Marken.

Adresse
Sigikid-Outlet, Outlet Center Samtfabrik, Nürtinger Straße 63, 72555 Metzingen, Telefon: 0 71 23/97 23 10, Fax: 97 23 11.

Öffnungszeiten
Montag bis Freitag 9.30 bis 19.00 Uhr, Samstag 9.00 bis 16.00 Uhr.

Weitere Verkaufsstelle
● 95511 **Mistelbach**, Am Wolfsgarten 8, Telefon: 0 92 01/70 90.

Anreise
Siehe Anreise-Empfehlung und Detailkarten Seite 247 ff.

STRENESSE

Die Kollektionen von Gabriele Strehle stehen für die leisen Töne: versteckter Luxus, überlegene Schnittführung, einzigartige Stoffe, hoher Qualitätsstandard. Auch bei Strenesse im Factory Outlet in Metzingen: die hochwertige Herrenkollektion.

Designermode mit Gefühl

Warenangebot

Große Auswahl an Damen- und Herrenbekleidung, gutes Sortiment an Schuhen und Accessoires. Nur Second-Season-Ware.

Ersparnis

30 bis 50 %. Bei Saisonschlussverkäufen weitere Ersparnis.

Ambiente

Interessantes Outletgebäude am Lindenplatz (Stadtmitte), direkt am Beginn der Fußgängerzone. Großzügige Verkaufsräume (ca. 1000 m²) auf zwei Etagen. Gute Warenpräsentation, sehr übersichtlich. 30 Umkleidekabinen.

Adresse

Factory Outlet Strenesse, Lindenplatz 1-5, 72555 Metzingen, Telefon: 0 71 23/7 20 00, Fax: 72 00 10, E-Mail: foc. metzingen@strenesse.com.

Öffnungszeiten

Montag bis Freitag 10.00 bis 20.00 Uhr, Samstag 9.00 bis 20.00 Uhr.

Weitere Verkaufsstellen

● 86720 **Nördlingen**, (Hauptstandort), Gewerbestraße 10-14, Telefon: 0 90 81/80 70, Fax: 64 48, E-Mail: info@strenesse. com.

● 97877 **Wertheim-Dertingen**, Wertheim Village, Almosenberg, Telefon: 0 93 42/85 90 72.

Anreise

Strenesse befindet sich ca. 150 m nördlich des Boss-Fabrikverkaufs. Siehe Anreise-Empfehlung und Detailkarten Seite 247 ff.

swatch⊞

Die Uhren der Marke Swatch sind Swiss made, Quartzuhren, wasserdicht, genau, stoßfest, in bunten Farben und – im Gegensatz zu den edlen Schweizer Uhren – für jeden erschwinglich. Eine Swatch ist aber noch viel mehr: Sie ist Kult. Das Unternehmen Swatch hat aus dem guten alten Chronometer junge, frische, freche Mode gemacht. Und so steht diese Uhr nicht zuallererst für Zeitmessung, sondern für Fun und Lebensfreude.

100 % Swatch, 30 % günstiger

Warenangebot

Über 800 Modelle stehen zur Auswahl: Damen-, Herren- und Kinderuhren. 1B-Ware, also 1.-Wahl-Ware aus der vergangenen Kollektion oder den letzten Kollektionen. Schmuck in unterschiedlichsten Farben, Formen und Materialien.

Ersparnis

30 %.

Ambiente

Der Laden wirkt offen, farbig, modern. Hunderte von Modellen zum Anfassen und Anprobieren. Freundliches, kompetentes Personal, das die Unterschiede zwischen den Uhren erklärt und bei der Auswahl behilflich ist.

Adresse

Swatch, Reutlinger Straße 63, 72555 Metzingen, Telefon: 071 23/9 10 21 64.

Öffnungszeiten

Montag bis Freitag 10.00 bis 20.00 Uhr, Samstag 9.00 bis 20.00 Uhr.

Anreise

Von Stuttgart aus auf der B27 später B312 Richtung Reutlingen/Metzingen. Ausfahrt Metzingen-Süd abfahren. Weiter über die B28, die zur Reutlinger Straße wird. In der Reutlinger Straße einen Parkplatz ansteuern. Swatch befindet sich in der Ladenpassage, die zu Boss führt, zwischen Nike und Diesel. Siehe auch Anreise-Empfehlung und Detailkarten Seite 247 ff.

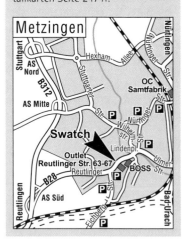

TOMMY ▬ HILFIGER

Designermode, die sich jeder leisten kann! Das ist das Motto, das sich Tommy Hilfiger als Ziel gesetzt hat. In Metzingen hat Tommy Hilfiger seinen ersten Outlet-Store in Deutschland, der zugleich sein größter in Europa ist, eröffnet. Auf 1000 m² präsentiert er dort Freizeitmode für Kinder, Jugendliche, Damen und Herren.

The American Way of Life

Warenangebot
Sportswear und Freizeitbekleidung für Damen, Herren und Kids, Jeans, Herrenbekleidung: Anzüge, Sakkos, Hosen, Mäntel, Hemden, Krawatten.

Ersparnis
Ca. 30 %, laufend Aktionen mit bis zu 75 % Ersparnis, zusätzliche Reduzierung zum Saisonende.

Ambiente
Großzügige Warenpräsentation mit Shopcharakter in freundlich lockerer Atmosphäre auf drei Etagen. Farblich abgestimmte Sortimente von sportlich bis elegant, immer am Puls der Zeit.

Adresse
Tommy Hilfiger Outlet-Store, Mühlstraße 3, 72555 Metzingen, Fax: 0 71 23/ 94 48 25.

Öffnungszeiten
Montag bis Freitag 10.00 bis 20.00 Uhr, Samstag 9.00 bis 20.00 Uhr.

Anreise
Siehe Anreise-Empfehlung und Detailkarten Seite 247 ff.

Von der kleinen schwäbischen Korsettwaren-Manufaktur hat sich Triumph in über 100 Jahren zum multinationalen Unternehmen entwickelt. Triumph produziert Tag- und Nachtwäsche für Damen und Herren, Homewear und Bademoden.

Für den Körper, für die Sinne

Warenangebot

Tag- und Nachtwäsche, Strand- und Bademoden für Damen und Herren von klassisch-konservativ bis verführerisch-sexy in modernen High-Tech-Fasern oder anderen Materialmischungen, Homewear, Dessous und Still-BHs.

Ersparnis

20 bis 50 % bei Auslaufmodellen, Retouren und Musterteilen, bei Sonderangeboten auch mehr.

Ambiente

Großer Verkaufsraum im vierten Stock eines neu errichteten, modernen Gebäudes. Der Verkauf ist bequem mit dem Aufzug zu erreichen. Zwei Umkleidekabinen vorhanden. Triumph International teilt sich diesen Raum mit der Firma Kanz Kindermoden.

Adresse

Triumph International, Galizia Fashion Plaza, Mühlstraße 2-6, 72555 Metzingen, Telefon: 0 71 23/16 58 03.

Öffnungszeiten

Montag bis Freitag 9.30 bis 20.00 Uhr, Samstag 9.00 bis 20.00 Uhr.

Weitere Verkaufsstellen

● 73430 **Aalen**, Burgstallstraße 7, Telefon: 0 73 61/56 12 20.

● 73540 **Heubach**, Fritz-Spiesshofer-Straße 7-11, Telefon: 0 71 73/6 66 63 67.

● 80335 **München-Maxvorstadt**, Marsstraße 40-44, Telefon: 0 89/51 11 47 84.

Anreise

Der Verkauf befindet sich gegenüber dem Reebok/Ramim Outlet. Siehe Anreise-Empfehlung und Detailkarten Seite 247 ff.

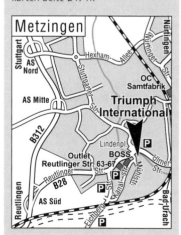

Bestens durchdacht und leichtgewichtig ohne Qualitätsverlust präsentieren sich Bekleidung und Equipment von Vaude. Das international bekannte Unternehmen ist im Trekking- und Outdoor-Bereich ein Schwergewicht.

Der Outdoor-Spezialist

Warenangebot
Komplettes Sortiment an Trekking- und Outdoor-Bekleidung, Fleecebekleidung, Skibekleidung, Kinder-Outdoor-Bekleidung, Radsportbekleidung, Mützen, Handschuhe, Fahrradtaschen, Rucksäcke, Schneeschuhe, Wander- und Trekkingschuhe.

Ersparnis
30 bis 70%. Zusätzliche Ersparnis bei Aktionen.

Ambiente
Angenehme Einkaufsatmosphäre auf über 400 m² Verkaufsfläche. Gute Warenpräsentation, freundliches, fachkundiges Personal.

Adresse
Vaude Outlet, Galizia Fashion Plaza, Mühlstraße 2-6, 72555 Metzingen, Telefon: 07123/925698, Fax: 943014, Internet: www.vaude.com.

Öffnungszeiten
Montag bis Freitag 9.30 bis 20.00 Uhr, Samstag 9.00 bis 20.00 Uhr.

Weitere Verkaufsstelle
● 88069 **Tettnang-Obereisenbach**, Vaude-Straße 2, Telefon: 07542/5306-0, Fax: 530660, Internet: www.vaude.com.

Anreise
Der Verkauf befindet sich im Galizia Fashion Plaza, gegenüber dem Reebok Outlet. Siehe Anreise-Empfehlung und Detailkarten Seite 247 ff.

Windsor ist eine exklusive Premium-Marke. Der Stil ist klassisch, zeitlos und doch modern. Windsor wird von Damen und Herren getragen, die etabliert sind, die sich geschmackvoll, aber nie langweilig kleiden.

Stilvoll, modisch und seriös

Warenangebot

Aktuelle Kollektionen, Second Season, Restposten und 2.-Wahl-Ware. Für Damen: Kostüme, Blazer, Hosen, Röcke, Blusen, Pullover, Lederjacken, Accessoires. Für Herren: Anzüge, Sakkos, Jacken, Hemden, Krawatten, Hosen, Mäntel, Lederjacken, Schuhe, Accessoires.

Ersparnis

30 %, zweimal im Jahr zum Saisonende zusätzliche Rabatte auf Saisonware.

Ambiente

Gepflegtes, geschmackvoll eingerichtetes Outlet, Herrenbekleidung im Erd-, Damenbekleidung im Obergeschoss. Übersichtliche Warenpräsentation. Auch große und untersetzte Größen, guter Service.

Adresse

Windsor, Reutlinger Straße 36, 72555 Metzingen, Telefon: 0 71 23/38 09 09.

Öffnungszeiten

Montag bis Freitag 10.00 bis 20.00 Uhr, Samstag 9.00 bis 20.00 Uhr.

Weitere Verkaufsstelle

● 33649 B i e l e f e l d - B r a c k w e d e, Aachener Straße 23, Telefon: 05 21/ 1 45 30, Internet: www.windsor.de.

Anreise

Von Stuttgart aus auf der B27 später B312 Richtung Reutlingen/Metzingen. Ausfahrt Metzingen-Süd abfahren. Weiter über die B28, die in Metzingen zur Reutlinger Straße wird. In der Reutlinger Straße einen Parkplatz ansteuern. Windsor befindet sich links zwischen den Outlets von Marc O'Polo und Pepe Jeans. Siehe auch Anreise-Empfehlung und Detailkarten Seite 247 ff.

Das Outlet Center Woick führt starke Outdoor-Marken in Top-Qualität. Funktionale, passende, haltbare, hochwertige und richtungsweisende Marken und Produkte werden hier angeboten.

Outdoor, Trekking, Abenteuer

Warenangebot
1B-Ware, Sonderposten, Musterteile, Vorsaisonware und Lagerüberhänge aus dem Gesamtsortiment verschiedener Hersteller des Travel Center Woick in Filderstadt: Expeditionsausrüstung, Bergsport-, Wander-, Outdoor-, Freizeitbekleidung. Großes Trekkingschuhangebot, Zelte, Rucksäcke, Schlafsäcke. Folgende Marken wurden entdeckt: Mammut, North Face, Salewa, Fjäll Räven, Lowa, Hanwag, Teva, Big Pack.

Ersparnis
30 bis 50%, bei 1B-Ware und Einzelstücken auch höhere Nachlässe.

Ambiente
Gepflegter Verkaufsraum mit Umkleidekabinen, Ausstellungsfläche für Zelte, geschultes Verkaufspersonal.

Besonderheiten
Im Outlet Center Samtfabrik bieten 15 Hersteller Markenprodukte unter einem Dach an, z.B. Basler, Bogner, Golfino, Oilily, Peter Hahn, Sigikid.

Adresse
Outlet Center Woick, Outlet Center Samtfabrik, Nürtinger Straße 63, 72555 Metzingen, Telefon: 07123/1080, Internet: www.woick.de.

Öffnungszeiten
Montag bis Freitag 9.30 bis 19.00 Uhr, Samstag 9.00 bis 16.00 Uhr.

Anreise
Siehe Anreise-Empfehlung und Detailkarten Seite 247 ff.

[Wolford]

Wolford hat sich weltweit als Luxusmarke für Strümpfe, Bodywear, Bade-
mode, Wäsche und Feinstrickkollektionen aus hochwertigsten Garnen posi-
tioniert. Die Marke aus Bregenz in Vorarlberg/Österreich legt Wert darauf,
dass die wichtigsten Produktgruppen Strümpfe und Bodywear auch heute
noch dort produziert werden. Wolford steht für kreative und innovative,
qualitativ hochwertige Produkte.

Luxus für die Frau

Warenangebot

Strümpfe, Strumpfhosen, Wäsche, Dessous, Bademoden. In der Regel A-Ware,
ein halbes Jahr alt. Aus dem B-Sorti-
ment aktuelle Kollektionen mit kleinen
Mängeln im nicht sichtbaren Bereich.

Ersparnis

30 %, die Ware ist im absolut hochpreisigen Bereich angesiedelt.

Ambiente

Ein Outlet für Frauen, die Exklusivität
schätzen. Man wird begrüßt mit
„Willkommen bei Wolford!" Effektive
Beratung. Verkaufsambiente spiegelt
Schönheit, Qualität und Komfort der
Marke wider. Hochwertige Verpackung
z. B. mit Schleifchen.

Adresse

Wolford Factory Outlet, Reutlinger Straße
49-53 (zwischen Bally und Escada),
72555 Metzingen, Telefon: 0 71 23/
72 63 73, Fax: 72 63 74.

Öffnungszeiten

Montag bis Freitag 10.00 bis 20.00 Uhr,
Samstag 9.00 bis 20.00 Uhr.

Anreise

A8 Karlsruhe–München, Ausfahrt
Tübingen/Reutlingen/Filderstadt.
Auf der B27 Richtung Reutlingen.
Nach Filderstadt-Ost biegt die B312
in Richtung Reutlingen/Metzingen
von der B27 (Tübingen) ab. Auf der
B312 3. Ausfahrt Metzingen abfahren. Sie führt direkt auf die Reutlinger Straße. Siehe auch Anreise-
Empfehlung und Detailkarten Seite
247 ff.

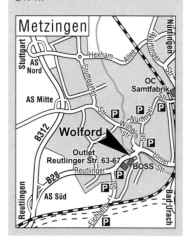

koziol

Die Firmenphilosophie: nützliche Produkte herstellen, die Spaß machen. Den Trend schaffen, dem Alltag ein Lächeln zu schenken.

Ideas for Friends

Warenangebot
Traumkugeln in großer Auswahl, Designartikel aus Kunststoff für Küche, Bad und Wohnräume: Flaschenöffner, Korkenzieher, Tabletts, Salatschüsseln und -bestecke, Teller, Becher, Wanduhren, Papierkörbe, CD-Boxen, Seifenspender, Spülbürsten, Büroartikel, Lampen.

Ersparnis
Ca. 25 bis 50 %.

Ambiente
Verkauf im Erdgeschoss des ehemaligen Fabrikgebäudes in Michelstadt. Freundliche, helle Räume mit großen Schaufenstern.

Adresse
Koziol-Direktverkauf, Frankfurter Straße 35, 64720 Michelstadt (Odenwald), Telefon: 0 60 61/7 24 25, Fax: 92 55 89, Internet: www.koziol-factory-outlet.de.

Öffnungszeiten
Freitag 14.00 bis 18.00 Uhr, Samstag 10.00 bis 18.00 Uhr, Sonderöffnungszeiten vor Weihnachten und Pfingsten.

Anreise
Michelstadt liegt im Odenwald zwischen Eberbach und Dieburg. B45 von Dieburg/Groß Umstadt kommend, hinter dem Ortseingang nach 200 m auf der linken Seite. Hinweisschild „Alte Koziol-Fabrik" beachten.

289

DANIEL HECHTER
P A R I S

LAGERFELD

Seit 1977 besteht die Symbiose zwischen Créateur Daniel Hechter und Hersteller Otto Aulbach GmbH in Miltenberg. Prêt à vivre – bereit zu leben – das ist die selbstgewählte Devise Hechters und so ist auch seine Mode: unkonventionell und erfrischend anders, ein komplettes Bekleidungsprogramm für alle Tageszeiten und Anlässe. Auch die komplette Karl-Lagerfeld-Herrenkollektion wird angeboten.

Erfrischend anders

Warenangebot

Ware 1. Wahl und Ware der aktuellen Saison. Herrenanzüge, -sakkos, -mäntel, -sportswear (Jeans, Shirts, sportliche Hemden), Lederjacken, modische Parkas, Blousons, Hemden, Krawatten und Gürtel. Große Auswahl an Damenbekleidung.

Ersparnis

40% auf aktuelle Ware, 2. Wahl und ältere Ware noch günstiger.

Ambiente

Professioneller Fabrikverkauf. EG: Anzüge, Sakkos, Hosen, Mäntel. 2. OG: Sportswear, Lederjacken, Hemden, Pullover, Krawatten. Kellergeschoss: 2.-Wahl-Ware. EC-Karte und VISA werden bei regulärer Ware akzeptiert. Im 2.-Wahl-Verkaufsshop weiterhin nur Barzahlung.

Adresse

Miltenberger Otto Aulbach GmbH, Frühlingstraße 17, 63897 Miltenberg, Telefon: 0 93 71/4 00 00, Fax: 8 06 67.

Öffnungszeiten

Dienstag bis Freitag 11.00 bis 19.00 Uhr, Samstag 9.00 bis 18.00 Uhr.

Anreise

A3 von Frankfurt kommend, Ausfahrt Miltenberg/Obernburg, bis Ortsende Miltenberg auf der Eichenbühler Straße fahren. Links vor der Möbelfabrik Rauch, nach rückwärts versetzt: Miltenberger.

drabert

EINKAUFS-GUTSCHEIN

Das Mindener Traditionsunternehmen Drabert wurde 1889 als Schmiede gegründet. Drabert ist seitdem Vorreiter in Sachen Ergonomie und Funktionalität, dies u.a. durch die Entwicklung des ersten Stahlrohr-Drehstuhls mit Mittelsäule für die Deutsche Reichspost im Jahre 1922. Die Firma verbindet Sitzform mit Design und produziert Schmuckstücke fürs Büro.

Nur fürs Büro zu schade

Warenangebot
Bürodrehstühle, Konferenzstühle und Besucherstühle sowie Tischanlagen. In den Verkauf gelangen Auslaufmodelle, Überproduktionen, Möbel aus Foto-Shootings, Bemusterungen und Rücknahmen.

Ersparnis
Bis zu 40 %.

Ambiente
Der Verkauf findet in der Produktionshalle statt. Stühle stehen in Regalen; sie werden zur Prüfung heraus genommen. Probesitzen ist selbstverständlich.

Adresse
Drabert GmbH, Cammer Straße 17, 32423 Minden-Päpinghausen, Telefon: 05 71/38 50-0.

Öffnungszeiten
Montag bis Donnerstag 13.00 bis 17.00 Uhr, Freitag 9.00 bis 15.00 Uhr.

Anreise
A2 Bielefeld–Hannover, Ausfahrt 33, Porta Westfalica. Auf der B482 Richtung Minden und Nienburg (rechts liegt das Porta Berghotel) bis zur Ausfahrt Minden-Ost. Dort abfahren und links unter der Bundesstraße hindurch. Die Cammer Straße biegt gleich dahinter links ab ins Industriegebiet.

Viel Fantasie und kluge Ideen stecken in den außergewöhnlichen Produkten der Kindermarke sigikid: Kuscheliges zum Spielen, Verrücktes zum Verschenken und Praktisches zum Anziehen — das alles gibt es im Fabrikverkauf zu sehr günstigen Preisen.

Ein Klecks für Kinder

Warenangebot
Baby- und Kindermode (Gr. 62 bis 152), Kuscheltiere. Auslaufware und Kollektionen aus früheren Saisons (1. Wahl), Ware mit kleinen Fehlern (2. Wahl). Sehr gut sortiert nach Größen. Kurzwaren (Knöpfe, Bänder etc.), Bekleidungsstoffe (nicht immer im Sortiment).

Ersparnis
30 %, teilweise bis 50 %.

Ambiente
900 m² Ladenfläche, sehr großzügig und hell. Spielecke, Getränkeautomat, kinderwagenfreundlich, Parkplätze.

Besonderheiten
Integrierter Shop mit aktuellem Spielwaren-Sortiment zu regulären Preisen.

Adresse
Sigikid, H. Scharrer & Koch GmbH & Co. KG, Am Wolfsgarten 8, 95511 Mistelbach. Telefon: 0 92 01/70 90 oder 70 89, E-Mail: family@sigikid.de, Internet: www.sigikid.de.

Öffnungszeiten
Mittwoch bis Freitag 10.00 bis 18.00 Uhr, Samstag 10.00 bis 14.00 Uhr.

Weitere Verkaufsstelle
● 72555 **Metzingen**, Outlet Center Samtfabrik, Nürtinger Straße 63, Telefon: 0 71 23/97 23 10, Fax: 9 72 31-11.

Anreise
A9, Ausfahrt BT-Nord, durch Bayreuth hindurch, B22 Richtung Hollfeld. Nach dem Ortsende von Bayreuth links Richtung Mistelbach. In Mistelbach am Ortsausgang links.

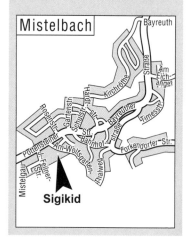

CINQUE

Hier gehen Deutschland und Italien eine Idealverbindung ein. Die Marke ist deutsch und das durchaus mit italienischem Schick!

Rheinland-Italiener

Warenangebot
Damen-, Herren- und Freizeitbekleidung sowie Schuhe. Aktuelle und Vorsaisonware, Musterteile und 2. Wahl.

Ersparnis
30 bis 50 %, Einzelteile bis 70 %.

Ambiente
Elegantes Outlet auf 1000 m². Übersichtliche Warenpräsentation, Umkleidekabinen, fachkundiges Personal.

Adresse
Cinque Moda GmbH - Store Outlet, Am Kämpchen 9-13/Berliner Platz 1, 41061 Mönchengladbach, Telefon: 0 21 61/18 07 09.

Öffnungszeiten
Montag bis Freitag 10.00 bis 19.00 Uhr, Samstag 9.00 bis 18.00 Uhr.

Weitere Verkaufsstellen
● 04109 **Leipzig**, Kupfergasse 2, Telefon: 03 41/2 24 80 46.

● 21337 **Lüneburg-Schützenplatz**, Bleckeder Landstraße 24, Telefon: 0 41 31/88 71 68.

● 72555 **Metzingen**, Wilhelmstraße 3-5, Telefon: 0 71 23/16 26 36.

● 85055 **Ingolstadt**, Schölnhammerstraße 25, Telefon: 08 41/5 80 64.

● NL-6041 **Roermond**, McArthurGlen Designer Outlet Center Roermond, Stadsweide 2, Telefon: 00 31/4 75/33 77 87.

Anreise
A52, Ausfahrt 8. Mönchengladbach-Nord. Richtung Mönchengladbach-Zentrum bis zur Sparkasse. Dort an der Ampel rechts. 2. Ampel am Berliner Platz rechts in die Fliethstraße. Der Verkauf ist rechts, Ecke Am Kämpchen. Oder: A61, Ausfahrt 10, Mönchengladbach-West. Auf der B230, später B59 Richtung Zentrum, dann halb links Richtung Korschenbroich in die Fliethstraße.

Van Laack hat vornehme Verwandtschaft bekommen. Inzwischen steht C. von Daniels hinter dieser Supermarke und das tut van Laack gut. Das Angebot ist noch besser geworden, als es ohnehin schon war.

von Daniels mit dabei

Warenangebot

Damen- und Herrenbekleidung: Hemden, Blusen, Pullover, Hosen, Sakkos, Anzüge, Tag- und Nachtwäsche, Bademoden, Strümpfe, Schuhe, Schals und Accessoires. Alles Topmarken vom Feinsten. 1. und 2. Wahl (hat kaum sichtbare Fabrikationsfehler).

Ersparnis

1. Wahl 10 bis 15 %, bei Sonderaktionen auch bis zu 50 %. 2. Wahl bis ca. 70 %.

Ambiente

Edle Ware, edler Laden und jetzt auch eine edle Adresse, deren Name die Fußballerherzen höher schlagen lässt.

Adresse

Van Laack-Shop, Hennes-Weisweiler-Allee 25, 41179 Mönchengladbach-Dorthausen, Telefon: 0 21 61/35 70.

Öffnungszeiten

Montag bis Freitag 10.00 bis 19.00 Uhr, Samstag 10.00 bis 18.00 Uhr.

Anreise

A61 Kerpen–Venlo, Ausfahrt Mönchengladbach-Holt. Auf der B57 Richtung Erklenz. Nach ca. 1,5 km rechts in die Straße „Am Borussiapark" abbiegen, rechts in die Dr.-Adalbert-Jordan-Straße. Die Hennes-Weisweiler-Allee kreuzt diese Straße.

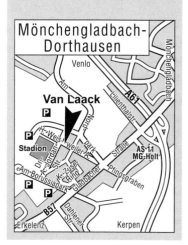

Die Firma Traveller gehört seit 1919 zu den führenden Herstellern von Lederwaren. Sorgfältigste Verarbeitung und beste Materialien sind selbstverständlich. Die Lederwaren zeichnen sich durch hohe Funktionalität aus.

Feine Lederwaren

Warenangebot

Die Marken Traveller, Otto Kern und Bugatti prägen den Fabrikverkauf. Kollektions- und Musterteile, Auslaufmodelle, Restposten und 2.-Wahl-Ware. Business- und Aktentaschen, Reisegepäck, Otto-Kern-Damenhandtaschen, klassisch und modisch, Kleinlederwaren, Gürtel.

Ersparnis

30 bis 50%. Mehrmals jährlich Verkaufsveranstaltungen mit besonderen Preisaktionen.

Ambiente

Übersichtliche Warenpräsentation auf 350 m², fachkundige Beratung, angenehmes Ambiente, Parkplätze.

Adresse

Traveller, Jean Weipert GmbH, Kolpingstraße 18, 63165 Mühlheim-Lämmerspiel, Telefon: 0 61 08/90 42 26, Fax: 7 79 41. Internet: www.traveller-werkverkauf.de.

Öffnungszeiten

Montag bis Freitag 10.00 bis 18.00 Uhr, Samstag 10.00 bis 15.00 Uhr.

Anreise

A3 Frankfurt–Würzburg, Ausfahrt Hanau. In Richtung Hanau fahren. Danach auf der linken Spur Richtung Steinheim halten. Links Richtung Lämmerspiel. Am Ortseingang Lämmerspiel 2. Straße rechts (Stauffenbergstraße), dann 2. Straße links in die Kolpingstraße.

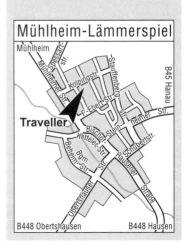

Münchberg in Oberfranken hat eine große Tradition als Weber- und Textilstadt. Das Unternehmen gehört zu den führenden Herstellern von Heimtextilien und Dekostoffen. Es ist bekannt für Markenqualität zu erschwinglichen Preisen für ein gemütliches Zuhause.

Für schönes Wohnen

Warenangebot
Tischwäsche, Kissen, Schlaufenschals, Dekostoffe, Sofaüberwürfe, Fenstermode mit Nähservice, Tischdecken in Sondermaßen.

Ersparnis
20 bis 40%. Ständig wechselnde Sonderaktionen mit 1B-Ware.

Ambiente
„Eventhalle" in der alten Weberei, 500 m² Verkaufsfläche. Freundliche Beratung durch fachkundiges Personal. Tipp: Messen Sie vorher zuhause Ihre Tischplatte. Parkplätze direkt am Haus.

Adresse
Esprit home Werksverkauf für schönes Wohnen, Gartenstraße 25, 95213 Münchberg, Telefon: 0 92 51/89-14 48, E-Mail: foc@stoeckel-grimmler.de.

Öffnungszeiten
Montag bis Freitag 10.00 bis 18.00 Uhr, Samstag 10.00 bis 14.00 Uhr.

Anreise
A9 Nürnberg–Berlin, Ausfahrt Münchberg-Süd. Nach Münchberg fahren. Nach der Aral-Tankstelle rechts ab in die Georg-Meister-Straße. Auf dieser Straße ca. 300 m bleiben, dann links in die Gartenstraße. Nach 300 m kommt der Fabrikverkauf.

Die BMW und MINI Jahreswagenvermittlung hält attraktive Angebote für BMW und MINI Jahres- und Gebrauchtwagen von BMW Group Mitarbeitern bereit und vermittelt den direkten Kontakt zu den Fahrzeugverkäufern. Über die Jahreswagenvermittlung können zwischen sechs und 18 Monate „junge" BMW und MINI Jahreswagen oder Gebrauchtwagen ab 19 Monate nach Erstzulassung erworben werden. Alle BMW und MINI Jahres- und Gebrauchtwagen sind ausschließlich von BMW Mitarbeitern gefahren, aus erster Hand und zu günstigen Konditionen erhältlich.

BMW/MINI Jahreswagen

Warenangebot

Die Jahres- und Gebrauchtwagen der BMW Mitarbeiter werden u.a. in der BMW Gebrauchtwagenbörse unter www.bmw-jahreswagen.de und in der MINI Gebrauchtwagenbörse unter www.MINI.de/jawa angeboten. Insgesamt stehen dort ca. 2000 Jahreswagen und 500 Gebrauchtwagen zur Auswahl. Die Jahreswagenvermittlung stellt den Kontakt zwischen dem Interessenten und dem Verkäufer her. Die Verhandlungen werden direkt mit dem Mitarbeiter geführt. Besichtigungstermine müssen ebenfalls direkt mit dem Mitarbeiter vereinbart werden.

Ersparnis

Jahreswagen sollten je nach Typ, Ausstattung und gefahrenen Kilometern zwischen 15 und 30% (Gebrauchtwagen darüber hinaus) günstiger sein als der Neuwagen.

Besonderheiten

Die BMW und MINI Jahreswagenvermittlung ist von Montag bis Sonntag von 8.00 bis 22.00 Uhr erreichbar.

Adresse

BMW AG, BMW Kundenbetreuung/ BMW und MINI Jahreswagenvermittlung, 80788 München, Telefon: 01 80/ 3 18 33 18, Fax: 0 89/38 2-6 83 87, E-Mail: jawa@bmw.de, Internet: www.bmw-jahreswagen.de oder www.MINI.de/jawa.

Das Unternehmen ist Deutschlands größter Hersteller von Stil- und Furnier-Rahmen. Es werden alle Arten von Stilrahmen gefertigt – auch geschnitzt – in jeder gewünschten Größe. Auf 500 m² Ausstellungsfläche über 7000 Gemälderahmen in Normgrößen auf Lager.

Alles im Rahmen

Warenangebot
Stil- und Furnierrahmen in mehr als 500 verschiedenen Ausführungen und Tönungen bis hin zu Originalmodellen aus alter Zeit. Glas und Passepartouts. Große Auswahl an Spiegeln, Postern, Gemälden, Stichen, Kunstdrucken und Ölgemälden.

Ersparnis
Ca. 35 bis 50 %.

Ambiente
Lagerverkauf, freundliche und kompetente Bedienung. Parkplatz im Hof.

Adresse
Europa Leisten, Dachauer Straße 15, 80335 München-Maxvorstadt, Telefon: 0 89/59 59 11, Fax: 55 59 40.

Öffnungszeiten
Montag bis Freitag 9.30 bis 19.00 Uhr, Samstag 9.30 bis 16.00 Uhr.

Anreise
Der Verkauf ist vom Hauptbahnhof München leicht und schnell zu erreichen (150 m). Am Kopfbahnhof Fernreisezüge in Richtung Norden, die Arnulf-, Hirten- und Marsstraße überqueren und in die Dachauer Straße einbiegen. Auf der linken Seite ist das Hotel King's Daneben das Schaufenster von Europa Leisten.

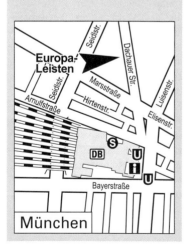

Mit 2000 Beschäftigten und einem Jahresumsatz von ca. 250 Millionen Euro ist Triumph International Marktführer unter den Wäscheherstellern in Deutschland.

Für den Körper, für die Sinne

Warenangebot

Für Damen: Tagwäsche, Nachtwäsche, Bade- und Strandmoden, Homewear, Dessous, BHs, Sport-BHs (triaction), Jugendliche Programme (BeeDees), Slip-Programme, Mamabel Still-BHs. Für Herren: Tagwäsche, Nachtwäsche, Bademoden dazu Socken und Accessoires.

Ersparnis

Ca. 20 % bis 50 % u.a. auf Auslaufmodelle, Retouren, Muster.

Ambiente

Verkauf im Gebäude der Spatenbräu-Hauptverwaltung. Ware teilweise originalverpackt oder auf Ständern wie im Fachgeschäft. Preise sind ausgezeichnet. Anprobieren nicht möglich. Ideal ist es daher, wenn man sein Triumph-Modell bereits kennt.

Adresse

Triumph International AG, Marsstraße 46-50, 80335 München-Maxvorstadt, Telefon: 01 80/4 96 09 60.

Öffnungszeiten

Montag bis Freitag 9.00 bis 18.00 Uhr, Samstag 9.00 bis 16.00 Uhr.

Weitere Verkaufsstellen

● 72555 **Metzingen**, Mühlstraße 2-6, Telefon: 0 71 23/16 58-03.

● 73430 **Aalen**, Burgstallstraße 7. Montag bis Freitag 10.00 bis 18.00 Uhr, Samstag 10.00 bis 16.00 Uhr.

● 73540 **Heubach**, Fritz-Spiesshofer-Straße 7–11. Montag bis Samstag 10.00 bis 16.00 Uhr.

Anreise

In München vom Hauptbahnhof weiter in westlicher Richtung. Die Marsstraße verläuft parallel zu den Gleisen (nördlich). Triumph befindet sich rechts neben der Brauerei Spaten.

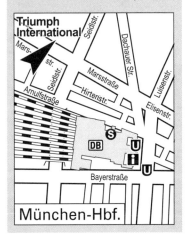

Die Computerbranche ist ein schnelllebiges Geschäft. Die Fujitsu-Siemens Computers GmbH will durch den Werksverkauf neue Kunden gewinnen.

PCs vom Feinsten

Warenangebot

Business-PCs, Consumer-PCs, Notebooks und Zubehör, Workstations, Monitore, Home Peripherals, Komponenten, Zubehör.

Ersparnis

Erheblicher Preisvorteil bei Rückläufer-Restposten, Angeboten. Regelmäßig Neuware (Retouren) besonders günstig.

Ambiente

Verkaufsräume 50 m neben Haupteingang Nord. Kompetentes Personal.

Besonderheiten

Das aktuelle Angebot der Neugeräte kann unter www.COMBAY-COMPUTER.com abgerufen werden. Versand gegen Vorauskasse. Im Shop auch Beratung und Service. Hier auch immer wieder besonders preisgünstige Geräte, die nicht im Internet-Angebot zu finden sind.

Adresse

Fujitsu Siemens Computers GmbH, Filiale München, PC Werksverkauf, Otto-Hahn-Ring 6-10, 81739 München-Neuperlach, Telefon: 0 89/6 36-4 29 82, Fax: 6 36-4 30 31, E-Mail: MUENCHEN@COMBAY-COMPUTER.com, Internet: www.COMBAY-COMPUTER.com.

Öffnungszeiten

Montag bis Freitag 11.00 bis 18.00 Uhr.

Weitere Verkaufsstelle

● 86199 **Augsburg-Haunstetten**, Bürgermeister-Ulrich-Straße 100, Hotline: 01 80/5 00 76 96 (0,12 €/Minute), Fax: 08 21/8 04 22 61, E-Mail: AUGS-BURG@COMBAY-COMPUTER.com.

Anreise

Der Verkauf ist im Südosten Münchens, U-/S-Bahn Neuperlach Süd.

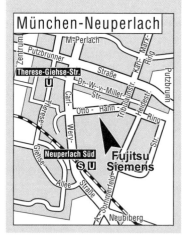

München-Neuperlach

Feine Anzüge und Kostüme nach Maß, aber ab Fabrik und zu günstigeren Preisen als Kleidung von der Stange. So lautet das Konzept, mit dem Dolzer-Chef Thomas Rattray Selkirk eine Erfolgsgeschichte schreiben will.

Auf den Leib geschnitten

Warenangebot

Herren: Mäntel, Anzüge, Westen, Sakkos, Hosen, Fräcke, Cuts, Maßhemden. Damen: Kostüme, Jacken, Röcke, Hosen, Mäntel, Hosenanzüge, Maßblusen, Accessoires, Krawatten, Tücher. Große Stoffauswahl.

Ersparnis

Anzüge und Kostüme nach Maß kosten von 158,- bis 598,- €, je nach Stoffqualität. Maßhemden und -blusen ab 45,- €.

Ambiente

Ca. 500 m² Verkaufsfläche, hell und freundlich. Beratung durch ausgebildete Maßkonfektionäre.

Besonderheiten

Die Lieferzeit für Maßbekleidung beträgt ca. sechs Wochen. Maßhemden und -blusen auch online unter www. dolzershop.com.

Adresse

Dolzer Maßkonfektionäre GmbH, Wilhelm-Wagenfeld-Straße 18, 80807 München-Schwabing, Telefon: 0 89/ 32 21 19 94, Fax: 32 21 19 96, Internet: www.dolzer.de.

Öffnungszeiten

Montag, Mittwoch und Freitag 10.00 bis

18.30 Uhr, Dienstag und Donnerstag 10.00 bis 20.00 Uhr, Samstag 10.00 bis 18.00 Uhr.

Weitere Verkaufsstellen

Siehe www.dolzer.com.

Anreise

A9 Nürnberg–München bis Autobahnende München-Schwabing. Auf den Mittleren Ring Richtung Schwabing. Nach ca. 500 m rechts in die Lyonel-Feininger-Straße, nach 200 m links, weiter bis zur Herbert-Bayern-Straße. Dort links in die Wilhelm-Wagenfeld-Straße.

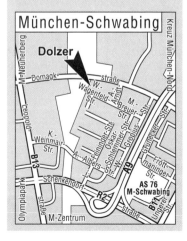

In den 30er-Jahren entdeckte Etienne Aigner die Liebe zum Leder. Daraus wuchs nicht nur ein großes Modeunternehmen sondern eine internationale Prestigemarke. Markenzeichen ist das Hufeisen, das auf keiner Handtasche, auf keinem Accessoire fehlen darf. Motto des Hauses: Form follows function with emotion. Das spürt man.

Internationale Prestigemarke

Warenangebot

Sportlich-elegante Damen- und Herrenbekleidung, vor allem aus der Vorjahreskollektion: Anzüge, Hemden, Jacken, Mäntel, Blusen, Sakkos, Kleider, Hosen. Taschen, Börsen, Schuhe, Gürtel, Parfum, Kosmetika, Krawatten, Tücher.

Ersparnis

Etienne Aigner ist auch im Lagerverkauf nicht im unteren Preissegment angesiedelt. Bei 1. Wahl liegt die Ersparnis bei ca. 40 %, bei 2. Wahl und Einzelstücken bis ca. 60 % und mehr.

Ambiente

Für einen Lagerverkauf sehr schönes, großzügiges Ambiente. Ca. 200 m² Verkaufsfläche, hell und übersichtlich gestaltet. Gute Parkplatzsituation.

Adresse

Etienne Aigner Lagerverkauf, Karl-Schmid-Straße 13, 81829 München-Trudering, Telefon: 0 89/99 19 01 71, Internet: www.aignermunich.com.

Öffnungszeiten

Montag bis Freitag 10.30 bis 19.00 Uhr, Samstag 10.00 bis 16.00 Uhr.

Anreise

A49 München–Passau, Ausfahrt Am Moosfeld (zwischen den Ausfahrten Daglfing und Messe Riem). Nach der Ausfahrt rechts ins Gewerbegebiet Am Moosfeld. So gelangt man direkt auf den Stahlgruberring oder auf den Schatzbogen. Die Karl-Schmid-Straße verbindet als Nebenstraße diese beiden Hauptstraßen. Mit öffentlichen Verkehrsmitteln: U2 bis Am Moosfeld.

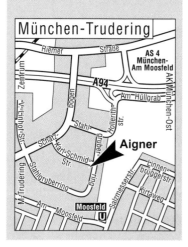

Pooh der Bär macht jedes T-Shirt munter und mit dem Micky-Stift schreibt es sich noch mal so gut. „Comic-Ware ist Zeichentrick zum Anfassen" – sagt United Labels. Doch das ist nur die halbe Wahrheit. Hier gibt es Zeichentrick auch zum Anziehen, Spielen, Sport und so weiter.

Snoopy, Micky und & Co

Warenangebot

T-Shirts, Socken, Damenwäsche, Boxer-shorts, Sweatshirts, Nachtwäsche, Kappen, Bade- und Handtücher, Bett-wäsche, Kissen, Geldbörsen, Taschen, Wecker, Uhren, Bilderrahmen, Schlüssel-anhänger, Spardosen, Spiele, Schreib-waren, Skateboards, Spiegel, Plüsch-artikel, Gläser, Tassen, Eierbecher oder Müslischalen – alles geschmückt mit Zeichentrick-Charakteren wie Simp-sons, Sponge-Bob, Disney (Micky Mouse & Co), Sesamstraße, Bugs Bunny usw.

Ersparnis

Bis 60 %.

Ambiente

Besonders bunter und lustiger und Lagerverkauf.

Adresse

United Labels AG, Gildenstraße 6, 48157 Münster-Handorf, Telefon 02 51/ 3 22 10.

Öffnungszeiten

Jeweils 1. Samstag im Monat 9.00 bis 15.00 Uhr. Vor Weihnachten zusätzliche Verkaufstage.

Anreise

A1 Dortmund–Osnabrück und A43 Wuppertal-Münster bis Kreuz Münster-Süd. Auf der B51 Richtung Münster/Warendorf/Telgte. Dem Verlauf der Bundesstraße folgen. An der Kreuzung mit dem großem Gartencenter links Richtung Han-dorf abbiegen. 1. Straße rechts ist die Gildenstraße. Der Verkauf be-findet sich auf der rechten Seite.

Mit den bekannten Marken Leifheit, Soehnle und Dr. Oetker Backgeräte im Unternehmensbereich Haushalt ist die Leifheit AG einer der führenden europäischen Anbieter von nichtelektrischen Haushaltsgeräten. Die Marken stehen für innovative Produkte mit hohem Gebrauchsnutzen und wegweisendem Design.

Ideen im Haushalt

Warenangebot

Überwiegend 2.-Wahl-Artikel aus dem gesamten Produktsortiment wie Bügelcenter, Bügeltische, Bügeltischbezüge und Zubehör, Haushaltsleitern, Klapptritte, Kleiderständer, Servier- und Beistellwagen, Wäschetrockenständer, Küchenartikel.

Ersparnis

Zwischen 20 und 50 %.

Ambiente

Ansprechende Warenpräsentation, Ware preisausgezeichnet und übersichtlich in Regalen präsentiert, sozusagen vorbildlich für Produkte, die im Haushalt für Ordnung sorgen sollen. Beratung möglich. 2.-Wahl-Artikel in Extra-Körben. Verkäuferin gibt gerne Auskunft. Parkplätze vorhanden.

Adresse

Leifheit AG Werksverkauf, Leifheitstraße, 56377 Nassau, Telefon: 0 26 04/ 97 70, Fax: 97 73 00.

Öffnungszeiten

Montag bis Freitag 13.00 bis 17.00 Uhr. Von April bis September auch Samstag 9.00 bis 12.00 Uhr. Keine Betriebsferien.

Anreise

Nassau liegt östlich von Koblenz an der B260 Koblenz–Wiesbaden. Im Ort auf der B260 bleiben. Von Wiesbaden kommend über die Lahnbrücke. Vor dem Bahnübergang rechts, ab hier ist der Weg beschildert.

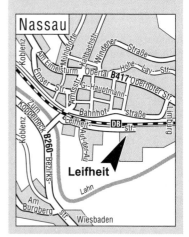

Mercedes-Benz

Wenn das keine Schnäppchen-Adresse ist: Mercedes-Benz verkauft auf Herz und Nieren geprüfte Mercedes-Benz Gebrauchtteile. Und noch ein Tipp: Hier können Sie auch Ihren alten Daimler zum Restwert abgeben (Altfahrzeugrücknahme). Es werden auch Unfallfahrzeuge angekauft.

Gebrauchtteile zum fairen Preis

Warenangebot

Mercedes-Benz-Gebrauchtteile und 2.-Wahl-Teile mit einem Jahr Garantie. Große Auswahl. Pkw- und Nutzfahrzeug-Teile sowie Fahrerhäuser.

Ersparnis

40 bis 60 %.

Ambiente

Anfragen/Bestellungen per Telefon/Fax und Internet möglich. Vor Ort: übersichtliches Lager. Ware kann direkt mitgenommen werden oder Versand. Fragen Sie auch in Ihrer Werkstatt nach Mercedes-Benz-Gebrauchtteilen.

Adresse

MB GTC GmbH, Mercedes-Benz Gebrauchtteile Center, Mörikestraße 60-64, 73765 Neuhausen auf den Fildern, Telefon Verkauf Teile: 07 11/1 77 00 00, Fax: 1 77 00 39, E-Mail: verkauf@ mbgtc.de, Internet: www.mbgtc.de

Öffnungszeiten

Montag bis Freitag 8.00 bis 17.30 Uhr, Samstag 9.00 bis 13.00 Uhr.

Anreise

A8 München–Stuttgart, Ausfahrt Esslingen. Weiter Richtung Neuhausen auf den Fildern. Auf der Plieninger Straße (Ortsumgehung von Neuhausen) geradeaus, dann links in die Scharnhäuser Straße (vor dem Sanitär-Haus Ottenbruch). Beim Blumengeschäft Pfäffle rechts in die Bernhäuser Straße. 2. Straße wieder rechts in den Benzachweg und dann links in die Mörikestraße. Anmeldung und Verkauf im hinteren Gebäude an der Südwestseite.

Wir sind Knabbern.

Lorenz Snack-World ist einer der führenden Hersteller von salzigen Snacks. „Wir sind knabbern", lautet das Motto, unter dem seit Neuestem mit dem Lorenz-Logo geworben wird. Dies unterstreicht auch die Produktpalette, die die bekannten Marken Crunchips, Nicnac's, ErdnussLocken und viele andere umfasst.

Der Ruf verpflichtet

Warenangebot

Alle Snack-Produkte der Lorenz Snack-World, auch eine Auswahl hochwertiger Schokoladenspezialitäten sowie Kuchen und Gebäck von Bahlsen, Gubor und Feodora.

Ersparnis

30 bis 50 %. Sonderangebote zum Teil noch günstiger.

Ambiente

Angenehmer Laden mit übersichtlicher Warenpräsentation und freundlichem Verkaufspersonal.

Adresse

Fabrikladen Lorenz Snack-World, Hermannstraße 34A, 63263 Neu-Isenburg, Telefon: 0 61 02/81 66 93.

Öffnungszeiten

Montag bis Freitag 10.00 bis 18.00 Uhr, Samstag 9.00 bis 13.00 Uhr.

Weitere Verkaufsstellen

● 29386 **Hankensbüttel**, Am Thorenkamp 5, Telefon: 0 58 32/97 06 05.
● 49424 **Goldenstedt**, Barnstorfer Straße 1-3, Telefon: 04 44/9 63 30.
● 60314 **Frankfurt-Ostend**, Hanauer Landstraße 150, Telefon: 0 69/94 94 36 62.
● 88131 **Lindau-Reutin**, Steigstraße 29, Telefon: 0 83 82/9 47 90 80.
● 92431 **Neunburg vorm Wald**, Industriestraße 11, Telefon: 0 96 72/4 60.

Anreise

A5 oder A661, Ausfahrt Neu-Isenburg, B44 nach Neu-Isenburg. Über die Frankfurter und die Rathenaustraße in die Hermannstraße.

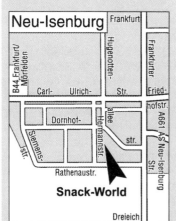

WorldShop

⊙ Lufthansa

Unter dem Motto Travel, Trends & Taste präsentiert das Lufthansa WorldShop Outlet in Neu-Isenburg ausgewählte, hochwertige Markenprodukte, die nicht nur das Reisen angenehmer machen. Auf einer Verkaufsfläche von 140 m² gibt es eine große Auswahl an reisespezifischen Produkten mit und ohne Lufthansa-Logo zum Anfassen und Ausprobieren.

Von Piloten geliebt

Warenangebot

Lifestyle-Produkte und hochwertige Reiseaccessoires wie z.B. Rimowa-Koffer mit Lufthansa-Logo, Handtaschen u.a. von Bogner und Bric's, Pilotenkoffer, Aktenkoffer, Laptoptaschen, Trolleys, Kleidersäcke etc., Sportgepäckserien z.b. für die Golfausrüstung, Reisebekleidung von Schöffel, Pilotenlederjacken, Flugzeugmodelle, Spielwaren, Uhren und Schmuck.

Ersparnis

Auf monatlich wechselnde Aktionsangebote bis zu 35% Rabatt, teilweise mehr. Auf das übrige Sortiment 10% Rabatt.

Adresse

WorldShop Lufthansa Outlet, Schleussnerstraße 54, 63263 Neu-Isenburg, Telefon: 0 61 02/88 48 86, Internet: www.lh-worldshop.com.

Öffnungszeiten

Montag bis Freitag 10.00 bis 19.00 Uhr, Samstag 10.00 bis 16.00 Uhr.

Weitere Verkaufsstelle

● 33698 **Bielefeld-Sennestadt**, Edisonstraße 15, Telefon: 0 52 05/15-4 00.

Anreise

A3 Frankfurt–Würzburg, Ausfahrt Neu-Isenburg. Auf der B44 Richtung Neu-Isenburg, Ausfahrt Heusenstamm/Neu-Isenburg. An der 3. Ampel rechts in die Siemensstraße, danach gleich wieder links in die Schleussnerstraße. Die Schleussnerstraße ist eine Parallelstraße zur Carl-Ulrich-Straße.

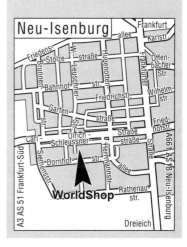

Paradies

Seit über 150 Jahren werden hochwertige Bettwaren in bewährter Familientradition am Niederrhein gefertigt. Die Marke Paradies steht für Produkte, die gesunden Schlaf garantieren oder für Gemütlichkeit zu Hause sorgen.

Erholsamer, gesunder Schlaf

Warenangebot
Betten, Kissen, Matratzen für Erwachsene und Kinder. Steppbetten mit Textilfaserfüllung oder Naturfasermischungen, Daunenbetten, Kissen mit verschiedenen Füllungen, Spezialkissen, Unterbetten, Matratzenauflagen, Federholzrahmen, Pflegebettsysteme, Bettgestelle, Schlafsäcke, Bettüberwürfe, Bettwäsche, Decken, Tag- und Nachtwäsche, Bademäntel, Frottierwaren, Badteppiche, Körperpflegemittel.

Ersparnis
Ca. 30 bis 50 %, teilweise deutlich mehr.

Ambiente
Sehr einfacher, sparsam eingerichteter Laden hinter dem Hauptgebäude. Fachberatung, separater Raum für Liegetests bei Matratzen. Parkmöglichkeiten.

Adresse
Paradies Shop, Rayener Straße 14, 47506 Neukirchen-Vluyn, Telefon: 0 28 45/20 30.

Öffnungszeiten
Montag, bis Mittwoch 14.00 bis 17.00 Uhr, Donnerstag 11.00 bis 13.00 und 14.00 bis 18.00 Uhr, Freitag 14.00 bis 18.00 Uhr, Samstag 10.00 bis 13.00 Uhr.

Weitere Verkaufsstellen
● 30419 **Hannover-Marienwerder**, Merkurstraße 9, Telefon: 0511/27 87 22.
● 71364 **Winnenden**, Brückenstraße 9, Telefon: 0 71 95/18 06 52.

Anreise
A40, Ausfahrt Neukirchen-Vluyn, Richtung Vluyn, dort auf den Nordring, von dort links in die Rayener Straße.

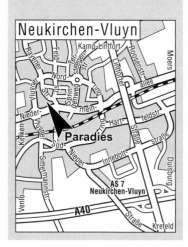

Fast 70 Jahre Rolly Toys. Erinnern Sie sich an die lustigen Stehaufmännchen, die auch heute noch aus keinem Kinderzimmer wegzudenken sind? Damit begann der Aufstieg des oberfränkischen Unternehmens, das durch besonders innovative und originelle Produkte Weltgeltung in der Spielzeugbranche besitzt. Sehr früh erkannte man hier das Thema Sicherheit von Kinderspielzeug. Das reicht von der Physik bis zur Chemie. Die Fahrzeuge kippeln nicht, sie sind stabil. Sämtliche Farben und Beschichtungen sind frei von Blei und Cadmium.

Traktoren-Spezialist

Warenangebot
Hauptsächlich 1.-Wahl-Ware. Dreiräder, Roller, Kinderbagger, rolly cars mit Flüsterreifen, Dreiradfahrzeuge, Traktoren und Zubehör, Schlitten, Bobs, Spiele für draußen, Stehauf-Clowns.

Ersparnis
Ca. 20 bis 30 %.

Ambiente
Direkt neben dem Werk gelegener Verkaufsraum. Gute Parkmöglichkeiten direkt auf dem Fabrikgelände. Daneben befindet sich das Museum der Deutschen Spielzeugindustrie.

Adresse
Rolly Toys, Franz Schneider GmbH & Co. KG Werk I, Siemensstraße 13-19, 96465 Neustadt bei Coburg, Telefon: 0 95 68/ 8 56-0, Fax: 8 56-190, E-Mail: info@ rollytoys.de, Internet: www.rollytoys.de.

Öffnungszeiten
Montag bis Donnerstag 7.30 bis 12.00 und 13.00 bis 16.30 Uhr, Freitag 7.30 bis 12.00 Uhr. Samstag geschlossen.

Anreise
Auf der B303 aus Richtung Coburg kommend nach Neustadt. Hier auf die Coburger Straße, abbiegen in die Mühlenstraße, weiter in die Austraße, geradeaus und weiter in die Siemensstraße.

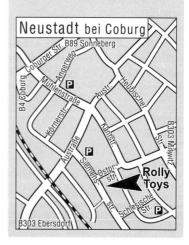

 # Nachtmann

Die Hauptattraktion in Neustadt an der Waldnaab ist der Fabrikverkauf der F. X. Nachtmann Bleikristallwerke. Erlesenes erschwinglich machen – so lautet die Maxime der Firma, die hochwertige Trinkglasgarnituren anbietet.

View on Crystal

Warenangebot
Große Auswahl in 2. Wahl. Trinkglasgarnituren, Vasen, Kerzenleuchter, Geschenkartikel und Wohnaccessoires von Nachtmann und Marc Aurel, Leuchter.

Ersparnis
Ca. 40% unter Ladenverkaufspreis. „Schnäppchen" und Restposten bis über 50%. Sonderverkäufe.

Ambiente
Verkauf neben dem Fabriktor (rote Türe), fachkundiges Personal. Großer Parkplatz.

Besonderheiten
In Neustadt an der Waldnaab gibt es neben dem echten Fabrikverkauf von Nachtmann auch interessante Ladengeschäfte, in denen Glas und Porzellan angeboten werden. Als Richtschnur für Vergleiche eignen sich die Preise hier.

Adresse
F. X. Nachtmann Bleikristallwerke GmbH, Zacharias-Frank-Straße 7, 92660 Neustadt/Waldnaab, Telefon: 09602/30 11 76, Internet: www.nachtmann.de.

Öffnungszeiten
Montag bis Freitag 9.00 bis 18.00 Uhr, Samstag 9.00 bis 14.00 Uhr.

Weitere Verkaufsstellen
● 94227 **Zwiesel**, Kristallerie Nachtmann, Theresienthal 51, Telefon: 0 99 22/60 96 17, Fax: 60 96 16.
● 94518 **Spiegelau**, Hauptstraße 2-4, Telefon: 0 85 53/2 41 91, Fax: 9 10 47.
● 94566 **Riedlhütte**, Glashüttenstraße 1, Telefon: 0 85 53/2 524 30.

Anreise
A93, Ausfahrt Neustadt/Altenstadt, durch Altenstadt Richtung Neustadt, dort den Wegweisern zur Firma folgen.

Jérome Leplats oberstes Prinzip ist es, edle Materialien zu hochwertigen Lederwaren zu verarbeiten.

Das Original

Warenangebot
Reisetaschen, Damenhandtaschen, Herrentaschen, Kulturtaschen aus Leder, Ledertaschen und -beutel, Kosmetikkoffer, große Auswahl an Kleinlederwaren, Krawatten, Tücher, Gürtel.

Ersparnis
Ca. 20 bis 40 %.

Ambiente
Präsentation wie in einem Fachgeschäft. Fachkundige Beratung und Preisauszeichnung, Kataloge sind erhältlich, jedoch nicht von allen Artikeln 2.-Wahl-Angebote.

Besonderheiten
Jérome-Leplat-Artikel sind Waren im oberen Preissegment. Hier ist Ware mit kaum erkennbaren Fehlern günstig zu erwerben. Großes Angebot auch an Geschenkartikeln.

Adresse
Jérome Leplat, Max-Eyth-Straße 39, 89231 Neu-Ulm-Offenhausen, Telefon: 07 31/7 25 37-10.

Öffnungszeiten
Dienstag bis Freitag 9.00 bis 12.00 und 14.00 bis 18.00 Uhr oder nach Vereinbarung.

Anreise
Von der A8 aus Stuttgart oder München kommend: Ausfahrt Ulm-West, Richtung Ulm, Ausfahrt Neu-Ulm. Dann links, immer geradeaus. Nach der 3. Ampel: rechts Schild Max-Eyth-Straße. Diesem folgen, dann rechts. Auf der Max-Eyth-Straße immer geradeaus, über eine Ampelanlage, Firma dann nach ca. 450 m. Von der A7 aus Richtung Kempten/Lindau kommend: Autobahndreieck Hittistetten, Richtung Senden, Neu-Ulm. Nach ca. 10 km Ausfahrt Neu-Ulm, weiter s.o.

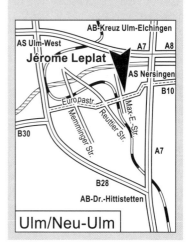

 **outlet**

Wenn Einzelhändler Pleite machen und beim Hersteller geordete Ware nicht mehr abnehmen können oder aber Konkursverwalter die Bestände einer Boutique-Kette veräußern müssen, landet die Ware häufig bei Krause. Die dort angebotene Mode stammt aus Einkäufen bei Herstellern oder Konkursverwaltern, aus Liquiditätsengpässen oder ist Saisonware renommiertester Fachgeschäfte.

Reste-Schnäppchen

Warenangebot
Damen- Herren- und Kinderkleidung. Edle Designer-Marken wie z.B. Versace, Escada, Jacques Britt, Otto Kern, René Lezard, Cerisi, Rena Lange usw. in wechselnden Mengen vorrätig.

Ersparnis
60 bis 80 %. Auf Sonderständern Ware mit weiteren 20 bis 50 % Nachlass.

Ambiente
3000 m² große Verkaufshalle mit klar gegliedertem Warenangebot. Der Clou ist das interaktive Schaufenster (permanente Modenschau auf einer Fördereinrichtung, die Reservierung und Kauf durch Ausschleusen der Ware im 24h-Betrieb ermöglicht). Mittwoch Ladys-Day, Samstag Familientag. Snacks und Getränke kostenlos.

Adresse
Krause-Outlet GmbH, Rurbenden 36, 52382 Niederzier-Huchem-Stammeln, Telefon: 0 24 28/80 92-0.

Öffnungszeiten
Montag bis Freitag 10.00 bis 19.00 Uhr, Samstag 10.00 bis 16.00 Uhr.

Anreise
A4 Aachen–Köln, Ausfahrt Düren. Auf der B56 Richtung Jülich. Nach wenigen Metern in die Straße Talbenden rechts ins Industriegebiet abbiegen. 1. Möglichkeit links ist die Straße Rurbenden.

STRENESSE

Die Kollektionen von Gabriele Strehle stehen für die leisen Töne: versteckter Luxus, überlegene Schnittführung, einzigartige Stoffe, beste Qualität.

Designermode mit Gefühl

Warenangebot

Sehr große Auswahl an Damen- und Herrenbekleidung, gutes Sortiment an Schuhen und Accessoires.

Ersparnis

30 bis 50%. Bei Saisonschlussverkäufen zusätzliche Reduzierung.

Ambiente

Heller, großzügiger Verkaufsraum, Ware übersichtlich präsentiert, mit vielen Umkleidekabinen.

Besonderheiten

Nördlingen ist eine der schönsten mittelalterlichen Städte in Deutschland.

Adresse

Strenesse AG, Gewerbestraße 10-14, 86720 Nördlingen, Telefon: 0 90 81/80 72 20, E-Mail: info@strenesse.com, Internet: www.strenesse.com.

Öffnungszeiten

Dienstag und Mittwoch 10.00 bis 18.00 Uhr, Donnerstag und Freitag 10.00 bis 20.00 Uhr, Samstag 10.00 bis 17.00 Uhr.

Weitere Verkaufsstellen

● 66482 **Zweibrücken**, Designer Outlets Zweibrücken, Londoner Bogen 10-90, Telefon: 0 63 32/48 28 75.

● 72555 **Metzingen**, Lindenplatz 3, Telefon: 071 23/7 20 00.

● 85055 **Ingolstadt-Feldkirchen**, Ingolstadt Village, Otto-Hahn-Straße 1, Unit 34/35, Telefon: 08 41/93 15 94 20.

● 97877 **Wertheim-Dertingen**, Wertheim Village, Almosenberg, Unit 75, Telefon: 0 93 42/85 90 72.

Anreise

A7 Würzburg–Ulm, Ausfahrt 114, Aalen-Westhausen. Über Bopfingen nach Nördlingen. In Nördlingen Richtung Wemding ins Industriegebiet. Der Verkauf ist gut ausgeschildert.

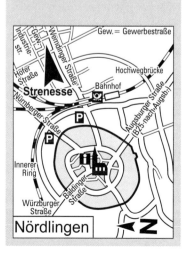

WILVORST

Artikel der Firma Wilvorst hat so ziemlich jeder schon einmal gesehen. Und wenn es nur beim werbepausenbedingten Umschalten beim Fernsehen war, denn Wilvorst hat früher die Moderatoren und Quizmaster des privaten Fernsehsenders SAT1 ausgestattet und auch den Bräutigam in der RTL-Traumhochzeit.

Mister Smoking

Warenangebot
Sportlich bis klassische Herrenmode, festliche und Gesellschaftsbekleidung für den Herrn. Von mittlerer bis hoher Qualität in 1. und 2. Wahl. Anzüge, Sakkos, Hosen, Smokings, Mäntel, Blousons, Lederbekleidung, Hemden, Accessoires und Pullover.

Ersparnis
30 bis 50 %.

Ambiente
Typischer Fabrikverkauf mit etwas lagerartiger, aber freundlicher Atmosphäre und sachkundiger Beratung, wenn diese gewünscht wird.

Adresse
Wilvorst Herrenmoden GmbH, Breslauer Straße 7, 37154 Northeim, Telefon: 0 55 51/70 10.

Öffnungszeiten
Mittwoch bis Freitag 15.00 bis 18.00 Uhr, Samstag 9.30 bis 13.00 Uhr.

Anreise
In Northeim am Ortsausgang auf der B3 Richtung Göttingen, auf der rückwärtigen Seite des Firmengebäudes.

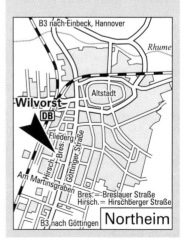

Die Firma Magazinmodevertrieb besteht als inhabergeführter und konzern-
unabhängiger Damenbekleidungshersteller seit 1986. Unter dem Label Fox's
werden im gehobenen Fachhandel hochwertige, feminine Kollektionen angeboten. Für das Design in der typisch zurückhaltenden Fox's-Handschrift
zeichnet Designerin Simone Brehm verantwortlich.

Feminine Kollektionen

Warenangebot
Kleider, Jacken, Röcke, Kostüme, Mäntel,
Hosen, Pullover, T-Shirts. Immer ca.
5000 Teile vorrätig. Saisonüberhänge,
Musterteile, Kollektionsmuster, Einzel-
teile aus der aktuellen Kollektion.

Ersparnis
Aktuelle Teile ca. 35 bis 40%. Second
Season-Mode ca. 50 bis 70%. Zweimal
pro Saison Aktionswochen mit zusätzli-
chen hohen Rabatten über das gesamte
Sortiment. In der Kundenkartei ver-
merkte Kunden erhalten zusätzliche
Vergünstigungen.

Ambiente
Ca. 200 m² große Halle mit Fabrik-
hallenflair. 7 Umkleidekabinen, kompetente, freundliche Beratung, übersichtliche Präsentation, Ware nach Größen
geordnet. Kostenlose Parkplätze. Bezahlen mit EC-Karte möglich.

Adresse
Fox's/Magazinmodevertrieb,   Hugo-
Junkers-Straße 15, 90411 Nürnberg-
Marienberg, Telefon: 09 11/3 78 01 79,
Fax: 3 78 07 99, E-Mail: mailto@foxs-
mode.de, Internet: www.foxs-mode.de.

Öffnungszeiten
Donnerstag und Freitag 9.30 bis 20.00
Uhr, Samstag 9.30 bis 16.00 Uhr.

Anreise
A3 Nürnberg–Würzburg, Ausfahrt
Nürnberg-Nord. B2 Richtung Nürn-
berg-Zentrum. Nach der Ortsein-
fahrt Nürnberg halb rechts in den
Bierweg. Ziegelsteinstraße überqueren und geradeaus in die Marien-
bergstraße. Nach ca. 600 m rechts in
die Hugo-Junkers-Straße.

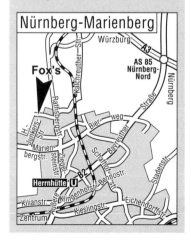

Betty Barclay   GIL BRET   Vera Mont

Neben der Marke Betty Barclay, die für Coordinates, Outdoor-Bekleidung, Hosen und Strickmode steht, gibt es im Fabrikverkauf noch zwei andere Marken des Unternehmens: Gil Bret mit Mänteln, Jacken und Coordinates, Vera Mont zeigt Cocktail- und Abendmode.

Beliebte Marken

Warenangebot
Damenbekleidung wie Kostüme, Hosenanzüge, Strickwaren, Jacken und Mäntel. 1. und 2. Wahl der aktuellen Saison. Betty Barclay-Düfte, Taschen, Schuhe und andere Accessoires.

Ersparnis
30 % auf 1. Wahl, bis zu 50 % auf 2. Wahl.

Ambiente
Großer, heller Verkaufsraum mit 1600 m² Verkaufsfläche, übersichtlich sortiert, Preisauszeichnung, Umkleidekabinen. Parkplätze vorhanden.

Adresse
Unternehmensgruppe Betty Barclay, Max-Berk-Straße, 69226 Nußloch, Telefon: 0 62 24/9 00-2 07, Internet: www.bettybarclay.de.

Öffnungszeiten
Montag bis Samstag 10.00 bis 18.00 Uhr.

Anreise
A5 Frankfurt–Karlsruhe, Ausfahrt 38, Heidelberg/Schwetzingen. Weiter Richtung Heidelberg. Auf der B535 Richtung Leimen. Rechts ab auf die B3 Richtung Bruchsal bis zur Ausfahrt Industriegebiet Nußloch. Oder A5 Karlsruhe–Frankfurt, Ausfahrt 39, Walldorf-Wiesloch. Weiter Richtung Wiesloch, auf der B39 bis zur B3 Richtung Heidelberg. Dieser folgen bis zur Ausfahrt Industriegebiet Nusloch. Betty Barclay ist in Nußloch beschildert.

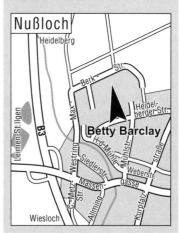

Admont besticht geradezu durch perfekte Verarbeitung und Eleganz. Der Spezialist für sportliche und elegante Trachtenmode ist sogar im Nobelskiort Vail/Colorado vertreten.

Der Loden für die feine Dame

Warenangebot
Loden- und Lederbekleidung, Outdoor-Jacken, Röcke, Hosen, Blusen, Jacken, Pullover, Tücher, Schals, (Kurz-)Mäntel, Westen, Knöpfe, Stoffe, Strickjacken, Hüte. Hauptsächlich 1.-Wahl-Ware aus Restposten, Überhängen, Musterteilen; keine Billigware.

Ersparnis
Ca. 30 bis 40 %, bei „Specials" bis 60 % Ersparnis.

Ambiente
Ein roter Teppich führt Sie in den ca. 400 m² großen Verkaufsraum in einem ehemaligen Elektrizitätswerk. Die Ware ist übersichtlich präsentiert und preisausgezeichnet. Die wenige 2.-Wahl-Ware ist gekennzeichnet. Drei Umkleidekabinen und Schließfächer. Ca. zehn Parkplätze vor dem Eingang.

Besonderheiten
Die Ware ist vom Umtausch ausgeschlossen.

Adresse
Admont Moden GmbH, Jahnstraße 7, 97199 Ochsenfurt, Telefon/Fax: 0 93 31/ 73 43.

Öffnungszeiten
Mittwoch bis Freitag 10.30 bis 18.00 Uhr, Samstag 10.00 bis 14.00 Uhr.

Anreise
A3 Frankfurt–München, Ausfahrt Randersacker/Ochsenfurt. Weiter auf der B13 in Richtung Ochsenfurt, Richtung Ansbach/Uffenheim, über die Mainbrücke in Richtung Altstadt/Mainklinik. Am Ende der Brücke befindet sich linker Hand ein rotes Backsteingebäude (altes E-Werk), hier ist der Fabrikverkauf.

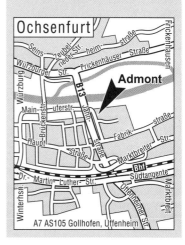

Sebastian Kneipp war Theologe, Pflanzenkundler und vor allem Menschen-freund. In seiner Lehre spielt die Heilwirkung der Pflanzen, des Wassers, der Bewegung und der Ernährung eine entscheidende Rolle für ein harmonisches und gesundes Leben.

Wohlbefinden mit Pfarrer Kneipp

Warenangebot

Hauptsächlich 2.-Wahl-Ware aus Über-produktion, Restposten und Ware in leicht beschädigter Verpackung. Tee in den unterschiedlichsten Varianten, Körperpflegeprodukte wie Hautöl, Massageöl, Badesalz, Duschbalsam, Bodylotion, Salben, Fußbalsam. Nahrungser-gänzungsmittel wie Brausetabletten.

Ersparnis

Ca. 10 % bei 1. Wahl, ca. 50 % bei 2. Wahl.

Ambiente

Kleiner Verkaufsraum. Es duftet angenehm nach den verschiedensten Essenzen. Fachkundige Verkäuferin. Parkplätze vorhanden.

Adresse

Kneipp-Werke Fabrikverkauf, Johannes-Gutenberg-Straße 8, 97199 Ochsen-furt-Hohestadt, Telefon: 09 31/8 00 20, E-Mail: info@Kneipp.de, Internet: www.Kneipp.de.

Öffnungszeiten

Dienstag und Mittwoch 10.00 bis 16.00 Uhr, Donnerstag 12.00 bis 18.00 Uhr, Freitag 10.00 bis 16.00 Uhr.

Weitere Verkaufsstelle

● 97084 **Würzburg-Heidingsfeld**, Winterhäuser Straße 85. Verkauf hat unregelmäßig geöffnet. Termine in der Main Post oder unter Tel.: 09 31/8 00 20.

Anreise

A3 Würzburg–Frankfurt, Ausfahrt Würzburg-Randersacker. B13 Richtung Ochsenfurt, weiter Richtung Winterhausen/Ochsenfurt. Durch Goßmannsdorf in das Gewerbegebiet Hohestadt. Dort erst links ab und dann rechts.

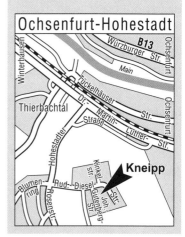

Ochtrup war schon immer ein Textilstandort. Doch dort werden keine Textilien mehr hergestellt. In die leeren Hallen wurden Fabrikverkaufs-Shops vom Feinsten eingebaut. Das Konzept, große Marken unter dem denkmalgeschützten Dach der früheren Textilfabrik direkt zu verkaufen, kam auch bei den Markenanbietern an.

Fabrik voller Marken

Warenangebot
Damen-, Herren- und Kinderbekleidung, Sportbekleidung, -artikel, Schuhe. Vertreten sind die Marken Benvenuto, Gin Tonic, Gin Tonic-Jupiter, Bianca, More & More, Ara-Schuhmode, Pampolina, PJE , Check In, Gelco, Bruno Banani, Kanz, Hirsch, Nike, Levi's/Dockers. Ware aus Vorjahreskollektionen, Produktionsüberhängen, Muster-, 1B-Artikel.

Ersparnis
30 bis 70 %.

Ambiente
16 Shops, gestaltet wie Großstadtgeschäfte in ehemaligen, klimatisierten Fabrikhallen. Das EOC wird noch weiter ausgebaut. Kinderhort für Kinder von 3 bis 12 Jahren gratis. Café Laurenz.

Adresse
Euregio Outlet Center Ochtrup, Laurenzstraße 51, 48607 Ochtrup, Telefon: jeweils Vorwahl 02553: Ara 722997, Benvenuto 720026, Bianca 973288, Bruno Banani 973260, Gelco 973267, Gin Tonic-Jupiter 973225, Hirsch 721257, More & More 720601, Nike 726780, Pampolina-Kanz 973286.

Öffnungszeiten
Montag bis Freitag 10.00 bis 19.00 Uhr, Samstag 10.00 bis 18.00 Uhr.

Anreise
A31 Bottrop–Emden, Ausfahrt Gronau/Ochtrup. B54 nach Ochtrup. 1. Ausfahrt Richtung Ochtrup, an der Gronauer Straße rechts, an der Innenstadt vorbei zur Laurenzstraße. Das EOC ist ausgeschildert.

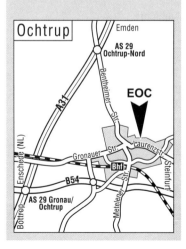

Betula ist das lateinische Wort für Birke und dieses Betula ist so etwas wie ein Ableger von Birkenstock. Bequeme und gleichzeitig modekompatible Schuhe, die auf dem bekannten Birkenstock-Fußbett stehen, ergeben die – wie Betula es beschreibt – Komfort-Sandalen.

Birkenstock plus

Warenangebot

Kinder- und Erwachsenenschuhe nach Birkenstockart, wie sie für den Fachhandel hergestellt werden. Modisch orientierte Kollektionen mit attraktivem Preis-Leistungs-Verhältnis. Material und Herstellung sind umweltschonend.

Ersparnis

1. Wahl: mindestens 10 %, meist mehr. 2. Wahl: bis zu 70 %. Stammkunden (und bei Großeinkäufen) sollten nach Gutscheinen fragen, die einen weiteren Preisnachlass von 10 % versprechen.

Ambiente

Große, helle Verkaufshalle mit guter Beratung. Die Schuhe stehen sortiert nach Art und Größen in SB-Regalen.

Besonderheit

Ausflugstipp: Die Burg Ockenfels, unübersehbar, wenn man zum Fabrikverkauf fährt, gehört zu Betula. Sie beherbergt eine öffentliche Gaststätte mit bester Aussicht über das Rheintal.

Adresse

Betula, Schuh Store, Hauptstraße 2, 53545 Ockenfels, Telefon: 0 26 44/ 60 16 96.

Öffnungszeiten

Montag bis Freitag 10.00 bis 19.00 Uhr, Samstag 9.00 bis 14.00 Uhr.

Anreise

A3 Frankfurt–Köln, Ausfahrt Bad Honnef/Linz. Richtung und durch Linz/Rhein hindurch. Kurz vor der Eisenbahnstraße rechts in die Straße Rheinhöller. Richtung Ockenfels abbiegen. Betula befindet sich im Ort, oberhalb der Burg, an der Hauptstraße.

Bogner Leather steht für eine hochwertige Kollektion ohne Verfallsdatum. Ob weiches oder strukturiertes Leder, immer werden nur die besten Materialien von ambitionierten Feintäschnern bis ins Detail perfekt verarbeitet. Außen elegant – innen funktionell.

Edles vom Feintäschner

Warenangebot
Nur Auslaufmodelle, 2.-Wahl-Ware und Lagerüberhänge von Damen-Handtaschen in feinem Leder, Kleinlederwaren, Terminplaner, Gürtel und Nylon-Gepäck. Kleine, aber feine Herren-Kollektion.

Ersparnis
30 bis 60%. Sonderverkäufe im Mai und Ende November/Anfang Dezember. Keine Billigware.

Ambiente
Freundlicher Verkaufsraum, ca. 120 m² in einer Seitenstraße bei der Messe. Sehr freundliche Bedienung mit ausgezeichnetem Fachwissen. Parkplätze auf dem Hof.

Adresse
Unlimited Accessoires GmbH & Co. KG Bogner Leather, Bettinastraße 35 (Seitenstraße bei der Messe), 63067 Offenbach am Main, Telefon: 0 69/ 8 29 93 73-27, Fax: 8 29 93 73-44.

Öffnungszeiten
Montag und Mittwoch 10.00 bis 17.00 Uhr, Freitag 10.00 bis 16.00 Uhr.

Anreise
A3 Frankfurt-Würzburg, Ausfahrt Offenbacher Kreuz. Hier auf die A661 Richtung Offenbach. Ausfahrt Offenbach-Kaiserlei. Den Kreisel an der 2. Ausfahrt verlassen. Links abbiegen in den Goethering. 1 Querstraße rechts ist Bettinastraße. Nach ca. 800 m links Toreinfahrt zum Verkauf.

GOLD/⚡/PFEIL

G E R M A N Y
1 8 5 6

International renommierter Hersteller von hochwertigen handgefertigten Lederaccessoires. Perfekte Qualität, Design, Funktion und Verarbeitung. Pflanzlich gegerbte Spezialleder, handgearbeitete Beschlagteile. Anerkannte Modekollektionen.

Luxus in Leder – seit 1856

Warenangebot
2.-Wahl-Ware mit kleinen Fehlern. Damentaschen, Herrentaschen, Gepäck, Mappen, Geschenkartikel, Kleinlederwaren, Gürtel in Leder, Synthetik-Leichtgepäck, Uhren, Schmuck, Accessoires sowie Damenbekleidung.

Ersparnis
30 bis 50%. Nur Lederwaren im hochpreisigen Bereich.

Ambiente
Separater, beschilderter Eingang im Innenhof des Firmengebäudes (linke Seite). Großzügige Verkaufsfläche, modern möbliert, große Auswahl, fachkundiges Personal.

Adresse
Goldpfeil, Kaiserstraße 39-49, 63065 Offenbach, Telefon: 0 69/80 50-0 oder 80 50-12 12.

Öffnungszeiten
Montag bis Donnerstag 9.00 bis 17.30 Uhr, Freitag 9.00 bis 16.30 Uhr, Samstag 9.00 bis 13.00 Uhr.

Anreise
A5 bis Frankfurter Kreuz, dort auf die A3 Richtung Würzburg/Offenbach. Am Offenbacher Kreuz auf die A661 Richtung Frankfurt/Offenbach bis Ausfahrt Kaiserlei. Rechts halten. In den Kreisel hineinfahren und 1. Ausfahrt, Berliner Straße, nehmen. Weiter bis zur Kreuzung Berliner Straße/Kaiserstraße, rechts in die Kaiserstraße abbiegen.

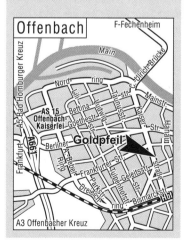

f.a.n. Frankenstolz Schlafkomfort ist einer der führenden deutschen Hersteller im Bereich Bettwaren und Matratzen.

f.a.n.tastische Betten

Warenangebot
Großes Matratzensortiment (Latex-, Federkern-, Kaltschaum-, Kindermatratzen, 5-Zonen-System), Lattenroste, Auflagen, Steppbetten, Kissen mit Naturhaar- und Synthetikfüllungen (waschbar, kochfest), Nackenstützkissen, Daunen- und Federartikel, Bettwäsche, Steppdecken, Schlafsäcke, Tagesdecken.

Ersparnis
30 bis 50 %. Zum Winter-/Sommer-Saisonende weitere Preisvorteile.

Ambiente
Übersichtlich präsentiertes Angebot, Möglichkeiten zum „Liegetest", Fachberatung.

Adresse
f.a.n. Frankenstolz Schlafkomfort, Hangstraße 19-37, 04758 Oschatz-Merkwitz, Telefon: 0 34 35/67 08-0, Fax: 67 08 50.

Öffnungszeiten
Montag, Mittwoch und Freitag 13.00 bis 17.30 Uhr, Dienstag und Donnerstag 9.00 bis 17.30 Uhr, Samstag 9.00 bis 13.00 Uhr.

Weitere Verkaufsstellen
● 63814 **Mainaschaff**, Industriestraße 1-3, Telefon: 0 60 21/7 08-0, Fax: 7 64 79.

Montag bis Freitag 9.00 bis 18.00 Uhr, Samstag 9.00 bis 14.00 Uhr.
● 96132 **Schlüsselfeld–Aschbach**, Sandweg 8, Telefon: 0 95 55/92 40, Fax: 9 24-2 00. Montag 9.00 bis 13.00 Uhr, Freitag 13.00 bis 18.00 Uhr, Samstag 9.00 bis 13.00 Uhr.

Anreise
A4 Chemnitz–Dresden, Ausfahrt Hainichen. Auf der B169 Richtung Riesa. Nach Oschatz links ab Richtung Merkwitz, Dann halb rechts halten auf die B6. Nach ca. 3 km rechts in die Erich-Weinert-Straße, nach ca. 1 km wieder rechts.

Die Conditorei Coppenrath & Wiese ist der viertgrößte Hersteller von Tiefkühlkost in Deutschland und schreibt seit über 30 Jahren eine Erfolgsgeschichte. Das Credo der Firma lautet: „Wir wollen die Conditorei in der Tiefkühltruhe sein und die beste Alternative zum selber backen bieten." Noch ofenwarm werden die Köstlichkeiten eingefroren und dann ausgeliefert.

Erste Sahne für Tortenfans

Warenangebot
Tiefgekühlte Torten, Kuchen und Brötchen aller Geschmacksrichtungen. 1. und (vorwiegend) 2. Wahl. Die deutlich billigere 2. Wahl unterscheidet sich von der 1. Wahl durch kleine Schönheitsfehler.

Ersparnis
50 % und mehr für die 2. Wahl, 1. Wahl etwas teurer.

Ambiente
Freundliche, fachlich versierte Mitarbeiterinnen mit einem Faible für die Produkte, die hier verkauft werden. Auf Wunsch wird beraten.

Adresse
Coppenrath & Wiese, Zum Attersee 2-6, 49076 Osnabrück, Telefon: 05 41/91 62-0.

Öffnungszeiten
Montag bis Freitag 9.30 bis 18.00 Uhr, Samstag 8.00 bis 12.00 Uhr.

Weitere Verkaufsstelle
● 49497 **Mettingen-Muckhorst**, Sunderstraße 11, Telefon: 0 54 52/9 10-0.

Anreise
A1 Münster–Bremen, Ausfahrt Osnabrück-Hafen, weiter Richtung Osnabrück. Nach ein paar hundert Metern ins Industriegebiet/Richtung Wersen abbiegen. An der Professor-Porsche-Straße links am TÜV vorbei zur Straße Eickesberg, dort rechts in die Sackgasse. Der Verkauf befindet sich auf der linken Seite.

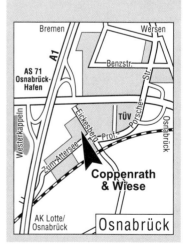

Tom Tailor ist Mode für Menschen, die sich in lässiger und unkomplizierter Kleidung wohl fühlen und die ihren Stil unterstreichen wollen, ohne sich zu verkleiden. Für all jene, die lieber im Leben als vor dem Spiegel stehen und die natürlich gut aussehen wollen – unabhängig vom Geldbeutel oder Alter.

Lässig, lebendig, casual

Warenangebot

Hosen, Hemden, T-Shirts, Pullis, Jacken, Mäntel, Kleider, Röcke, Blusen, Jeans, Jeansjacken: eben das ganze Sortiment für Damen, Herren und Kinder. Auch Taschen, Gürtel, Portemonnaies, Brieftaschen, Schlüsselanhänger, Socken, Unterwäsche, Bademäntel, Badetücher, Schuhe, Uhren, Brillen etc.

Ersparnis

30 bis 50 %. Wechselnde Aktionen.

Ambiente

Moderne und gepflegte Verkaufsräume auf ca. 900 m². Kinderspielecke und Lounge-Bereich, ausreichend Kassen, genügend Umkleidekabinen. Freundliche, kompetente Verkäuferinnen. Täglich neuer Wareneingang. Parkplätze sind vorhanden.

Adresse

Tom Tailor Outlet-Store, Im Hegen 1, 22113 Oststeinbek, Telefon: 0 40/ 81 97 57 50, E-Mail: outlet.oststeinbek@ tom-tailor.com.

Öffnungszeiten

Montag bis Freitag 10.00 bis 20.00 Uhr, Samstag 10.00 bis 18.00 Uhr.

Weitere Verkaufsstellen

● 22453 **Hamburg-Niendorf**, Garstedter Weg 14, Telefon: 0 40/ 58 95 61 90.

● 22525 **Hamburg-Eidelstedt**, Schnackenburgallee 149, Telefon: 0 40/ 54 55 59. Kleinere Verkaufsstelle.

Anreise

A1 Hamburg–Lübeck, Ausfahrt HH-Öjendorf. Über die Glinder Straße Richtung Glinde. 1. Kreuzung links (Willenhusener Weg), wieder links (Meessen) und rechts in „Im Hegen".

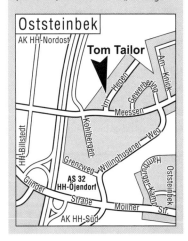

Was viele Kunden nicht wissen: Die Großversender verkaufen ihre Ware auch in speziellen Geschäften direkt vor Ort. Baders Einkaufsparadies heißt „Direktkauf". Hier werden vor allem Warenüberhänge aus den Katalogen mit Preisabschlägen angeboten. Die Goldstadt Pforzheim ist ein besonders guter Tipp für preiswertes Einkaufen, denn dort gibt es gleich drei Versender: Bader, Klingel und Wenz.

Der Katalog als Schaufenster

Warenangebot
Bader gilt als der Großversender für Mode, Möbel, Heimtextilien, Schmuck. Der Verkaufsschwerpunkt liegt auf aktuellen Warenüberhängen. Abholmarkt für Möbel und Elektrogeräte.

Ersparnis
Bis zu 70 %.

Ambiente
Großzügige, moderne Verkaufsfläche, Atmosphäre eines Fachgeschäfts. Über 4000 m², Einkaufen ohne Stress.

Besonderheiten
Interessieren Sie sich für einen bestimmten Artikel aus dem Bader-Katalog, bitte vor Ihrem Besuch anrufen. Bader reserviert unverbindlich. Katalogbestellungen und -retouren werden gerne entgegengenommen.

Adresse
Großversandhaus Bader, Westliche Karl-Friedrich-Straße 184, 75172 Pforzheim, Telefon: 072 31/30 32 83.

Öffnungszeiten
Montag bis Freitag 10.00 bis 19.00 Uhr, Samstag 9.00 bis 18.00 Uhr.

Anreise
A8 Stuttgart–Karlsruhe, Ausfahrt Pforzheim-West. Immer auf der B294 Richtung Freudenstadt bleiben, Richtung Stadtmitte, dann abbiegen in die Westliche Karl-Friedrich-Straße. Verkauf ist leicht erkennbar.

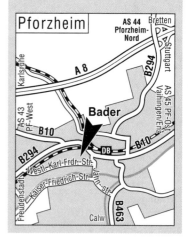

wenz
FUNDGRUBE

Folgende Marken findet man in der Wenz-Fundgrube: Giorgio Mobiani, Annita Tozzi, Amy Vermont, Wrangler, Mustang, Simona Monelli, Come on, Priess, Hirsch, Graziella, Mey, Triumph, Playtex, Di Marco, Morella, Ahlemeyer, Roger Kent u.a.

Qualität – einfach günstig

Warenangebot
Damen- und Herrenbekleidung, Lederwaren, Taschen, Schuhe, modische Accessoires, Bett- und Haushaltswäsche, Haushaltsgeräte, Geschirr, kleine Elektrogeräte, Geschenkartikel und Schmuck, Möbel in div. Stilrichtungen. 1.-Wahl-Ware aus Überhängen oder aus der Vorjahressaison.

Ersparnis
In der Fundgrube: Katalogware 40 bis 60% reduziert (kein Vollsortiment).

Ambiente
Angenehme Einkaufsatmosphäre auf 2000 m² Verkaufsfläche, attraktive Präsentation der Ware, Schmuckboutique im neuesten Trend.

Besonderheiten
Wenn Sie Ware aus dem aktuellen Wenz-Katalog probieren wollen, bitte zwei Tage vor Ihrem Besuch unter Telefonnummer 072 31/3 07-42 27 anrufen. Die Ware wird unverbindlich für Sie reserviert. Auch Kauf auf Rechnung oder Teilzahlung möglich.

Adresse
Versandhaus Wenz, „Die Fundgrube", Dennigstraße 5, 75179 Pforzheim-Brötzingen, Telefon: 072 31/3 07 42 27, Fax: 3 07 42 26.

Öffnungszeiten
Montag bis Freitag 9.30 bis 19.30 Uhr, Samstag 9.00 bis 17.30 Uhr.

Anreise
A8 Stuttgart–Karlsruhe, Ausfahrt Pforzheim West, B294 Richtung Wildbad, Industriegebiet Brötzinger Tal.

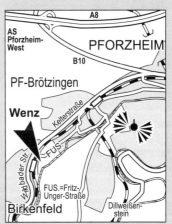

KLiNGELDepot

Klingel, bekannt als Versender von Mode und Schmuck, verkauft hier im Klingel-Depot Ware der vergangenen Katalogsaison und teils aktuelle Ware. So vielfältig wie das Katalogangebot präsentiert sich auch der Verkauf.

Wo Sparen Spaß macht

Warenangebot
Damen- und Herrenbekleidung, Lederwaren, Taschen, Schuhe, Haushaltsgeräte, Geschirr, Bett- und Tischwäsche, Badezimmer-Ausstattung, Kleinmöbel. 1.-Wahl-Ware, Rest- und Einzelteile. Als Shop: „Gold-Depot", Süddeutschlands größtes Juwelierangebot zu sehr günstigen Preisen.

Ersparnis
Original Katalogware stark im Preis reduziert. Auf alle Teile mindestens 40 bis 60%.

Besonderheiten
Kauf auf Rechnung oder Ratenzahlung möglich. Wenn Sie Ware aus dem aktuellen Klingel-Katalog probieren wollen, bitte zwei Tage vor Ihrem Besuch unter der Telefonnummer 072 31/3 05-41 58 anrufen. Die Ware wird unverbindlich reserviert.

Ambiente
Verkaufsfläche ca. 4000 m². Kostenlose Parkplätze. Bistrobetrieb und Postagentur vorhanden.

Adresse
Klingel-Depot, Wilhelm-Becker-Straße 11, 75179 Pforzheim-Wilferdinger Höhe, Telefon: 072 31/90-41 58, Fax: 90-41 91.

Öffnungszeiten
Montag bis Freitag 9.30 bis 19.30 Uhr, Samstag 9.00 bis 17.30 Uhr.

Anreise
A8, Ausfahrt Pforzheim-West, stadteinwärts, nach 600 m Beschilderung.

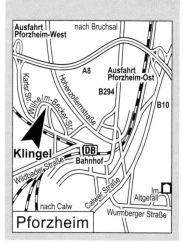

Alno ist Europas größter Küchenhersteller und ist in Sachen maßgeplanter, qualitativ hochwertiger Einbauküchen führend in Deutschland und in Europa. Alno ist mit einem Bekanntheitsgrad von 90 % die bekannteste Küchenmarke in Deutschland. Das Konzept: preiswerte Markenküchen, die in Design, Material und Qualität überzeugen.

Die Welt der Küche

Warenangebot

Einzelschränke, komplette Küchen, Fronten, Küchen-Arbeitsplatten, Spülen, Küchen-Zubehör und Küchen-Einbaugeräte aus Retouren und Auslaufprogrammen.

Ersparnis

Äußerst günstige Preise für Einzelschränke, Komplettküchen, Geräte und Zubehör.

Ambiente

Im 2.-Wahl-Verkauf kann aus über 40 Programmen und über 140 Frontfarben und sehr preisgünstigen Teilen mit dem geschulten Personal von Alno eine Küche mühelos geplant und zusammengestellt werden. Auch komplette Küchen zu günstigem Preis. Neues Gebäude in sehr ansprechendem Ambiente.

Adresse

Alno AG, 2.-Wahl-Verkauf, Im Hesselbühl 22, 88629 Pfullendorf, Telefon: Möbel: 0 75 52/21-33 18 und 21-30 83, Elektrogeräte: 21-35 48, Fax: 21-45 02.

Öffnungszeiten

Dienstag 13.30 bis 17.00 Uhr, Mittwoch 9.30 bis 12.00 Uhr, Donnerstag 14.00 bis 18.30 Uhr, Freitag 9.30 bis 12.00 und 13.30 bis 17.00 Uhr, Samstag 8.30 bis 12.30 Uhr.

Anreise

Pfullendorf liegt zwischen Sigmaringen und Überlingen/Bodensee. In Pfullendorf der Beschilderung Gewerbegebiet Ost folgen. Alno 2.-Wahl-Verkauf ist ausgeschildert.

bassetti

Bassetti bringt die Stoffe zum Leuchten. Man spürt den Süden in den Farben der Tücher, den Himmel, die Sonne, die warmen Erdtöne. Oft ist es die Vielfalt der Farbtöne, elegant oder verspielt, auf nur einem Bettbezug, die den Touch der Marke ausmachen. Bassetti spielt mit den Farben und Tönen der Natur. Ein heiteres Design prägt die vielseitigen Kollektionen vom „großen Tuch" („Granfoulard") für die Terrasse bis zur Kissenhülle fürs Sofa.

Stoffe und Farben begeistern

Warenangebot

Hauptsächlich Ware der Vorjahreskollektion. Bettwäsche, Granfoulards, Tagesdecken, Kissenbezüge, Tischdecken, Sets, Vorhänge, Strandtücher, Badetücher.

Ersparnis

1. Wahl 25 bis ca. 40 %, 1B-Ware und 2. Wahl bis ca. 60 %.

Ambiente

Präsentation wie im Fachgeschäft, Fachberatung und große Auswahl an Kissenbezügen, Tisch- und Bettwäsche.

Adresse

Bassetti Fabrikverkauf, Röntgenstraße 5, 82152 Planegg-Martinsried, Telefon: 0 89/89 582 80, Internet: www.bassetti.de.

Öffnungszeiten

Montag bis Freitag 9.30 bis 18.00 Uhr, Samstag 9.00 bis 14.00 Uhr.

Anreise

A95 München–Garmisch-Partenkirchen, Ausfahrt München-Fürstenried, weiter in Richtung Planegg/ Fürstenfeldbruck, Abzweigung Martinsried, Max-Planck-Institut. Nach Martinsried hinein fahren und der Beschilderung HL-Markt folgen. Nicht auf der Vorfahrtsstraße weiter, sondern geradeaus in die Röntgenstraße. Verkauf nach ca. 30 m auf der rechten Seite.

Marc O'Polo®

Marc O'Polo ist innovative, qualitativ hochwertige Bekleidung aus überwiegend natürlichen Materialien für moderne, weltoffene Menschen. Die aktuelle Lifestyle-Marke auf hohem Niveau ist modisches Statement eines individuellen Lebensgefühls.

Casual Wear

Warenangebot
Damen-, Herren- und Kinderbekleidung von sportiv bis modern.

Ersparnis
30 bis 60 %.

Ambiente
Präsentation wie in einer Boutique, fachkundige Beratung, aufmerksames Personal. Große Auswahl, Preise ausgezeichnet, Ware ist generell vom Umtausch ausgeschlossen.

Adresse
Marc O'Polo Factory Outlet, Lena-Christ-Straße 46, 82152 Planegg-Martinsried, Telefon: 0 89/8 57 68 95.

Öffnungszeiten
Montag bis Freitag 10.00 bis 20.00 Uhr, Samstag 10.00 bis 17.00 Uhr.

Weitere Verkaufsstellen
● NL-6041 **Roermond**, McArthurGlen Designer Outlet Center Roermond, Stadsweide 110/112, Telefon: 00 31/4 75 33 88 22.

Anreise
Von München-Stadtmitte Richtung Gräfelfing (auf der Würmtalstraße). Vor Gräfelfing links ins Gewerbegebiet Martinsried, nächste Straße links. Die Firma befindet sich im letzten Haus links vor der Kurve. Der Eingang ist an der Rückseite des Hauses (von der Straße aus).

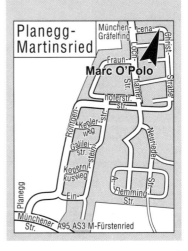

Weitere Verkaufsstellen (Auswahl)

• 14057 **Berlin-Charlottenburg**, Kaiserdamm 7, Telefon: 0 30/ 3 25 61 60. Montag bis Freitag 10.00 bis 20.00 Uhr, Samstag 10.00 bis 18.00 Uhr.

• 72555 **Metzingen**, Reutlinger Straße 38, Telefon: 071 23/20 05 91. Montag bis Freitag 10.00 bis 20.00 Uhr, Samstag 9.00 bis 18.00 Uhr.

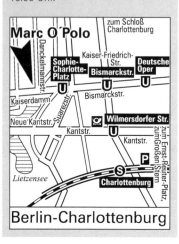

• 28816 **Stuhr-Brinkum bei Bremen**, Bremer Straße 113, Telefon: 04 21/ 8 78 45 80. Montag bis Freitag 10.00 bis 20.00 Uhr, Samstag 10.00 bis 18.00 Uhr.

• B-3630 **Maasmechelen**, Zetellaan 151, Telefon: 00 32/89 38 35 72. Montag bis Freitag 10.00 bis 18.00 Uhr, Samstag 10.00 bis 19.00 Uhr.

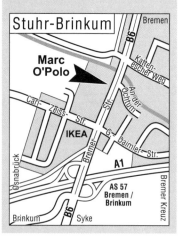

Beliebt sind die hochwertigen Heimtextilien mit dem Markenzeichen Plauener Spitze. Feinste Spitzen und Stickereien in traditionellem und modernem Design.

Modespitze Plauen – Spitze

Warenangebot

Klassische Plauener Spitze, konfektionierte Spitze, Tüll-, Guipure- und Stoffstickereien. Gardinen, Kurzgardinen, Tischläufer, Tischbänder, Tischdecken, Schals in vielen Abmessungen. Meterware, Blusen, Kragen und Einsätze. Weihnachts- und Osterdekorationen.

Ersparnis

1.-Wahl-Ware 30 bis 40 % preiswerter, bei Restbeständen und Einzelstücken ca. 50 %.

Ambiente

Moderner Verkaufsraum mit Schaustickerei, fachkundiger Beratung und reichhaltigem Angebot an Plauener Spitze aus eigener Fertigung. Gezeigt wird die Entstehung von Stickereien auf einer Strickmaschine aus dem Jahr 1911.

Besonderheiten

Auf Kundenwunsch werden Sonderanfertigungen von Gardinen und Tischdecken hergestellt.

Adresse

Modespitze Plauen GmbH, Annenstraße 9, 08523 Plauen, Telefon: 0 37 41/ 22 25 54, Fax: 22 25 53, Internet: www. modespitze.de.

Öffnungszeiten

Montag bis Freitag 10.00 bis 13.00 und 14.00 bis 17.00 Uhr, Samstag und Sonntag nach Vereinbarung

Anreise

A72 Chemnitz–Hof, Ausfahrt Plauen-Ost. Weiter in die Stadtmitte von Plauen. Dort in die Bahnhofstraße (Fußgängerzone) bis zum Filmtheater Capitol, durch den Durchgang in die Annenstraße. Verkauf nach 30 m links. Oder vom Oberen Bahnhof in die Bahnhofstraße.

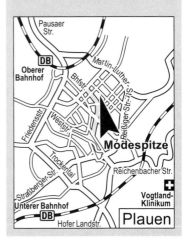

Kago ist Deutschlands bekanntester Ofenbauer. Es werden alle Arten von Kaminen angeboten, vom Marmor-Stilkamin bis zum individuellen Kamin nach Maß und Wunsch. Hier sind über 3000 Kachel-, Stein-, Marmor- und Granitvarianten möglich. Kachelöfen und Kaminöfen in über 1000 Variationen.

Großer Ofenfabrikverkauf

Warenangebot

Die Ausstellung ist in fünf Bereiche gegliedert: Maß- und Wunsch-Öfen mit Werksberatung; günstige Fabrikmodelle; Öfen, die, meist aus finanziellen Gründen, zurückgenommen worden sind; allgemeine Fabrikangebote; Heizungs- und Solarabteilung; Dekorative Feuerstätten ohne Schornstein.

Ersparnis

Bei Fabrikangeboten zwischen 32 und 50% Einsparung gegenüber dem aktuellen Listenpreis. Bei Angeboten zurückgeholter Kamine, z.B. wegen finanzieller Schwierigkeiten, bis zu 70%.

Ambiente

Die Verkaufsfläche liegt in der Mitte von fünf Kago-Fabriken. Gut ausgeschildert.

Adresse

Kago, Kago-Platz 1-6, Gewerbegebiet Ost, 92353 Postbauer-Heng, Telefon: 0 91 88/9 20-0, Fax: 92 01 30, Internet: www.kago.de.

Öffnungszeiten

Montag bis Freitag 9.00 bis 18.30 Uhr, Samstag 9.00 bis 16.00 Uhr.

Anreise

Postbauer-Heng liegt 30 km südlich von Nürnberg, direkt an der B8 zwischen Regensburg und Nürnberg, siehe Anreisekarte.

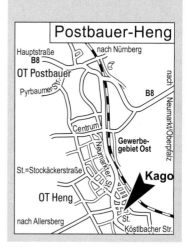

BOD⊒NSCHATZ
BAGS & MORE

Das Familienunternehmen zählt zu den Spitzenreitern der deutschen Lederwarenindustrie. Bodenschatz wurde der deutsche Lederwarenpreis verliehen. Das Unternehmen wurde 22 Mal zum offiziellen Partner der deutschen Olympiamannschaften berufen. Bodenschatz hat jetzt auch weltweit die Lizenz für die Betty Barclay- und Lloyd Germany-Accessories. Deshalb im Shop in Presseck auch Handtaschen, Kleinlederwaren und Reiseaccessoires dieser Hersteller.

Die Fundgrube für Kenner

Warenangebot
Breit gefächertes, topmodisches Sortiment: Damentaschen, Reisegepäck, Kleinlederwaren, Aktenkoffer und -taschen, Schulartikel, Schirme, Gürtel, Accessoires. Aktuelle Ware mit kleinen Schönheitsfehlern, Auslaufkollektionen, Musterartikel.

Ersparnis
Bis zu 60 %.

Ambiente
Verkaufsräume großzügig gestaltet, Ware übersichtlich präsentiert und preisausgezeichnet, Angebotsständer. Parken direkt am Shop.

Adresse
Bodenschatz Ledershop, Boschaplatz 3, 95355 Presseck, Telefon: 0 92 22/60 55, Fax: 60 20.

Öffnungszeiten
Montag bis Freitag 9.00 bis 18.00 Uhr, Samstag 9.00 bis 14.00 Uhr.

Anreise
Presseck liegt im Naturpark Frankenwald im Landkreis Kulmbach/Oberfranken. Von Kulmbach über Untersteinach, Stadtsteinach nach Presseck oder A9, Berlin–Nürnberg, Ausfahrt Bad Berneck/Himmelkron.

Schiesser ist Trendsetter im Wäschebereich und für Millionen von Verbrauchern Inbegriff von Qualität. Das Unternehmen setzt auf modische Unterwäsche. Trendig jung und klassisch, beides gibt es im Fabrikverkauf.

Qualität auf der Haut

Warenangebot

Tag- und Nachtwäsche für Damen, Herren, Kinder. Dessous, Homewear, Bademoden (Schiesser AQUA), Sportwäsche (Schiesser SPORTS), Freizeitbekleidung.

Ersparnis

25 bis 40 %; Einzelstücke bis 50 %. Besonders preiswert sind Musterteile.

Ambiente

Neuer Verkaufsraum (ca. 700 m^2), ansprechendes Ambiente, sehr umfangreiches Angebot. EC-Karte wird akzeptiert.

Adresse

Schiesser AG, Schützenstraße 50, 78315 Radolfzell, Telefon: 0 77 32/9 50 97-10, Infotelefon: 9 50 97-77, Fax: 9 50 97-20.

Öffnungszeiten

Montag bis Freitag 10.00 bis 18.00 Uhr, Samstag 9.00 bis 14.00 Uhr.

Weitere Verkaufsstellen (Auswahl)

● 39326 **Hermsdorf**, Elbepark 1, Telefon: 03 92 06/68 90 80, Fax: 68 90 81. Montag bis Freitag 10.00 bis 20.00 Uhr, Samstag 10.00 bis 18.00 Uhr.
● 79244 **Münstertal-Untermünstertal**, Dietzelbachstrasse 1, Telefon: 0 76 36/7 88 97 30, Fax: 7 88 97 31. Montag bis

Freitag 10.00 bis 17.00 Uhr, Samstag 10.00 bis 16.00 Uhr.
● 95463 **Bindlach bei Bayreuth**, Stöckigstraße 2, Telefon: 0 92 08/57 04 61. Montag bis Freitag 10.00 bis 17.00 Uhr, Samstag 10.00 bis 13.00 Uhr.
● 97475 **Zeil am Main**, Sander Straße 3, Telefon: 0 95 24/3 03 83 33, Fax: 3 03 83 34. Montag bis Freitag 10.00 bis 18.00 Uhr, Samstag 9.00 bis 16.00 Uhr.

Anreise

A81, am Kreuz Hegau über die B33, später B34 nach Radolfzell. Dort auf der Schützenstraße bleiben.

Weitere Verkaufsstellen

● 09228 **Chemnitz-Wittgensdorf**, Chemnitzer Straße 55, Telefon: 03 72 00/8 74 97. Montag bis Freitag 10.00 bis 18.00 Uhr, Samstag 9.00 bis 14.00 Uhr.

● 72555 **Metzingen**, Reutlinger Straße 32, Telefon: 0 71 23/3 81 05 07, Fax: 3 81 05 10. Montag bis Samstag 10.00 bis 20.00 Uhr.

● 28816 **Stuhr-Brinkum bei Bremen**, Bremer Straße 115-117, Telefon: 04 21/87 18 90 50, Fax: 87 18 90 51. Montag bis Freitag 10.00 bis 19.00 Uhr, Samstag 10.00 bis 18.00 Uhr.

● 87509 **Immenstadt/Allgäu**, Julius-Kunert-Straße 44, Telefon: 0 83 23/96 92 03, Fax: 96 92 04. Montag bis Freitag 10.00 bis 18.30 Uhr, Samstag 10.00 bis 16.00 Uhr.

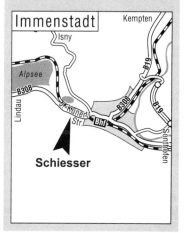

Im Oktober 2006 eröffnet Seemaxx, das erste Factory Outlet Center am Bodensee. Im Seemaxx bieten etwa zehn bis 15 hochwertige Markenhersteller ihre Waren an und decken damit ein breites Spektrum ab. Noch werden die Marken, die hier einziehen werden, als großes Geheimnis gehütet.

Markenmode am Bodensee

Warenangebot

Damen-, Herren- und Kinderbekleidung, Wäsche, Sportbekleidung, Sportartikel, Sportschuhe, Schuhe und Lederwaren, Heimtextilien.

Ersparnis

Mindestens 30 %.

Ambiente

Das Factory Outlet Center entsteht in den Fabrikhallen auf dem Firmengelände der Traditionsfirma Schiesser. Es wird dort (Besichtigung April 2006) gerade umgebaut. Der Charakter der Industriearchitektur soll erhalten bleiben.

Besonderheiten

Vom Seemaxx in die romantische Radolfzeller Altstadt oder ans Bodenseeufer sind es zu Fuß jeweils nur wenige Minuten.

Adresse

Seemaxx, Schützenstraße 50, 78315 Radolfzell, Internet: www.seemaxx.de.

Öffnungszeiten

Voraussichtlich Montag bis Freitag 10.00 bis 18.00 Uhr, Samstag 9.00 bis 14.00 Uhr.

Anreise

A81 Stuttgart-Bodensee, am Kreuz Hegau über die B33 in Richtung Konstanz, Ausfahrt Radolfzell. Hier auf die B34. Der Beschilderung Richtung Stadtmitte folgen. Die Schützenstraße ist schon die Straße Richtung Stadtmitte.

ESPRIT

Esprit ist die bekannteste Marke für Damenmode in Deutschland. Knapp 80 % aller Frauen kennen Esprit und knapp ein Drittel trägt Esprit. Mode von Esprit ist Zeitgeist, ist Mode für die Jugend und jetzt auch für den Mann. Sie liegt preislich und qualitativ im mittleren Genre und ist auch für den jugendlichen Geldbeutel erschwinglich, erst recht natürlich im Esprit Factory Store. Esprit beschäftigt weltweit 8000 Mitarbeiter und hat einen Jahresumsatz von über 800 Millionen Euro.

Aktuelle Mode vom Feinsten

Warenangebot
Damen-, Herren- und Kinderbekleidung, Strickwaren, Sweatshirts, T-Shirts, Hosen, Jeans, Blusen, Jacken, Röcke, große Auswahl an Taschen, Gürteln und Kleinlederwaren. Ausschließlich Ware aus zurückliegenden Saisons, 2. Wahl und Musterteile. Zusätzlich Schmuck und Uhren.

Ersparnis
30 bis 60 %.

Ambiente
Modern eingerichteter Verkaufsraum mit Anprobekabinen.

Adresse
Esprit Factory Store, Am Rosenkothen 2-6, 40880 Ratingen-Tiefenbroich, Telefon: 0 21 02/7 43 70.

Öffnungszeiten
Montag bis Freitag 11.00 bis 18.30 Uhr, Samstag 9.00 bis 16.00 Uhr.

Weitere Verkaufsstelle
● 72555 **Metzingen**, Reutlinger Straße 63-67, Telefon: 0 71 23/9 29 40.

Anreise
A 52 Düsseldorf–Essen, Ausfahrt Ratingen-Tiefenbroich, Richtung Ratingen-Zentrum auf der Lintorfer Straße. 1. Abzweigung (Jägerhofstraße), dann die 1. Kreuzung rechts. Das Esprit-Gebäude ist von der Straße aus sichtbar.

RP. RUNNERS POINT

Sport ist Lifestyle, Mode und Gesundheit. Davon profitiert auch das Outlet von Runners Point, einem der führenden Filialunternehmen in Sachen Sportschuhe und Sportbekleidung in Deutschland.

Adidas, Nike, Puma & Co.

Warenangebot

Schuhe, Textilien und Sportartikel für viele Sportarten von namhaften Herstellern wie Adidas, Asics, Nike und Puma. Funktionelle Sportbekleidung von New Balance, Newline, Asics, RP-Running, trendige Shirts, Shorts, Sweatshirts, Sport- und Freizeithosen, Kinderbekleidung, Sporttaschen, Rucksäcke.

Ersparnis

30 bis 80%.

Ambiente

Gut organisierter und sortierter Lagerverkauf auf 600 m² in Räumen, in denen zuvor Möbel verkauft wurden. Die Ware kann genau geprüft werden, dazu wird auf gute Beratung Wert gelegt. Parkplätze am Haus.

Adresse

Runners Point Warenhandelsgesellschaft mbH, Tiroler Straße 7, 45659 Recklinghausen-Hillerheide, Telefon: 0 23 61/3 00 30. Das Outlet liegt gegenüber der Firmenzentrale, in der aber kein Verkauf stattfindet.

Öffnungszeiten

Montag bis Freitag 11.00 bis 19.00 Uhr, Samstag 10.00 bis 16.00 Uhr.

Weitere Verkaufsstellen

● 45964 **Gladbeck**, Hochstraße 23, Telefon: 0 20 43/37 56 18.

● 73329 **Kuchen/Fils**, Auf der Fabrik 1, Telefon: 0 73 31/82 47 95.

Anreise

A2 Oberhausen–Dortmund, Ausfahrt Recklinghausen-Süd. An der Ampel rechts, nächste Ampel links in die Karlsbader Straße. 2. Straße rechts in die Wiener Straße. Nächste Straße links in die Kärntner Straße und nächste Straße wieder links in die Tiroler Straße.

Recklinghausen-Hillerheide

FÉRAUD **BÄUMLER**

Produkte aus dem Hause Schildt sind Kompositionen zeitgemäßer Mode aus erlesensten Stoffen und Zutaten, gepaart mit ausgezeichneter Verarbeitung. Neben der Marke Kaiser Design gibt es auch Herrenbekleidung von Bäumler und Féraud.

Eine erste Adresse

Warenangebot
Nur 1.-Wahl-Modelle: Anzüge, Sakkos, Mäntel, Hemden und Krawatten, Gürtel, Hosen, Freizeithemden, Polos, T-Shirts und Strickwaren, Socken.

Ersparnis
30 bis 50 %.

Ambiente
Helle, neue Verkaufsräume. Preise sind ausgezeichnet. Der Verkauf ist im Hauptgebäude (wo auch die Verwaltung sitzt) auf der linken Seite. Gutes Parkplatzangebot.

Besonderheiten
Regensburg hat eine historisch sehenswerte Innenstadt mit netten Gässchen und tollen Lokalen.

Adresse
Schildt Factory Outlet, Dr.-Leo-Ritter-Straße 2, 93049 Regensburg, Telefon: 09 41/3 07 57 99, Fax: 2 86 46.

Öffnungszeiten
Montag bis Freitag 10.00 bis 18.30 Uhr, Samstag 10.00 bis 16.00 Uhr.

Anreise
Die Dr.-Leo-Ritter-Straße liegt im Westen der Stadt. Man fährt von der Innenstadt aus auf der Prüfeninger Straße 1 km stadtauswärts. An der Kaufmännischen Berufsschule nach rechts in die Lilienthalstraße. Noch 50 m, dann auf der linken Seite der neue Schildt-Firmensitz (im Gebäude auch Eon und Funkhaus).

Auf einen Fundus von 10.000 alten Modelformen kann diese Porzellanfabrik zurückgreifen. Es werden heute noch Porzellanfiguren gefertigt, die zum Teil vor der Jahrhundertwende 19./20. Jahrhundert geformt wurden.

Manufaktur mit guter Figur

Warenangebot

Porzellanfiguren (Biedermeier- und Rokokoformen), Tierfiguren, christliche Figuren, weiß und handbemalt, farbig und mit Goldverzierungen. Geschirrporzellan, mundgeblasenes Glas und Schmuckuhren.

Ersparnis

1.-Wahl-Ware bis zu 30%, 2.-Wahl-Ware bis zu 50% und bei Fehlerware bis zu 80%.

Ambiente

In Reichmannsdorf befindet sich ein Porzellanmuseum (ehemalige Porzellanbrennofenanlage) mit einem großen Verkaufsraum in der 1. Etage. Dort ist der Fabrikverkauf.

Adresse

Porzellanfiguren Gräfenthal, Betriebsteil der Porzellanmanufaktur Reichenbach GmbH, Saalfelder Straße 2, 98739 Reichmannsdorf, Telefon: 03 67 01/ 2 01 18, Internet: www.porzellanmanufaktur.net.

Öffnungszeiten

Montag bis Freitag 9.00 bis 17.00 Uhr, Samstag und Sonntag 10.00 bis 17.00 Uhr.

Weitere Verkaufsstelle

● 07629 **Reichenbach**, Fabrikstraße 29, Telefon: 03 66 01/8 80, Fax: 88 18. Montag bis Freitag 9.00 bis 17.00 Uhr, Samstag 9.00 bis 13.00 Uhr.

Anreise

A9, Ausfahrt Triptis. Auf der B281 durch Saalfeld hindurch, Richtung Neuhaus.

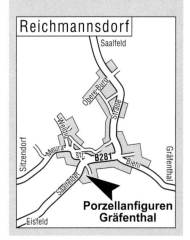

Für den Iglo-Fabrikverkauf lohnt sich die Anschaffung einer Styroporkiste. Darin bleibt Tiefkühlkost auch bei längerer Heimfahrt gefrier-frisch, vorausgesetzt es wurde reichlich eingekauft. Das aber ergibt sich beim Iglo-Fabrikverkauf fast zwangsläufig, denn die Super-Markenware wird kartonweise verkauft.

Eis & TK-Kost mit dem Blubb!

Warenangebot
Langnese-Eis (Magnum, Cornetto), Eis-Shakes und 5-Liter-Eiswannen. Iglo-Sortiment wie Backfisch, Fischfilet, Pizza-Baguettes, Fertiggerichte, Hähnchenbrust-Filetwürfel mariniert, Mikrowellenspezialitäten, große Auswahl an Iglo-Gemüse. „Sonderware": Überproduktion usw. Die Iglo-Langnese-Qualität ist garantiert.

Ersparnis
Zwischen 35 und 70 %. Das Angebot variiert von Woche zu Woche. Knüller werden als „Super-Angebot" oder „Rest" gekennzeichnet.

Ambiente
Großer Tiefkühlladen mit entsprechenden Truhen und Warendisplays. Verkauf ausschließlich in Originalkartons oder Großgebinden.

Besonderheiten
Das jeweilige Angebot steht samt Packungsmengen und Preisen im Internet unter www.iglo-fabrikverkauf.de.

Adresse
Unilever Deutschland GmbH, Aeckern 1-5,

48734 Reken, Telefon: 0 28 64/82-0, Internet: www.iglo-fabrikverkauf.de.

Öffnungszeiten
Dienstag, Mittwoch und Donnerstag 10.30 bis 20.00 Uhr.

Anreise
A31 Bottrop–Emden, Ausfahrt 35, Reken. Auf der Frankenstraße Richtung Reken. An deren Ende rechts in die Bahnhofstraße, am Ende wieder rechts in die Straße Aeckern.

70 Jahre Schauff. Das sind 70 Jahre Tradition und Fortschritt. Das sind Fahrräder für morgen: Trekking Bikes, Mountain Bikes, Cruiser, Rennräder und Tandems mit hochwertigen Komponenten. Fast alle Räder mit Shimano-Schaltungen.

Lust auf Fahrrad

Warenangebot

Räder mit meist 7- bis 27-Gang-Schaltungen: Trekkingräder, City-Bikes, Mountain- und Fun-Bikes, Cruiser (bequeme Räder mit einfacher technischer Handhabung), Touren- und Rennräder, Tandems. Im Winterhalbjahr: Indoor-Trainingsgeräte „Schauff-Fitness-Line".

Ersparnis

Bei 1. Wahl keine; Preise von 400,- bis 1000,- €. Bei 2. Wahl (Unikate, Auslaufmodelle, Restposten) zum Teil erheblich.

Ambiente

Güterbahnhofshalle zum Fachgeschäft umfunktioniert. Sehr großer Verkaufsraum, ausgezeichnete Beratung.

Besonderheiten

Wenn Ihnen bei Schauff die Bundesliga-Radsport-Profis vom RC Adler Köln begegnen, ist das kein Zufall. Sie fahren ab auf Schauff.

Adresse

Velo Schauff, Am Güterbahnhof 16, 53424 Remagen, Telefon: 0 26 42/ 2 29 10, Fax: 90 22 38.

Öffnungszeiten

Montag und Mittwoch bis Freitag 13.30 bis 19.00 Uhr, Samstag 10.00 bis 16.00 Uhr. Dienstag geschlossen.

Weitere Verkaufsstelle

● 51149 **Köln-Gremberghoven**, August-Horch-Straße 7, Internet: www. schauff.de. Samstag 10.00 bis 16.00 Uhr.

Anreise

B9 Bonn-Koblenz. Die Güterbahnhofshalle befindet sich direkt zwischen der B9 und den DB-Gleisen.

Frische und Natur stehen hier ganz oben an. Mit gutem Erfolg: Steinhaus ist eine der führenden Qualitätsmarken in Deutschland und das nicht nur bei Fleisch und Wurst, sondern auch bei Frischeartikeln für die schnelle Küche. Steinhaus ist eine seit 150 Jahren eingeführte Firma.

Die Edelmarke

Warenangebot

Wurstwaren aller Art, Weißwürste, bergische Wurstspezialitäten, Schinken und Ochsenfleisch der Premiumklasse. Dazu Nudelspezialitäten, Fleischsoßen, Nudelsoßen und weitere Produkte für die gute, schnelle Mahlzeit zu Hause. Überwiegend Großpackungen, aber auch Bruchwurst und Fleischwaren mit Gewichtsabweichungen sind im Angebot.

Ersparnis

Packungen mit nahem Mindesthaltbarkeitsdatum 50 %, Bruchwurst und Fleischwaren, die in der Ausbildungsabteilung hergestellt wurden, in Sonderangebotstheken. Großpackungen mit Mengenrabatt. Reguläre Kleinpackungen zum Normalpreis.

Ambiente

Laden ähnlich Metzgerladen nur mit mehr SB-Truhen.

Adresse

Fleischmarkt Steinhaus, Tenter Weg 13, 42897 Remscheid-Lennep, Telefon: 0 21 91/6 95-0.

Öffnungszeiten

Dienstag und Mittwoch 14.30 bis 18.00 Uhr, Donnerstag und Freitag 9.00 bis 18.00 Uhr, Samstag 8.00 bis 12.00 Uhr.

Anreise

A1 Köln–Wuppertal, Ausfahrt Remscheid. Auf der B229 links Richtung Lennep. Die 1. Straße rechst ist der Trenter Weg. Steinhaus befindet sich auf der linken Seite.

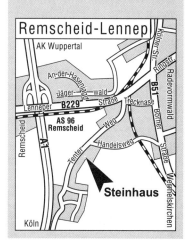

Es ist schon ein Jammer, da bietet Baumhüter sichtbar schöne Unter- und Nachtwäsche an und wenn sie getragen wird, dann sieht sie kaum jemand. Formgerechte, modische und vor allem sehr solide, haltbare Wäsche sind die Baumhüter-Spezialität, eigentlich Textilien, die nicht versteckt zu werden bräuchten.

Modische Masche für drunter

Warenangebot

Tag- und Nachtwäsche für Damen, Herren und Kinder, Babywäsche, Bademoden, Frottierwaren, Freizeitbekleidung, Miederwaren, Strumpfwaren, Hemden. Attraktive Einzelstücke aus der Musternäherei.

Ersparnis

30 bis 50 %; ständig interessante Sonderangebote.

Ambiente

Größere Verkaufshalle mit 400 m², aufgemacht wie ein SB-Textil-Supermarkt. Gute fachliche Beratung. Große Auswahl an Baumhüterprodukten, aber auch zugekaufte Artikel befreundeter Unternehmen. Zum Verkauf einfach durch das Werkstor, am Verwaltungsgebäude vorbeifahren. Fabrikshop: rechts.

Adresse

Baumhüter GmbH, Freigerichtstraße 10, 33378 Rheda-Wiedenbrück, Telefon: 0 52 42/5 96 46.

Öffnungszeiten

Montag bis Freitag 9.00 bis 17.30 Uhr, Samstag 9.00 bis 12.00 Uhr.

Anreise

A2 Dortmund–Bielefeld, Ausfahrt Rheda-Wiedenbrück. Ein kurzes Stück auf der B64 Richtung Wiedenbrück, 1. Ausfahrt Wiedenbrück abfahren. An der Kreuzung Bielefelder Straße Richtung Innenstadt. An der Kreuzung nach McDonald's rechts. An der nächsten Ampelkreuzung links auf den Nordring. An der nächsten Kreuzung rechts auf die Hauptstraße Richtung Rheda. Nach ca. 400 m links ab in die Freigerichtstraße.

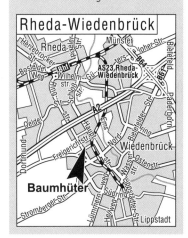

COR

Was COR herstellt, soll dauerhaft und lange Zeit „gültig" bleiben. Deshalb ist die Form bei COR zeitgemäß, aber nicht zeitgeistig, modern, aber nicht modisch.

Himmlisch sitzen

Warenangebot

Postermöbel aus den COR-Programmen, meistens Stücke, die für Fotoaufnahmen und für Ausstellungen gebraucht wurden und leichte Gebrauchsspuren aufweisen. Zusätzlich: Reststücke, Auslaufmodelle und hin und wieder 2.-Wahl-Modelle mit kleinen Stoffschäden. Sehr schwankende Angebotsmengen.

Ersparnis

Bei Auslaufmodellen, Messestücken und Ausstellungsmodellen bis zu 50 %.

Ambiente

Sonderverkäufe finden statt, wenn genügend Ware da ist.

Adresse

COR Sitzmöbel Helmut Lübke GmbH & Co.KG, Nonenstraße 12, 33378 Rheda-Wiedenbrück, Telefon: 0 52 42/4 10 20.

Öffnungszeiten

Die Firma sammelt Stücke für den Direktverkauf und veranstaltet einen Verkaufstag, wenn der Vorrat groß genug ist. Die mehrmals jährlich veranstalteten Verkäufe werden in der Tagespresse oder auf Anfrage bekannt gegeben.

Anreise

A2 Dortmund–Bielefeld, Ausfahrt Rheda-Wiedenbrück. Weiter auf der B64, rechte Spur Richtung Rheda und auf der Gütersloher Straße und Wilhelmstraße Richtung Innenstadt. Am Kreisverkehr beim Bahnhof geradeaus und nach der Bahnunterführung links in den Bosfelder Weg bis zur Ampelkreuzung mit der Nonenstraße. Dort wieder links abbiegen. Der Verkauf ist auf der linken Seite.

Wer sich seit fast 100 Jahren mit Fahrrädern beschäftigt, der hat viel Know-how rund ums Rad. Und ohne gute Qualität fährt man in dieser Branche auch nicht so lange wie der Fahrradspezialist Prophete.

Fahrräder ganz groß

Warenangebot

Großes Angebot an Fahrrädern jeder Art: MTB-/ATB-Bikes, Trekking-, City-, Fitness-, Kinder- und Jugendräder, Kinder-Lern-Räder, Einräder, Fahrrad- und Kindertransport-Anhänger. Das Angebot wurde durch ein Fahrrad-Zubehör-, Reparatur- und Pflegesortiment abgerundet.

Ersparnis

Fahrräder: ca. 20 % bei 1. Wahl, bei 2. Wahl (kleine Mängel oder Lackschäden) bis 40 %. Zubehör: bis 30 %.

Ambiente

Der Gebäudeeingang ist mit dem Hinweis „Sonderverkauf" beschildert. Die Räder können vor Ort probegefahren werden. Parkplätze vorhanden.

Adresse

Sonderverkauf Prophete, Holunderstraße 11, 33378 Rheda-Wiedenbrück, Telefon: 0 52 42/41 08 45.

Öffnungszeiten

Montag bis Freitag 9.00 bis 12.00 und 13.00 bis 16.45 Uhr, Samstag 9.00 bis 12.00 Uhr.

Weitere Verkaufsstelle

● 97228 **Rottendorf**, Schießhausstraße 11, Telefon: 0 93 02/30 71 37. Montag bis Freitag 9.00 bis 12.00 und 13.00 bis 16.30 Uhr, Samstag 9.00 bis 12.00 Uhr.

Anreise

A2 Dortmund–Bielefeld, Ausfahrt Rheda-Wiedenbrück. Ein kurzes Stück auf der B64 Richtung Wiedenbrück, 1. Ausfahrt Wiedenbrück abfahren. An der Kreuzung Bielefelder Straße direkt geradeaus in die Holunderstraße. Verkauf nach der Autobahnüberquerung auf der rechten Seite.

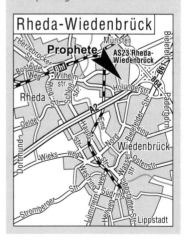

Gönner

Gönner gehört zu den größten und modernsten Strickwarenherstellern Deutschlands und produziert hochwertige Ware für die ganze Familie.

Modern Woman

Warenangebot

Strickwaren, Kinderpullis, Kombinationen, Shirts, Blusen, Hosen und Röcke. Saisonüberhänge, 2.-Wahl-Ware, Musterteile, Restposten, Stoffe und Garne.

Ersparnis

40 bis 60 %, bei Musterkollektionen mehr.

Ambiente

Übersichtliche Warenpräsentation auf 1000 m². Freundliches Personal. Auf Wunsch Prospektversand. Parkplätze.

Adresse

Gönner GmbH & Co. Strickwaren, Gammertinger Straße 33, 88499 Riedlingen, Telefon: 073 71/93 66-0, Internet: www.goenner.de.

Öffnungszeiten

Montag bis Samstag 9.00 bis 18.00 Uhr.

Weitere Verkaufsstellen

● 72414 **Rangendingen**, Hechinger Straße 36.
● 72461 **Albstadt-Tailfingen**, Untere Bachstraße 60.
● 87480 **Weitnau-Hofen**, Am Werkhof 4, Telefon: 0 83 75/92 97 01.
● 87645 **Schwangau**, König-Ludwig-Straße 2.

● 89331 **Burgau-Unterknöringen**, Greisbacher Straße 6, Telefon: 0 82 22/96 57 12.
● 91350 **Gremsdorf**, Gewerbepark 1, Telefon: 0 91 93/50 28 30.
● 94060 **Pocking**, Würdinger Straße 6.
● 95100 **Selb**, Vielitzer Straße 26, Im Factory In, Telefon: 0 92 87/95 65 95.
● 96052 **Bamberg**, Dr.-Robert-Pfleger-Straße 1. Telefon: 09 51/6 01 09 14.

Anreise

B312 Stuttgart–Riedlingen. Dort Richtung Gammertingen bis zum Kreisverkehr.

Silit

Seit Jahrzehnten steht die Marke Silit in der Küche für Qualität auf höchstem Niveau. Von der Erfindung des Sicomatic bis hin zu Silargan Kochgeschirren hat Silit die Welt des Kochens entscheidend geprägt. In dieser Tradition, Kochen immer attraktiver und bequemer zu gestalten, wurde das Sortiment konsequent um viele praktische Küchenartikel erweitert.

Ganz und gar genießen

Warenangebot

Schnellkochtöpfe (Sicomatic), Töpfe, Pfannen, Wok, Fonduegeräte in Silargan, Edelstahl, Silitstahl und Aluguss. Gewürzmühlen, Bestecke, Isolierkannen, Küchenwerkzeuge und Helfer.

Ersparnis

1A-Ware mit kleinen Schönheitsfehlern ca. 30 % günstiger.

Ambiente

Übersichtliche Warenpräsentation und fachkundige Beratung. Kundenparkplätze.

Adresse

Silit-Werke GmbH & Co. KG, Neufraer Straße 6-10, 88499 Riedlingen, Telefon: 0 73 71/1 89-12 20, E-Mail: werksverkauf @silit.de, Internet: www.silit.de.

Öffnungszeiten

Montag bis Freitag 9.00 bis 18.00 Uhr, Samstag 9.00 bis 14.00 Uhr.

Weitere Verkaufsstellen

● 89331 **Burgau**, Greisbacher Straße 6, Telefon: 0 82 22/41 07 00, E-Mail: werks verkauf-burgau@silit.de.

● 95100 **Selb**, Factory In, Vielitzer Straße 26, Telefon: 0 92 87/50 01 60, E-Mail: silit-roesle-shop@silit.de.

Anreise

Der Silit-Werksverkauf liegt neben dem Hauptgebäude direkt an der B311 Ulm–Mengen–Tuttlingen. Von Sigmaringen kommend, befindet sich die Firma direkt am Ortseingang links (beschildert).

Die älteste ortsansässige Puppenfabrik liegt direkt an der Deutschen Spielzeugstraße. Engel-Puppen haben einen guten Ruf weltweit. Besonders stolz ist man hier auf das Prädikat „Made in Germany". Engel-Puppen werden auch heute in aufwändiger Handarbeit im eigenen Betrieb in Rödental hergestellt.

Puppen-Paradies

Warenangebot
Hauptsächlich 1.-Wahl-Ware. Spiel- und Sammlerpuppen, Puppenhäuser, Holzspielwaren, Blechspielwaren, Kindergeschirr, Schaukelpferde, Plüschtiere, Spiele, Puzzles, Weihnachtsdekoration, Christbaumschmuck.

Ersparnis
Ca. 10 %, bei Sonderposten bis ca. 30 %.

Ambiente
Der Fabrikverkauf ist in mehreren Räumen untergebracht. Das Puppenmuseum im Haus ist liebevoll eingerichtet. Der Chef bedient selbst und macht auch die Führungen (nach Anmeldung). Betriebsbesichtigungen sind ebenfalls nach Anmeldung möglich.

Adresse
Engel-Puppen GmbH, Puppen- und Spielwarenfabrik, Mönchrödener Straße 55, 96472 Rödental-Mönchröden, Telefon: 0 95 63/12 37, Fax: 29 25, E-Mail: email@engelpuppen.com, Internet: www.engel-puppen.com.

Öffnungszeiten
Montag bis Donnerstag 9.00 bis 12.00 und 13.00 bis 16.30 Uhr, Freitag 9.00 bis 12.00 Uhr, Samstag geschlossen.

Anreise
Auf der B4 aus Richtung Coburg kommend in Richtung Rödental nach Mönchröden. Dort ist der Fabrikverkauf direkt an der Deutschen Spielzeugstraße, das ist die Hauptstraße in Richtung Sonneberg.

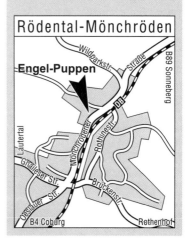

W. Goebel Porzellanfabrik

Die Geschichte der W.-Goebel-Porzellanfabrik reicht zurück bis ins Jahr 1871. Bekannt ist Goebel heute vor allem durch seine künstlerisch ansprechenden Porzellanfiguren, Geschenkartikel und Wohnaccessoires. Die Einmaligkeit beruht auf dem Ideenreichtum und der schöpferischen Handarbeit der Porzellankünstler.

Weltbekannte Kinderfiguren

Warenangebot

Hummel-Figuren, Geschenkartikel und Wohnaccessoires von bekannten Künstlern wie Rosina Wachtmeister, Mara und Charlotte de Vita. Neben Künstlerserien auch die Goebel Saisonkollektionen Weihnachten und Ostern. Auch Porzellan, Glas und Kristallwaren anderer bekannter Hersteller.

Ersparnis

Grundsätzlich keine Ersparnis im Werksverkauf bei der Ware, die im Einzelhandel aktuell ist und bei Hummelfiguren. Ansonsten sehr günstige Angebote bei 2.-Wahl-Ware, Retouren oder Auslaufkollektionen, ca. 25 bis 40%.

Ambiente

Der Verkauf wirkt wie ein Fachgeschäft. Gut eingerichtet, übersichtlich sortiert, interessant gestaltet. Keine Bedienung, doch an der Kasse fachkundige Beratung. Riesige Auswahl vor allem bei den Porzellanfiguren. Wer Schnäppchen machen will, muss sich Zeit lassen.

Adresse

W. Goebel-Werkverkauf-Porzellanfabrik, Coburger Straße 7, 96472 Rödental-

Oeslau, Telefon: 0 95 63/92-6 80, Fax: 9 25 73, Internet: www.goebel.de.

Öffnungszeiten

Montag bis Freitag 9.00 bis 17.00 Uhr, Samstag 9.00 bis 13.00 Uhr.

Anreise

Auf der 2202 von Coburg Richtung Neustadt. Ca. 7 km nach Coburg (hinter dem Ort Dörfles) liegt an der Hauptstraße am Ortsanfang von Rödental rechts das Fabrikgelände.

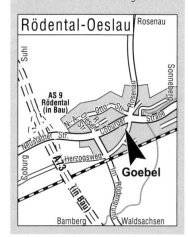

EINKAUFS-GUTSCHEIN

Im September 2005 eröffnete das nur wenige Kilometer hinter der deutsch-niederländischen Grenze gelegene McArthurGlen Designer Outlet Center Roermond einen zusätzlichen Shopping-Boulevard für weitere Markenshops. Die historische Innenstadt von Roermond ist nur drei Gehminuten entfernt.

Historisches Ambiente

Warenangebot

Damen- und Herrenmode der Marken: Aigner, Dolce & Gabbana, Hallhuber, Kunert/Hudson, Marc O'Polo, Polo Ralph Lauren, Hugo Boss, René Lezard, Salvatore Ferragamo, s.Oliver, Stefanel, SuitSupply, Zegna etc. Freizeitbekleidung von Champion, Golfino, H.I.S., Levi's, Dockers, Timberland u.a. Sportartikel von adidas, Nike, Puma, Reebok u.a. Outdoor-Bekleidung von Billabong, Fjällräven, Helly Hansen usw. Haushaltsartikel der Marken Alessi, Bodum, Rosenthal, Seltmann Weiden u.a. Schmuck von Dyrberg/Kern, Seiko u.a. Jeweils 1. und 2. Wahl.

Ersparnis

Ganzjährig 30 bis 70 %.

Ambiente

Mehr als 170 internationale Designer-marken in über 100 Shops. Sieben Restaurants. Parkgebühr pro Tag 2,- €

Adresse

McArthurGlen Designer Outlet Center Roermond, Stadsweide 2, NL-6041 Roermond, Telefon: 00 31/4 75/35 17 77, E-Mail: info@designer-outlet-roermond.com, Internet: www.designer-outlet-roermond.com.

Öffnungszeiten

Montag bis Sonntag 10.00 bis 18.00 Uhr, Donnerstag 10.00 bis 20.00 Uhr. Das Center ist an 363 Tagen im Jahr geöffnet. Am 25.12. und 1.1. geschlossen.

Anreise

Über die A52 (auf niederländischer Seite: N230). Auf die N280, dort der Beschilderung folgen.

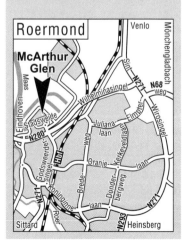

Gabor®

Der Weg von der Idee bis zum hochwertigen Gabor-Schuh ist weit: Erst nach 140 Arbeitsgängen mit 250 verarbeiteten Teilen aus 45 verschiedenen Materialien setzt Gabor seinen Namen darauf.

Der Schuh zur Mode

Warenangebot

Restposten: Elegante Schuhe in 2. Wahl oder Einzelstücke: Pumps, Stiefeletten, Sandalen. Sehr große Auswahl an Damenpumps in verschiedenen Designs und Absatzhöhen. Neu im Sortiment: Herrenschuhe. Auch Camel active-Schuhe.

Ersparnis

40 bis 50 %.

Ambiente

Gepflegtes, kleines Geschäft. Geduld mitbringen. Meist sehr viele Kundinnen und nur eine Verkäuferin. Umtausch der 2.-Wahl-Ware ist ausgeschlossen. Eingang an der Querseite des Gebäudes.

Besonderheiten

Es ist oft jeweils nur ein Paar eines Modells zu haben. Beschränkte Auswahl also.

Adresse

Gabor, Marienberger Straße 31, 83024 Rosenheim, Telefon: 0 80 31/80 10.

Öffnungszeiten

Montag bis Freitag 8.30 bis 18.30 Uhr, Samstag 8.00 bis 18.00 Uhr.

Anreise

A8 München–Salzburg, Ausfahrt Rosenheim. Auf der Haupt-Einfall-straße bleiben und nach der Eisenbahnunterführung rechts einordnen. Richtung Landshut (B15) rechts abbiegen (Briançonstraße). Nächste Kreuzung links, dann geradeaus ca. 2,5 km. Am Ende der Prinzregenten-straße rechts in die Marienberger Straße. Aus Richtung Landshut: von der B15 kommend nach Ortseingang Rosenheim rechts Richtung Technische Hochschule, Straße trifft genau auf die Firma Gabor.

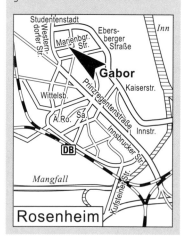

WAVE ♜ BOARD
AMERICAN SPORTSWEAR
Factory Outlet Stores

EINKAUFS-GUTSCHEIN

Die Marke Wave Board steht seit Jahren für Wintersport- und Outdoor-Bekleidung. Funktionalität und gute Verarbeitung sind die Qualitätsmerkmale für die Wander-, Trekking-, Bergsport und Regenbekleidung der Firma.

Outdoor-Spezialist

Warenangebot
Freizeit-, Wander-, Trekking, Bergsport-, Winstersport- und Regenbekleidung, Anoraks, Freizeithosen, Wanderhosen, multifunktionale Westen, Pullover, Hemden, Sweatshirts, T-Shirts, Polo-hemden.

Ersparnis
30 bis 50 %.

Ambiente
Ca. 300 m² Verkaufsfläche, fachkundige Verkäuferinnen, Umkleidekabinen, Ware gut sortiert.

Adresse
Wave Board, Klepperstraße 18, 83026 Rosenheim, Telefon: 0 80 31/1 40 24, Fax: 1 40 49.

Öffnungszeiten
Montag bis Freitag 9.30 bis 18.30 Uhr, Samstag 9.30 bis 16.00 Uhr.

Anreise
Von der A8 München–Salzburg, Ausfahrt Rosenheim, kommend, weiter auf der B15, Kufsteiner Straße, geradeaus bis zur linken Abzweigung: Klepperstraße (McDonald's). Nach ca. 600 m Verkauf auf der linken Seite.

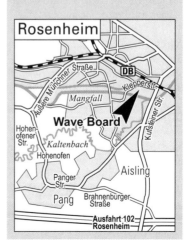

s.Oliver®

s.Oliver zählt zu den Marktführern im Young-Fashion-Bereich in Deutschland. Mit fünf Tochtergesellschaften und jeweils bis zu zwölf Kollektionen im Jahr erobert die Firma seit Jahren den jugendorientierten Sportswear- und Young-Fashion-Markt.

Fashion soll Spaß machen

Warenangebot

Damen-, Herren-, Jeans- und Freizeitbekleidung, eben alles, was Mode ist. Keine Schuhe, kleines Angebot an Kinderbekleidung. Produktionsüberhänge, 1A-Ware und 2. Wahl.

Ersparnis

30 bis 50%. In unregelmäßigen Abständen gibt es Aktionen.

Ambiente

Das tolle Angebot lockt scharenweise junge Leute an. Großer Andrang vor allem am Wochenende. Umkleidekabinen vorhanden. Die Preise sind ausgezeichnet.

Adresse

s.Oliver, Bernd Freier GmbH, Edekastraße 1, 97228 Rottendorf, Telefon: 0 93 02/3 09 64 95, Fax: 3 09 64 96.

Öffnungszeiten

Dienstag bis Freitag 10.00 bis 19.00 Uhr, Samstag 9.00 bis 16.00 Uhr. Montag geschlossen.

Weitere Verkaufsstellen

● 33803 **Steinhagen-Brockhagen**, Horststraße 2, im Gerry-Weber-Gebäude, Telefon: 0 52 04/92 47 80.

● 63843 **Niedernberg**, Telefon: 0 60 28/ 99 77 94, Fax: 99 77 96.

● 91350 **Gremsdorf**, Gewerbepark 1, Telefon: 0 91 93/50 89 40.

● 97359 **Schwarzach**, Gewerbering 4, Telefon: 0 93 24/98 04 03.

Anreise

A3 Frankfurt–Nürnberg, Ausfahrt Würzburg-Rottendorf. Auf der B8 Richtung Würzburg. Firma an der Ortsausfahrt von Rottendorf.

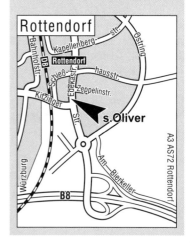

CLOSED

Für diese Mode brauchen Sie keine Gebrauchsanweisung, denn mit Jeans und fast schon sportlicher Klassik sind Sie nahezu überall richtig angezogen. Diese sehr erfolgreiche Modemarke hat ihre Tradition in der Individualität, der Kreativität und der Qualität. Closed gibt es seit 1977, die Marke stammt aus Rimini und ist im führenden Fachhandel erhältlich.

Starke Kombinationen

Warenangebot
Jeans, Hosen, T-Shirts, Sweatshirts, Röcke, Kleider, Blusen, Hemden, Lederjacken, Strickwaren, auch Turnschuhe und mehr.

Ersparnis
50 bis 70 %.

Ambiente
Ca. 230 m^2 großes, gut sortiertes neues Factory Outlet im Landhausstil, das sich auf Karl's Erlebnishof gut in seine Umgebung einfügt.

Adresse
Closed Factory Outlet, Karl's Erlebnishof, Dorfstraße 2, 18182 Rövershagen-Purkshof, Telefon: 03 82 02/40 54 01, Internet: www.closed.com.

Öffnungszeiten
Montag bis Sonntag 9.00 bis 19.00 Uhr.

Anreise
A19 Richtung Rostock, Ausfahrt Rostock-Ost. Auf der B105 Richtung Ribnitz/Damgarten/Stralsund. Wenige km vor Rövershagen erreicht man den Ort Purkshof. Hier finden Sie Karl's Erlebnishof.

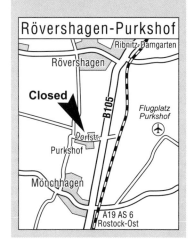

GARDÉ

Uhrenkreationen für modebewusste Damen und Herren bestimmen das vielseitige Produktionsprofil dieses Werkes, das auf eine langjährige Tradition in der Uhrenherstellung zurückblicken kann.

Im Stil der Zeit

Warenangebot

Analoge Funkarmbanduhren für Damen und Herren, Chronographen, Automatikuhren, mechanische Uhren, Quarzarmbanduhren, elegant und sportlich, Kinderuhren, Schachuhren, Taschenuhren, Funk- und Quarzwecker.

Ersparnis

Ca. 20% bei Auslaufartikeln. Spezielle Angebote vor Weihnachten und Ostern.

Ambiente

Moderne Präsentationsvitrinen im Eingangsbereich. Verkauf durch geschultes Fachpersonal. Am Empfang melden.

Besonderheiten

Ruhlaer Uhrenmuseum im Erdgeschoss. Bei Kauf einer Gardé-Uhr (Warenwert ab 60,-€) Eintritt frei. Kompetenter Uhrenservice.

Adresse

Gardé Uhren und Feinmechanik Ruhla GmbH, Bahnhofstraße 27, 99842 Ruhla, Telefon: 03 69 29/7 01 00, Fax: 7 01 04, E-Mail: garde-uhren@t-online.de, Internet: www.garde.de.

Öffnungszeiten

Montag bis Freitag 9.00 bis 12.30 und 13.00 bis 16.00 Uhr, Samstag 10.00 bis 16.00 Uhr.

Anreise

Aus Richtung Hessen kommend: A4 Kassel–Dresden, Ausfahrt Wutha-Farnroda. Aus Richtung Leipzig kommend: A4 Ausfahrt Eisenach-Ost. Auf der B7 in Richtung Gotha, Abzweigung Wutha, auf der B88 in Richtung Ruhla über Farnroda und Thal. Das Uhrenwerk finden Sie am Ortseingang von Ruhla.

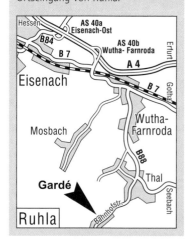

Der Jahreswagen erfreut sich nach wie vor größter Beliebtheit. Bei Opel gibt es den Service der Marketing Services GmbH.

Jahres-/Gebrauchtwagen

Warenangebot

Jahres-/Gebrauchtwagen aller Opel-Modelle. Das Angebot erscheint täglich aktualisiert im Internet unter: www.opel.de/Jahreswagen. Dann kann man sich direkt mit den Anbietern in Verbindung setzen. Diese Anzeigen können auch kostenlos angefordert werden: Marketing Services GmbH, Postfach 16 53, 65406 Rüsselsheim, Telefon: 01 80/5 00 27 91. Zusätzlich gibt es in Rüsselsheim die Möglichkeit, Ordner mit Jahreswagenangeboten von Opel-Werksangehörigen einzusehen: Adam Opel GmbH, Tor 1, 65423 Rüsselsheim, täglich von 4.30 bis 23.30 Uhr geöffnet.

In Bochum und in Kaiserslautern finden so genannte „Samstagsmärkte" statt. Hier werden Opel-Jahreswagen auf privater Basis angeboten werden.

Ersparnis

Je nach Typ, Ausstattung und Kilometerstand 15 bis 30% günstiger als ein Neuwagen.

Weitere Verkaufsstellen

● 44803 **Bochum**, Adam Opel GmbH, Opelring (gegenüber Tor 1), Telefon: 02 34/9 89 01. Jeden Samstag (ausgenommen zwischen den Jahren und in den Werksferien im Sommer).

● 67663 **Kaiserslautern**, Adam Opel GmbH, Parkplatz Ost (vor Portal 1), Zufahrt vom Opel-Kreisel, Nähe Autobahnausfahrt Kaiserslautern-West, Telefon: 06 31/3 55-0. Darüber hinaus sind die Opel-Händler an die Gebrauchtwagen-Infobörse angeschlossen. In diesem System werden Angebote aus dem gesamten Bundesgebiet veröffentlicht.

Anreise

A67 Darmstadt–Mainz, Ausfahrt Rüsselsheim-Mitte. Durch die Stadt. Das Opel-Gelände ist am Main.

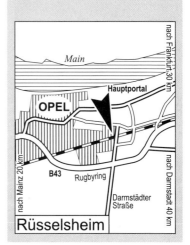

GERMANY

Knapp 250 Beschäftigte fertigen Service in verschiedenen Formen und Dekoren. Formschönes Porzellan, von traditionell bis design-orientiert.

Die feine Linie für Porzellan

Warenangebot
Haushalts- und Hotelporzellan, Glas, Figuren, Kerzen, Geschenkartikel.

Ersparnis
35 bis 50%. Bei Aktionen und im Schnäppchenmarkt zusätzliche Rabatte.

Ambiente
Großzügig gestalteter Verkaufsraum mit großem Angebot an Auslaufserien, Porzellan mit kleinen Fehlern und einem Schnäppchenmarkt. Fachkundige Beratung. Werksbesichtigungen ab 20 Personen. Infos unter Telefon: 09233/403-161.

Adresse
Arzberg-Porzellan GmbH, Werksverkauf Schirnding, Fabrikweg 41, 95706 Schirnding, Telefon: 09233/403-127, Internet: www.arzberg-porzellan.com.

Öffnungszeiten
Montag bis Freitag 9.00 bis 18.00 Uhr, Samstag 9.00 bis 12.00 Uhr.

Weitere Verkaufsstellen
● 92648 **Vohenstrauß**, Johann-Seltmann-Straße 8, Telefon: 09651/91499. Montag, Dienstag, Donnerstag und Freitag 10.00 bis 12.30 und 14.30 bis 17.00 Uhr, Samstag 9.00 bis 13.00 Uhr.

● 94249 **Bodenmais**, Risslochweg 3, Telefon: 09924/902437. Montag bis Freitag 10.00 bis 17.00 Uhr, Samstag 10.00 bis 15.00 Uhr, Sonntag (nur Mai bis Oktober) 10.00 bis 12.00 Uhr.
● 95659 **Arzberg**, Jakobsburg 1, Telefon: 09233/408-535. Montag bis Freitag 10.00 bis 18.00 Uhr, Samstag 9.00 bis 13.00 Uhr.

Anreise
E51, Nürnberg–Hof, Ausfahrt Bad-Berneck bzw. A93 Regensburg–Hof, B15 ab Kreuzung Marktredwitz nach Schirnding. Der Verkauf ist beschildert.

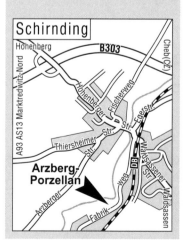

FALKE

Mag sein, dass in Rom, Paris, New York oder in Düsseldorf Mode gezeigt wird, hier im tiefsten Südosten Nordrhein-Westfalens wird sie gemacht. Im Sauerland versteht es Falke, mit Wolle und anderen Materialien zu zaubern.

Von Kopf bis Fuß: alles Falke

Warenangebot

Hochwertige Beinbekleidung für Damen, Herren und Kinder, feine Bodys und Shirts sowie Strickwaren für Damen und Herren. In Schmallenberg und Lippstadt auch Ware der Marken Camel und Joop!. Ergänzt wird das Angebot durch Sportsocken, Funktionswäsche und -bekleidung der Falke-Linie Ergonomic Sport System.

Ersparnis

B-Sortierung 20 bis 50 %. Im oci in Zweibrücken 30 % und mehr.

Ambiente

Der frühere Personalverkauf für Socken und Strümpfe an der Oststraße ging im erweiterten Werksverkauf der Strickwarenfabrik in der Ohlgasse auf. Auch in Lippstadt ist der Werksverkauf in die Produktionsstätten integriert. Edel gestaltet, kompetente Beratung.

Adresse

Werksverkauf Falke Fashion, Ohlgasse 5-9, 57392 Schmallenberg (Sauerland), Telefon: 0 29 72/30 83 49.

Öffnungszeiten

Montag bis Freitag 10.00 bis 18.00 Uhr, Samstag 9.00 bis 16.00 Uhr.

Weitere Verkaufsstellen

● 59555 **Lippstadt**, Am Tiergarten 9 und 11, Telefon: 0 29 41/74 41 86.
● 66482 **Zweibrücken**, Designer Outlets Zweibrücken, Londoner Bogen 10-90, Telefon: 0 63 32/46 05 11.

Anreise

A46, Ausfahrt und Richtung Meschede und über die B55 nach Eslohe. Von dort über die B511 zur B236 nach Schmallenberg. Im Ort dem 1. Hinweis in Richtung Grafschaft folgen. 1. Seitenstraße rechts.

Feine Anzüge und Kostüme nach Maß, aber ab Fabrik und zu günstigeren Preisen als Kleidung von der Stange. So lautet das Konzept, mit dem Dolzer-Chef Thomas Rattray Selkirk eine Erfolgsgeschichte schreiben will.

Auf den Leib geschnitten

Warenangebot

Herren: Mäntel, Anzüge, Westen, Sakkos, Hosen, Fräcke und Cuts, Maßhemden. Damen: Kostüme, Jacken, Röcke, Hosen, Mäntel, Hosenanzüge, Maßblusen, Accessoires: Krawatten, Tücher. Große Stoffauswahl.

Ersparnis

Anzüge und Kostüme nach Maß kosten von 158,- bis 598,- €, je nach Stoffqualität. Maßhemden und -blusen ab 45,- €.

Ambiente

Ca. 800 m² große Verkaufsräume auf zwei Ebenen. Sie werden von ausgebildeten Maßkonfektionären beraten.

Besonderheiten

Die Lieferzeit für Maßbekleidung beträgt ca. sechs Wochen. Maßhemden und -blusen auch online unter www.dolzershop.com.

Adresse

Dolzer Maßkonfektionäre GmbH, Rippberger Straße 7, 63936 Schneeberg, Telefon: 0 93 73/9 40-0 (Zentrale), Verkauf: 9 40-1 40, Fax: 94 02 99, Internet: www.dolzer.de.

Öffnungszeiten

Dienstag, Mittwoch und Freitag 9.30 bis 18.00 Uhr, Donnerstag 9.30 bis 20.00 Uhr, Samstag 9.00 bis 16.00 Uhr, Montag geschlossen.

Weitere Verkaufsstellen

Siehe auch unter www.dolzer.de.

Anreise

Von Aschaffenburg B 469 Richtung Miltenberg. Bei Amorbach auf die B 47 nach Schneeberg.

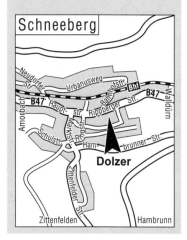

Weitere Verkaufsstellen (Auswahl)

● 10587 **Berlin-Charlottenburg**, Franklinstraße 12a, Telefon: 0 30/ 39 90 75 70, Fax: 39 90 75 72.

● 80807 **München-Schwabing**, Wilhelm-Wagenfeld-Straße 18, Telefon: 0 89/32 21 19 94, Fax: 32 21 19 96.

● 22761 **Hamburg-Bahrenfeld**, Gasstraße 4, Telefon: 0 40/8 97 17 60, Fax: 89 71 76 76.

● 60314 **Frankfurt-Ostend**, Hanauer Landstraße 190a. Telefon: 0 69/94 41 21 78, Fax: 94 41 21 79.

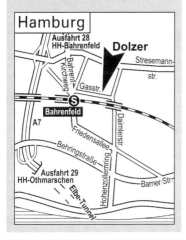

● 50825 **Köln-Ehrenfeld**, Oskar-Jäger-Straße 170, Telefon: 02 21/ 9 54 16 20, Fax: 9 54 16 22.

● 70469 **Stuttgart-Feuerbach**, Heilbronner Straße 326. Telefon: 07 11/ 89 66 30 50, Fax: 89 66 30 60.

irisette

Die Marke gehört mit zum Besten, was in Deutschland an Bett- und Tischwäsche hergestellt wird. Hinter der Marke stehen die Bierbaum Textilwerke in Borken, die Qualitäten „Made in Germany" bieten. Hier sind auch andere Bierbaum-Marken erhältlich.

Schlafkomfort & Tischkultur

Warenangebot
Bettwäsche, Tischwäsche, Bettwaren: Daunen, Edelhaar und Kunstfaser für Allergiker, Matratzen und Lattenroste, Heim- und Schlafdecken, Frottierwaren und Bademäntel, Geschirr- und Putztücher, Herrenhemden und -unterwäsche, Schlafanzüge.

Ersparnis
Bei Bettwäsche von Irisette bis 50 %, bei anderer Ware zwischen 30 und 40 %.

Adresse
Irisette Werksverkauf Schönau, Brand 24-28, 79677 Schönau-Brand, Telefon: 0 76 73/10 60.

Öffnungszeiten
Montag bis Freitag 9.00 bis 12.30 und 14.00 bis 18.00 Uhr, Samstag 9.00 bis 13.00 Uhr.

Weitere Verkaufsstellen
● 73660 **Urbach**, Konrad-Hornschuch-Straße 67, Telefon: 071 81/88 08 73.
● 79669 **Zell im Wiesental-Atzenbach**, Zur alten Spinnerei 1, Telefon: 0 76 25/92 43 05. Montag bis Freitag 9.00 bis 12.30 und 14.00 bis 18.00 Uhr, Samstag 9.00 bis 13.00 Uhr.

Anreise
Schönau-Brand liegt im südlichen Schwarzwald an der B317 zwischen Titisee-Neustadt und Schopfheim. Der Ortsteil Brand ist ca. 500 m südlich von Schönau, der Verkauf befindet sich direkt an der Bundesstraße.

Burlington ist Marktführer im Premium-Segment für Strickstrümpfe in Europa. Höchster Markenbekanntheitsgrad im Bereich Beinbekleidung. Die typischen Kunden sind anspruchsvoll und stilbewusst. Zeitlos sind die Strümpfe mit dem Karo-Muster.

British Casual Lifestyle

Warenangebot
Burlington Menswear: Pullover, Shirts, Hemden, Jacken, Hosen, Accessoires, Unterwäsche. Burlington Herren- und Damensocken, Hudson- und Kunert-Feinstrumpfhosen.

Ersparnis
1.-Wahl-Markenware ist um ca. 30 bis 40 % reduziert, B-Ware erheblich günstiger. Bei Aktionen zusätzliche Preisersparnis bis zu 50 %. Zusätzlich alle zwei Monate jedes 1. Wochenende am Freitag und Samstag Schnäppchenverkauf.

Ambiente
Ca. 240 m² Verkaufsfläche, zwei Umkleidekabinen, zwei Spiegel, sehr gut sortiert. Großer Parkplatz.

Adresse
Burlington-Strümpfe, Werksverkauf-Betriebsladen, Arlington Socks GmbH, Fabrikstraße 1, 79650 Schopfheim-Langenau, Telefon: 0 76 22/6 84 46 12.

Öffnungszeiten
Montag bis Freitag 9.00 bis 17.00 Uhr, Samstag 9.00 bis 13.30 Uhr.

Anreise
Schopfheim-Langenau liegt im Tal der Kleinen Wiese. Von Lörrach aus auf der B317 nach Schopfheim, Ausfahrt Schopfheim-West. Richtung Langenau, ca. 400 m nach dem Ortsschild links abbiegen. Der Verkauf ist beschildert.

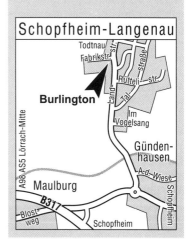

Die Firma arbeitet mit den großen Outdoor-Herstellern zusammen: Berghaus, Salewa, Tatonka, Patagonia, Wild Roses, Ecco, Coleman, Leki, Lowa, Fjällräven, Lowe, Asics, Ortlieb, Deuter, Schöffel, Columbia, Meindl, Camping Gaz, Herbertz, Eagle Creek, Falke, Therm-a-Rest, Edelrid, MSR, Cocoon, Hanwag, Nokian, Helsport, Relags, Sigg, Teva, Sevylor, Zarges, Mountain Hardwear, Hanes usw. Aktuelle Katalogware und Restposten.

Alles für draußen

Warenangebot

Sport- und Outdoor-Bekleidung für Damen und Herren: Unterwäsche, Fleecebekleidung, Radsportbekleidung, Wetterschutzkleidung. Strümpfe, Schuhe für Trekking, Wandern, Sport, Sandalen, Gummistiefel. Kindersportbekleidung. Sportartikel: Rucksäcke und Taschen, Schlafsäcke, Zelte, Hängematten, Pflegemittel, Reiseutensilien.

Ersparnis

Reguläre Ware 30 bis 70%. Große Auswahl an günstigen Angeboten. Immer wieder Zusatz-Sparaktionen. Wer im Adressverteiler ist, wird informiert. Katalog gratis.

Ambiente

2500 m² Verkaufsfläche auf zwei Stockwerken: Sportbekleidung im OG, Sportartikel im EG.

Adresse

LARCA Outlet-Center, Waiblinger Straße 60, 73614 Schorndorf, Telefon: 0 71 81/9 38 06-0, Fax: 9 38 06-54, -55, -56, E-Mail: Larca@Larca.de, Internet: www.larca.de.

Öffnungszeiten

Montag bis Freitag 9.00 bis 20.00 Uhr, Samstag 8.00 bis 18.00 Uhr.

Anreise

B14 Stuttgart–Waiblingen, dort weiter auf der B29 nach Schorndorf (Richtung Schwäbisch Gmünd). Das Outdoor-Center befindet sich direkt an der B29, Ausfahrt Schorndorf-West. Am 1. Kreisverkehr die 2. Ausfahrt nehmen. LARCA ist links.

JUNGHANS

Junghans beschäftigt sich rund um die Uhr mit der Zeit. Deshalb stehen Junghans-Uhren nicht nur für Qualität der Spitzenklasse, sondern auch für innovative Materialien, wie Karbon und Keramik. Seit 1861 baut Junghans Uhren in handwerklicher Vollendung.

Uhren made in Germany

Warenangebot

Ein sehr großer Teil der Ware sind Restposten oder Warenrücknahmen (Einzelstücke). Viele Armbanduhren aus der aktuellen Kollektion. Armbanduhren für Damen und Herren, klassische, sportliche und Schmuckuhren, Funk-, Solar-, oder Quarzuhren. Fast alle Armbanduhren sind in Vitrinen ausgestellt. In einem weiteren Raum sind Wanduhren, Wecker und Kinderuhren.

Ersparnis

Auf alle Uhren ca. 30%. Einzelstücke bis 60%. Spezielle Angebote, z.B. vor Weihnachten/Ostern.

Ambiente

Freundliche, kompetente Beratung. Bezahlen mit EC-Karte möglich.

Adresse

Junghans Uhren GmbH, Tösstraße 53-57, 78701 Schramberg, Telefon: 074 22/ 1 81 68 oder 1 81, Fax: 1 86 95.

Öffnungszeiten

Montag bis Freitag 9.00 bis 18.00 Uhr, Samstag 9.00 bis 16.00 Uhr. Betriebsferien im August.

Anreise

Von der A81 Stuttgart–Singen, Ausfahrt Rottweil, auf die B462 bis Schramberg-Talstadt. Von Offenburg auf die B33, B294 und bei Schiltach auch auf die B462 bis Schramberg. An der 1. große Kreuzung rechts in den Umgehungstunnel Richtung Hornberg. Nach dem Tunnel 2. rechts in die Lauterbacher Straße. Immer bergauf; 3. Straße rechts ab in die Tösstraße (nach einer Bushaltestelle). Der Fabrikverkauf ist im Eckhaus, Tösstraße 53.

Gold&Silber
Schwäbisch Gmünd

EINKAUFS-GUTSCHEIN

Ein Hauch von High Society liegt über dem Verkaufsraum, doch das Angebot richtet sich keinesfalls nur an die Oberen Zehntausend. Mit ihrem Shop Gold & Silber zeigen die im Edelmetallverband e.V. organisierten Gmünder Firmen, dass die alte Handwerkskunst hier noch lebendig ist.

Schmucke Schnäppchen

Warenangebot

Umfangreiche Schmuckauswahl in Gold und Silber, klassische Stücke, aber auch hochwertiger Mode- und ausgefallener Designerschmuck, alles in Handarbeit gefertigt. Außerdem Geschenkartikel, Wohnaccessoires, edle Schreibgeräte. Keine Trauringe.

Ersparnis

Bis zu 50 %. Bei Geschenkartikeln und Sonderaktionen auch mehr.

Ambiente

Der Verkaufraum hat das Flair eines vornehmen Juweliergeschäftes. „Doppelte" Preisauszeichnung zeigt die Ersparnis. Freundliches, fachkundiges Personal. Kreditkarten werden akzeptiert.

Besonderheiten

Für Gruppen nach Voranmeldung jederzeit Sonderöffnungen möglich.

Adresse

Gold & Silber, Silber & Schmuck Marketing GmbH, Franziskanergasse 6, 73525 Schwäbisch Gmünd, Telefon: 0 71 71/6 90 88, Fax: 53 00, E-Mail: info@gold undsilber-gmuend.de, Internet: www. goldundsilber-gmuend.de.

Öffnungszeiten

Mittwoch 10.00 bis 12.00 Uhr, Donnerstag und Freitag 12.00 bis 18.00 Uhr, Samstag 10.00 bis 14.00 Uhr.

Anreise

In Schwäbisch Gmünd das Parkhaus im City Center am Kalten Markt anfahren. Parkhaus Richtung Innenstadt verlassen. Fußgängerzone/Kalter Markt überqueren, geradeaus Richtung Marktplatz. In der Fußgängerzone 1. Querstraße links. Verkauf schräg gegenüber der Franziskanerkirche.

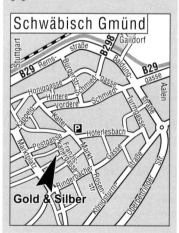

Seit über 30 Jahren produziert Nubert Lautsprecher mit herausragendem Preis-Leistungs-Verhältnis. Vom kompakten Regallautsprecher bis zum Heimkino-Surroundset der Sonderklasse. Qualifizierte, erfahrene Berater.

Spitzen-Klang

Warenangebot

Die umfangreiche Produktpalette beginnt bei einer Kompaktbox für ca. 130,- € aus der preisbewussten nuBox-Linie und reicht über testbewährte Regal- und Standlautsprecher sowie Subwoofer bis zum Super-Surroundset für den anspruchsvollen Heimkino-Fan. Neben der designorientierten nuWave-Linie wendet sich die Edel-Serie nuLine mit hochwertigen Hölzern und attraktivem Silberlack an die Liebhaber klarer Formgebung.

Ersparnis

Sehr gutes Preis-Leistungs-Verhältnis, wie viele Fachmagazine und die Frankfurter Allgemeine Zeitung bestätigen.

Ambiente

Direkter Vergleich unter praxisgerechten Hörbedingungen in drei wohnraumgerechten Hörstudios und einem großzügigen Heimkino-Studio.

Besonderheiten

Vier Wochen Rückgaberecht. 5 Jahre Garantie. Bundesweiter Versand.

Adresse

Nubert Speaker Factory, Goethestraße 69, 73525 Schwäbisch Gmünd, gebührenfreie Hotline: 08 00/6 82 37 80, Internet: www.nubert.de.

Öffnungszeiten

Montag bis Freitag 9.30 bis 19.00 Uhr, Samstag 9.00 bis 16.00 Uhr.

Weitere Verkaufsstelle

● 73430 **Aalen**, Bahnhofstraße 111, Telefon: 0 73 61/95 50 80.

Anreise

B29, Ausfahrt Schwäbisch Gmünd-West, rechts, ca. 1,5 km stadteinwärts.

Neue Designtrends in tragbare Mode für Damen, Herren und Kinder umzusetzen und qualitativ hochwertig zu produzieren – das ist der Anspruch von Rohde. Viele treue Kunden bestätigen der großen deutschen Schuhmarke dieses Erfolgskonzept.

Stil ist keine Frage des Preises

Warenangebot

Umfangreiche Schuhkollektionen der Marken Rohde und Daniel Hechter für Damen, Herren und Kinder. Unkomplizierte Freizeitschuhe und Sneakers, modische Sandalen im Sommer sowie Halbschuhe und Stiefel, auch mit Sympatex-Ausstattung für den Winter sind die Highlights, City-Mode. Homewear vervollständigt das Angebot.

Ersparnis

20 bis 50% auch bei besten Qualitäten. Zum Saisonende zusätzlich 30%.

Ambiente

In ehemaligen Produktions- und Lagerräumen wird das umfangreiche Angebot attraktiv präsentiert. Preisauszeichnung übersichtlich, Fachberatung kompetent und freundlich. Bei großem Andrang muss man Geduld aufbringen. Parkplätze direkt vor dem Fabrikverkauf.

Adresse

Rohde KG, Schuhfabriken, Erich-Rohde-Straße 22, 34613 Schwalmstadt, Telefon: 0 66 91/7 80.

Öffnungszeiten

Montag bis Freitag 9.00 bis 17.30 Uhr, Samstag 9.00 bis 14.00 Uhr.

Weitere Verkaufsstelle

● 34582 **Borken**, Mittelweg 13, Telefon: 0 56 82/25 75.

Anreise

Schwalmstadt liegt nahe der A49 zwischen Kassel und Marburg an der Kreuzung der B254 und der B454. Ab Gewerbegebiet Süd im Stadtteil Ziegenhain gibt es Hinweisschilder.

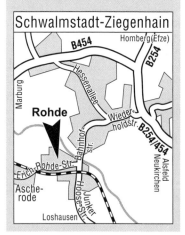

RENÉ LEZARD

Die Mode dieses Herstellers steht für kompromisslose Qualität bei Material und Verarbeitung, klassische Modernität und entspannte Eleganz.

Gelassenheit mit Stil

Warenangebot

Damen- und Herrenbekleidung, 2.-Wahl-Ware, 1.-Wahl-Ware jeweils Vorjahres- und Musterkollektionen. Herren: Anzüge, Hosen, Sakkos, Lederbekleidung, Mäntel, Hemden, Jeans, Schuhe, Strickwaren, Gürtel und Krawatten etc. Damen: Kostüme, Anzüge, Röcke, Kleider, Hosen, Blazer, Mäntel, Abendmode, Lederbekleidung, Strickwaren, Schuhe, Taschen und Accessoires.

Ersparnis

30 bis 50 %, bei Sonderangeboten auch darüber.

Adresse

René Lezard Mode GmbH, Industriestraße 6, 97359 Schwarzach, Telefon: 0 93 24/30 2-6 22, Fax: 3 02-6 38, Internet: www.rene-lezard.com.

Öffnungszeiten

Montag bis Mittwoch 10.00 bis 18.00 Uhr, Donnerstag und Freitag 10.00 bis 20.00 Uhr, Samstag 9.00 bis 17.00 Uhr.

Weitere Verkaufsstellen

● 72555 **Metzingen**, Mühlstraße 2, Telefon: 071 23/16 27 16, Fax: 16 27 17.
● 97475 **Zeil am Main**, Sander Straße 3, Telefon: 0 95 24/30 39 72, Fax: 30 39 74.
● NL-6041 **Roermond**, McArthurGlen

Designer Outlet Center Roermond, Stadsweide 336-338, Telefon: 00 31/4 75/31 70 33.

Anreise

A3 Frankfurt–Nürnberg, Ausfahrt Kitzingen/Schwarzach. Nach der Ausfahrt rechts in Richtung Volkach (berühmter Weinort). Nach dem Ort Hörblach (Ortsumfahrung) auf die B22 in Richtung Bamberg abbiegen. Man umfährt Schwarzach. Am Ortsende an einer Kreuzung (Gewerbegebiet) nach links und dann sofort wieder nach rechts abbiegen. Am Firmengelände vorbeifahren. Fabrikverkauf nach 200 m rechts.

Die exklusiven Rosenthal Produktlinien sind weltweit bekannt für anspruchsvolles Design und hervorragende Produktqualität. Künstler und Designer von internationalem Rang arbeiten für die Rosenthal Studio-Line. Die Löwenmarke Hutschenreuther steht für exzellente Porzellanqualität, für handwerkliches Können und hohes künstlerisches Niveau.

Faszination Porzellan

Warenangebot

Es wird 2. Wahl angeboten sowie eine große Auswahl an Auslaufserien. Das Warensortiment umfasst Porzellan-Service, Porzellan-Geschenke, Bestecke, Gläser, Saisonartikel, Kunstfiguren sowie Tischwäsche. In den Rosenthal Shops werden überwiegend die Marken Rosenthal Studio-Line, Rosenthal, Versace und Thomas angeboten. In den Hutschenreuther Shops wird überwiegend die Marke Hutschenreuther sowie in geringem Umfang auch Arzberg angeboten. Besonders interessant sind die neue Figurenpräsentation sowie der Weihnachtsmarkt.

Ersparnis

20 bis 50% unter Ladenverkaufspreis. Großer Schnäppchenmarkt in der „Fundgrube" mit Sonder- bzw. Restposten sowie Ergänzungsteilen ausgelaufener Porzellanserien.

Ambiente

Sehr stilvoll gestaltete Präsentation der Ware. Selbstbedienung, auf Wunsch fachkundige Beratung. Parkplätze ausreichend vorhanden.

Besonderheiten

Die Verkaufsstellen in Selb sind nur durch eine Straße getrennt. Dem Hutschenreuther Verkauf ist ein Atelier-Café angegliedert. In unmittelbarer Nähe befinden sich das Industriemuseum sowie das Deutsche Porzellanmuseum. Besonders während der „Wochen des Weißen Goldes" Ende Juli/Anfang August sind in Selb viele attraktive Veranstaltungen geboten. Das Rosenthal Casino (Kasinostraße 3, Telefon: 0 92 87/80 50, Fax: 8 05 48) bietet kulinarische Köstlichkeiten und angenehme Übernachtungsmöglichkeiten.

Adressen

● Rosenthal Shop, Philip-Rosenthal-Platz 1, 95100 Selb, Telefon: 0 92 87/72-4 90, Fax: 72-4 92. Viele Sonderveranstaltungen, z.B. Vorführungen von Porzellanmalern.

● Hutschenreuther Shop, Hutschenreuther Platz 2, 95100 Selb, Telefon: 0 92 87/8 04-1 79, Fax: 8 04-117. Riesige Auswahl an Figuren und Weihnachtsartikeln.

● Thomas Shop, Hutschenreuther Platz 2, 95100 Selb, Telefon: 0 92 87/80 42 08, Schwerpunkt: Thomas-Kollektion.

● Die Fundgrube, Hutschenreuther Platz 2, 95100 Selb, Telefon: 8 04-1 07.

Öffnungszeiten
Montag bis Freitag 9.30 bis 18.00 Uhr, Samstag 9.00 bis 15.00 Uhr.

Weitere Verkaufsstellen
● 94227 **Zwiesel**, Hutschenreuther Shop, Stadtplatz 30, Telefon: 0 99 22/50 30 87. Montag bis Freitag 9.30 bis 18.00 Uhr, Samstag 9.30 bis 16.00 Uhr, während der Saison an Sonn- und Feiertagen geöffnet. Schwerpunkt: Hutschenreuther, Arzberg.

Anreise
A9 Nürnberg–Berlin, Ausfahrt Gefrees oder Hof in Richtung Selb. Direkt an der A93 Regensburg–Hof. Ab dem Ortsschild sehr gut ausgeschildert.

● 94249 **Bodenmais**, Rosenthal Shop, Kötztinger Straße 36, Telefon: 0 99 24/90 50 56. Montag bis Freitag 10.00 bis 18.00 Uhr, Samstag 10.00 bis 14.00 Uhr, Sonntag während der Saison Juli/August geöffnet. Schwerpunkt: Rosenthal.

● 95100 **Selb-Plößberg**, Rosenthal Museumsshop, Im Industriemuseum, Bahnhofstraße 3, Telefon: 0 92 87/80 08 55. Dienstag bis Sonntag 10.00 bis 17.00 Uhr.

● 95469 **Speichersdorf**, Rosenthal Thomas am Kulm, Dresdner Straße 11, Telefon: 0 92 75/6 02 76. Montag bis Freitag 9.30 bis 18.00 Uhr, Samstag 9.00 bis 13.00 Uhr. Schwerpunkt: Thomas, Rosenthal.

● 95643 **Tirschenreuth**, Hutschenreuther Shop, Mitterteicher Straße 19, Telefon: 0 96 31/45 94. Montag und Donnerstag 9.00 bis 18.00 Uhr, Dienstag, Mittwoch und Freitag 10.00 bis 18.00 Uhr, Samstag 9.00 bis 13.00 Uhr. Schwerpunkt: Hutschenreuther.

● 95679 **Waldershof**, Rosenthal Waldershof, Havilandstraße 62, Telefon: 0 92 31/7 01-0. Dienstag bis Donnerstag 12.00 bis 16.00 Uhr. Schwerpunkt: Hotelgeschirr.

● 95691 **Hohenberg/Eger**, Hutschenreuther Shop, Schirndinger Straße 10, Telefon: 0 92 33/71 30 59. Montag bis Freitag 10.00 bis 18.00 Uhr, Samstag 9.00 bis 13.00 Uhr. Schwerpunkt: Hutschenreuther.

● 96317 **Kronach**, Rosenthal an der Rodach, Industriestraße 48, Telefon: 0 92 61/62 91 11. Montag bis Freitag 10.00 bis 17.00 Uhr, Samstag 10.00 bis 13.00 Uhr. Schwerpunkt: Rosenthal, Thomas.

Villeroy & Boch
1748

Das 1748 gegründete Unternehmen Villeroy & Boch hat sich zu einem der bedeutendsten Keramikhersteller der Welt entwickelt. Die Marke Villeroy & Boch bürgt für Qualität und gutes Design, eine Marke mit Prestige.

Tischkultur komplett

Warenangebot

Alles für den schön gedeckten Tisch. Geschirre aus Bone China, Vitro-Porzellan, Faience, Trinkgläser, Bestecke, Tisch- und Raumaccessoires. Umfangreiches Sortiment an Serien; alle Teile auch einzeln erhältlich. Gesamtes aktuelles Sortiment.

Ersparnis

30 bis 40 % im regulären Sortiment. Restposten, Auslaufdekore bis 70 %.

Ambiente

Ansprechende Atmosphäre und Präsentation der Ware, fachkundige Beratung auf Wunsch. Sehr große Auswahl.

Besonderheiten

Im selben Gebäude, dem Factory In, Werksverkäufe weiterer Firmen: Silit-Roeste-Shop, Kanz-Outlet, Plauener Spitzenmanufaktur, Gönner Strickwaren, Manz-Fortuna-Schuhe, Möve, Barbara Flügel, Obta-Weberei, Phönix Kristall, Evita Crystal. Bistro-Café Kulisse mit Biergarten.

Adresse

Villeroy & Boch Outlet Center, Vielitzer Straße 26, 95100 Selb, Telefon: 0 92 87/ 99 80 70, Fax: 99 80 77, Internet: www. factory-in.de.

Öffnungszeiten

Montag bis Freitag 9.00 bis 18.00 Uhr, Samstag 9.30 bis 15.00 Uhr.

Anreise

Villeroy & Boch und das Factory In liegen im westlichen Stadtgebiet von Selb, ca. 250 m südwestlich vom Bahnhof Selb-Stadt. Nach Selb gelangt man über die A9 Nürnberg-Berlin, Ausfahrt Gefrees oder Hof oder über die A93 Regensburg/ Marktredwitz/Hof.

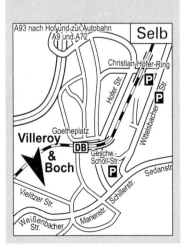

Zweigart Handarbeitsstoffe werden weltweit exportiert und haben aufgrund der hohen Qualität einen sehr guten Ruf. Seit über 125 Jahren wird in Deutschland gefertigt.

Reinstes Tischvergnügen

Warenangebot

Handarbeitsstoffe, Stramine, Tischdamaste, Tischdecken, Everclean-Tischwäsche mit Fleckenschutz, Patchworkstoffe, Anhäkelformen, Spitzen, Borten, Stickbänder, Stick- und Knüpfpackungen, Stick-, Häkel-, Handstrickgarne, Frottierwaren und Bettwäsche. Bücher und Broschüren zum Thema Sticken.

Ersparnis

15 bis 20 % auf reguläre Ware. Bis zu 50 % auf Auslauf- und Restposten.

Ambiente

Übersichtlich gestalteter, ca. 400 m² großer Verkaufsraum mit geschultem Personal. Auslaufkollektionen werden separat präsentiert. Zahlung mit EC- und Kreditkarte möglich. Parkplätze vorhanden.

Adresse

Zweigart & Sawitzki, Fronäckerstraße 50, 71063 Sindelfingen, Telefon: 0 70 31/ 7 95-4 70, Fax: 7 95-4 76, E-Mail: info@ zweigart.de, Internet: www.zweigart.de.

Öffnungszeiten

Dienstag bis Freitag 9.30 bis 12.00 und 14.00 bis 17.30 Uhr, Samstag 9.30 bis 12.00 Uhr.

Anreise

A81 Stuttgart–Singen, Ausfahrt 24, Kreuz Böblingen-Hulb. Auf der B464 Richtung Sindelfingen. Am Ausbauende rechts ab und auf der Calwer Straße Richtung Innenstadt. Direkt vor der Eisenbahnbrücke links in die Fronäcker Straße. Der Verkauf befindet sich kurz vor der 1. Brücke rechts.

CARL MERTENS

EINKAUFS-GUTSCHEIN

Dass Solingen ein weltbekannter Name für beste Schneidwaren ist, weiß man. Selbst das US-Militär bestellt hier die Offiziersdegen. Bei Carl Mertens wird nach guter Solinger Tradition gearbeitet und wer will kann – nach Voranmeldung – den Betrieb besichtigen. Mertens hat viele Preise für vorbildliches Design gewonnen.

Solinger Qualität

Warenangebot
Bestecke und hochwertige Edelstahl-produkte für Küche und Hausbar. Auch seltenere Stücke wie Hummerzangen, Austernbecher, Espresso- und Cappucci-nolöffel, Bestecke für Salate, Flaschen-öffner usw. Viele Designermodelle.

Ersparnis
1. Wahl mindestens 20 %, 2. Wahl und Sonderposten bis 70 %.

Ambiente
Die Verkaufsräume sind in den Betrieb integriert. Fachlich versiertes, motiviertes Personal, Parkmöglichkeiten vorhanden.

Adresse
Carl Mertens CMS Grasoli Besteckfabrik GmbH & Co. KG, Krahenhöher Weg 8, 42659 Solingen-Burg, Telefon: 02 12/2 42 25-0.

Öffnungszeiten
Montag bis Freitag 8.00 bis 16.00 Uhr. Sonderöffnungszeiten und Samstags-verkauf nach Vereinbarung möglich.

Anreise
A1 Köln-Wuppertal, Ausfahrt Wermelskirchen. Weiter Richtung Solingen Zentrum. Dort an der 1. großen Ampelkreuzung, am Restaurant Weidenhof „Olympia", rechts in die Schaberger Straße. Nach 250 m rechts in den Krahenhöher Weg.

Die Frage nach den Parkplätzen war bei Zwilling über Jahre leicht zu beant-
worten: Es gab keine! Das hat sich geändert. Der Zwilling-Bazar ist umgezogen in ein größeres, schöneres Domizil. Dabei blieb er „schneidig" wie
eh und je.

Weltmarke Zwilling

Warenangebot

Schneidwaren aller Art mit dem
Schwerpunkt auf Messern. Die gibt es in
allen Arten, Typen, Breiten, Längen und
Zusammenstellungen, etwa als Koch-
messerset, als Messerblock usw. Dazu
Bestecke, Spezialgabeln, Scheren, auch
für die Haut- und Nagelpflege, Maniküre-Sets u.ä. Ergänzt wurde das Angebot durch Fremdmarken wie Schulte-
Ufer, Berndes-Töpfe u.a. Im Angebot: 1.
Wahl und jetzt deutlich mehr 2.-Wahl-
Ware (unterscheidet sich in der Schneid-
leistung nicht von der 1. Wahl, kann
aber Kratzer oder Flecken haben. Volle
Garantie auch auf 2. Wahl.

Ersparnis

Bei 1. Wahl nur wenig Ersparnis; 2. Wahl
30 bis 50%.

Ambiente

Großer Fachmarkt für alles rund um die
Küche und den schön gedeckten Tisch
sowie Scheren. Extra-Abteilung für 2.-
Wahl-Artikel. Parkplätze vor dem Haus.

Adresse

Zwilling-Bazar, Grünewalder Straße 14-
22/Ecke Zwillingsweg, 42657 Solingen-
Höhscheid, Telefon: 02 12/88 22 92.

Öffnungszeiten

Montag bis Freitag 9.30 bis 18.30 Uhr,
Samstag 9.30 bis 14.00 Uhr.

Anreise

A3, Köln–Oberhausen, Ausfahrt
Solingen-Langenfeld. B229 Richtung
Stadtmitte Solingen. Die B229 heißt
vor dem Werk Grünewalder Straße.
Der Zwillingsweg zweigt vor dem
Werk rechts ab. Aus der Gegen-
richtung: Werk unmittelbar nach der
Bahnüberführung. Leicht erkennbar:
rotes Backsteingebäude.

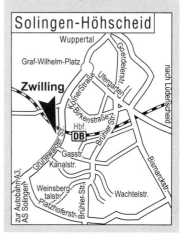

KRUPS Rowenta TEFAL®

Von Solingen aus eroberte der Name Krups mit dem legendären 3-Mix in den 60er-Jahren die Weltmärkte für Elektrokleingeräte. Espresso- und Kaffeeautomaten festigten den Ruf der Premiummarke. Nachdem Krups zur Groupe SEB kam, bietet der Krups Shop zwei weitere, nicht weniger attraktive Marken an: Rowenta und Tefal.

Kleiner Shop – große Marken

Warenangebot

Alles aus dem Krups-, Rowenta- und Tefal-Sortiment: Espresso-, Kaffee- und Kombiautomaten, Wasserkocher, Toaster, Rührgeräte, Mixer, Küchenmaschinen, Friteusen, Töpfe, Pfannen, Küchen- und Personenwaagen, Elektromesser, Haarpflegegeräte, Bügeleisen, Staubsauger, Lüfter, Ventilatoren, Öfen. Im Verkauf 1B-Ware aller drei Marken, Auslaufware, Geräte mit beschädigter Verpackung.

Ersparnis

25 bis 60 %, je nach Gerät.

Ambiente

Verkauf nach Art einer Kundendienstausgabe mit Ausstellung. Da es sich hier um einen Kundendienst-Shop handelt, ist auch das gesamte Zubehör- und Ersatzteilangebot der drei Marken erhältlich. Ferner Reparaturannahme. Für weiter angereiste Kunden besteht bei Abgabe der Reparaturen zwischen 9.00 und 11.00 Uhr die Möglichkeit, auf die Ausführung zu warten.

Adresse

Krups Shop, Nümmener Feld 10, 42719 Solingen-Wald, Telefon: 02 12/3 87-0.

Öffnungszeiten

Montag bis Mittwoch und Freitag 8.30 bis 16.30 Uhr, Donnerstag 8.30 bis 18.00 Uhr.

Anreise

A46 Düsseldorf–Wuppertal, Ausfahrt Haan-Ost. Weiter Richtung Solingen. An der Einmündung zur B224 rechts Richtung Zentrum. Nach ca. 2 km rechts in die Focherstraße nach Solingen-Wald. Die 2. Straße rechts ist das Nümmener Feld.

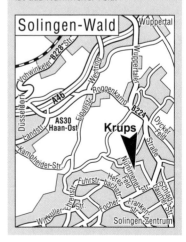

Mit Produktionsstätten auf der ganzen Welt gehört die Firma Hauck zu den Großen der Branche. Die Stiftung Warentest unterstreicht die Bedeutung des Herstellers. Sie stellt in ihren Tests Kinderwagen und Kindersportwagen von Hauck vor. Das Unternehmen führt auch Kinderwagenzubehör und Kinderausstattung wie Kinder-Autositze, Tischsitze, Wickelauflagen, Wippen und Lauflerngeräte.

Viel mehr als „Kinderkutschen"

Warenangebot

Hauptsächlich 2.-Wahl-Ware, Auslauf-modelle und Restposten. Kinderwagen, Kombi-Kinderwagen, Zwillingskinder-wagen, Geschwisterwagen, Sportwagen, Dreirad-Sportwagen, Buggies, Kinder-wagenzubehör wie Fußsäcke, Kinder-ausstattung, z.B. Autositze, Kinderbet-ten, Reisebetten, Tischsitze, Rücken-tragen, Bauchtragen, Wickeltaschen, Wickelauflagen, Wippen, Lauflerngeräte.

Ersparnis

30 %, bei Einzelstücken 50 % und mehr.

Ambiente

Große Lagerhalle mit viel Auswahl. Die Ware ist preisausgezeichnet und nach Artikeln geordnet. Parkplatz auf dem Firmengelände vor dem Werksverkauf.

Adresse

Hauck GmbH & Co. KG, Frohnlacher Straße 8, 96242 Sonnefeld, Telefon: 0 95 62/98 60, Fax: 62 72, Internet: www.Hauck.de.

Öffnungszeiten

Montag bis Donnerstag 9.15 bis 12.00 und 12.30 bis 16.30 Uhr, Freitag 9.15 bis 16.00 Uhr, Samstag 9.00 bis 13.00 Uhr.

Anreise

B303 Coburg–Kronach. Das Firmen-gelände befindet sich gleich am Ortseingang von Sonnefeld. Nach dem Ortseingang links abbiegen und gleich wieder rechts.

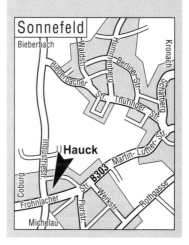

Wer mit dem Nachwuchs mobil sein will, braucht einen Kinderwagen. Bei Hartan haben Mami und Papi die Qual der Wahl. Aus der Kinderwagen-Produktion des Herstellers verlassen bis zu 100 verschiedene Kinderwagenmodelle die Produktionsstätten. Diese befinden sich nicht nur in Deutschland, sondern auch in Europa, ja sogar in Übersee. Da ist für jeden Geschmack und jeden Geldbeutel was dabei.

Ein Großer der Branche

Warenangebot
1.-Wahl-Ware. Kinderwagen, Kindersportwagen, Zwillingswagen.

Ersparnis
30 %.

Ambiente
Großes Warenangebot im 2. Stock des Firmengebäudes, auch mit dem Aufzug zu erreichen. Man muss sich an der Pforte erkundigen, ob auch eine Verkäuferin im Verkaufsraum ist. Beratung unbedingt zu empfehlen und vorher Kinderwagen-Tests und Kauf-Tipps der Stiftung Warentest lesen. Die Kinderwagen sind nicht preisausgezeichnet, aber die Verkäuferin kennt sich gut aus. Großparkplatz.

Adresse
J. G. Hartan Kinderwagenwerk, Mühlenweg 1, 96242 Sonnefeld-Gestungshausen, Telefon: 0 92 66/96 90, Fax: 96 91 80, Internet: www.hartan.de.

Öffnungszeiten
Montag bis Donnerstag 13.00 bis 16.00 Uhr.

Anreise
B303 Coburg–Kronach nach Sonnefeld. Ca. 3 km nach Sonnefeld links abbiegen in den Ortsteil Gestungshausen. In Richtung Ortsmitte und der Beschilderung „Kronach" folgen. Weiter auf der Kronacher Straße. Kurz vor dem Ortsende befindet sich das Firmengelände auf der rechten Seite.

SEIDENSTICKER

EINKAUFS-GUTSCHEIN

Seidensticker gehört zu den bekanntesten und beliebtesten Marken für Herrenhemden. Der Name steht für hochwertige Verarbeitung, bequemen Schnitt, erstklassige Stoffe. Neben Hemden der Marke Seidensticker gibt es hier auch die Marken Jacques Britt, Otto Kern, Alpenland und Redford.

Die Vorzeigemarken

Warenangebot
Breite Auswahl an Herrenbekleidung: Pullover, Polo-, T-Shirts, Hemden, Krawatten, Nachtwäsche, Jacken, Hosen. 1B-Ware und Musterteile. Marken: Seidensticker, Otto Kern, Jacques Britt, Alpenland, Dornbusch, Mc Kay, Camel active, Private Label, Redford.

Ersparnis
Meist 30 bis 40% und manchmal 50%, Sonderangebote darüber.

Ambiente
Gute, übersichtliche Warenpräsentation, ausreichendes Parkplatzangebot.

Adresse
Factory Outlet Store Seidensticker, Burgsiedlung 1, 87527 Sonthofen, Telefon: 0 83 21/67 43 50, Fax: 67 43 51, E-Mail: fos.sonthofen@seidensticker.de, Internet: www.seidensticker.de.

Öffnungszeiten
Montag bis Freitag 10.00 bis 18.00 Uhr, Samstag 9.30 bis 14.00 Uhr.

Weitere Verkaufsstellen
● 33378 **Rheda-Wiedenbrück**, Bosfelder Weg 7, Telefon: 0 52 42/40 40 44.

● 33609 **Bielefeld**, Herforder Straße 182-194, Telefon: 05 21/3 06-3 47.
● 72555 **Metzingen**, Mühlstraße 5, Telefon: 071 23/2 14 90.
● NL-6041 **Roermond**, McArthurGlen Designer Outlet, Stadsweide 150.

Anreise
A7 Ulm–Kempten, Richtung Oberstdorf/Lindau. 2. Ausfahrt Waltenhofen und auf der B19 Richtung Immenstadt/Sonthofen, Ausfahrt Sonthofen. Auf der B308 in Sonthofen 3. Ampel links: Burgsiedlung.

Krafft's Koch Kollektion

Krafft's Koch Kollektion ist der Kupfer-Spezialist für Kochgeschirr und – nach eigenen Angaben – einziger Hersteller von Kupferkochtöpfen und -pfannen in Deutschland. Damit die Kupfertöpfe auch kratzfest und hygienisch erstklassig sind, hat die Marke Sirius im Inneren eine Edelstahlschicht. Kollektionen aus Gusseisen und Aluminium wie Proline zeichnen sich aus durch eine hitze-, schnitt- und kratzfeste Beschichtung.

Kupferschmiede

Warenangebot

Kupfergeschirr aus eigener Produktion in verschiedenen Kollektionen. Sirius: Töpfe, Pfannen, Bräter, Sautoirs, Stielkasserollen, Paella-Pfannen, Gratinplatten, Rühr- und Schlagschüsseln etc.. Proline: Kessel, Brat- und Backformen. Woks, Fondue-Sets, Steakpfannen, Omelettpfannen, Bräter, Kochtöpfe und Kochserien auch aus Edelstahl. Töpfe und Pfannen auch aus Gusseisen.

Ersparnis

Proline-, Edelstahl- und Gusseisenkollektionen zu Großhandelspreisen, 1.- und 2.-Wahl-Ware, Auslaufmodelle und Sonderangebote mit Preisabschlägen bis zu 50 %.

Ambiente

Ansprechende Einkaufsatmosphäre, sehr fachkundige Beratung.

Adresse

Krafft's Koch Kollektion, Max-Eyth-Straße 3 (Gewerbegebiet Ost), 71144 Steinenbronn, Telefon: 0 71 57/70 17, Fax: 7 25 78.

Öffnungszeiten

Montag bis Freitag 9.00 bis 12.00 und 14.00 bis 17.00 Uhr, Samstag 9.00 bis 12.00 Uhr und nach telefonischer Vereinbarung.

Anreise

A8 Stuttgart–München, Ausfahrt Tübingen/Reutlingen, dann auf der alten B27 durch Echterdingen. Nächster Ort ist Steinenbronn. Schildern Gewerbegebiet Ost folgen.

GERRY WEBER   

Wenn Gerry Weber seine Bilanz erklärt, dann lädt die Firma nach Düsseldorf ein. Wer weiß denn schon, wo Brockhagen liegt. Doch es wäre ja noch schöner: Selbst im kleinen Brockhagen lebt man nicht auf dem Mond. Im Gegenteil, denn Gerry Weber zeigt bei aktueller und dabei gut tragbarer Mode den Konkurrenten meist, wo es langgeht!

Sportlich und hochmodisch

Warenangebot
Modische Damenbekleidung – nicht nur für junge Frauen. Im Laden vorwiegend Textilien mit kleinen Fehlern, 2.-Wahl-Artikel, Überhänge, Reststücke usw. Neben der klassischen Weber-Marke werden auch die Marken Taifun mit sportiver Mode und Samoon für die füllige Frau gezeigt.

Ersparnis
Meist zwischen 30 und 50 %.

Ambiente
Gut ausgeschilderte Verkaufsetage im Verwaltungsgebäude, angenehme Einkaufsatmosphäre, großer Andrang.

Adresse
Gerry Weber International AG, Horststraße 2-6, 33803 Steinhagen-Brockhagen, Telefon: 0 52 04/10 02 28.

Öffnungszeiten
Montag bis Freitag 11.00 bis 18.00 Uhr, Samstag 9.00 bis 16.00 Uhr.

Weitere Verkaufsstelle
● 72555 **Metzingen**, Nürtinger Straße 4, Telefon: 071 23/20 04 46, Fax: 20 05 58, E-Mail: outlet.metzingen@gerryweber.de.

Anreise
A2, Ausfahrt Rheda-Wiedenbrück, danach auf der B61 (aus nördlicher Richtung über B68 und Steinhagen anfahren) Gütersloh westlich umfahren. Die 1. Landstraße nach der Abzweigung der B513 führt nach Brockhagen (über Nierhorst).

Steinhagen-Brockhagen

Mit 80-jähriger Erfahrung in der Herstellung von Hemden und Blusen ist Schütz bekannt für höchste Qualität und erstklassige Verarbeitung. Die Marke Gino Lombardi steht für italienisches Design aus hochwertigen Baumwollstoffen.

Der Hemden- und Blusenprofi

Warenangebot

Riesige Auswahl an Herrenhemden zum Anzug, Sakko oder für die Freizeit, auch in bügelfreier Verarbeitung, Vollzwirnhemden, Hemden mit „extra langem Arm" und „extra kurzem Arm", Hemden bis Größe 50. Damenblusen und Damen-T-Shirts in vielen Varianten, modisch und klassisch. Ware in 1. und 2. Wahl (Fehler gekennzeichnet). Das breite Sortiment passt zu klassischer und sportlicher Mode.

Ersparnis

Ca. 30 bis 50%, zusätzliche Ersparnis bei Aktionen bis zu 50%.

Ambiente

Sehr übersichtliche Warenpräsentation, Artikel nach Modell, Schnitt und Größe geordnet, Lagerstil, keine Preisauszeichnung. Die nette Dame am Empfang gibt geduldig über Preise Auskunft. 2.-Wahl-Ware in einem extra Regal. Alle Teile sind original verpackt.

Adresse

Schütz Hemden und Blusen, Schwenninger Straße 3, 72510 Stetten am kalten Markt, Telefon: 07573/5050, Fax: 505-55.

Öffnungszeiten

Montag bis Donnerstag 8.00 bis 17.00 Uhr, Freitag 8.00 bis 12.00 Uhr, Samstag geschlossen.

Anreise

In Stetten auf der Hauptverkehrsstraße Richtung Schwenningen. Von der Ortsmitte kommend ist die Firma nach der Kirche (links) auf der linken Seite in der Rechtskurve (noch ca. 100 m). Achtung, die große Kirche an der Durchgangsstraße ist gemeint, nicht die kleine blaue im Ortskern.

dalli

Dalli-Waschmittel werden in unterschiedlichen Labors auf das Genaueste geprüft. Dalli stellt neben den eigenen Markenprodukten auch Wasch- und Reinigungsmittel für die großen Handelsketten her, die diese unter eigenen Namen in die Regale stellen. Beste Qualität, die auch von der Stiftung Warentest regelmäßig bestätigt wird.

Blitzsauberes Sortiment

Warenangebot
Dalli-Vollwaschmittel, Feinwaschmittel, Buntwäsche-Waschmittel, Geschirr-spülmittel, Spezialwaschmittel, Reinigungsmittel aller Art in allen Packungsgrößen.

Ersparnis
30%. Auch Sonderangebote erhältlich.

Ambiente
Der Verkaufsraum wurde völlig umgestaltet. Er ist deutlich größer geworden, damit mehr Artikel Platz finden. Das Ambiente im „Personalladen" wurde damit deutlich angenehmer.

Adresse
Dalli-Werke Personalverkauf, Zweifaller Straße 120, 52220 Stolberg-Büsbach, Telefon: 0 24 02/89 00.

Öffnungszeiten
Mittwoch und Donnerstag 13.00 bis 18.00 Uhr, Freitag 12.00 bis 18.00 Uhr, Samstag 9.00 bis 12.30 Uhr.

Anreise
A4, Ausfahrt 5, Eschweiler. An Eschweiler vorbei nach Stolberg bis zur Zweifaller Straße und dort in die Finkensiefstraße. Der Eingang ist neben dem Werksschutz in der Finkensiefstraße, dort sind auch die Parkplätze.

Auch Klassiker kommen manchmal neu daher. Mäurer+Wirtz zeigte mit Tabac, dass diese Firma es mit als erste begriffen hatte, dass auch Männer gut riechen wollen. Das Warenverzeichnis der Duft- und Pflegeserien von M+W füllt heute mehrere Seiten. Den Duft der großen weiten Welt für Sie und für Ihn – hier in bester Qualität und unter großen Namen.

Betörende Düfte

Warenangebot

Düfte der Marken Betty Barclay Woman, Carlo Colucci, Tabac Original, Tabac Man, Tabac Sport, Culture by Tabac, Nonchalance, TNT, Otto Kern, s.Oliver Silver, Twin Serie, s.Oliver Man + Woman, s.Oliver Sports, New Yorker Man + Woman, Fishbone, The Bottle Company Bade- und Pflegeserie.

Ersparnis

Mindestens 33 %, bei einigen Packungseinheiten auch mehr.

Ambiente

Ende 2003 wurde der Verkaufsraum völlig umgestaltet. Er ist deutlich größer geworden, damit mehr Artikel darin Platz finden. Das Ambiente im „Personalladen" wurde damit deutlich angenehmer. Der Verkauf wird zusammen mit der Schwesterfirma Dalli betrieben. Testen ist möglich. Manchmal gibt es auch Duftpröbchen.

Adresse

Mäurer+Wirtz GmbH & Co. KG, Personalverkauf, Zweifaller Straße 120, 52220 Stolberg-Büsbach, Telefon: 0 24 02/89 00.

Öffnungszeiten

Mittwoch und Donnerstag 13.00 bis 18.00 Uhr, Freitag 12.00 bis 18.00 Uhr, Samstag 9.00 bis 12.30 Uhr.

Anreise

A4, Ausfahrt und Richtung Eschweiler, an Eschweiler vorbei nach Stolberg bis zur Zweifaller Straße und dort in die Finkensiefstraße. Der Eingang ist neben dem Werksschutz in der Finkensiefstraße, dort sind auch die Parkplätze.

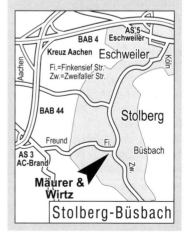

Naturstein

Schwerste Schnäppchen findet man hier aus Naturstein. Es handelt sich um Überhänge und Verschnitte aus der Natursteinindustrie. Mengen, die für Großaufträge zu wenig sind, aber Häuslebauer und Renovierer „steinhart" begeistern. Motto des Verkaufs: edle Materialien zu Sonderpreisen.

Schwerste Schnäppchen

Warenangebot
Platten aus Sandstein, Muschelkalk, Marmor, Granit, Gneis. Naturstein-Fliesen aus unterschiedlichen Steinbrüchen und Herkunftsländern. Qualitativ hochwertige Ware.

Ersparnis
Je nach Materialart ca. 50 bis 90 %. Quadratmeterpreise: Sandstein, Muschelkalk, Marmor 15,- bis 35,- €. Granit, Gneis 26,- bis 46,- €, Naturstein-Fliesen 20,- bis 46,- €.

Ambiente
Die Platten liegen mitnahmebereit aus. Fachkundige Beratung.

Besonderheiten
Ware wird (gegen Aufpreis) nach Maß zugeschnitten und geliefert.

Adresse
Naturstein Sonderposten P. Essel, Mühlberg 7a, 96129 Strullendorf, Telefon: 0 95 43/93 76, Fax: 85 06 51, Internet: www.naturstein-sonderposten.com.

Öffnungszeiten
Freitag 14.00 bis 18.00 Uhr, Samstag 9.00 bis 13.00 Uhr und nach telefonischer Vereinbarung. Betriebsferien im August. Winterpause je nach Witterung.

Anreise
A73 Bamberg–Nürnberg. Von Nürnberg Ausfahrt Hirschaid. Von Bamberg Ausfahrt Strullendorf. Nach jeweils 2 km die B4 Richtung Hauptsmoorhalle verlassen. Der 2000 m² große Lagerplatz befindet sich in gut einsehbarer Ortsrandlage.

OUTLET STORE EINKAUFS-GUTSCHEIN

Adidas ist Europas größter Sportartikelhersteller und die Marke adidas ist längst Symbol für Sportkult rund um den Globus. Adidas hat es geschafft ein Gefühl von Identität mit den Großen des Sports rüberzubringen.

Drei Streifen

Warenangebot
Sportschuhe und Sportbekleidung aller Art, Freizeitmode, Bademoden, Badetücher, Taschen, Rucksäcke, Bälle, Inline-Skater, Uhren, Brillen etc. Artikel aus der Vorsaison, 2. Wahl, Musterteile und Sonderposten.

Ersparnis
30 bis 50%.

Ambiente
Angenehmer Verkauf auf 1000 m². Hilfsbereites Personal, übersichtlich dargebotene Ware, zahlreiche Umkleidekabinen und große Nachfrage.

Adresse
Adidas Factory Outlet Bremen, Bremer Straße 111, 28816 Stuhr-Brinkum bei Bremen, Telefon: 04 21/8 77 54 46.

Öffnungszeiten
April bis Oktober: Montag bis Freitag 10.00 bis 20.00 Uhr, Samstag 10.00 bis 18.00 Uhr. November bis März: Montag bis Freitag 10.00 bis 19.00 Uhr, Samstag 10.00 bis 18.00 Uhr.

Weitere Verkaufsstellen (Auswahl)
● 14641 **Wustermark**, B5 Designer Outlet Center Berlin-Brandenburg, Alter Spandauer Weg 10, Telefon: 03 32 34/ 90 40.

● 66482 **Zweibrücken**, Designer Outlets Zweibrücken, Londoner Bogen 10-90, Telefon: 0 63 32/47 27 35.

● 91074 **Herzogenaurach**, Olympiaring 2, Telefon: 0 91 32/84 20 46.

Anreise
A1 Ausfahrt Bremen-Brinkum, Beschilderung Ikea (B6, im weiteren Verlauf Bremer Straße) folgen, an der Ampelkreuzung geradeaus, dann 180°-Wende, bei McDonald's rechts.

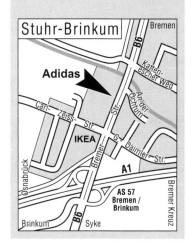

Marc O'Polo®

Marc O'Polo ist innovative, qualitativ hochwertige Bekleidung aus überwiegend natürlichen Materialien für moderne, weltoffene Menschen. Die Lifestyle-Marke mit hohem Prestigewert ist Statement eines individuellen Lebensgefühls und behauptet sich im Premium-Segment.

Casual Wear

Warenangebot
Komplettes Sortiment für Damen und Herren: Pullis, Hosen, Jacken, Hemden, Blusen etc. Auch Schuhe, Taschen, Wäsche, Kinderbekleidung und Accessoires. Die Ware ist aus der Vorsaison, zum Teil gibt es auch 2.-Wahl-Ware, Retouren und Musterteile.

Ersparnis
30 bis 60%.

Ambiente
Neuer, großzügiger Verkaufsraum auf einer Fläche von ca. 800 m², Umkleidekabinen, Kinderspielecke und über 1000 Parkplätze auf dem Gelände.

Adresse
Marc O'Polo Factory Outlet, Bremer Straße 113, 28816 Stuhr-Brinkum bei Bremen, Telefon: 04 21/8 78 45 80.

Öffnungszeiten
Montag bis Freitag 10.00 bis 20.00 Uhr, Samstag 10.00 bis 18.00 Uhr.

Weitere Verkaufsstellen (Auswahl)
- 14057 **Berlin-Charlottenburg**, Kaiserdamm 7, Telefon: 0 30/3 25 61 60.
- 82152 **Planegg-Martinsried**, Lena-Christ-Straße 46, Telefon: 0 89/8 57 68 95.
- B-3630 **Maasmechelen**, Zetellaan 151, Telefon: 00 32/89 38 35 72.
- NL-6041 **Roermond**, Stadsweide 110-112, Telefon: 00 31/4 75 33 88 22.

Anreise
A1, Ausfahrt Bremen/Brinkum, Beschilderung Ikea (B6, die im weiteren Verlauf zur Bremer Straße wird) folgen, an der Ampelkreuzung 300 m geradeaus, dann 180°-Wende und bei McDonald's rechts einbiegen.

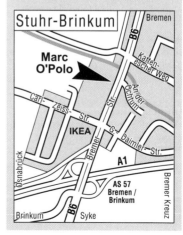

EINKAUFS-
GUTSCHEIN

Nike ist Weltmarktführer für Sportschuhe und Sportbekleidung. Der Nike „Swoosh" gilt als Symbol für den Sport rund um den Globus. In Stuhr-Brinkum finden Sie eine große Auswahl an Nike-Produkten der vergangenen Saison.

Der Nike Swoosh

Warenangebot
Original Nike Produkte zu günstigen Preisen für die gesamte Familie: Sportschuhe und Sportbekleidung z.B. für Running, Basketball, Fußball, Bälle, Uhren, Accessoires

Ersparnis
30 bis 70%, zusätzliche Preisersparnis im SSV/WSV.

Ambiente
Ca. 650 m² große Verkaufsfläche im Stil eines Sportgeschäfts mit Umkleidekabinen; freundliches Personal, Garantieanspruch; Umtauschmöglichkeiten.

Adresse
Nike Factory Store , Bremer Straße 109, 28816 Stuhr-Brinkum bei Bremen, Telefon: 04 21/8 40 07 60.

Öffnungszeiten
Montag bis Freitag 10.00 bis 19.00 Uhr, Samstag 10.00 bis 18.00 Uhr

Anreise
A 1 Ausfahrt Bremen-Brinkum, Beschilderung Ikea (B6, die im weiteren Verlauf zur Bremer Straße wird) folgen, an der Ampelkreuzung 300 m geradeaus, dann 180°-Wende und bei Mc Donald's rechts einbiegen. Es stehen über 1000 kostenfreie Parkplätze zur Verfügung. Mit öffentlichen Verkehrsmitteln: von Bremen ZOB mit Linie 120 direkt nach Brinkum, Haltestelle Ikea.

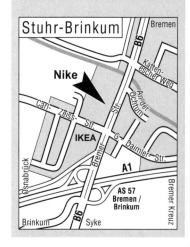

Weitere Verkaufsstellen

● 97877 **Wertheim-Dertingen**, Wertheim Village, Almosenberg, Telefon: 0 93 42/85 82 80.

● 14641 **Wustermark**, B5 Designer Outlet Center Berlin-Brandenburg, Alter Spandauer Weg 1, Telefon: 03 32 34/20 89.

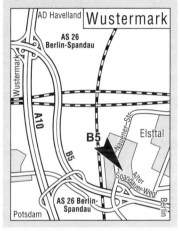

● 72555 **Metzingen**, Reutlinger Straße 63-67, Telefon: 0 71 23/9 68 50. Fax: 96 85 55.

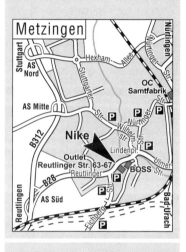

● 66482 **Zweibrücken**, Designer Outlets Zweibrücken, Londoner Bogen 10-90, Telefon: 0 63 32/47 94 02.

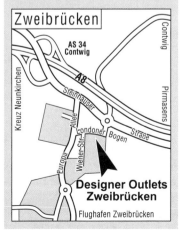

● 91074 **Herzogenaurach**, Zeppelinstraße 1, Telefon: 0 91 23/7 45 28 10, Fax: 7 45 28 99.

BOSCH

Bosch ist der Inbegriff von Ingenieurgeist, technischem Know-how und Spitzenleistungen im Auto: Zündkerze, Benzin- und Dieseleinspritzung, ABS, viele der großen technischen Entwicklungen im Automobilbau verdanken wir den tüchtigen Leuten von Bosch. Was dabei oft vergessen wird: Bosch ist auch Hersteller von großen Hausgeräten und Elektrowerkzeugen. Und jeder hat einen Freund bei Bosch – zumindest in Baden-Württemberg – und kommt so in einen der 36 „Für uns Shops", in denen nur Bosch-Mitarbeiter besonders günstig einkaufen können. Auch wenn man keinen Freund bei Bosch hat, soll es schon vorgekommen sein, dass der Pförtner ein Auge zudrückt, einen Passierschein ausstellt und den Weg frei gibt.

Da kauf ich clever ein

Warenangebot

Haushaltsgeräte wie Kühl- und Gefriertruhen, Geschirrspülmaschinen, Herde, Mikrowellengeräte, Kochfelder, Einbaukombinationen, Dunstabzugshauben, Bügeleisen, Handrührer, Stabmixer, Kaffeemaschinen, Küchenmaschinen, Toaster, Eierkocher, Wasserkocher, Staubsauger, Haushaltswaagen, Autoradios, Navigationsgeräte, CD-Wechsler, HiFi-Anlagen, Videorecorder, Telefone, Blutdruckcomputer, Körperwaagen, Mundduschen, Rasierapparate, Elektrowerkzeuge und Akku-Geräte, Bohr-Hämmer, Geräte zum Sägen, Schleifen, Fräsen, Hobeln. Gartengeräte für Rasenpflege, Hecken- und Baumschnitt, Hochdruckreiniger, Garagentorantriebe, Rolladenantriebe, Sicherheitstechnik.

Ersparnis

20 bis 50%. Oft Sonderaktionen z.B. von Auslaufmodellen mit 50%. Preisvergleiche haben ergeben, dass die reguläre Ware nicht immer wesentlich preiswerter ist als bei den günstigsten Großmärkten.

Ambiente

In den einzelnen Shops sehr unterschiedlich. Das Angebot ist oft nicht klar strukturiert. Die Sonderaktionen nehmen viel Raum ein.

Besonderheiten

Das Unternehmen Bosch legt Wert auf die Feststellung: Die „Für uns Shops" sind nur für den Verkauf an Betriebsangehörige und der damit verbundenen Unternehmen ausgerichtet.

Es wird hier noch einmal ausdrücklich darauf hingewiesen, dass es sich um echte Mitarbeiter-Shops handelt, nicht etwa um verdeckte Verkaufsstellen, wo jedermann eingeladen ist, einzukaufen. Allerdings haben unsere Stichproben auch ergeben, dass wir in keinem Fall am Fabriktor abgewiesen wurden. Das könnte sich nach dieser Veröffentlichung ändern! Deshalb unbedingt empfehlenswert: Mit Freund von Bosch kommen. Die Bosch-Mitarbeiter können vom Arbeitsplatz aus im Intranet-Online-Shop bestellen. Nicht alle Artikel, die in den „Für uns Shop's" angeboten werden, sind auch im „Für uns Online Shop" erhältlich und umgekehrt.

Adresse

Bosch „Für uns Shop", Wernerstraße 51-55, 70469 Stuttgart-Feuerbach, Telefon: 07 11/8 11-4 42 29, Fax: 8 11-4 45 69, E-Mail: VST-Fe@pop3.bshg.com.

Öffnungszeiten

Montag bis Mittwoch 9.00 bis 10.30 und 11.30 bis 16.30 Uhr, Donnerstag 9.00 bis 10.30 und 11.30 bis 15.00 Uhr, Freitag 9.00 bis 12.00 Uhr, letzter Samstag im Monat 9.00 bis 12.00 Uhr.

Weitere Verkaufsstellen (Auswahl)

● 30419 **Hannover-Marienwerder**, Am Leineufer 51-55, Telefon 05 11/97 5-10 96.

● 31139 **Hildesheim-Neuhof**, Robert-Bosch-Straße 200, Telefon 0 51 21/49-33 77.

● 35457 **Lollar**, Justus-Kilian-Straße 1, Telefon: 0 64 41/4 18-28 40.

● 35576 **Wetzlar**, Sophienstraße 52-54, Telefon: 0 64 41/4 18-18 40.

● 37079 **Göttingen**, Robert-Bosch-Breite 3, Telefon: 05 51/6 03-2 82.

● 38228 **Salzgitter-Lebenstedt**, J.-F.-Kennedy-Straße 43-53, Telefon: 0 53 41/2 86-2 82.

● 60326 **Frankfurt-Gallusviertel**, Kleyerstraße 79-83, Telefon 0 69/75 05-34 56.

● 64711 **Erbach**, Berliner Straße 25, Telefon: 0 60 62/78-2 19.

● 66424 **Homburg (Saar)**, Bexbacher Straße 72, Telefon: 0 68 41/18-24 88.

● 70771 **Leinfelden-Echterdingen**, Max-Lang-Straße 40-46, Telefon: 07 11/7 58-22 90.

● 70839 **Gerlingen**, Robert-Bosch-Platz 1, Telefon 07 11/8 11-63 23.

● 71332 **Waiblingen**, Alte Bundesstraße 50, Telefon: 0 71 51/5 03-23 70.

● 71701 **Schwieberdingen**, Robert-Bosch-Straße, Telefon: 07 11/8 11-82 67.

● 72762 **Reutlingen**, Tübinger Straße 123, Telefon: 0 71 21/35-23 44.

● 73207 **Plochingen**, Franz-Öchsle-Straße 4, Telefon: 0 71 53/6 66-3 30.

● 73527 **Schwäbisch Gmünd**, Richard-Bullinger-Straße 77, Telefon: 0 71 71/31-35 67.

● 74232 **Abstatt**, Robert Bosch Allee 1-5, Telefon: 0 70 62/9 11-21 20.

● 76227 **Karlsruhe-Durlach**, Auf der Breit 4, Telefon: 07 21/9 42-23 13.

● 77815 **Bühl**, Robert-Bosch-Straße 1, Telefon 0 72 23/82-10 77.

● 81673 **München-Berg am Laim**, Truderinger Straße 191-195, Telefon: 0 89/4 54 81-3 43.

● 87509 **Immenstadt-Gießen**, Robert-Bosch-Straße 1, Telefon: 0 83 23/20-25 51.

● 87544 **Blaichach**, Sonthofener Straße 30, Telefon 0 83 23/20-46 01.

● 89407 **Dillingen**, Robert-Bosch-Straße 16, Telefon: 0 90 71/52-2 53.

● 89537 **Giengen/Brenz**, Robert-Bosch-Straße 1, Telefon 0 73 22/92-23 22.

● 90441 **Nürnberg-Schweinau**, Dieselstraße 10, Telefon 09 11/6 65-22 39.

● 91522 **Ansbach-Brodswinden**, Robert-Bosch-Straße 1-5, Telefon: 09 81/54-36 86.

● 96050 **Bamberg**, Robert-Bosch-Straße 40-44, Telefon: 09 51/1 81-24 72.

● 97816 **Lohr/Main**, Zum Eisengießer 1, Telefon: 0 93 52/18 46-70.

● 99817 **Eisenach-Hötzelsroda**, Robert-Bosch-Allee 1, Telefon: 0 36 91/64 27 00.

Mercedes-Benz

Im Großraum Stuttgart kennt fast jeder einen, der „beim Daimler schafft",
und der hat auch einen Jahreswagen. Doch manche Autofahrer, die einen
Jahreswagen mit Stern haben wollen, möchten sich nicht immer am
Geschmack und der PS-Zahl ihres Nachbarn orientieren. Es soll aber auch
langfristige Bestellungen beim Mercedes-Nachbarn geben. Andere gehen
zum Jahreswagenhändler oder studieren gern seitenlange Anzeigen mit
Jahreswagen in der Zeitung. Es gibt aber noch eine Alternative: Mercedes-
Benz bietet einen eigenen Jahreswagenverkauf an. Über eine gebührenfreie
Telefonnummer erreichen Sie kompetente Ansprechpartner.

Mercedes-Jahreswagen

Warenangebot
In Stuttgart-Wangen stehen manchmal
nur 15 Jahreswagen. Aber im Computer
wird es einem schwindelig vor Sternen.
Ständig 15.000 Autos.

Ersparnis
Bei Jahreswagen gibt es natürlich ebenso unterschiedliche Ausstattungen wie
bei Neuwagen. Je nach Typ und Markt-
gängigkeit liegt die Ersparnis bei 20 bis
35 %.

Adresse
Mercedes-Benz, Niederlassung Stuttgart – Jahreswagenverkauf, Ulmer Straße 196, 70188 Stuttgart-Wangen, Telefon: 08 00/9 87 98 76 (gebührenfrei),
Fax: 07 11/2 59 01 63, Internet: www.
mercedes-benz.de.

Öffnungszeiten/Erreichbarkeit
Montag bis Freitag 8.00 bis 18.30 Uhr,
Samstag 9.00 bis 14.00 Uhr.

Anreise
Verkauf im Stuttgarter Osten. Von
Stuttgart-Mitte über Gaisburg nach
Wangen. Die Ulmer Straße ist die
Hauptdurchgangsstraße.

The world of fashion

Die Hucke AG ist einer der führenden Textilanbieter Deutschlands, doch nicht überall, wo Hucke drin ist, steht Hucke drauf. Bekannte und angesehene Textilmarken haben hier ihre Heimat. Der Fabrikverkauf der Gebr. Schulten Produktion in Oeding, der Hucke gehört, bietet die edlen Hucke-Marken auf gepflegter Fläche im alten Zollamt direkt an der holländischen Grenze.

Schulten macht Hucke-Mode

Warenangebot

Besonders große Auswahl an modischer Damen-, Kinder- und Herrenbekleidung. Die Damenmodemarke Hucke ist ebenso vertreten wie die Herrenkonfektionsmarke Bush. Darüber hinaus sind noch weitere Marken aus dem Hucke-Konzern, Saisonartikel, Überproduktionen, Lagerüberhänge und Kollektionsteile, 2. Wahl.

Ersparnis

Mindestens 30 %, oft 50 %. Auf Sonderartikel achten!

Ambiente

Kein Fabrikverkauf mehr im Werk Jacobistraße, dafür einladender Verkauf im alten Zollamt an der holländischen Grenze. Fachberatung, Anprobekabinen und ausreichend Parkplätze.

Adresse

Factory Outlet/Fabrikverkauf Gebr. Schulten GmbH & Co. KG, Winterswijker Straße 64 (= altes Zollhaus direkt an der Grenze), 46354 Südlohn-Oeding, Telefon: 0 28 62/58 90 32.

Öffnungszeiten

Montag 10.00 bis 13.00 Uhr, Dienstag bis Freitag 10.00 bis 13.00 und 14.00 bis 18.00 Uhr, Samstag 10.00 bis 14.00 Uhr.

Anreise

Auf der Verlängerung der B525 nach und durch (Südlohn-) Oeding bis an die Grenze zu den Niederlanden (Strecke nach Winterswijk).

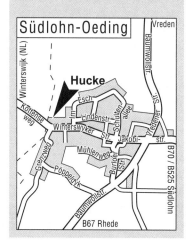

GERMANY

Lloyd-Schuhe sind qualitativ sehr hochwertige Markenschuhe mit Weltruf und mehr als 100-jähriger Tradition.

Der Klassiker

Warenangebot

Eine Riesenauswahl an Herrenschuhen (2. Wahl mit kleinen Fehlern), vom bequemen Slipper über den modischen Halbschuh zum zeitlosen, klassisch-eleganten Schuh (Größe 38 bis 50). Außerdem findet man ein stark verbessertes Damenschuhangebot aus eigener Produktion (Größe 35 bis 43). Zusätzliche Warenangebote: Schuhpflegemittel, Herrentextilien (Hemden, Krawatten, Pullover, Jacken), Gürtel, Strümpfe, Damentaschen, Aktenmappen, Reisegepäck.

Ersparnis

Bei Schuhen 2. Wahl 30 bis 40%, sonstiges Angebot 20 bis 30%. Sonderpreise für Restposten und Schuhe mit gravierenden Mängeln, zeitweise Sonderrabatte für einzelne Größen.

Ambiente

Riesenauswahl, übersichtlich geordnet. Ohne Beratung und Bedienung. Parkplätze vorhanden.

Adresse

Lloyd Shoes GmbH & Co. KG, Hans-Hermann-Meyer-Straße 1, 27232 Sulingen, Telefon: 0 42 71/94 00.

Öffnungszeiten

Montag bis Freitag 9.00 bis 19.00 Uhr, Samstag 9.00 bis 16.00 Uhr.

Weitere Verkaufsstelle

● 72555 **Metzingen**, Mühlstraße 2, Telefon: 0 71 23/94 34 54. Montag bis Freitag 9.30 bis 20.00 Uhr, Samstag 9.00 bis 20.00 Uhr.

Anreise

Die Schuhfabrik liegt am westlichen Stadtrand von Sulingen, im Kreuzungsbereich der B61 und B214, und ist aus allen Richtungen kommend gut ausgeschildert.

Der Brügelmann-Katalog ist die Bibel der Radsport-Begeisterten auf allen fünf Kontinenten. Da ist wirklich alles drin, was Radlerherzen höher schlagen lässt. Der Versandbetrieb (drei Kataloge jährlich) hat in Sulzbach bei Frankfurt auch einen Fahrradshop. Dort gibt es regelmäßig Sonderangebote für Fahrradteile und für Fahrräder mit „Lackschäden".

Alles für den Radler

Warenangebot

Fahrräder aller Typen vom Mountain-Bike, Trekking-, City-Bike über das Sportrad bis zur High-Tech-Rennmaschine. Auch Kinderräder und Radbekleidung, Helme, Fahrrad-Reparatursets, Fahrradkoffer etc. Nur Marken-Qualitätsprodukte mit Garantie. Europas größter Fahrrad-Fachversand.

Ersparnis

Günstige Preise durch direkten Eigenimport. Sondertipp: etwa ab Oktober besonders preiswerte Auslaufmodelle. 30 bis 70 % Ersparnis.

Ambiente

Fachpersonal, das kompetent berät. Probefahren ist selbstverständlich.

Besonderheiten

Brügelmann-Katalog kann angefordert werden gegen Überweisung von 2,50 € auf Postgiro FFM 301 84-602, BLZ 500 100 60.

Adresse

Brügelmann Fahrrad GmbH, Oberliederbacher Weg 42, 65842 Sulzbach am Taunus, Telefon: 0 61 96/50 71-0.

Öffnungszeiten

Montag bis Freitag 9.00 bis 19.00 Uhr, Samstag 9.00 bis 14.00 Uhr.

Anreise

A66 bis Frankfurt, Ausfahrt Höchst. Richtung Main-Taunus-Zentrum. Rechts halten, Richtung Bad Soden. 2. Ampel rechts, von da an ist die Firma ausgeschildert.

 **SCHULTE-UFER**

Zu den Marken, die echten Glanz in jede Küche bringen und die wegen ihrer schönen Produkte weit über Deutschland hinaus bekannt sind, gehört SUS-Schulte-Ufer. Die Qualität von Schulte-Ufer hat dafür gesorgt, dass diese Marke sozusagen Abonnent von besten Testergebnissen bei der Stiftung Warentest ist.

Edles für die Küche

Warenangebot
Kochgeschirre wie Kochtöpfe, Bratentöpfe, Allesdämpfer, Fonduetöpfe, unterschiedlich in Design und Ausstattung, einzeln und im Set, Woks, Teekessel, Abgießdeckel, Küchenhelfer, Entsafter, Butterwärmer. Auch als Profi-Serien. 1. und 2. Wahl. Koch- und Backbücher, Küchenhelfer, Outdoor- und Gastroartikel.

Ersparnis
Bei 1. Wahl wenig Ersparnis. Bei 2. Wahl (Kratzer, kleine vom Laien nicht erkennbare Fehler, aber mit Garantie) bis zu 65%.

Ambiente
Schön eingerichteter Laden nahe des Fabrikgebäudes. Zwei Räume, übersichtlich, liebevoll aufgebautes Angebot. Verkäufer, die ihre Produkte spürbar mögen.

Adresse
Josef Schulte-Ufer KG, Hauptstraße 56, 59846 Sundern, Telefon: 0 29 33/9 81-2 69.

Öffnungszeiten
Montag, Dienstag, Donnerstag und Freitag 9.00 bis 12.00 und 15.00 bis 18.00 Uhr, Mittwoch 9.00 bis 12.00 Uhr, Samstag 10.00 bis 13.00 Uhr.

Anreise
A44 Dortmund–Kassel, am Kreuz Werl auf die A445, später A46 Richtung Arnsberg bis Ausfahrt 64, Hüsten. Weiter über die B229 Richtung Balve bis Arnsberg-Hachen. Dort links Richtung Sundern. In Sundern halb rechts in die Grünewaldstraße und über den Kreisverkehr weiter in die Hauptstraße.

SEVERIN

Severin ist keine der ganz großen durch massive Werbung bekannten Elektrokleingerätemarken. Doch von der Qualität und vom Design her können die Elektrogerätebauer aus Sundern mit den bekannteren Marken mithalten — ohnehin kommen manche Severin-Produkte unter fremden, sehr bekannten Marken in die Geschäfte.

Praktisch und gut aussehend

Warenangebot
Elektrokleingeräte wie Kaffeemaschinen, Raclettegeräte, Kleingrills, Heizlüfter, Wärmespeicherplatten, Waffeleisen, Eierkocher, elektrische Einkochtöpfe. Die Geräte sind vom Design aufeinander abgestimmt.

Ersparnis
Etwa 15 bis 25 %.

Ambiente
Übersichtliches Ladengeschäft mit guter Warenplatzierung.

Adresse
Severin Elektrogeräte GmbH, Am Brühl 27, 59846 Sundern, Telefon: 0 29 33/ 98 20.

Öffnungszeiten
Montag bis Donnerstag 8.00 bis 12.00 und 13.30 bis 15.30 Uhr, Freitag 8.00 bis 12.00 Uhr.

Anreise
Von Arnsberg aus Landstraße. In Sundern Richtung Eslohe. Das Werk auf der rechten Straßenseite ist schon von weit her zu sehen. Am Werk vorbei, Richtung Endorf, gleich 1. Straße links ist „Am Brühl". Nach 200 m wieder 1. Straße links. Dort Fabrikverkauf im 1. Obergeschoss.

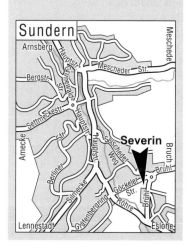

Einer der renommiertesten Polstermöbelhersteller in Europa: hochwertige Polstermöbel – eine wahre Fundgrube.

Der Polstermöbel-Riese

Warenangebot
Polstermöbel, die als Fotostücke, Messegarnituren oder Ausstellungsstücke gedient haben: Einzelsofas und -sessel sowie komplette Garnituren.

Ersparnis
Bei Garnituren 30 bis 50 %, Einzelstücke sind oft so günstig, dass nicht einmal der Materialwert ersetzt wird.

Ambiente
Sehr gute Beratung, großes Angebot, helle, übersichtliche Ausstellung, Parkplätze vor dem Haus.

Besonderheiten
Bei Wohnort in der näheren Umgebung können die Möbel zugestellt werden.

Adresse
Himolla-Polstermöbelwerk, ZV-Lager, Schlossfeldstraße, 84416 Taufkirchen/Vils, Telefon: 0 80 84/2 52 36, Fax: 2 55 00.

Öffnungszeiten
Montag bis Freitag 13.00 bis 17.00 Uhr, Samstag 9.00 bis 13.00 Uhr. Betriebsferien im August.

Anreise
Taufkirchen liegt südlich von Landshut. In Taufkirchen orientiert man sich Richtung Landshut, am Kreisverkehr zweimal rechts in die Schlossfeldstraße. Der Verkauf kommt nach ca. 200 m links, hinter Deichmann Schuhe. Vorsicht! Das Werk und die Verwaltung sind in der Landshuter Straße. Dort kein Verkauf.

Bestens durchdacht und leichtgewichtig ohne Qualitätsverlust präsentieren sich Bekleidung und Equipment von Vaude. Das international bekannte Unternehmen ist im Trekking- und Outdoor-Bereich ein Schwergewicht.

Der Bergsport-Spezialist

Warenangebot
Komplettes Sortiment an Trekking- und Outdoor-Bekleidung, Skibekleidung, Kinder-Outdoor-Bekleidung, Radsportbekleidung, Mützen, Handschuhe, Fahrradtaschen, Rucksäcke, Schlafsäcke, Zelte, Camping- und Kletterausrüstung, Schnee-, Wander- und Trekkingschuhe.

Ersparnis
30 bis 70 %, bei Aktionen auch mehr.

Ambiente
Bereits 15 Minuten vor Öffnung bemühen sich rund 30 Personen jeweils als Erste im Verkauf zu sein – unverständlich, da sehr große Auswahl. Der Verkauf findet auf über 400 m² Verkaufsfläche statt. Ware übersichtlich und preisausgezeichnet präsentiert. Umtausch gegen Kassenbon.

Adresse
Vaude Sport, Vaude-Straße 2, 88069 Tettnang-Obereisenbach, Telefon: 0 75 42/53 06-0, Fax: 53 06 60, Internet: www.vaude.com.

Öffnungszeiten
Donnerstag 14.00 bis 19.30 Uhr, Freitag 12.00 bis 19.30 Uhr, Samstag 10.00 bis 16.00 Uhr.

Weitere Verkaufsstelle
● 72555 Metzingen, Galizia Fashion Plaza, Mühlstraße 2-6, Telefon: 0 71 23/92 56 98.

Anreise
B30 Ravensburg–Friedrichshafen nach Tettnang. Dort zunächst Richtung Wangen bis zur Beschilderung „Bodnegg". Weiter Richtung Bodnegg. Ca. 5 km nach Tettnang kommt man nach Obereisenbach. Vaude direkt am Ortseingang rechts.

Porzellanhersteller

Aelteste Volkstedter Porzellan-manufaktur GmbH, Breitscheidstraße 7, 07407 Rudolstadt-Volkstedt, Telefon: 0 36 72/4 80 20, Fax: 48 02 22. November bis April: Montag bis Freitag 9.00 bis 16.30 Uhr. Mai bis Oktober: Montag bis Freitag 10.00 bis 18.00 Uhr, Samstag 10.00 bis 16.00 Uhr.

Lichte Porzellan GmbH, Sonneberger Straße 75, 98739 Lichte, Telefon: 03 67 01/68 80, Fax: 6 88 88. Montag bis Freitag 9.00 bis 17.30 Uhr, Samstag 10.30 bis 16.00 Uhr.

Graf von Henneberg Porzellan GmbH, Am Eichicht 1, 98693 Ilmenau, Telefon: 0 36 77/65 15 47, Fax: 65 12 12. Montag bis Freitag 10.00 bis 18.00 Uhr, Samstag 10.00 bis 13.00 Uhr.

Porzellanmanufaktur Reichenbach GmbH, Fabrikstraße 29, 07629 Reichenbach, Telefon: 03 66 01/8 80, Fax: 88 20. Montag bis Freitag 9.00 bis 17.00 Uhr, Samstag 9.00 bis 13.00 Uhr.

Könitz Porzellan GmbH, Bahnhofstraße 2, 07336 Könitz, Telefon: 03 67 32/34 40, Fax: 2 23 35. Montag bis Freitag 9.00 bis 17.00 Uhr, 1. Samstag im Monat 9.00 bis 12.00 Uhr.

Porzellanfabrik Martinroda Friedrich Eger & Co. GmbH, Arnstädter Straße 26, 98693 Martinroda, Telefon: 0 36 77/79 77 56, Fax: 79 77 55. Montag bis Freitag 9.00 bis 16.00 Uhr, Samstag 9.00 bis 12.00 Uhr.

Rudolf Kämmer GmbH Porzellan-manufaktur, Breitscheidstr. 98, 07407 Rudolstadt, Telefon: 0 36 72/35 29 20, Fax: 35 29 41. Montag bis Freitag 8.00 bis 18.00 Uhr, Samstag 9.00 bis 13.00 Uhr.

Schierholzsche Manufaktur, Am Spring 1, 99338 Plaue, Telefon: 03 62 07/5 24 24. Montag bis Freitag 10.00 bis 17.00 Uhr, Samstag 10.00 bis 13.00 Uhr und nach Vereinbarung.

Sitzendorfer Porzellanmanufaktur, Hauptstraße 26, 07429 Sitzendorf, Telefon: 03 67 30/36 60. Montag bis Freitag 10.00 bis 18.00 Uhr, Samstag, Sonntag und Feiertage von 10.00 bis 17.00 Uhr. Letzte Vorführung: 1 Stunde vor Geschäftsschluss.

Wagner & Apel GmbH Porzellan-figuren Lippelsdorf, Ortsstraße 44, 98743 Lippelsdorf, Telefon: 03 67 01/6 10 71, Fax: 6 10 72. Montag bis Freitag 9.00 bis 17.00 Uhr, Samstag, Sonntag nach Anmeldung.

Wallendorfer Porzellanmanufaktur GmbH, Kirchweg 1, 98739 Lichte, Telefon: 03 67 01/6 91 41, Fax: 6 03 15. Montag bis Freitag 10.00 bis 17.00 Uhr, Samstag 10.00 bis 12.30 Uhr.

Triptis Porzellan GmbH, Geraer Straße 51, 07819 Triptis, Telefon: 03 64 82/8 22 66, Fax: 3 24 92. Montag bis Freitag 9.00 bis 17.00 Uhr, Samstag 9.00 bis 13.00 Uhr.

Weimar Porzellan GmbH, Christian-Speck-Straße 5, 99444 Blankenhain, Telefon: 03 64 59/6 01 94, Fax: 6 01 39. Montag bis Freitag 9.00 bis 18.00 Uhr, Samstag 9.00 bis 16.00 Uhr.

Villeroy & Boch

1748

Das 1748 gegründete Unternehmen Villeroy & Boch hat sich zu einem der bedeutendsten Keramikhersteller der Welt entwickelt. Die Marke Villeroy & Boch bürgt für Qualität und gutes Design, eine Marke mit Ausstrahlung, Charakter und Prestige.

Tischkultur komplett

Warenangebot

Alles für den gedeckten Tisch. Geschirr aus Bone China, Vitro-Porzellan, Fayence, Trinkgläser, Bestecke, Tisch- und Wohn-accessoires. Umfangreiches Sortiment an Serien, alle Teile auch einzeln erhältlich. Gesamtes aktuelles Sortiment.

Ersparnis

30 bis 40% beim regulären Sortiment. Restposten und Auslaufdekore bis 70%.

Ambiente

Kleine Verkaufsstelle mit freundlicher und fachgerechter Bedienung. Nebenan haben Möve und Manz-Fortuna ihren Werksverkauf.

Adresse

Villeroy & Boch Outlet Center, Hafen-straße 2-4, 04860 Torgau, Telefon: 0 34 21/74 01 78, Fax: 74 01 79.

Öffnungszeiten

Montag bis Freitag 9.30 bis 18.00 Uhr, Samstag 9.30 bis 13.00 Uhr.

Weitere Verkaufsstellen

● 23569 **Lübeck-Dänischburg**, Dänischburger Landstraße 79, Telefon: 04 51/20 13 71.

● 66693 **Mettlach**, Freiherr-vom-Stein-Straße 4-6, Telefon: 0 68 64/20 31, Fax: 72 46.
● 66787 **Wadgassen**, Saarstraße 20, Telefon: 0 68 34/40 02 40.
● 95100 **Selb**, Vielitzer Straße 26, Telefon: 0 92 87/99 80 70.

Anreise

A14 Halle-Döbeln, Ausfahrt Taucha. Auf der B87 Richtung Herzberg, die Bundesstraße führt direkt durch den Ort. In Torgau vor den Elbbrücken rechts in die Hafenstraße abbiegen.

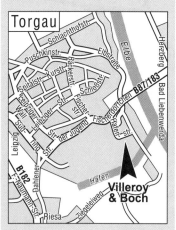

Romika präsentiert über 20.000 Paar Schuhe. Damen-, Herren- und Kinderschuhe, Hausschuhe, Regenstiefel und eine große Auswahl an Sportschuh-
marken wie adidas, Nike, Head und Puma.

Auf Wolken schweben

Warenangebot
Haus- und Freizeitschuhe, Sportschuhe,
Stiefel und Sandalen für Damen, Herren
und Kinder ab Größe 20.

Ersparnis
30 bis 50% für das gesamte 2.-Wahl-
Sortiment mit unterschiedlichen kleinen Fehlern. Zusätzliche Preisersparnis
zum Saisonende 20 bis 40%.

Ambiente
Helle Verkaufsräume mit über 20.000
Paar Schuhen.

Adresse
Romika, Karl-Benz-Straße 8, 54292 Trier,
Telefon: 06 51/20 44 63, Fax: 20 44 74.

Öffnungszeiten
Montag bis Samstag 10.00 bis 14.00 Uhr.

Anreise
A602 Trier, Ausfahrt Verteilerkreis
Trier-Nord, 3. Ausfahrt: Trier-Ruwer.
2. Straße rechts abbiegen, dann 1.
Straße links. Die Firma befindet sich
am Ende der Karl-Benz-Straße.

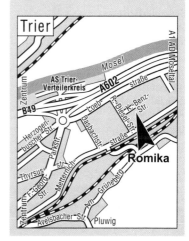

Die Marken Rösch, Louis Féraud und Daniel Hechter sind bekannt für Beachwear, Homewear und Lingerie in bester Qualität.

Spitzenträume aus 1001 Nacht

Warenangebot

Schlafanzüge, Nachthemden, Morgen-mäntel, Bademoden und Strandkleider, Frottierwaren, T-Shirts, Tagwäsche, BHs, Slips, Strings.

Ersparnis

Zum Teil edle Stücke aus den Muster-kollektionen sehr preisgünstig. Im Schnitt Ersparnis um 30 %; bei Ange-boten und Musterware bis 50 %.

Ambiente

Übersichtlicher Verkaufsraum mit Um-kleidekabinen, fachkundige, freundliche Bedienung.

Besonderheiten

Ganz in der Nähe die Firmen Einhorn (Kirchentellinsfurt), Ackel, Allegra (Tü-bingen-Lustnau).

Adresse

Gerhard Rösch GmbH, Schaffhausen-straße 101-105, 72072 Tübingen, Telefon: 0 70 71/15 31 95, E-Mail: info@ gerhard-roesch.de.

Öffnungszeiten

Montag bis Freitag 9.00 bis 18.00 Uhr, Samstag 9.30 bis 14.00 Uhr.

Weitere Verkaufsstellen

● 01067 **Dresden**, Kreuzstraße 3, Tele-fon: 03 51/4 96 30 94.

● 07937 **Zeulenroda**, Heinrich-Heine-Straße 2, Telefon: 0 366 28/9 62 57.

● 09111 **Chemnitz**, Theaterstraße 15-17, Telefon: 0 371/6 66 39 88.

● 72393 **Burladingen**, Jahnstraße 12, Telefon: 0 74 75/45 18 95.

● 89407 **Dillingen**, Johannes-Scheif-fele-Straße 11, Telefon: 0 90 71/58 07 30.

Anreise

A8 Stuttgart–München, Ausfahrt Stuttgart-Degerloch, B27 Richtung Tübingen, Ausfahrt „Unterer Wert".

Als „Active Wear" bezeichnet die Firma ihre sportliche Trendmode. Die Qualität ist erstklassig – die topmodische Kollektion für Profi-Sportler. Nobelmarke für Junge und Junggebliebene.

Die junge Nobelmarke

Warenangebot
2. Wahl und Restposten: Jogging- und Freizeitanzüge, Fleecejacken, Regenbekleidung, Bademoden, Shorts und Bermudas, Bodys, Shirts, Jeans, Sweatshirts, Sporttaschen, Öko-Pullover. Ware im Hochpreissegment.

Ersparnis
Ca. 30 %.

Ambiente
Bereits 15 Minuten vor Öffnen des 2.-Wahl-Verkaufs stehen die Kunden an, nach dem Startschuss „die Schlacht" im neuen Verkaufsraum. Kein Umtausch der Ware möglich.

Adresse
Chiemsee Seconds, Greimelstraße 28 a, 83236 Übersee-Feldwies, Telefon: 0 86 42/ 50 39 (nur während der Öffnungszeiten).

Öffnungszeiten
Montag, Mittwoch und Freitag 16.30 bis 18.00 Uhr, Samstag 10.00 bis 12.00 Uhr.

Weitere Verkaufsstelle
● 83233 **Bernau am Chiemsee**, Theodor-Sanne-Straße 6, Telefon: 0 80 51/ 96 18 10. Montag bis Freitag 10.00 bis 19.00 Uhr, Samstag 9.00 bis 18.00 Uhr.

Anreise: E52/60 München–Salzburg, Ausfahrt 106 Bernau. Auf der B305 Richtung Bernau. Nach 400 m links fahren. Das Firmengebäude ist schon von weitem sichtbar. Nach 200 m erreicht man den Verkauf im Firmengebäude.

Anreise
A8 München–Salzburg, Ausfahrt Feldwies-Übersee, rechts nach Übersee. In Übersee-Feldwies der Beschilderung Hitec folgen. 1. Straße rechts bis zum Gasthaus Feldwies, dann rechts abbiegen. Firma am Ende der Straße, linke Seite.

ORWELL

Die Marke Orwell ist viel mehr als ein erfolgreiches Hosenprogramm, das vor allem mit Strechanteilen die berufstätige Frau zwischen 25 und 45 Jahren anspricht. Die Hose hat Zuwachs bekommen, wurde um Oberteile ergänzt und gilt heute im gehobenen DOB-Markt als eine anerkannte Marke. Die Kollektionen zeigen einen klaren, unverwechselbaren Stil, sind erstklassig verarbeitet und aus hochwertigen Materialien gefertigt.

Mode mit Niveau

Warenangebot
Hosen, Blusen, Jacken, Outdoor-Jacken, Röcke, Kleider, Sets, Strickwaren, Shirts, Accessoires wie Schals und Gürtel.

Ersparnis
Modische Ware aus der Vorsaison mit 50 % Ersparnis. Die Ware liegt im hochpreisigen Segment.

Ambiente
Großzügige Verkaufsfläche in der galerieartigen Atmosphäre eines Loftgebäudes. Freundliche und kompetente Beratung.

Adresse
Orwell Second Season, Ubstadter Straße 23, 76698 Ubstadt-Weiher, Internet: www.orwell.de.

Öffnungszeiten
Mittwoch und Freitag 10.00 bis 18.00 Uhr, Donnerstag 10.00 bis 20.00 Uhr, Samstag 10.00 bis 16.00 Uhr.

Anreise
A5 Karlsruhe-Mannheim, Ausfahrt Bruchsal. Die B35 weiter in Richtung Bruchsal und dann in Richtung Ubstadt-Weiher. Im Teilort Weiher befindet sich der Verkauf. Die Ubstadter Straße ist die Hauptstraße.

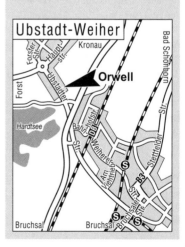

Fakir

EINKAUFS-
GUTSCHEIN

Die Fakir-Hausgeräte GmbH produziert qualitativ hochwertige und zuverlässige elektronische Haushaltsgeräte. Von Bodenreinigungs- und Bodenpflegegeräten über Dampfreiniger, Bügelstationen, Akkusauger, Klima- und Luftreinigungsgeräten bis hin zu Ventilatoren und Heizgeräten gibt es hier für jede Gelegenheit das Gerät, das Ihnen die Arbeit erleichtert.

Aus Liebe zum Raum

Warenangebot

2.-Wahl-Geräte sowie Auslaufmodelle und Restposten. Bodenstaubsauger, Kombisauger, Beutellosstaubsauger, Akkusauger, Handstaubsauger, Staub- und Wassersauger, Bohnergeräte, Dampfreiniger, Bügelstationen, Klima- und Luftreinigungsgeräte, Ventilatoren, Heizgeräte.

Ersparnis

Ca. 30 bis 70 %.

Ambiente

Ausstellungsraum mit Schnäppchenmarkt. Zuvorkommende und kompetente Beratung.

Adresse

Fakir-Hausgeräte GmbH, Industriestraße 6, 71665 Vaihingen-Kleinglattbach/Enz, Telefon: 0 70 42/9 12-1 57, Fax: 56 12, E-Mail: info@fakir.de, Internet: www.fakir.de.

Öffnungszeiten

Montag bis Donnerstag 8.00 bis 12.00 und 12.30 bis 16.30 Uhr, Freitag 8.00 bis 13.00 Uhr.

Anreise

A5 von Frankfurt kommend bis Ausfahrt Bruchsal, auf der B35 Richtung Stuttgart. Am Illinger Eck auf die B10 Richtung Stuttgart. Nach ca. 3 km links Richtung Vaihingen/Enz. Nach ca. 2 km am Kreisverkehr rechts nach Kleinglattbach. Nach ca. 2 km unter der Brücke links in die Industriestraße. Firma nach 150 m rechts. Auf der A5/A8 von Karlsruhe her kommend: A8 Richtung Stuttgart bis Pforzheim-Ost. Auf die B10 Richtung Stuttgart.

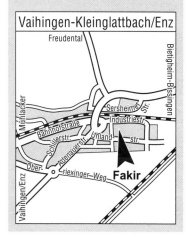

Die Firma Friesland Porzellanfabrik, die in den 50er-Jahren gegründet wurde, stellt Porzellan und Geschirr von hoher Qualität in edlem Stil her.

Der Außerfriesische

Warenangebot

Vor allem Geschirr, sowohl Tafel- als auch Kaffeeservice in sehr großer Auswahl und unterschiedlichen Stilrichtungen. Außerdem 2.-Wahl-Artikel von Kochtöpfen und Pfannen der Firma Berndes, BSF-Bestecke, Gläser von Schott Zwiesel, Küchenwerkzeug und andere Haushaltswaren.

Ersparnis

Bei Porzellan und Steinzeug 40%. Im Sonderpostenmarkt auf dem Werksgelände werden zusätzliche Schnäppchen zu besonders günstigen Preisen angeboten. Die Öffnungszeiten hier: Montag bis Freitag 10.00 bis 13.00 und 14.00 bis 17.00 Uhr.

Ambiente

Sehr großer, heller Verkaufsraum. Die Ware wird übersichtlich präsentiert. Fachliche Beratung, Parkplätze vorhanden. Für Werksführungen kann man sich unter Telefon: 0 44 51/1 72 21 anmelden.

Adresse

Friesland Porzellanfabrik GmbH & Co. KG, Rahlinger Straße 23, 26316 Varel, Telefon: 0 44 51/1 70, Durchwahl Verkauf: 1 72 09.

Öffnungszeiten

Montag bis Freitag 10.00 bis 17.00 Uhr, Samstag 10.00 bis 13.00 Uhr.

Anreise

Von Varel Zentrum Richtung Bockhorn, dann ein Stück hinter Varel rechts Richtung Jeringhave.

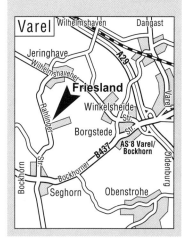

MARC AUREL

Marc Aurel liebt junge Mädchen und Frauen. Für sie hat er ein sehr großes Angebot an sehr modischer und dabei tragbarer Mode. Besonders interessant sind Modelle, die auf Modenschauen getragen wurden. Die werden hier zum Superpreis verkauft.

Von der Modenschau nach Verl

Warenangebot
Modische Markenware für Damen und Mädchen, Lagerüberhänge, 2. Wahl, Musterstücke, Modellkleider von Modenschauen plus (manchmal) die passenden Schuhe (auf Modenschauen getragen). Dazu Röcke, Mäntel, Blazer. Sets aus Blazern, Röcken und Blusen, vorwiegend für Kundinnen um die 40 und jünger. Dazu Stoffreste, Kurzwaren.

Ersparnis
25 bis 70% je nach Ware. Schuhe von Modenschauen bis zu 80% gegenüber vergleichbaren Modellen.

Ambiente
Großer, heller und gepflegter Laden mit guter Warenpräsentation und freundlicher Beratung. Reichlich Parkplätze.

Adresse
Marc Aurel GmbH, „Shop", Vorderhaus, Hülshorstweg 30, 33415 Verl, Telefon: 0 52 46/93 48 33.

Öffnungszeiten
Dienstag bis Freitag 10.30 bis 18.00 Uhr, Samstag 10.00 bis 13.00 Uhr.

Anreise
A2, Ausfahrt Gütersloh/Verl, Richtung Verl. Etwa nach 1500 m links in den Hülshorstweg.

Zaspel hat seinen Werksverkauf groß gemacht. Aus der Verkaufsecke in einer Fabrikhalle wurde ein Kinderparadies mit vielen Spielmöglichkeiten, Kinderkino und allem anderen, was Kindern (und damit ihren Eltern) beim Einkaufen Freude macht.

Das Kinderparadies

Warenangebot

Modische Baby-, Kinder- und Jugend-bekleidung. Überhänge, Muster, großes Angebot von Fremdfirmen wie z.B. Ding Dong, 3Pommes usw.

Ersparnis

20 bis über 50%. Überwiegend 1.-Wahl-Ware. Sondertische und Sonderaktionen beachten.

Ambiente

Der Werksverkauf findet im Werk statt. Ein schönes, helles, mit viel Glas ausge-stattetes Gebäude, das so eingerichtet wurde, dass nicht nur die Kindersachen leicht zu finden und in der Farbe zu beurteilen sind, sondern dass auch die Kinder als „Hauptpersonen" ihre Freude am Einkaufen haben. Spielecken, Spiele und sogar ein Kinderkino machen die-sen Fabrikverkauf auch für Kinder attraktiv. Ausreichend Parkplätze sind vorhanden.

Adresse

E. Zaspel GmbH & Co. KG, Schiefbahner Straße 11-13, 41748 Viersen, Telefon: 0 21 62/93 05-0.

Öffnungszeiten

Montag bis Freitag 10.00 bis 18.00 Uhr, Samstag 10.00 bis 16.00 Uhr.

Anreise

A61, Koblenz–Venlo, Ausfahrt Vier-sen. Ins Industriegebiet fahren. Auf den Eingang zum Privatverkauf wird mit einem Schild an der Straße hin-gewiesen. Tür rechts neben dem Haupteingang.

Die Idee zum Format hatte – mal wieder – eine praktisch denkende Frau. „Machen wir doch eine Schokolade, die in jede Jackentasche passt, ohne dass sie bricht, und die das gleiche Gewicht hat wie die normale dünne Langtafel." Das soll Clara Ritter 1932 zu ihrem Mann Alfred gesagt haben. Alle in der Familie waren von dem Vorschlag begeistert und schon war das „Quadratisch. Praktisch. Gut." erfunden.

Quadratisch. Praktisch. Gut.

Warenangebot
Schokoladen-Bruch (unverpackte Tafeln sind in Papiertüten verpackt), Ritter-Sport-Schokolade in allen Variationen.

Ersparnis
10 bis 20 % bei Originalware. Viel preisgünstiger ist Schokoladenbruch.

Ambiente
Schokoladen- und Bruchverkauf mit Selbstbedienung. Einkaufswagen und Einkaufskörbe wie im Supermarkt. Schoko-Ausstellung und Werksfilmvorführung. Café im Museum Ritter.

Adresse
Ritter Sport-Schokolade, Alfred-Ritter-Straße 25-29, 71111 Waldenbuch, Telefon: 0 71 57/97-4 73 oder -4 74, Fax: 97-3 99 oder -7 09.

Öffnungszeiten
Montag bis Freitag 8.00 bis 18.30 Uhr, Samstag 9.00 bis 18.00 Uhr. An ausgewählten Sonn- und Feiertagen 11.00 bis 18.00 Uhr.

Anreise
Waldenbuch liegt zwischen Stuttgart und Tübingen an der alten B27 (L1208). Zu Ritter-Sport dann Abzweigung nach Böblingen nehmen. An der Abzweigung Schild „Ritter Sport-Schokolade".

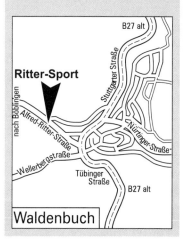

Der Name Sioux steht für Spitzenschuhe. Das Unternehmen, das zum Egana-Goldpfeil Konzern gehört, ist eine der besten Schuhfabriken in Deutschland. Drei Schuhgruppen werden angeboten: Modisch-elegante Schuhe, bequeme Komfort-Schuhe und klassisch-zeitlose Schuhe. Sioux hat sich einen Namen gemacht mit handgenähten Mokassins. Apollo ist der Herrenschuh im hochpreisigen Segment.

Die Indianer kommen

Warenangebot
Sioux-Schuhe, jeweils Damen- und Herrenkollektionen, alles in B-Qualität, Apollo-Herrenschuhe, keine Kinderschuhe.

Ersparnis
Ca. 20 bis 40 %.

Ambiente
Nach dem Umbau nun übersichtlicher Verkauf. Vorauswahl nach Paaren und Größen, Beratung auf Wunsch.

Adresse
Sioux, Fabrikverkauf, Finkenweg 2-4, 74399 Walheim, Telefon: 0 71 43/ 37 12 34, Fax: 37 12 19.

Öffnungszeiten
Montag bis Mittwoch 9.00 bis 17.00 Uhr, Donnerstag und Freitag 9.00 bis 18.00 Uhr, Samstag 9.00 bis 14.00 Uhr.

Weitere Verkaufsstelle
● 74575 **Schrozberg**, Windmühlenstraße 11, Telefon: 0 79 35/3 77. Montag bis Freitag 9.30 bis 18.00 Uhr, Samstag 9.30 bis 13.30 Uhr.

Anreise
Walheim liegt an der B27 Stuttgart–Heilbronn. Das Firmengebäude befindet sich gegenüber dem Bahnhof Walheim (westlich der Gleise).

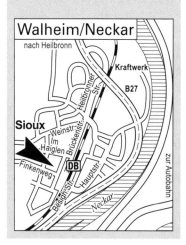

Jugendliche sind markenbewusst. In Weil am Rhein, kurz vor der Schweizer Grenze, sind ihre Favoriten im Factory Outlet zu haben. Mit kleinen Fehlern, aber auf jeden Fall mit dem begehrten Logo.

Trendmarke für Jugendliche

Warenangebot
Big Star Factory Outlet: nahezu das gesamte Big-Star Sortiment: Jeans, Hemden, Sweatshirts, T-Shirts, Jacken, Pullover, Socken, Gürtel. Ein Viertel der Ware 2. Wahl, drei Viertel 1. Wahl und Musterteile oder Überproduktionen.

Ersparnis
30 bis 70%. Besonders günstig sind Musterteile und Restposten.

Ambiente
Großzügiger, heller Verkaufsraum, ausreichend Umkleidekabinen. Gute Preisauszeichnung, freundliches Personal.

Besonderheiten
Nebenan Carhartt Outlet; Spielecke.

Adresse
Big Star Factory Outlet, Blauenstraße 1-5, Weil am Rhein-Friedlingen, Telefon: 0 76 21/79 18 14.

Öffnungszeiten
Montag bis Freitag 10.00 bis 19.00 Uhr, Samstag 10.00 bis 17.00 Uhr.

Anreise
A5 Karlsruhe–Basel, Ausfahrt Weil am Rhein. Richtung Friedlingen, nach McDonald's die 2. Straße links, zum Parkplatz des Factory Outlets.

Im Dreiländereck, nur einen Katzensprung von der Schweizer und der französischen Grenze entfernt, gibt es ein Designer-Outlet für ganz junge Mode. Neben den bekannten Factory Outlets von Big Star und Carhartt gibt es The Outlet. Auf einer Verkaufsfläche von 2500 m² sind Trendmarken wie Fashion Sport's Company, Edwin Jeans, Jeansroad oder aem'kei zu finden.

International young fashion

Warenangebot

Fashion Sport's Company: Sportgeräte wie Snowboards, Inliner etc. und Zubehör, Outdoor-Bekleidung von der Skiunterwäsche bis zu Sportschuhen oder Jacke. Meist 1.-Wahl-Ware aus Überproduktionen. **aem'kei**: Junge Mode für junge Leute. Innovatives Urbanwear Designerlabel. Outdoor-Bekleidung und Wäsche für Sie und Ihn, Vorsaisonware und Überhänge. **Carhartt**: Streetwear-Kultmarke. Hosen, Jacken, Sweat- und T-Shirts. Mützen, Schuhe, BMX-Bikes. Großer Skateshop. **Jeansroad**: Marken wie Levi's, Lee, Colorado, Madonna, Wrangler und Blend of America. **Edwin Outlet**: Die Nr. 1 aus Japan: Punkfashion.

Ersparnis

30 bis 70 %.

Ambiente

Große Multimediawand, coole Musik, Outlet-Bar, kostenlose Tiefgarage, großer Parkplatz. Skatehalle um die Ecke.

Adresse

The Outlet, Colmarer Straße 2, 79576 Weil am Rhein-Friedlingen, Telefon: 0 76 21/4 22 03 90. Fashion Sport's Com-

pany GmbH: 0 76 21/91 39 10, Carhartt: 4 22 03 90, aem'kei: 77 05 51, Jeansroad: 5 70 07 54, Edwin Outlet: 9 14 81 05.

Öffnungszeiten

Montag bis Freitag 11.00 bis 19.00 Uhr, Samstag 10.00 bis 18.00 Uhr.

Anreise

A5 Karlsruhe–Basel, Ausfahrt Weil am Rhein. Richtung Friedlingen, nach McDonald's die 2. Straße links, zum Parkplatz des Factory Outlets.

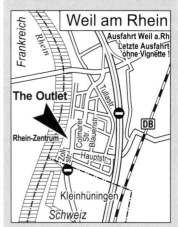

LUXORETTE

Mode fürs Bett: Beste Qualitäten wie Brokat-Damast, Satin aus mercerisierter Baumwolle, Interlockjersey und gewebte Karobettwäsche prägen den edlen Stil der Wäsche. Modische Muster und aktuelle Farbtöne runden die Optik von Bett und Tisch angenehm ab.

Ein Hauch von Luxus

Warenangebot

Bettwäsche in guter Qualität (auch in Komfortgrößen): Mako-Satin, Brokat-Damast, Interlockjersey, Spannbetttücher. Tischwäsche: Tischdecken (viele Größen und Designs), Servietten. Frottierwaren in verschiedenen Größen und Farben, Stoffreste, textile Geschenke.

Ersparnis

Sehr lohnenswert vor allem die Auslaufware und Wäsche in 1B-Qualität mit 30 bis 60%.

Ambiente

Nach der Pforte geradeaus weiter bis zum 2. Gebäude (links). Neuer, großer Verkaufsraum mit guter Warenpräsentation. Eingang bei gelb-schwarzer Fahne. Kostenlose Parkplätze.

Adresse

Luxorette Haustextilien GmbH, Gewerbepark Otto, Schäferhauser Straße 2, 73240 Wendlingen, Telefon: 0 70 24/ 94 61 99, Fax: 94 61 05.

Öffnungszeiten

Montag bis Freitag 9.00 bis 11.45 und 13.00 bis 16.45 Uhr, Samstag 9.00 bis 11.45 Uhr.

Weitere Verkaufsstellen

● 77652 **Offenburg**, Wilhelm-Bauer-Straße 12, Telefon: 07 81/2 82 34.
● 88239 **Wangen/Allgäu**, Neue Textilveredelung Wangen, Ausrüstung 1-20, Telefon: 0 75 22/76 37.

Anreise

A8 Ulm-Stuttgart, Ausfahrt Wendlingen, Richtung Industriegebiet „Schäferhausen". Die Schäferhauser Straße beginnt nach der Brücke. Die Firma befindet sich gegenüber der Shell-Tankstelle.

KETTLER *shop*

Mit zu Sportgeräten gebogenem Rohr fing es hier an. Kettler ist mittlerweile die weltweit (!) führende Marke für Sport- und Fitnessgeräte, Freizeitmöbel, Fahrräder und Kinderspielgeräte. Außer der Marke Kettler werden in Werl auch Produkte von Herlag (Kinderwagen, Schülerschreibtische) verkauft.

Sport, Spiel und Spaß

Warenangebot
Hochwertige Garten- und Freizeitmöbel, Alu-Fahrräder, Heimsportgeräte,
Tischtennisplatten, Kinderfahrzeuge
und -spielgeräte, Kinder- und Jugend-
schreibtische, Solarien. 2.-Wahl- und
Auslaufartikel und Sonderposten.

Ersparnis
20 bis 50 %, bei Einzelteilen auch mehr.

Ambiente
Verkauf in einer ehemaligen Produk-
tionshalle, großzügige Präsentation der
Ware. Die Verkäufer sind fachlich ver-
siert und sehr hilfsbereit. Bausätze auf
Vollständigkeit prüfen!

Adresse
Kettler Shop, Neuwerk 1/Ecke Hammer
Straße, 59457 Werl, Telefon: 0 29 22/
8 20 91, Internet: www.kettler.de.

Öffnungszeiten
Dienstag bis Freitag 13.00 bis 18.00 Uhr,
Samstag 9.00 bis 13.00 Uhr.

Weitere Verkaufsstellen
● 31515 **Wunstorf-Bokeloh**, Cronsborstel 5, Telefon: 0 50 31/70 44 60, E-
Mail: kettler-shop-wunstorf@kettler.de.

● 37697 **Lauenförde**, Meintestraße 17,
Telefon: 0 52 73/2 11 73, E-Mail: herlag-
shop-lauenfoerde@kettler.de.
● 59174 **Kamen**, Henry-Everling-Straße
2, Telefon: 0 23 07/97 42 52.

Anreise
A445 Arnsberg–Werl, Ausfahrt 58,
Werl-Nord. Richtung Werl auf die
B63 (Hammer Straße), nach etwa
1 km Kettler auf der linken Seite,
Ecke Hammer Straße/Am Neuwerk,
gegenüber von McDonald's.

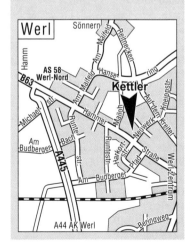

Trachten- und Landhausmode für Individualisten, die schnelle Modetrends nicht akzeptieren. Pfiffige Mode, überhaupt nicht altbacken. Hauptsächlich reine Naturfasern. Nur 2. Wahl und Musterteile für Damen und Herren.

Trachten- und Landhausmode

Warenangebot

Für Damen: Röcke, Blusen, Jacken, Kostüme im modischen Landhaus- und Trachtenstil, Dirndl. Für Herren: Anzüge im Trachtenstil, Hemden, Jacken, Hosen in Loden und Leder. Für Kinder: von der Lederhose bis zum Janker.

Ersparnis

Bei Musterware und 2. Wahl je nach Art des Fehlers 30 bis 40%. Ständig wechselnde Angebote.

Ambiente

Selbstbedienung, Ware sehr übersichtlich nach Größen und Farben geordnet, große Dirndl-Abteilung. Im angeschlossenen italienischen Restaurant alles für den kleinen und großen Hunger.

Besonderheiten

Warenangebot am besten im September/Oktober für die Herbst/Winter-, im April/Mai für die Sommerkollektion.

Adresse

Perry Modelle GmbH, Fabrikverkauf, Antoniusstraße 2-6, 73249 Wernau, Telefon: 071 53/9 38 83 25, Fax: 9 38 83 90, Internet: www.perry.de.

Öffnungszeiten

Dienstag, Mittwoch und Freitag 10.00 bis 18.00 Uhr, Samstag 10.00 bis 15.00 Uhr, Montag und Donnerstag geschlossen.

Anreise

Wernau liegt sehr verkehrsgünstig zwischen Stuttgart (B10), Metzingen (B313) und Göppingen (B10). Oder: A8, Ausfahrt Wendlingen. Der Eingang zum Fabrikverkauf befindet sich unauffällig an der Nordseite des Gebäudes.

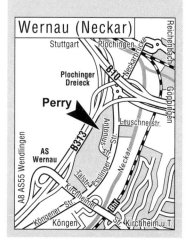

Das Unternehmen ist weltweit führend in der Herstellung hochwertiger, designorientierter Isoliergefäße (Isolierkannen, Isolierflaschen, Aktiv-Flaschenkühler) für den privaten und den gewerblichen Bereich. Die Produkte bestechen nicht nur durch ihr zeitloses und innovatives Design. Vor allem die Haltbarkeit und die ausgezeichnete Funktion haben der Marke Weltruhm beschert.

Alles andere als kalter Kaffee

Warenangebot
Isolierkannen, Edelstahl-Isolierflaschen, Aktiv-Flaschenkühler, Design-Artikel für Tisch und Tafel. Besteck, Töpfe, Pfannen, Porzellan, Gläser und Geschenkartikel der Marken WMF, Silit, Auerhahn, Leonardo, Seltmann-Weiden, Spiegelau sowie Kaiser-Backformen.

Ersparnis
2A-Ware ca. 25%, Sonderserien und Restposten 50%.

Ambiente
Ansprechender Werksverkauf im alfi-Commercial-Center auf ca. 300 m². Bistro, Spielecke, großer Parkplatz, Werksbesichtigung auf Anfrage.

Adresse
alfi GmbH, Commercial Center, Ferdinand- Friedrich-Straße 9, 97877 Wertheim-Bestenheid, Telefon: 0 93 42/ 87 74 70, Fax: 87 74 62, Internet: www. alfi.de.

Öffnungszeiten
Montag bis Freitag 9.00 bis 18.00 Uhr, Samstag 10.00 bis 14.00 Uhr.

Anreise
A3 aus Richtung Frankfurt: Ausfahrt Marktheidenfeld, Richtung Wertheim, in Kreuzwertheim (T-Kreuzung) Richtung Hasloch, über die Spessartbrücke Richtung Wertheim. An der Ampel Richtung Miltenberg, vor Ecke Autohaus Mercedes-Benz/ARAL: rechts Mühlenweg, später Ernst-Abbe-Straße. Am alfi-Werk: rechts Hüttenweg/Beschilderung Commercial Center, rechts Ferdinand-Friedrich-Straße.

Im Wertheim Village finden Sie über 65 Mode- und Designermarken wie z. B. Armani, Levi's, Nike, Puma, Reebok, Strenesse, Timberland, Tommy Hilfiger. Dieses neue Outlet Center in der Architektur eines fränkischen Fachwerkstädtchens deckt ein breites Warenspektrum ab: Von Mode, Sport- und Outdoor-Bekleidung bis hin zu Haushaltswaren und Accessoires. Für die Shopping-Pause gibt es wahlweise ein italienisches Restaurant und einen amerikanischen Coffee Shop.

Shopping mit Ambiente

Warenangebot
Damen-, Herren- und Kinderbekleidung, Sport- und Outdoor-Bekleidung, Haushaltswaren, Wäsche, Lederwaren, Reisegepäck, Schmuck, Uhren, Accessoires.

Ersparnis
Zwischen 30 und 70 %.

Ambiente
Architektur der Shops im typisch fränkischen Fachwerkstil. Café, Restaurant, Spielplatz, Ausstellungen und Events.

Besonderheiten
Herrliche Gegend in Mainfranken. Ideal für einen Kultur-/Shopping-Kurzurlaub.

Adresse
Wertheim Village, Almosenberg, 97877 Wertheim-Dertingen, Telefon: 0 93 42/ 9 19 91 11, Internet: www.Wertheim Village.com.

Öffnungszeiten
Montag bis Samstag 10.00 Uhr bis 20.00 Uhr. Nach Ankündigung auch am Sonntag geöffnet.

Weitere Verkaufsstelle
● 85055 Ingolstadt-Feldkirchen, Ingolstadt Village, Otto-Hahn-Straße 1, Telefon: 08 41/8 86 31 00, Internet: www.IngolstadtVillage.com.

Anreise
A3 Frankfurt–Würzburg, Ausfahrt 66, Wertheim/Lengfurt. Der Beschilderung zum Wertheim Village folgen.

LEATHER|SPORTSWEAR

Martina Cruse entwirft den Look der hochmodischen Lederkollektion Marke Cruse. Die Cruses beschäftigen sich seit 1925 mit der Bekleidungsfertigung – doch, anders als die Altvorderen, setzten die Jungen auf Ledermode, wie es sie so vor ihnen nicht gab. Die Ware überzeugt.

„Lifestyle in Leder"

Warenangebot

Damen- und Herrenbekleidung, Lederbekleidung direkt vom Spezialisten. Neueste Trends und klassische Basics, auch Kurz- und Großgrößen. Hochwertige Qualitäten aus Lamm, Ziegenvelours, Drucke, Porcvelours, Cow im Antiklook. Sportliche Jacken, Blousons, Blazer, Gehröcke, Hosen, Lederjeans in allen Größen, Röcke, Mäntel und Jacken aus gewachsenem Lammfell oder in Leder-Pelz-Kombinationen.

Ersparnis

50 %, bei 2. Wahl noch darüber.

Ambiente

Großzügiger, freundlicher Verkauf auf zwei Etagen mit guter Warenpräsentation. Der zweite Stock ist die Schnäppchenetage mit 2.-Wahl-Ware, Musterteilen, Überhängen aus der vorigen Saison. Qualifiziertes Personal zeigt auf Wunsch die kleinen Fehler der 2.-Wahl-Ware. Diese sind im Leder naturgegeben und für den Laien kaum erkennbar.

Adresse

Cruse Leather/Sportswear, Industrieweg 2, 48493 Wettringen, Telefon: 0 25 57/ 93 85-36.

Öffnungszeiten

Montag bis Freitag 10.00 bis 18.00 Uhr, Samstag 10.00 bis 16.00 Uhr.

Anreise

A30 Enschede (NL)-Osnabrück, Ausfahrt Rheine-Nord. Auf der B70 nach Wettringen. Im Ort Richtung Bilk. Nach ca. 400 m links in den Prozessionsweg, rechts in den Grünen Weg und wieder links in den Industrieweg. Der Verkauf befindet sich auf der rechten Seite.

Stöver ist der größte deutsche Kartoffelverarbeiter und beliefert sowohl den Lebensmitteleinzelhandel als auch die Gastronomie. Seit Jahren werden die Produkte, die unter dem Namen Agrarfrost bekannt sind, mit den Qualitätspreisen der DLG und dem Gütesiegel der CMA ausgezeichnet.

Gruß aus Aldrup

Warenangebot

Alle Kartoffelprodukte von Pommes bis Kroketten und Reibekuchen, aber auch frische Feinkostsalate, Fleisch, Fisch, Wurst und Tiefkühlprodukte. Neben dem breiten Sortiment in großen und kleineren Verpackungseinheiten sind besonders die Gastronomieartikel interessant, die im normalen Handel nicht zu kaufen sind wie z.B. die echten Hotdog-Würstchen und -Brötchen, die echten flachen Hamburger, tiefgekühltes Pitabrot oder tiefgekühlte Torten.

Ersparnis

10 bis 30%.

Ambiente

Auf dem Firmengelände gibt es einen gut sichtbaren Laden.

Adresse

Stöver Direktverkauf, Stöver Gruppe, 27793 Wildeshausen-Aldrup, Telefon: 0 44 34/8 70, Laden: 0 44 34/8 72 08.

Öffnungszeiten

Montag bis Freitag 9.00 bis 18.00 Uhr, Samstag 8.00 bis 12.00 Uhr.

Anreise

Die Firma Stöver liegt im Ortsteil Aldrup und ist dort nicht zu verfehlen. Fahren Sie von Wildeshausen Richtung Goldenstedt und in Hanstedt links ab nach Aldrup.

MASTERHAND

Die Firmen der Peine Gruppe stellen Herrenbekleidung unter dem Label Barutti und Masterhand her. Die Kollektion Masterhand umfasst Hochzeits- und Gesellschaftsmode, Barutti klassische Herrenmode.

Der Elegante

Warenangebot

Unter dem Label Mario Barutti finden Sie Herrenanzüge von klassisch bis modern, Sakkos, Hosen, Strickwaren, Westen und Hemden. Das größte Angebot liegt bei den dunklen und blauen Farben. Daneben gibt es Hochzeits- und Gesellschaftsmode der Marke Masterhand vom Smoking bis zum Frack, Cut, Dinner-Jacket und Westen in allen Größen sowie Accessoires. Masterhand ist auch Spezialist für Sondergrößen. Das Angebot im Fabrikverkauf ist nicht immer vollständig. Viel 1B-Ware.

Ersparnis

40 bis 60 % bei 1B-Ware.

Ambiente

Der Fabrikverkauf befindet sich ganz in der Nähe der Werksadresse. Im Laden herrscht Lageratmosphäre. Es gibt freundliches Personal, Umkleidekabinen sind ausreichend vorhanden.

Adresse

Bawi GmbH/Masterhand GmbH & Co.KG, Ebertstraße 58 b, 26382 Wilhelmshaven, Telefon: 0 44 21/48 42 31.

Öffnungszeiten

Montag bis Freitag 10.00 bis 13.00 und 14.00 bis 18.00 Uhr, Samstag 10.00 bis 13.00 Uhr.

Anreise

A29, Ausfahrt Wilhelmshavener Kreuz auf die B210; nach der 4. Ampel rechts in die Peterstraße (Richtung Helgolandkai) und bis zum Ende durchfahren; am Ende rechts in die Gökerstraße (Tankstelle), an der 1. Ampelkreuzung links in die Ebertstraße (Polizei); nach ca. 800 m rechts Nr. 58b – Verkauf.

EINKAUFS-
GUTSCHEIN

Die Sächsische Lederwaren Manufactur ist der letzte Betrieb dieser Art in Sachsen. Er geht zurück auf das Jahr 1837 und war einst als Leuner Bautzen und später als VEB Intermod der größte Täschnerwarenproduzent der DDR. Hier werden Lederwaren aus feinsten pflanzlich gegerbten Rinds- und Lammledern für bekannte internationale Marken hergestellt.

Accessoires aus Meisterhand

Warenangebot
Damen- und Herrentaschen, Reisegepäck, Geldbörsen, Gürtel, Maniküre-
Sets, Schmuckkästchen, Birkenstock-
schuhe.

Ersparnis
1.-Wahl-Ware bis 70 %.

Ambiente
Der Fabrikverkauf befindet sich gleich neben dem Rathaus in Wilthen. Groß-zügiger, heller Verkaufsraum. Nach Ver-einbarung werden Werksführungen durchgeführt.

Adresse
Neue Sächsische Lederwaren Manu-factur GmbH, Bahnhofstraße 7, 02681 Wilthen, Telefon: 0 35 92/54 43-30, Fax: 54 30-22.

Öffnungszeiten
Dienstag bis Freitag 9.00 bis 12.00 und 13.00 bis 18.00 Uhr, Samstag 9.00 bis 12.00 Uhr.

Anreise
A4 Dresden–Bautzen, Ausfahrt Baut-zen-Salzenforst, weiter Richtung Bautzen. In Bautzen rechts auf die B96 Richtung Oppach. In Groß-poswitz rechts Richtung Kirschau, dann rechts Richtung Wilthen. Der Laden befindet sich im Zentrum gleich neben dem Rathaus. Fahren Sie die Zittauer Straße bis zur Bahn-hofstraße.

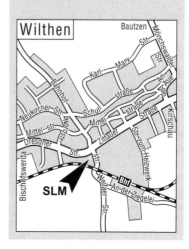

EINKAUFS-GUTSCHEIN

Peter Hahn

Peter Hahn konzentriert sich auf die klassisch-elegant, dezent gekleidete Frau. Die Bekleidung aus hochwertigen Materialien, neuerdings auch aus Mischgeweben, bietet hohen Tragekomfort.

Kompetenz in Qualität

Warenangebot
Für Damen: Jacken, Mäntel, Kostüme, Kleider, Blusen, Shirts, Pullover, Hosen, Röcke, Nachtwäsche, Freizeitanzüge, Bademäntel. Für Herren: Sakkos, Hosen, Hemden, Pullis.

Ersparnis
Ca. 30 bis 70 %, Ware in 1. und 2. Wahl.

Ambiente
Großzügiger Verkaufsraum auf einer Etage. Weitgehend Selbstbedienung, großer Kundenandrang, Umkleidekabinen.

Adresse
Peter Hahn, Bahnhofsplatz 1, 73650 Winterbach, Telefon: 0 71 81/70 82 07.

Öffnungszeiten
Montag bis Freitag 9.30 bis 19.00 Uhr, Samstag 9.30 bis 16.00 Uhr.

Weitere Verkaufsstelle
● 72555 **Metzingen**, Outlet Center Samtfabrik, Nürtinger Straße 63, Telefon: 0 71 23/9 61 40. Montag bis Freitag 9.30 bis 18.30 Uhr, Samstag 9.00 bis 16.00 Uhr.

Anreise
Winterbach liegt an der B29 Stuttgart–Aalen, ca. 4 km vor Schorndorf. In der Ortsmitte von Winterbach Richtung Schorndorf-Weiler. In der Rechtskurve Richtung Bahnhof. Der neue Verkaufsstandort ist ca. 300 m vom früheren Verkauf entfernt.

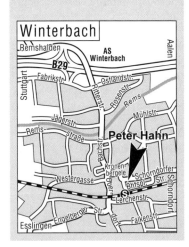

Die Abteilung VDV-3 Geschäftsfahrzeuge, Gebraucht- und Jahreswagen der Volkswagen AG unterstützt die Mitarbeiter beim Verkauf ihrer Jahreswagen.

VW-Jahreswagen

Warenangebot
Im Angebot sind zwischen 4000 und 6000 Jahreswagen der gesamten Volkswagen Modellpalette.

Ersparnis
10 % günstiger als Jahreswagenhändler.

Ambiente
Sie können persönlich, telefonisch, per Fax oder Internet Ihr Auto bestellen. Der Service ist kostenlos.

Adresse
Volkswagen AG, VDV-3 Geschäftsfahrzeuge, Gebraucht- und Jahreswagen, Büro Fallersleben, Wolfsburger Landstraße 22, 38422 Wolfsburg-Fallersleben, Telefon: 05362/962150, Fax: 962114, E-Mail: vw-Jahreswagen@volkswagen.de, Internet: www.vw-jahreswagen.de.

Öffnungszeiten
Montag bis Donnerstag 9.00 bis 12.00 und 13.00 bis 17.00 Uhr, Freitag 9.00 bis 12.00 und 13.00 bis 15.00 Uhr. Außerdem findet jeden Samstag von 9.00 bis 13.00 Uhr ein Jahreswagenmarkt statt.

Weitere Verkaufsstellen
● 26703 **Emden**, Telefon: 04921/862496, Fax: 863533.

● 30405 **Hannover-Stöcken**, Telefon: 0511/7984689, Fax: 7983037.
● 34219 **Baunatal**, Telefon: 0561/4903977, Fax: 4902770.
● 38037 **Braunschweig**, Telefon: 0531/2982135, Fax: 2984735.
● 38231 **Salzgitter**, Telefon: 05341/233018, Fax: 234666.

Anreise
A2 Hannover–Berlin bis Kreuz Wolfsburg/Königslutter. Weiter auf der A39, Ausfahrt Wolfsburg-West. Dann Richtung Wolfsburg-Fallersleben.

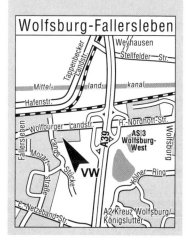

KETTLER*shop*

Zur Produktpalette der Unternehmensgruppe Kettler gehören nicht nur die weltbekannten Sport- und Fitnessgeräte, das Kettcar, Alu-Fahrräder, die wetterfeste Tischtennisplatte, sondern auch hochwertige Garten- und Freizeitmöbel, Kindermöbel und Kinderwagen.

Sport, Spaß und Spiel

Warenangebot
Hochwertige Garten- und Freizeit-möbel, Alu-Fahrräder, Heimsport- und Kinderspielgeräte, Tischtennisplatten, Kinderfahrzeuge, Kinder- und Jugend-schreibtische. Angeboten werden 2.-Wahl-Ware und Auslaufmodelle.

Ersparnis
20 bis 50 %, bei Einzelteilen auch mehr.

Ambiente
Übersichtliche Warenpräsentation in einer umgebauten Werkshalle. Deko-beispiele, Beratung bei Bedarf.

Adresse
Kettler Shop, Cronsborstel 5, 31515 Wunstorf-Bokeloh, Telefon: 0 50 31/ 70 44 60, Fax: 70 44 56, E-Mail: kettler-shop-wunstorf@kettler.de, Internet: www.kettler.de.

Öffnungszeiten
Montag bis Donnerstag 10.00 bis 16.00 Uhr, Freitag 11.00 bis 18.00 Uhr, Sams-tag 9.00 bis 13.00 Uhr.

Weitere Verkaufsstellen
● 37697 **Lauenförde**, Meintestraße 17, Telefon: 0 52 73/2 11 73, E-Mail: herlag-shop-lauenfoerde@kettler.de, Internet: www.kettler.de.
● 59174 **Kamen**, Henry-Everling-Straße 2, Telefon: 0 23 07/97 42 52.
● 59457 **Werl**, Neuwerk 1/Hammer Straße, Telefon: 0 29 22/8 20 91, E-Mail: kettler-shop-werl@kettler.de, Internet: www.kettler.de.

Anreise
A2, Ausfahrt Wunstorf-Luthe, auf der B441 Richtung Hagenburg, dann links nach Bokeloh. Hier den Hinweis-schildern folgen.

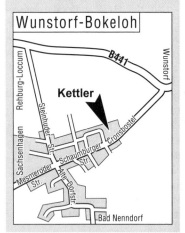

Vorwerk hat vorgemacht (und vorgelegt), dass Bodenbeläge keine langweilige Einheitsware sein müssen. Im Design und in konsequenter Beachtung der Umweltverträglichkeit hat Vorwerk der Konkurrenz einiges voraus. Dies ist eine der wenigen Adressen in Deutschland für Teppiche und Teppichböden „direkt vom Hersteller".

Vorteile auch en detail

Warenangebot

Teppiche und Teppichböden, Auslegeware in vielen, auch modernen Designs, auch als Kettelteppichböden (Böden mit abgesteppten Kanten), Auslaufstücke, einfarbige und gemusterte Teppiche, nur 2. Wahl.

Ersparnis

Über 33 bis knapp 60%, 2. Wahl (= kleine, nur für Fachleute erkennbare Fehler), vor allem bei Auslegeware besonders günstig.

Ambiente

Lagerähnlicher Verkauf, bei dem die Teppiche an Rollen und auf Stapeln besichtigt werden können.

Adresse

Detailverkauf Teppichboden (Vorwerk & Co.), Am Diek 52, 42277 Wuppertal-Oberbarmen, Telefon: 02 02/5 64 49 88.

Öffnungszeiten

Montag bis Donnerstag 10.00 bis 12.30 und 13.30 bis 18.00 Uhr, Freitag 10.00 bis 12.30 und 13.30 bis 17.30 Uhr. Jeden 1. Samstag im Monat 10.00 bis 14.00 Uhr.

Weitere Verkaufsstelle

● 31785 **Hameln**, Kuhlmannstraße 11, Telefon: 0 51 51/10 30.

Anreise

A46, Ausfahrt Wichlinghausen, 1. Kreuzung links in die Müggenburgstraße, geradeaus Kreuzstraße bis Ende. Dort links, nach 20 m rechts in die Hofeinfahrt „Am Diek 52". Achtung: Am Ende der Kreuzstraße ist nur rechts abbiegen erlaubt, Wendemöglichkeit suchen und zurück.

B5

DESIGNER OUTLET CENTER
BERLIN-BRANDENBURG

Im B5 Designer Outlet Berlin-Brandenburg gibt es unter einem Dach mehr als 40 Shops. Von schicker Freizeitmode über klassische Businesskleidung, trendige Street- und Sportswear-Outfits samt Accessoires bis hin zu raffinierter Abendgarderobe ist hier alles vertreten. Die klangvollsten Marken der Mode- und Sportbranche sind hier im Angebot.

Fashion, Fun & Food

Warenangebot

Bekleidung für Damen, Herren, Kinder: junge Mode, Designermode, Jeans z.B. von Mexx, Levi's, Edwin, Kinderbekleidung u.a. von Benetton und Lego Wear, klassisch-elegante Bekleidung, Lederwaren z.B. von Aigner, Schuhe, Sonnenbrillen, Sportartikel und -bekleidung z.B. von Adidas. Angeboten werden ausschließlich Waren aus Lagerbeständen, Auslaufmodelle, Überschusswaren oder Kollektionen der Vorsaison.

Ersparnis

30 bis 70 %.

Ambiente

Neue Shops in einem neuen Outlet Center mit 1200 kostenlosen Parkplätzen, Kinderbetreuung, Café, Restaurant.

Adresse

B5 Designer Outlet Center Berlin-Brandenburg, Alter Spandauer Weg 1, 14641 Wustermark, Centerhotline: 03 32 34/90 40, Internet: www.b5center.de.

Öffnungszeiten

Montag bis Samstag 10.00 bis 19.00 Uhr und an vier Sonntagen im Jahr.

Anreise

Von der Stadtmitte Berlin über die Heerstraße (B5) stadtauswärts. Direkt vor der Auffahrt zur A10 liegt rechts unübersehbar das Outlet Center. Mit öffentlichen Verkehrsmitteln: Regionalbahn RE 2 Richtung Rathenow bis Bahnhof Wustermark, von dort Bus 663 bis Haltestelle Demex-Park.

BLACKY DRESS

Für modische Business- oder Citykleidung, für ein tolles Outfit für Feste oder Partys. Für Frauen, die mit ihrem Stil modische Akzente setzen, mit Anspruch an Material und Passform. Sowohl Blacky Dress als auch Jean Paul bieten ausgefeilte Kombiprogramme mit sportlich-elegantem Touch. Die Preise liegen im gehobenen Bereich.

Eine gute Adresse

Warenangebot

Blusen, Pullis, T-Shirts, Röcke, Kleider, Hosen, Mäntel, Jacken in allen Variationen. Kombiprogramme sind nicht unbedingt immer komplett, da es sich um Waren aus vergangenen Saisons handelt, um Restposten oder um 2.-Wahl-Ware. Dennoch ist das Angebot groß und umfasst die Größen 34 bis 44. Jeans gibt es sogar bis Größe 48.

Ersparnis

30 bis 70 %.

Ambiente

Schönes Ladengeschäft im neuen B5 Designer Outlet Center Berlin. Sie können in entspannter Atmosphäre einkaufen und bei Bedarf um Rat fragen.

Adresse

Blacky Dress/Jean Paul im B5 Designer Outlet Center Berlin-Brandenburg, Alter Spandauer Weg 1, 14641 Wustermark, Telefon: 03 32 34/9 02 90.

Öffnungszeiten

Montag bis Samstag 10.00 bis 19.00 Uhr.

Anreise

Von der Stadtmitte Berlin über die Heerstraße (B5) stadtauswärts. Direkt vor der Auffahrt zur A 10 liegt rechts unübersehbar das Outlet Center. Mit öffentlichen Verkehrsmitteln: Regionalbahn RE 2 Richtung Rathenow bis Bahnhof Wustermark, von dort mit dem Bus 663 bis Haltestelle Demex Park.

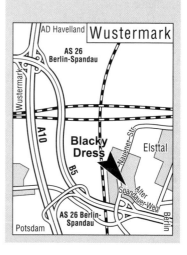

Uhren sind Schmuck, modische Accessoires, die Zugabe zum trendigen Outfit, auch bei Männern, für die ja, zum Bedauern mancher, die Uhr noch immer fast die einzige Möglichkeit ist, sich zu schmücken. Die gewohnt sportlichen Chronographen gibt es jetzt auch als Glamour-Edition. Kleine Steinchen glitzern am Handgelenk, egal ob echte Brillanten auf dem Perlmutt-Zifferblatt funkeln oder Strass.

Wie spät ist es?

Warenangebot
Uhren von Ingersol, Guess, Festina, Junkers, Junghans, Fortis Fliegeruhren und viele andere. Neben sportlichen und modischen Uhren gibt es auch elegante Modelle in echtem Gold. Außerdem gibt es eine kleine Auswahl an Gold- und Silberschmuck.

Ersparnis
30 bis 70%.

Ambiente
Kleiner Verkaufsraum mit Bedienung im EG des B 5 Designer Outlet Berlin.

Adresse
Filiale Gold Dock im B5 Designer Outlet Center Berlin-Brandenburg, Alter Spandauer Weg 1, 14641 Wustermark, Telefon: 03 32 34/9 02 26.

Öffnungszeiten
Montag bis Samstag 10.00 bis 19.00 Uhr.

Anreise
Von der Stadtmitte Berlin über die Heerstraße (B5) stadtauswärts. Direkt vor der Auffahrt zur A10 liegt rechts unübersehbar das Outlet Center. Mit öffentlichen Verkehrsmitteln: Regionalbahn RE 2 Richtung Rathenow bis Bahnhof Wustermark und von dort mit der Buslinie 663 bis Haltestelle Demex-Park.

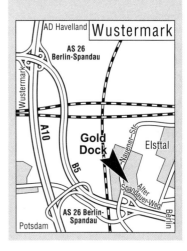

MANGO

Mango ist eine spanische Modefirma, die in vielen deutschen Städten mit ihren Läden Einzug gehalten hat. Die Firma gehört zu den trendigen Anbietern von Damenbekleidung mit häufig wechselnden Kollektionen in unzähligen Varianten. Das Sortiment begeistert modebewusste Frauen, die Wert auf preiswerte Mode legen.

Schwung ins Styling

Warenangebot
Hosen, Röcke, Kleider, T-Shirts in allen Variationen, Jacken, Mäntel, Pullis, Taschen, Schuhe, kurz: fast das gesamte Mango-Sortiment. Neben Mode aus vergangenen Saisons gibt es viele 2.-Wahl-Kollektionen.

Ersparnis
30 bis 70 %.

Ambiente
Gepflegtes, großes Geschäft über zwei Etagen im B5 Designer Outlet Center Berlin.

Adresse
Mango, Outlet im B5 Designer Outlet Center Berlin-Brandenburg, Alter Spandauer Weg 1, 14641 Wustermark, Telefon: 03 32 34/2 18 40.

Öffnungszeiten
Montag bis Samstag 10.00 bis 19.00 Uhr.

Anreise
Von der Stadtmitte Berlin über die Heerstraße (B5) stadtauswärts, Direkt vor der Auffahrt zur A10 liegt rechts unübersehbar das Outlet Center. Mit öffentlichen Verkehrsmitteln: Regionalbahn RE 2 Richtung Rathenow bis Bahnhof Wustermark und von dort mit dem Bus 663 bis Haltestelle Demex-Park.

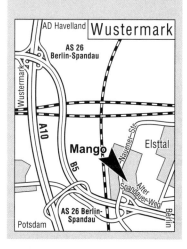

Beliebte, sportliche Mode aus den USA: spielerisch, sexy, erfrischend und überall in den noblen Einkaufsmeilen vertreten.

Eine Frage des Stils

Warenangebot
Jacken, Pullis, Hemden, Hosen, Blusen, Jeans, T-Shirts, auch Golfbekleidung, Homewear, Schuhe und Accessoires. Die Ware ist überwiegend aus der Vorjahreskollektion.

Ersparnis
Bis 50 %.

Ambiente
Übersichtlicher, 360 m² großer Verkauf in einem neuen Outlet Center mit 1200 kostenlosen Parkplätzen.

Adresse
Tommy Hilfiger im B5 Designer Outlet Center Berlin-Brandenburg, Alter Spandauer Weg 1, 14641 Wustermark, Telefon: 03 32 34/247 07, Centerhotline: 03 32 34/90 40.

Öffnungszeiten
Montag bis Samstag 10.00 bis 19.00 Uhr und an vier Sonntagen pro Jahr.

Weitere Verkaufsstellen
● 28816 **Stuhr-Brinkum bei Bremen**, Bremer Straße 107, Telefon: 04 21/89 83 38. Montag bis Freitag 10.00 bis 20.00 Uhr, Samstag 10.00 bis 18.00 Uhr.
● 72555 **Metzingen**, Mühlstraße 3, Fax: 071 23/94 48 25. Montag bis Freitag

10.00 bis 20.00 Uhr, Samstag 9.00 bis 18.00 Uhr.

Anreise
Von der Stadtmitte über die Heerstraße (B5) stadtauswärts. Direkt vor der Auffahrt zur A10 liegt rechts unübersehbar das Outlet Center. Mit öffentlichen Verkehrsmitteln: Regionalbahn RE 2 Richtung Rathenow bis Bahnhof Wustermark und von dort mit der Buslinie 663 bis Demex-Park.

Das handgestaltete Spielzeug ist aus Ahorn- und Eschenholz, mit ungiftigen Farben transparent handbemalt und mit Walnussöl geölt. Für das Kleinkind sind Schnuller- und Kinderwagenketten sowie Babygreiflinge im Angebot. Auch Spielwaren der Firma Kinderkram sind in Zell unter Aichelberg im 2.-Wahl-Verkauf von Ostheimer erhältlich.

Fantasievolles Spielen

Warenangebot
Nur 2.-Wahl-Ware. Holzfiguren und -tiere: Bauernhof-, Märchen- und Krippenfiguren, Wild- und Waldtiere. Das „Drumherum", wie Bäume usw. gibt es ebenfalls aus Holz, Spieluhren.

Ersparnis
Ca. 20 %.

Ambiente
Ware auf Holzregalen präsentiert, Preisauszeichnung, Selbstbedienung. 2.-Wahl-Ware ist vom Umtausch ausgeschlossen. Bestes Angebot im Frühjahr und in den Sommermonaten. Ab November sind die Regale zum Teil leer.

Adresse
Margarete Ostheimer GmbH, Daimlerstraße 7, 73119 Zell u. Aichelberg, Telefon: 071 64/94 20 14, Fax: 94 20 15.

Öffnungszeiten
Montag und Freitag 9.30 bis 12.30 und 14.00 bis 17.00 Uhr, Dienstag und Donnerstag 14.00 bis 17.00 Uhr, Mittwoch 9.30 bis 12.30 Uhr, Samstag 10.00 bis 13.00 Uhr.

Anreise
A8 Stuttgart–Ulm, Ausfahrt Bad Boll/Göppingen. Dann Richtung Bad Boll. Nach ca. 1,5 km links nach Zell u. A.. Die 2. Querstraße rechts in die Göppinger Straße. Dann 2. Querstraße links in die Daimlerstraße. Bis zur Kreuzung Boschstraße, dann der gleich links Eingang, Glashaus mit 2.-Wahl-Verkauf.

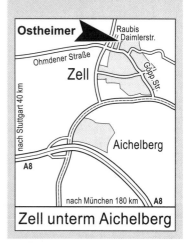

Zell unterm Aichelberg

Designer Outlets Zweibrücken gilt als das größte Factory Outlet Center in Deutschland. Auf 15.500 m² bieten über 70 Designermarken in gepflegter Atmosphäre ihre Waren an. Verkauft werden Kollektionen der Vorsaison, Musterkollektionen, 1B-Ware sowie Überhänge. Die Preise liegen 30 bis 70 % unter den unverbindlichen Preisempfehlungen der Hersteller.

Teuer ist woanders

Warenangebot

Mode, Sportswear, Outdoor- und Sportartikel, Tag- und Nachtwäsche, Porzellan, Heimtextilien, Schmuck und Kosmetik. Ob klassisch, oder extravagant, modisch oder sportlich, in allen Warenbereichen gibt es eine große Angebotsvielfalt und Auswahl für Damen, Herren, Jugendliche und Kinder.

Unter anderem sind hier folgende Marken von A bis Z vertreten:

Adidas, Aigner, Audley
Bogner, Burberry, Burlington
Chevignon, Claire d.k., Conradt, Cottonfield
Diesel, Dockers
Falke
Gant USA, G.K. Mayer Shoes
Hallhuber
InWear
Jackpot, Jacques Heim, Joseph Janard
La City, Lacoste, Laurèl, Levi's
Mandarina Duck, Mango, Marc Picard, Marvelis, Matinique, Missoni, Möve, Mustang
Naf Naf, Nike
Part Two, Petit Bateau, Pilot, Playtex-Wonderbra, Polo Ralph Lauren
Quicksilver
Roy Robson
Sarar, St.Emile, Strenesse, Swarovski
The Body Shop, Titus, Tom Tailor, Toni Gard, Trigema, Trussardi
United Colors of Benetton
Versace, Vestebene
Zucchi
und viele mehr

Ersparnis

30 bis 70 %. Zum Saisonende sind die Preise zusätzlich reduziert.

Ambiente

Das Outlet Center ist eine Einkaufsstadt mit gepflegter Atmosphäre, zwei gemütlichen Cafés, einem Bistro und einer Vinothek. Kinderspielplatz und Kinderbetreuung. 1600 kostenfreie Pkw-Parkplätze und 60 Busparkplätze.

Adresse

Designer Outlets Zweibrücken, Londoner Bogen 10-90, 66482 Zweibrücken, Telefon (kostenfrei): 08 00/6 88 53 87, Telefon (gebührenpflichtig): 0 63 32/9 93 90, E-Mail: info@doz.com, Internet: www.designeroutlets.com.

Öffnungszeiten

Montag bis Freitag 10.00 bis 19.00 Uhr, Samstag 10.00 bis 19.00 Uhr. Verkaufsoffene Sonntage 13.00 bis 18.00 Uhr.

Anreise

A8 Pirmasens/Zweibrücken, Ausfahrt 34, Contwig/Flugplatz. Das Outlet Center ist sehr gut ausgeschildert. Bereits vor der Autobahnausfahrt gibt es den Hinweis, dass Outlet-Besucher zunächst dem Flughafenwegweiser folgen sollen.

Ab 15. September täglich Linienflugverbindungen mit German Wings von und nach Berlin-Schönefeld. Näheres unter www.germanwings.com.

Rahmenbedingungen

zum Einlösen der Einkaufsgutscheine
(bitte unbedingt vor dem Einkauf lesen!)

1. Die Einkaufsgutscheine werden von zahlreichen, in diesem Buch aufgeführten Herstellern/Adressaten zur Verfügung gestellt. Die entsprechenden Firmen sind jeweils auf ihrer Firmendarstellung im Innenteil des Buches mit dem Hinweis „Einkaufsgutschein" gekennzeichnet. Von genau diesen Firmen finden Sie die Gutscheine auf den nachfolgenden Seiten.

2. Der Verlag übernimmt keinerlei Haftung. Der Verlag tritt als Mittler auf, der nach bestem Wissen und Gewissen die Gutschein-Aktion für den „Schnäppchenführer Deutschland 2007/08" organisiert. Insbesondere haftet der Verlag nicht bei einer etwaigen Nichtgewährung eines Gutscheines.

3. Der Einkaufsgutschein stellt einen geldwerten Vorteil für den Kunden dar. Er kann nur bei einem tatsächlichen Einkauf im Fabrikverkauf/Factory Outlet eingelöst werden. Die Bedingungen zum Einlösen des Einkaufsgutscheines sind in diesen Rahmenbedingungen und darüber hinaus individuell direkt auf dem Gutschein selbst verbindlich festgelegt. Insbesondere kann der Einkaufsgutschein nicht in Bargeld eingetauscht werden. Der Gutschein ist in den meisten Fällen auch an einen Mindestwarenwert des Einkaufs gekoppelt.

4. Unabhängig von einem Einkaufsgutschein für einen konkreten Betrag in Euro kann auch ein Rabattwert in % oder ein anderer Kundenvorteil benannt werden. Ein Kumulieren (Aufaddieren) von geldwerten Vorteilen ist nicht möglich (Beispiel: 10,- € Warengutschein und zusätzlich 10 % Rabatt).

5. Der Einkaufsgutschein ist nur direkt an dem Standort des Herstellers einlösbar, der auf der Firmenseite unter der Rubrik Adresse aufgeführt ist. Wenn keine besondere Einschränkung auf dem Gutschein vermerkt ist, gilt der Einkaufsgutschein auch in den „Weiteren Verkaufsstellen", die ebenfalls auf dieser Seite genannt sind.

6. Alle Einkaufsgutscheine werden auf den nachfolgenden Seiten abgedruckt und zwar in alphabetischer Reihenfolge der Marken. Enthält eine Adresse mehrere Marken, ist der Einkaufsgutschein unter der Marke mit dem höchsten Bekanntheitsgrad abgedruckt.

7. Die Gutscheine sind fester Bestandteil dieses Buches und können, um gültig zu werden, nur vom Kassenpersonals des Fabrikladens/Factory Outlets aus dem „Schnäppchenführer Deutschland 2007/08" ausgeschnitten werden, es sei denn, das Kassenpersonal fordert den Inhaber des Gutscheines extra dazu auf, das Ausschneiden des Gutscheines selbst vorzunehmen.

8. Jeder Käufer kann bei einem Einkauf nur einen Gutschein einlösen.

9. Die Gültigkeit der Gutscheine ist begrenzt auf den Zeitraum 1. September 2006 bis 31. Dezember 2007.

WICHTIG!

Diese Gutscheine sind nur dann gültig, wenn sie beim Einkauf vom Kassenpersonal des Fabrikverkaufs ausgeschnitten werden; es sei denn, das Personal gibt Ihnen im Einzelfall andere Anweisungen.

SCHNÄPPCHENFÜHRER EINKAUFSGUTSCHEIN

 FACTORY OUTLET

OUTLET STORE

WERT: **10,-** €

beim Kauf von 1 Paar Sportschuhen.
Gültig in den Factory Outlets in Herzogenaurach, Piding,
Stuhr-Brinkum, Wustermark und Zweibrücken.

SCHNÄPPCHENFÜHRER EINKAUFSGUTSCHEIN

WERT: **10,-** €

Mindestwarenwert des Einkaufs: 50,- €.

SCHNÄPPCHENFÜHRER EINKAUFSGUTSCHEIN

 WERT: **10,-** €

Mindestwarenwert des Einkaufs: 100,- €.
Nur gültig im Outlet München.

SCHNÄPPCHENFÜHRER EINKAUFSGUTSCHEIN

 WERT: **25,-** €

Mindestwarenwert des Einkaufs: 100,- €. Nur gültig für
Shopware, nicht für Katalogware. Nur gültig in Bad Salzuflen
mit kostenloser Shopcard (vor Ort beantragen).

Schnäppchenführer-Einkaufsgutschein

Schnäppchenführer-Einkaufsgutschein

Schnäppchenführer-Einkaufsgutschein

Schnäppchenführer-Einkaufsgutschein

www.schnaeppchenfuehrer.com

Diese Gutscheine sind nur dann gültig, wenn sie beim Einkauf vom Kassenpersonal des Fabrikverkaufs ausgeschnitten werden; es sei denn, das Personal gibt Ihnen im Einzelfall andere Anweisungen.

WICHTIG:

Schnäppchenführer EINKAUFSGUTSCHEIN

WERT: **10,-** €

Mindestwarenwert des Einkaufs: 100,- €.
Nicht gültig für Aktions- und Sonderangebote.

Schnäppchenführer EINKAUFSGUTSCHEIN

WERT: **10,-** €

Mindestwarenwert des Einkaufs: 80,- €.
Nur gültig im Bader-Direktverkauf.

Schnäppchenführer EINKAUFSGUTSCHEIN

WERT: **10,-** €

Mindestwarenwert des Einkaufs: 120,- €.
Nicht gültig für Aktions- und Sonderangebote.

Schnäppchenführer EINKAUFSGUTSCHEIN

WERT: **10,-** €

Mindestwarenwert des Einkaufs: 100,- €.
Nicht gültig für Aktions- und Sonderangebote.

Schnäppchenführer-Einkaufsgutschein

Schnäppchenführer-Einkaufsgutschein

Schnäppchenführer-Einkaufsgutschein

Schnäppchenführer-Einkaufsgutschein

www.schnaeppchenfuehrer.com

WICHTIG!

Diese Gutscheine sind nur dann gültig, wenn sie beim Einkauf vom Kassenpersonal des Fabrikverkaufs ausgeschnitten werden; es sei denn, das Personal gibt Ihnen im Einzelfall andere Anweisungen.

Schnäppchenführer EINKAUFSGUTSCHEIN

WERT: **50,-** €

Mindestwarenwert des Einkaufs: 150,- €.
Nur 1 Gutschein pro Person und Einkauf einlösbar.
Nicht mit anderen Rabatten kombinierbar.

Schnäppchenführer EINKAUFSGUTSCHEIN

WERT: **10,-** €

Mindestwarenwert des Einkaufs: 75,- €.

Schnäppchenführer EINKAUFSGUTSCHEIN

WERT: **10,-** €

Mindestwarenwert des Einkaufs: 100,- €.
Nur gültig in Bissingen/Teck.

Schnäppchenführer EINKAUFSGUTSCHEIN

BIRKENSTOCK
Made in Germany • Tradition seit 1774

WERT: **10,-** €

Mindestwarenwert des Einkaufs: 80,- €.
Gültig in Bad Honnef und in Frechen.
Nicht mit anderen Aktionen kombinierbar.

Schnäppchenführer-Einkaufsgutschein

Schnäppchenführer-Einkaufsgutschein

Schnäppchenführer-Einkaufsgutschein

Schnäppchenführer-Einkaufsgutschein

www.schnaeppchenfuehrer.com

WICHTIG!

Diese Gutscheine sind nur dann gültig, wenn sie beim Einkauf vom Kassenpersonal des Fabrikverkaufs ausgeschnitten werden; es sei denn, das Personal gibt Ihnen im Einzelfall andere Anweisungen.

Schnäppchenführer EINKAUFSGUTSCHEIN

WERT: **30,-** €

Mindestwarenwert des Einkaufs: 120,- €. Einzulösen in allen Bogner Outlets, außer bei Bogner Leather in Offenbach.

Schnäppchenführer EINKAUFSGUTSCHEIN

WERT: **12,-** €

Mindestwarenwert des Einkaufs: 100,- €.
Nur gültig bei Bogner Leather in Offenbach.

Schnäppchenführer EINKAUFSGUTSCHEIN

bugatti **10,-** €

WERT:

Mindestwarenwert des Einkaufs: 50,- €.
Nur gültig im Fabrikverkauf Brinkmann in Herford.

Schnäppchenführer EINKAUFSGUTSCHEIN

WERT: **10,-** €

Mindestwarenwert des Einkaufs: 100,- €.
Nur gültig im Shop in Sulzbach am Taunus.

Schnäppchenführer-Einkaufsgutschein

Schnäppchenführer-Einkaufsgutschein

Schnäppchenführer-Einkaufsgutschein

Schnäppchenführer-Einkaufsgutschein

www.schnaeppchenfuehrer.com

WICHTIG!

Diese Gutscheine sind nur dann gültig, wenn sie beim Einkauf vom Kassenpersonal des Fabrikverkaufs ausgeschnitten werden; es sei denn, das Personal gibt Ihnen im Einzelfall andere Anweisungen.

Schnäppchenführer EINKAUFSGUTSCHEIN

WERT: **10,-** €

Mindestwarenwert des Einkaufs: 50,- €.
Nicht gültig für reduzierte Ware.

Schnäppchenführer EINKAUFSGUTSCHEIN

C. von Daniels
Established 1978

WERT: **20,-** €

Mindestwarenwert des Einkaufs: 120,- €.
Nur gültig in der Verkaufsstelle in Frechen.

Schnäppchenführer EINKAUFSGUTSCHEIN

CARL GROSS

WERT: **10,-** €

Mindestwarenwert des Einkaufs: 100,- €.
Nicht gültig für Aktions- und Sonderangebote.

Schnäppchenführer EINKAUFSGUTSCHEIN

CARL MERTENS

WERT: **12,-** €

Mindestwarenwert des Einkaufs: 50,- €.
Nicht gültig für Aktions- und Sonderangebote.

Schnäppchenführer-Einkaufsgutschein

Schnäppchenführer-Einkaufsgutschein

Schnäppchenführer-Einkaufsgutschein

Schnäppchenführer-Einkaufsgutschein

www.schnaeppchenfuehrer.com

Diese Gutscheine sind nur dann gültig, wenn sie beim Einkauf vom Kassenpersonal des Fabrikverkaufs ausgeschnitten werden; es sei denn, das Personal gibt Ihnen im Einzelfall andere Anweisungen.

WICHTIG:

Schnäppchenführer EINKAUFSGUTSCHEIN

-con-ta-

10%
Rabatt

Mindestwarenwert des Einkaufs: 50,- €.

Schnäppchenführer EINKAUFSGUTSCHEIN

CORSO
Handelsgesellschaft mbH

WERT: **10,-** €

Mindestwarenwert des Einkaufs: 50,- €.
Nur gültig bei Angabe der E-Mail-Adresse des Kunden.

Schnäppchenführer EINKAUFSGUTSCHEIN

DANIEL HECHTER
PARIS

WERT: **10,-** €

Mindestwarenwert des Einkaufs: 50,- €.

Schnäppchenführer EINKAUFSGUTSCHEIN

DESCH
Factory-Shop

WERT: **15,-** €

beim Kauf eines Anzugs oder Sakkos.
Nicht gültig für reduzierte Ware.

Schnäppchenführer-Einkaufsgutschein

Schnäppchenführer-Einkaufsgutschein

Schnäppchenführer-Einkaufsgutschein

Schnäppchenführer-Einkaufsgutschein

www.schnaeppchenfuehrer.com

Diese Gutscheine sind nur dann gültig, wenn sie beim Einkauf vom Kassenpersonal des Fabrikverkaufs ausgeschnitten werden; es sei denn, das Personal gibt Ihnen im Einzelfall andere Anweisungen.

Schnäppchenführer EINKAUFSGUTSCHEIN

1 VIP Special Voucher Booklet

Gegen Vorlage dieses Gutscheins erhalten Sie an der Center Information das VIP Rabattbuch, mit dem Sie weitere 10 % in ausgewählten Geschäften erhalten. Nur erhältlich bei Angabe der vollständigen Adresse.

Schnäppchenführer EINKAUFSGUTSCHEIN

deuter®

WERT: **10,-** €

Mindestwarenwert des Einkaufs: 50,- €.
Nur gültig bis 31.12.2007.

Schnäppchenführer EINKAUFSGUTSCHEIN

DORIS MEYER ❋
Exclusive Bettwäsche

WERT: **10,-** €

Mindestwarenwert des Einkaufs: 100,- €.
Nur gültig für Doris-Meyer-Ware.

Schnäppchenführer EINKAUFSGUTSCHEIN

drabert **10%** Rabatt

Schnäppchenführer-Einkaufsgutschein

Schnäppchenführer-Einkaufsgutschein

Schnäppchenführer-Einkaufsgutschein

Schnäppchenführer-Einkaufsgutschein

www.schnaeppchenfuehrer.com

Diese Gutscheine sind nur dann gültig, wenn sie beim Einkauf vom Kassenpersonal des Fabrikverkaufs ausgeschnitten werden; es sei denn, das Personal gibt Ihnen im Einzelfall andere Anweisungen.

SchnäppchenFührer EINKAUFSGUTSCHEIN

Eduard Dressler

WERT: **10,-** €

Mindestwarenwert des Einkaufs: 100,- €.
Nicht gültig für Aktions- und Sonderangebote.

SchnäppchenFührer EINKAUFSGUTSCHEIN

EINHORN

WERT: **10,-** €

Mindestwarenwert des Einkaufs: 100,- €.
Nicht gültig für reduzierte Ware (rotes Preisetikett).

SchnäppchenFührer EINKAUFSGUTSCHEIN

WERT: **10,-** €

Oder **10 %** Rabatt

Mindestwarenwert des Einkaufs: 100,- €.
Nicht gültig für Aktions- und Sonderangebote.

SchnäppchenFührer EINKAUFSGUTSCHEIN

15 % Rabatt

Nur gültig im EOC Ochtrup.

Schnäppchenführer-Einkaufsgutschein

Schnäppchenführer-Einkaufsgutschein

Schnäppchenführer-Einkaufsgutschein

Schnäppchenführer-Einkaufsgutschein

www.schnaeppchenfuehrer.com

WICHTIG!

Diese Gutscheine sind nur dann gültig, wenn sie beim Einkauf vom Kassenpersonal des Fabrikverkaufs ausgeschnitten werden; es sei denn, das Personal gibt Ihnen im Einzelfall andere Anweisungen.

Schnäppchenführer EINKAUFSGUTSCHEIN

10% Rabatt

Nur gültig im EOC Ochtrup.

Schnäppchenführer EINKAUFSGUTSCHEIN

5% Rabatt

Mindestwarenwert des Einkaufs: 100,- €.
Nur gültig im EOC Ochtrup.

Schnäppchenführer EINKAUFSGUTSCHEIN

10% Rabatt

Mindestwarenwert des Einkaufs: 50,- €.
Nur gültig im EOC Ochtrup.

Schnäppchenführer EINKAUFSGUTSCHEIN

10% Rabatt

Gültig für Artikel der Marken Gin Tonic und Gin Tonic-Jupiter.
Nur gültig im EOC Ochtrup.

455

Schnäppchenführer-Einkaufsgutschein

Schnäppchenführer-Einkaufsgutschein

Schnäppchenführer-Einkaufsgutschein

Schnäppchenführer-Einkaufsgutschein

www.schnaeppchenfuehrer.com

Diese Gutscheine sind nur dann gültig, wenn sie beim Einkauf vom Kassenpersonal des Fabrikverkaufs ausgeschnitten werden; es sei denn, das Personal gibt Ihnen im Einzelfall andere Anweisungen.

SchnäppchenFührer EINKAUFSGUTSCHEIN

10%
Rabatt

Mindestwarenwert des Einkaufs: 50,- €.
Nur gültig im EOC Ochtrup.

SchnäppchenFührer EINKAUFSGUTSCHEIN

15,- €
WERT:

Oder **10%** Rabatt

Mindestwarenwert des Einkaufs: 100,- €.
Nur gültig im EOC Ochtrup.

SchnäppchenFührer EINKAUFSGUTSCHEIN

ESCADA

WERT: **20,- €**

Mindestwarenwert des Einkaufs: 200,- €.

SchnäppchenFührer EINKAUFSGUTSCHEIN

ESPRIT
home

10%
Rabatt

Mindestwarenwert des Einkaufs: 50,- €. Nicht gültig
für Aktions- und Sonderangebote. Keine Barauszahlung.

Schnäppchenführer-Einkaufsgutschein

Schnäppchenführer-Einkaufsgutschein

Schnäppchenführer-Einkaufsgutschein

Schnäppchenführer-Einkaufsgutschein

www.schnaeppchenfuehrer.com

Diese Gutscheine sind nur dann gültig, wenn sie beim Einkauf vom Einkauf vom Kassenpersonal des Fabrikverkaufs ausgeschnitten werden; es sei denn, das Personal gibt Ihnen im Einzelfall andere Anweisungen.

Schnäppchenführer EINKAUFSGUTSCHEIN

FACKELMANN®

WERT: **10,-** €

Mindestwarenwert des Einkaufs: 100,- €.

Schnäppchenführer EINKAUFSGUTSCHEIN

Fakir

WERT: **10,-** €
15,- €

Mindestwarenwert des Einkaufs: 75,- €/100,- €.
Nicht gültig für Aktions- und Sonderangebote.
Nur 1 Gutschein pro Einkauf einlösbar.

Schnäppchenführer EINKAUFSGUTSCHEIN

FALKE

WERT: **10,-** €

Mindestwarenwert des Einkaufs: 75,- €.

Schnäppchenführer EINKAUFSGUTSCHEIN

WERT: **10,-** €

Mindestwarenwert des Einkaufs: 100,- €.
Nicht gültig für speziell gekennzeichnete Aktionsartikel.

Schnäppchenführer-Einkaufsgutschein

Schnäppchenführer-Einkaufsgutschein

Schnäppchenführer-Einkaufsgutschein

Schnäppchenführer-Einkaufsgutschein

Diese Gutscheine sind nur dann gültig, wenn sie beim Einkauf vom Kassenpersonal des Fabrikverkaufs ausgeschnitten werden; es sei denn, das Personal gibt Ihnen im Einzelfall andere Anweisungen.

Schnäppchenführer EINKAUFSGUTSCHEIN

WERT: **15,-** €

Oder **10 %** Rabatt

Mindestwarenwert des Einkaufs: 100,- €.

Schnäppchenführer EINKAUFSGUTSCHEIN

WERT: **25,-** €

Mindestwarenwert des Einkaufs: 500,- €.
Nur 1 Gutschein pro Einkauf einlösbar.

Schnäppchenführer EINKAUFSGUTSCHEIN

 GARDÉ

WERT: **10,-** €

Mindestwarenwert des Einkaufs: 60,- €.

Schnäppchenführer EINKAUFSGUTSCHEIN

WERT: **10,-** €

Mindestwarenwert des Einkaufs: 95,- €. Nicht gültig
für reduzierte Ware. Außerdem **10,-** € Ermäßigung
bei Kanumiete. Mietdauer mindestens 2 Tage.

Schnäppchenführer-Einkaufsgutschein

Schnäppchenführer-Einkaufsgutschein

Schnäppchenführer-Einkaufsgutschein

Schnäppchenführer-Einkaufsgutschein

www.schnaeppchenfuehrer.com

WICHTIG!

Diese Gutscheine sind nur dann gültig, wenn sie beim Einkauf vom Kassenpersonal des Fabrikverkaufs ausgeschnitten werden; es sei denn, das Personal gibt Ihnen im Einzelfall andere Anweisungen.

SchnäppchenFÜHRER EINKAUFSGUTSCHEIN

W. Goebel Porzellanfabrik

WERT: **10,-** €

Mindestwarenwert des Einkaufs: 50,- €.

SchnäppchenFÜHRER EINKAUFSGUTSCHEIN

Gold&Silber
Schwäbisch Gmünd

WERT: **15,-** €

Mindestwarenwert des Einkaufs: 150,- €.

SchnäppchenFÜHRER EINKAUFSGUTSCHEIN

Gold ♦ DOCK by

WERT: **20,-** €

Mindestwarenwert des Einkaufs: 100,- €.
Nicht gültig für Reparaturen und bei Sonderreduzierungen.

SchnäppchenFÜHRER EINKAUFSGUTSCHEIN

golléhaug
C·O·L·L·E·C·T·I·O·N

WERT: **10,-** €

Mindestwarenwert des Einkaufs: 100,- €.

Schnäppchenführer-Einkaufsgutschein

Schnäppchenführer-Einkaufsgutschein

Schnäppchenführer-Einkaufsgutschein

Schnäppchenführer-Einkaufsgutschein

www.schnaeppchenfuehrer.com

Diese Gutscheine sind nur dann gültig, wenn sie beim Einkauf vom Kassenpersonal des Fabrikverkaufs ausgeschnitten werden; es sei denn, das Personal gibt Ihnen im Einzelfall andere Anweisungen.

Schnäppchenführer EINKAUFSGUTSCHEIN

Gönner

WERT: **10,-** €

Mindestwarenwert des Einkaufs: 50,- €.

Schnäppchenführer EINKAUFSGUTSCHEIN

WERT: **10,-** €

Mindestwarenwert des Einkaufs: 50,- €.

Schnäppchenführer EINKAUFSGUTSCHEIN

GREIFF

WERT: **20,-** €

Mindestwarenwert des Einkaufs: 80,- €.

Schnäppchenführer EINKAUFSGUTSCHEIN

GRIESSON - DE BEUKELAER

10% Rabatt

Mindestwarenwert des Einkaufs: 15,- €.
Nur gültig beim Einkauf in haushaltsüblichen Mengen.

Schnäppchenführer-Einkaufsgutschein

Schnäppchenführer-Einkaufsgutschein

Schnäppchenführer-Einkaufsgutschein

Schnäppchenführer-Einkaufsgutschein

www.schnaeppchenfuehrer.com

WICHTIG!

Diese Gutscheine sind nur dann gültig, wenn sie beim Einkauf vom Kassenpersonal des Fabrikverkaufs ausgeschnitten werden; es sei denn, das Personal gibt Ihnen im Einzelfall andere Anweisungen.

Schnäppchenführer EINKAUFSGUTSCHEIN

WERT: **10,-** €

Mindestwarenwert des Einkaufs: 20,- €. Nur gültig in der Filiale Delitzscher Straße 70 in Halle bis zum 31.12.2007.

Schnäppchenführer EINKAUFSGUTSCHEIN

10% Rabatt

Mindestwarenwert des Einkaufs: 100,- €.

Schnäppchenführer EINKAUFSGUTSCHEIN

WERT: **15,-** €

Oder **10 %** Rabatt

Mindestwarenwert des Einkaufs: 100,- €.

Schnäppchenführer EINKAUFSGUTSCHEIN

WERT: **10,-** €

Mindestwarenwert des Einkaufs: 100,- €.
Einzulösen nur im Hein-Gericke-Lagerverkauf.

Schnäppchenführer-Einkaufsgutschein

Schnäppchenführer-Einkaufsgutschein

Schnäppchenführer-Einkaufsgutschein

Schnäppchenführer-Einkaufsgutschein

www.schnaeppchenfuehrer.com

WICHTIG!

Diese Gutscheine sind nur dann gültig, wenn sie beim Einkauf vom Kassenpersonal des Fabrikverkaufs ausgeschnitten werden; es sei denn, das Personal gibt Ihnen im Einzelfall andere Anweisungen.

SCHNÄPPCHENFÜHRER EINKAUFSGUTSCHEIN

WERT: **20,-** €

Mindestwarenwert des Einkaufs: 100,- €.

SCHNÄPPCHENFÜHRER EINKAUFSGUTSCHEIN

WERT: **10,-** €

Mindestwarenwert des Einkaufs: 50,- €. Gutschein nur gültig für den Kauf von einem Paar Higlander-Schuhe.

SCHNÄPPCHENFÜHRER EINKAUFSGUTSCHEIN

HUCKE AG
The world of fashion

WERT: **15,-** €

Oder **10 %** Rabatt

Mindestwarenwert des Einkaufs: 100,- €.

SCHNÄPPCHENFÜHRER EINKAUFSGUTSCHEIN

3x 10 % Rabatt

in drei Boutiquen Ihrer Wahl. Gültig nur für Original-Outletpreise und nicht für reduzierte Ware. Nur gültig in der Zeit 15.02.-15.06.2007 und 15.08.-15.11.2007. Den Gutschein an der Rezeption abgeben.

Schnäppchenführer-Einkaufsgutschein

Schnäppchenführer-Einkaufsgutschein

Schnäppchenführer-Einkaufsgutschein

Schnäppchenführer-Einkaufsgutschein

www.schnaeppchenfuehrer.com

Diese Gutscheine sind nur dann gültig, wenn sie beim Einkauf vom Kassenpersonal des Fabrikverkaufs ausgeschnitten werden; es sei denn, das Personal gibt Ihnen im Einzelfall andere Anweisungen.

SchnäppchenführER EINKAUFSGUTSCHEIN

irisette

WERT: **10,-** €

Mindestwarenwert des Einkaufs: 100,- €.
Nur gültig in Schönau-Brand, Urbach und Zell im Wiesental.

SchnäppchenführER EINKAUFSGUTSCHEIN

WERT: **10,-** €

Mindestwarenwert des Einkaufs: 50,- €.

SchnäppchenführER EINKAUFSGUTSCHEIN

WERT: **50,-** €

Mindestwarenwert des Einkaufs: 1000,- €.

SchnäppchenführER EINKAUFSGUTSCHEIN

KALB
FABRIKVERKAUF
...alles zum Anziehen.

WERT: **10,-** €

Oder **10 %** Rabatt

Mindestwarenwert des Einkaufs: 80,- €.

Schnäppchenführer-Einkaufsgutschein

Schnäppchenführer-Einkaufsgutschein

Schnäppchenführer-Einkaufsgutschein

Schnäppchenführer-Einkaufsgutschein

www.schnaeppchenfuehrer.com

Diese Gutscheine sind nur dann gültig, wenn sie beim Einkauf vom Kassenpersonal des Fabrikverkaufs ausgeschnitten werden; es sei denn, das Personal gibt Ihnen im Einzelfall andere Anweisungen.

Schnäppchenführer EINKAUFSGUTSCHEIN

Käthe Kruse

WERT: **10,-** €

Mindestwarenwert des Einkaufs: 100,- €.
Nicht gültig für Aktions- und Sonderangebote.

Schnäppchenführer EINKAUFSGUTSCHEIN

WERT: **10,-** €

Mindestwarenwert des Einkaufs: 80,- €. Nicht gültig für
Sonderangebote, Alkohol, Nudeln und Bücher.

Schnäppchenführer EINKAUFSGUTSCHEIN

der **Keramik**Basar
Werksverkauf von scheurich

WERT: **10,-** €

Oder **10 %** Rabatt

Mindestwarenwert des Einkaufs: 50,- €.

Schnäppchenführer EINKAUFSGUTSCHEIN

KLiNGELDepot

WERT: **10,-** €

Mindestwarenwert des Einkaufs: 50,- €.

Schnäppchenführer-Einkaufsgutschein

Schnäppchenführer-Einkaufsgutschein

Schnäppchenführer-Einkaufsgutschein

Schnäppchenführer-Einkaufsgutschein

WICHTIG!

Diese Gutscheine sind nur dann gültig, wenn sie beim Einkauf vom Kassenpersonal des Fabrikverkaufs ausgeschnitten werden; es sei denn, das Personal gibt Ihnen im Einzelfall andere Anweisungen.

Schnäppchenführer EINKAUFSGUTSCHEIN

WERT: **10,-** €

Mindestwarenwert des Einkaufs: 100,- €.

Schnäppchenführer EINKAUFSGUTSCHEIN

koziol

WERT: **10,-** €

Mindestwarenwert des Einkaufs: 50,- €.
Nicht gültig für Aktions- und Sonderangebote.

Schnäppchenführer EINKAUFSGUTSCHEIN

Krafft's Koch Kollektion

WERT: **10,-** €

Mindestwarenwert des Einkaufs (nur relevant für
Gutscheineinlösung): 75,- €.

Schnäppchenführer EINKAUFSGUTSCHEIN

WERT: **15,-** €

Oder **15%** Rabatt

Mindestwarenwert des Einkaufs: 100,- €.
Gültig auch für Sonderangebote.

Schnäppchenführer-Einkaufsgutschein

Schnäppchenführer-Einkaufsgutschein

Schnäppchenführer-Einkaufsgutschein

Schnäppchenführer-Einkaufsgutschein

www.schnaeppchenfuehrer.com

WICHTIG!

Diese Gutscheine sind nur dann gültig, wenn sie beim Einkauf vom Kassenpersonal des Fabrikverkaufs ausgeschnitten werden; es sei denn, das Personal gibt Ihnen im Einzelfall andere Anweisungen.

SCHNÄPPCHENFÜHRER EINKAUFSGUTSCHEIN

KUNERT

WERT: **10,-** €

Mindestwarenwert des Einkaufs: 50,- €.
Gültig in den Verkaufsstellen Geyer, Horb am Neckar,
Immenstadt und Mindelheim.

SCHNÄPPCHENFÜHRER EINKAUFSGUTSCHEIN

Das Lagerhaus
Markenware ab Fabrik

WERT: **20,-** €

Mindestwarenwert des Einkaufs: 100,- €.

SCHNÄPPCHENFÜHRER EINKAUFSGUTSCHEIN

LARCA ®
Outdoor's Best

WERT: **10,-** €

Mindestwarenwert des Einkaufs: 100,- €.

SCHNÄPPCHENFÜHRER EINKAUFSGUTSCHEIN

Lorenz SNACK WORLD
Wir sind Knabbern.

WERT: **10,-** €

Mindestwarenwert des Einkaufs: 20,- €. Getränke und Eis
sind vom Mindestwarenwert ausgeschlossen.

Schnäppchenführer-Einkaufsgutschein

Schnäppchenführer-Einkaufsgutschein

Schnäppchenführer-Einkaufsgutschein

Schnäppchenführer-Einkaufsgutschein

www.schnaeppchenfuehrer.com

WICHTIG!

Diese Gutscheine sind nur dann gültig, wenn sie beim Einkauf vom Kassenpersonal des Fabrikverkaufs ausgeschnitten werden; es sei denn, das Personal gibt Ihnen im Einzelfall andere Anweisungen.

SchnäppchenFührer EINKAUFSGUTSCHEIN

LUXORETTE

WERT: **10,-** €

Oder **10 %** Rabatt

Mindestwarenwert des Einkaufs: 100,- €.

SchnäppchenFührer EINKAUFSGUTSCHEIN

MAASMECHELEN VILLAGE
OUTLET SHOPPING

3x 10 % Rabatt

in drei Boutiquen Ihrer Wahl. Gültig nur für Original-Outletpreise und nicht für reduzierte Ware. Nur gültig in der Zeit vom 01.02.-14.05.2007 und 01.08.-14.11.2007. Den Coupon an der Rezeption abgeben.

SchnäppchenFührer EINKAUFSGUTSCHEIN

MADELEINE

WERT: **10,-** €

Mindestwarenwert des Einkaufs: 100,- €.

SchnäppchenFührer EINKAUFSGUTSCHEIN

MAJOLIKA
MAJOLIKA KARLSRUHE
KERAMIK MANUFAKTUR

WERT: **10,-** €

Mindestwarenwert des Einkaufs: 50,- €.
Nur gültig für Majolika-Objekte.
Künstlerunikate sind vom Gutschein ausgenommen.

Schnäppchenführer-Einkaufsgutschein

Schnäppchenführer-Einkaufsgutschein

Schnäppchenführer-Einkaufsgutschein

Schnäppchenführer-Einkaufsgutschein

www.schnaeppchenfuehrer.com

Diese Gutscheine sind nur dann gültig, wenn sie beim Einkauf vom Kassenpersonal des Fabrikverkaufs ausgeschnitten werden; es sei denn, das Personal gibt Ihnen im Einzelfall andere Anweisungen.

SchnäppchenFührer EINKAUFSGUTSCHEIN

Marc O'Polo®

WERT: **10,-** €

Mindestwarenwert des Einkaufs: 75,- €.

SchnäppchenFührer EINKAUFSGUTSCHEIN

MARC shoes

10% Rabatt

SchnäppchenFührer EINKAUFSGUTSCHEIN

WERT: **10,-** €

Mindestwarenwert des Einkaufs: 100,- €.

SchnäppchenFührer EINKAUFSGUTSCHEIN

WERT: **10,-** €

Mindestwarenwert des Einkaufs: 100,- €.

Schnäppchenführer-Einkaufsgutschein

Schnäppchenführer-Einkaufsgutschein

Schnäppchenführer-Einkaufsgutschein

Schnäppchenführer-Einkaufsgutschein

WICHTIG!

Diese Gutscheine sind nur dann gültig, wenn sie beim Einkauf vom Kassenpersonal des Fabrikverkaufs ausgeschnitten werden; es sei denn, das Personal gibt Ihnen im Einzelfall andere Anweisungen.

Schnäppchenführer EINKAUFSGUTSCHEIN

WERT: **10,-** €

Mindestwarenwert des Einkaufs: 100,- €.
Nicht gültig für Aktions- und Sonderangebote. Gültig in den Outlets in Großschönau, Maasmechelen, Metzingen, Roermond, Wertheim-Dertingen, Wustermark und Zweibrücken.

Schnäppchenführer EINKAUFSGUTSCHEIN

Naturstein

WERT: **10,-** €

Mindestwarenwert des Einkaufs: 100,- €.
Nur gültig für Lagerware.

Schnäppchenführer EINKAUFSGUTSCHEIN

10%
Rabatt

Gültig in den Verkaufsstellen Herzogenaurach, Metzingen, Stuhr-Brinkum, Wertheim-Dertingen, Wustermark und Zweibrücken.

Schnäppchenführer EINKAUFSGUTSCHEIN

nubert
SPEAKER FACTORY

WERT: **10,-** €

Mindestwarenwert des Einkaufs: 200,- €.
Nur gültig für Nubert-Boxen und bei Selbstabholung.

Schnäppchenführer-Einkaufsgutschein

Schnäppchenführer-Einkaufsgutschein

Schnäppchenführer-Einkaufsgutschein

Schnäppchenführer-Einkaufsgutschein

www.schnaeppchenfuehrer.com

Diese Gutscheine sind nur dann gültig, wenn sie beim Einkauf vom Kassenpersonal des Fabrikverkaufs ausgeschnitten werden; es sei denn, das Personal gibt Ihnen im Einzelfall andere Anweisungen.

SchnäppchenFührer EINKAUFSGUTSCHEIN

OBB
Bettwaren für Anspruchsvolle

WERT: **10,-** €

Oder **10 %** Rabatt

Mindestwarenwert des Einkaufs: 100,- €.
Rabatt unabhängig von einem Mindestwarenwert.

SchnäppchenFührer EINKAUFSGUTSCHEIN

ODERMARK

WERT: **10,-** €

Mindestwarenwert des Einkaufs: 100,- €.
Nicht gültig für Aktionsangebote.

SchnäppchenFührer EINKAUFSGUTSCHEIN

oilily ®

WERT: **10,-** €

Mindestwarenwert des Einkaufs: 100,- €.

SchnäppchenFührer EINKAUFSGUTSCHEIN

Perlen- & Schmuckcenter

WERT: **25,-** €

Mindestwarenwert des Einkaufs: 100,- €.
Nicht gültig für bereits um 50 % reduzierte Sonderangebote.

Schnäppchenführer-Einkaufsgutschein

Schnäppchenführer-Einkaufsgutschein

Schnäppchenführer-Einkaufsgutschein

Schnäppchenführer-Einkaufsgutschein

www.schnaeppchenfuehrer.com

WICHTIG:

Diese Gutscheine sind nur dann gültig, wenn sie beim Einkauf vom Kassenpersonal des Fabrikverkaufs ausgeschnitten werden; es sei denn, das Personal gibt Ihnen im Einzelfall andere Anweisungen.

Schnäppchenführer EINKAUFSGUTSCHEIN

WERT: **10,-** €

Oder **3%** Rabatt

auf alle reguläre Ware.
Mindestwarenwert des Einkaufs: 100,- €.

Schnäppchenführer EINKAUFSGUTSCHEIN

Peter Hahn

WERT: **10,-** €

Mindestwarenwert des Einkaufs: 50,- €. Nur gültig
in den Verkaufsstellen in Metzingen und Winterbach.

Schnäppchenführer EINKAUFSGUTSCHEIN

Porzellanfiguren
Gräfenthal

WERT: **10,-** €

Mindestwarenwert des Einkaufs: 75,- €.
Nicht gültig für Aktions- und Sonderangebote.

Schnäppchenführer EINKAUFSGUTSCHEIN

princess

WERT: **10,-** €

Mindestwarenwert des Einkaufs: 100,- €.

Schnäppchenführer-Einkaufsgutschein

Schnäppchenführer-Einkaufsgutschein

Schnäppchenführer-Einkaufsgutschein

Schnäppchenführer-Einkaufsgutschein

www.schnaeppchenfuehrer.com

Diese Gutscheine sind nur dann gültig, wenn sie beim Einkauf vom Kassenpersonal des Fabrikverkaufs ausgeschnitten werden; es sei denn, das Personal gibt Ihnen im Einzelfall andere Anweisungen.

WICHTIG!

SchnäppchenFührer EINKAUFSGUTSCHEIN

WERT: **10,-** €

Mindestwarenwert des Einkaufs: 100,- €.
Gültig in den Verkaufsstellen Herzogenaurach,
Metzingen, Nürnberg-Schafhof, Schlüsselfeld-Elsendorf,
Stuhr-Brinkum, Wertheim-Dertingen und Zweibrücken.

SchnäppchenFührer EINKAUFSGUTSCHEIN

rastal

WERT: **10,-** €

Mindestwarenwert des Einkaufs: 100,- €.

SchnäppchenFührer EINKAUFSGUTSCHEIN

Reebok

10% Rabatt

Mindestwarenwert des Einkaufs: 75,- €.
Bestimmte Produkte sind in der Menge pro Einkauf limitiert.
Nicht gültig in Verbindung mit anderen laufenden Aktionen.

SchnäppchenFührer EINKAUFSGUTSCHEIN

RENA LANGE

WERT: **10,-** €

Oder **10%** Rabatt

Mindestwarenwert des Einkaufs: 100,- €.
Nicht gültig bei reduzierten Teilen.

Schnäppchenführer-Einkaufsgutschein

Schnäppchenführer-Einkaufsgutschein

Schnäppchenführer-Einkaufsgutschein

Schnäppchenführer-Einkaufsgutschein

www.schnaeppchenfuehrer.com

WICHTIG!
Diese Gutscheine sind nur dann gültig, wenn sie beim Einkauf vom Kassenpersonal des Fabrikverkaufs ausgeschnitten werden; es sei denn, das Personal gibt Ihnen im Einzelfall andere Anweisungen.

Schnäppchenführer EINKAUFSGUTSCHEIN

WERT: **10,-** €

Mindestwarenwert des Einkaufs: 100,- €.

Schnäppchenführer EINKAUFSGUTSCHEIN

WERT: **30,-** €

Mindestwarenwert des Einkaufs: 120,- €.

Schnäppchenführer EINKAUFSGUTSCHEIN

Roermond
Designer Outlet ™

10%
Rabatt

Bei Vorlage dieses Gutscheins erhalten Sie an der Center Information das VIP-Rabattbuch, mit dem Sie weitere 10 % Rabatt in ausgewählten Shops erhalten.

Schnäppchenführer EINKAUFSGUTSCHEIN

WERT: **10,-** €

Mindestwarenwert des Einkaufs: 200,- €.

Schnäppchenführer-Einkaufsgutschein

Schnäppchenführer-Einkaufsgutschein

Schnäppchenführer-Einkaufsgutschein

Schnäppchenführer-Einkaufsgutschein

www.schnaeppchenfuehrer.com

Diese Gutscheine sind nur dann gültig, wenn sie beim Einkauf vom Kassenpersonal des Fabrikverkaufs ausgeschnitten werden; es sei denn, das Personal gibt Ihnen im Einzelfall andere Anweisungen.

SchnäppchenFührer EINKAUFSGUTSCHEIN

ROMIKA®

WERT: **10,-** €

Mindestwarenwert des Einkaufs: 100,- €.

SchnäppchenFührer EINKAUFSGUTSCHEIN

RÖSCH
CREATIVECULTURE

WERT: **10,-** €

Mindestwarenwert des Einkaufs: 100,- €.
Nicht gültig für Aktions- und Sonderangebote.

SchnäppchenFührer EINKAUFSGUTSCHEIN

Rosenthal

HUTSCHENREUTHER

WERT: **10,-** €

Mindestwarenwert des Einkaufs: 50,- €.

SchnäppchenFührer EINKAUFSGUTSCHEIN

rosner

WERT: **10,-** €

Mindestwarenwert des Einkaufs: 100,- €.
Nur gültig für Rosner-Artikel.

Schnäppchenführer-Einkaufsgutschein

Schnäppchenführer-Einkaufsgutschein

Schnäppchenführer-Einkaufsgutschein

Schnäppchenführer-Einkaufsgutschein

www.schnaeppchenfuehrer.com

WICHTIG!

Diese Gutscheine sind nur dann gültig, wenn sie beim Einkauf vom Kassenpersonal des Fabrikverkaufs ausgeschnitten werden; es sei denn, das Personal gibt Ihnen im Einzelfall andere Anweisungen.

SchnäppchenFührer EINKAUFSGUTSCHEIN

ROY ROBSON

10%
Rabatt

Mindestwarenwert des Einkaufs: 100,- €.

SchnäppchenFührer EINKAUFSGUTSCHEIN

RUNNERS POINT

WERT: **10,-** €

Mindestwarenwert des Einkaufs: 100,- €.
Nur gültig im Lagerverkauf.

SchnäppchenFührer EINKAUFSGUTSCHEIN

SALAMANDER

WERT: **10,-** €

Mindestwarenwert des Einkaufs: 75,- €.

SchnäppchenFührer EINKAUFSGUTSCHEIN

sanetta
WE CARE. FOR FASHION.

WERT: **10,-** €

Mindestwarenwert des Einkaufs: 100,- €.

Schnäppchenführer-Einkaufsgutschein

Schnäppchenführer-Einkaufsgutschein

Schnäppchenführer-Einkaufsgutschein

Schnäppchenführer-Einkaufsgutschein

www.schnaeppchenfuehrer.com

Diese Gutscheine sind nur dann gültig, wenn sie beim Einkauf vom Kassenpersonal des Fabrikverkaufs ausgeschnitten werden; es sei denn, das Personal gibt Ihnen im Einzelfall andere Anweisungen.

Schnäppchenführer EINKAUFSGUTSCHEIN

WERT: **10,-** €

Mindestwarenwert des Einkaufs: 100,- €.
Nicht gültig für reduzierte Ware (rotes Preisetikett).

Schnäppchenführer EINKAUFSGUTSCHEIN

exclusive Herrenmode

WERT: **10,-** €

Mindestwarenwert des Einkaufs: 100,- €.
Nicht gültig für Aktions- und Sonderangebote.

Schnäppchenführer EINKAUFSGUTSCHEIN

SCHULTE-UFER

WERT: **10,-** €

Mindestwarenwert des Einkaufs: 100,- €.
Gültig nur für nicht reduzierte Eigenprodukte.

Schnäppchenführer EINKAUFSGUTSCHEIN

schütz
Hemden und Blusen

WERT: **10,-** €

Mindestwarenwert des Einkaufs: 100,- €.

Schnäppchenführer-Einkaufsgutschein

Schnäppchenführer-Einkaufsgutschein

Schnäppchenführer-Einkaufsgutschein

Schnäppchenführer-Einkaufsgutschein

www.schnaeppchenfuehrer.com

WICHTIG!

Diese Gutscheine sind nur dann gültig, wenn sie beim Einkauf vom Kassenpersonal des Fabrikverkaufs ausgeschnitten werden; es sei denn, das Personal gibt Ihnen im Einzelfall andere Anweisungen.

Schnäppchenführer EINKAUFSGUTSCHEIN

SEIDENSTICKER

WERT: **10,-** €

Oder **10 %** Rabatt

Mindestwarenwert des Einkaufs: 100,- €. Kein Aufaddieren mit anderen Rabatten möglich. Gültig in Bielefeld, Metzingen, Rheda-Wiedenbrück, Sonthofen und Roermond.

Schnäppchenführer EINKAUFSGUTSCHEIN

Seitenbacher®

WERT: **10,-** €

Mindestwarenwert des Einkaufs: 100,- €.

Schnäppchenführer EINKAUFSGUTSCHEIN

WERT: **10,-** €

Mindestwarenwert des Einkaufs: 100,- €.
Nur gültig in den Outlet Stores in Metzingen und Mistelbach.

Schnäppchenführer EINKAUFSGUTSCHEIN

WERT: **10,-** €

Mindestwarenwert des Einkaufs: 50,- €.

Schnäppchenführer-Einkaufsgutschein

Schnäppchenführer-Einkaufsgutschein

Schnäppchenführer-Einkaufsgutschein

Schnäppchenführer-Einkaufsgutschein

www.schnaeppchenfuehrer.com

Diese Gutscheine sind nur dann gültig, wenn sie beim Einkauf vom Kassenpersonal des Fabrikverkaufs ausgeschnitten werden; es sei denn, das Personal gibt Ihnen im Einzelfall andere Anweisungen.

Schnäppchenführer EINKAUFSGUTSCHEIN

WERT: **15,-** €

Oder **10 %** Rabatt

Mindestwarenwert des Einkaufs: 100,- €.

Schnäppchenführer EINKAUFSGUTSCHEIN

ST.EMILE

WERT: **10,-** €

Mindestwarenwert des Einkaufs: 100,- €.

Schnäppchenführer EINKAUFSGUTSCHEIN

10% Rabatt

Mindestwarenwert des Einkaufs: 100,- €. Nur gültig für 2.-Wahl-Artikel und Auslaufmodelle in der Fundgrube.

Schnäppchenführer EINKAUFSGUTSCHEIN

STOLLWERCK

10% Rabatt

Mindestwarenwert des Einkaufs: 15,- €. Nicht gültig beim Kauf von Karnevalsartikeln. Gültig in den Gubor-Fabrikverkäufen und in den Verkaufsstellen Berlin, Köln, Leipzig, Saalfeld und Wurzen.

Schnäppchenführer-Einkaufsgutschein

Schnäppchenführer-Einkaufsgutschein

Schnäppchenführer-Einkaufsgutschein

Schnäppchenführer-Einkaufsgutschein

www.schnaeppchenfuehrer.com

WICHTIG!

Diese Gutscheine sind nur dann gültig, wenn sie beim Einkauf vom Kassenpersonal des Fabrikverkaufs ausgeschnitten werden; es sei denn, das Personal gibt Ihnen im Einzelfall andere Anweisungen.

Schnäppchenführer EINKAUFSGUTSCHEIN

WERT: **10,-** €

Oder **10 %** Rabatt

Mindestwarenwert des Einkaufs: 100,- €.
Nicht gültig für rot ausgezeichnete Produkte.

Schnäppchenführer EINKAUFSGUTSCHEIN

THONET WERT: **15,-** €

Schnäppchenführer EINKAUFSGUTSCHEIN

Töpfer
ALLGÄU

10 %
Rabatt

Nicht gültig für reduzierte Artikel und Sonderangebote.

Schnäppchenführer EINKAUFSGUTSCHEIN

10,- €
15,- €
WERT: **20,-** €

Mindestwarenwert des Einkaufs: 100,- €/200,- €/300,- €.

Schnäppchenführer-Einkaufsgutschein

Schnäppchenführer-Einkaufsgutschein

Schnäppchenführer-Einkaufsgutschein

Schnäppchenführer-Einkaufsgutschein

www.schnaeppchenfuehrer.com

Diese Gutscheine sind nur dann gültig, wenn sie beim Einkauf vom Kassenpersonal des Fabrikverkaufs ausgeschnitten werden; es sei denn, das Personal gibt Ihnen im Einzelfall andere Anweisungen.

SchnäppchenFührer EINKAUFSGUTSCHEIN

WERT: **15,-** €

Mindestwarenwert des Einkaufs: 150,- €.

SchnäppchenFührer EINKAUFSGUTSCHEIN

WERT: **10,-** €

Mindestwarenwert des Einkaufs: 80,- €.

SchnäppchenFührer EINKAUFSGUTSCHEIN

VIA / APPIA

WERT: **10,-** €

Mindestwarenwert des Einkaufs: 100,- €.
Nicht gültig für Aktions- und Sonderangebote.

SchnäppchenFührer EINKAUFSGUTSCHEIN

von Poschinger
GLASMANUFAKTUR seit 1568

WERT: **10,-** €

Mindestwarenwert des Einkaufs: 100,- €. Nur gültig
in Frauenau vor Ort, nicht bei Bestellung und Versand.

Schnäppchenführer-Einkaufsgutschein

Schnäppchenführer-Einkaufsgutschein

Schnäppchenführer-Einkaufsgutschein

Schnäppchenführer-Einkaufsgutschein

www.schnaeppchenfuehrer.com

Diese Gutscheine sind nur dann gültig, wenn sie beim Einkauf vom Kassenpersonal des Fabrikverkaufs ausgeschnitten werden; es sei denn, das Personal gibt Ihnen im Einzelfall andere Anweisungen.

WICHTIG!

SCHNÄPPCHENFÜHRER EINKAUFSGUTSCHEIN

Voss since 1951

WERT: **50,-** €

Mindestwarenwert des Einkaufs: 500,- €.

SCHNÄPPCHENFÜHRER EINKAUFSGUTSCHEIN

WAVE BOARD
AMERICAN SPORTSWEAR
Factory Outlet Stores

WERT: **10,-** €

Mindestwarenwert des Einkaufs: 100,- €.

SCHNÄPPCHENFÜHRER EINKAUFSGUTSCHEIN

wenz FUNDGRUBE

WERT: **10,-** €

Mindestwarenwert des Einkaufs: 50,- €.

SCHNÄPPCHENFÜHRER EINKAUFSGUTSCHEIN

3x **10%** Rabatt

in drei Boutiquen Ihrer Wahl. Gültig nur für Original-Outletpreise und nicht für reduzierte Ware. Nur gültig in der Zeit vom 15.02.-15.06.2007 und 15.08.-15.11.2007. Den Coupon an der Rezeption abgeben.

Schnäppchenführer-Einkaufsgutschein

Schnäppchenführer-Einkaufsgutschein

Schnäppchenführer-Einkaufsgutschein

Schnäppchenführer-Einkaufsgutschein

www.schnaeppchenfuehrer.com

Diese Gutscheine sind nur dann gültig, wenn sie beim Einkauf vom Kassenpersonal des Fabrikverkaufs ausgeschnitten werden; es sei denn, das Personal gibt Ihnen im Einzelfall andere Anweisungen.

WICHTIG!

Schnäppchenführer EINKAUFSGUTSCHEIN

WILKENS

BSF WERT: **10,-** €

Mindestwarenwert des Einkaufs: 50,- €.

Schnäppchenführer EINKAUFSGUTSCHEIN

WINKLE
POLSTERBETTEN

WERT: **10,-** €

Mindestwarenwert des Einkaufs: 100,- €.

Schnäppchenführer EINKAUFSGUTSCHEIN

www.**WOICK**.de **10%** Rabatt

Nicht gültig für reduzierte Aktionsware.
Nur gültig im Erscheinungsjahr des Buches.

Schnäppchenführer EINKAUFSGUTSCHEIN

WorldShop
⊗ Lufthansa

10% Rabatt

Mindestwarenwert des Einkaufs: 50,- €. Gültig nur in Neu-Isenburg.
Der Gutschein ist nicht mit anderen Rabatten kombinierbar und
kann beim Einlösen von Meilen nicht berücksichtigt werden.

Schnäppchenführer-Einkaufsgutschein

Schnäppchenführer-Einkaufsgutschein

Schnäppchenführer-Einkaufsgutschein

Schnäppchenführer-Einkaufsgutschein

www.schnaeppchenfuehrer.com

SCHNÄPPCHENFÜHRER EINKAUFSGUTSCHEIN

WERT: **10,-** €

Mindestwarenwert des Einkaufs: 100,- €. Nicht gültig für Sonderangebote und Nählohn bei Sonderanfertigungen.

WICHTIG!

Diese Gutscheine sind nur dann gültig, wenn sie beim Einkauf vom Kassenpersonal des Fabrikverkaufs ausgeschnitten werden; es sei denn, das Personal gibt Ihnen im Einzelfall andere Anweisungen.

Schnäppchenführer-Einkaufsgutschein

www.schnaeppchenfuehrer.com

Warenregister

Firmen- und Markenregister

Big Pack, Outdoor-Bekleidung, -Ausrüstung, Rucksäcke, Schlafsäcke 110, 287
Big Star, Jeans, Freizeitbekleidung 415
Billabong, Sport-, Freizeitbekleidung, Outdoorbekleidung 353
Birkenstock, Sandalen, Schuhe 90, 181
Birki, Sandalen, Schuhe 90
Blacky Dress, Damenbekleidung 431
BMW, Autos, Jahreswagen, Gebrauchtwagen 297
Bodenschatz, Lederwaren, Lederbekleidung 335
Bodum, Haushaltswaren 353
Bogner, Sport-, Damen- und Herrenbekleidung 205, 213, 240, 253, 436
Bogner Leather, Lederwaren 321
Bosch, Hausgeräte, Haushaltswaren, Elektrowerkzeuge 392
Boss, Herrenbekleidung, Accessoires 254
Boss Woman, Damenbekleidung, Accessoires 254
Bounty, Süßwaren 157
Brand, Damenbekleidung, Übergrößenbekleidung 181
Brandt, Zwieback, Gebäck 164
Bravour, Wäsche 244
Brax Leineweber, Damen- und Herrenhosen 178
Bree, Taschen, Lederwaren, Lederaccessoires 206
Brinkmann, Damen- und Herrenbekleidung 179
Brügelmann, Fahrräder, Fahrradzubehör 397
Brühl, Herrenbekleidung 181
Bruno Banani, Wäsche, Bademoden 126, 319
BSF, Bestecke und Tafelsilber 121
Bueckle, Damen- und Herrenbekleidung 233
Bugatti, Herrenbekleidung 136, 154
Bugatti, Damen- und Herrenbekleidung 179, 197
Bullrot, Damen-, Herren- und Kinderbekleidung 259
Burberry, Damen-, Herren- und Kinderbekleidung, Taschen, Accessoires 436
Burlington, Strumpfwaren, Herrenbekleidung 200, 365, 436
Bush, Herrenbekleidung 395

C. von Daniels, Damen- und Herrenbekleidung 143
Calvino, Hemden 106
Camel active, Freizeitbekleidung 106, 279, 381
Campell's Germany, Suppen, Fertiggerichte 236
Carhartt, Jeans, Freizeitbekleidung 416
Carl Gross, Herrenbekleidung 183
Carl Mertens, Besteck, Haushaltswaren, Küchenbedarf aus Metall 376
Carl Zeiss, Gläser, Glaswaren 74
Carlo Colucci, Damen- und Herrenbekleidung 182
Carlo Colucci Uomo, Düfte 386
Ceceba, Unterwäsche, Schlafanzüge 116
Cecil, Damenbekleidung 125
Cerisi, Kinderbekleidung 312
Champion, Sport- und Freizeitbekleidung 353
Check In, Streetwear 319
Chevignon, Jeans, Freizeitbekleidung 436
Chevy, Damen- und Herrenbekleidung 94
Chiemsee Seconds, Sport-, Freizeitbekleidung 407
Chio, Gebäck 157
Cinderella, Baby- und Kinderbekleidung 255
Cinque, Damen- und Herrenbekleidung, Schuhe 204, 239, 293
Claire d.k., Damen- und Kinderbekleidung 436
Clasen, Damenbekleidung 181
Closed, Jeans, Damen- und Herrenbekleidung 170, 357
CMS, Besteck, Haushaltswaren, Küchenbedarf aus Metall 376
Cocoon, Outdoor-Ausrüstung, Schlafsäcke 366
Comazo, Damen-, Herren-, Kinderwäsche 77
Combay Computer, Computer, PCs, PC-Zubehör 300
Concept uk, Damenbekleidung 104
Conradt, Schmuck 436
Con-ta, Tag- und Nachtwäsche 81, 181
Conzelmann, Tag- und Nachtwäsche 81
Copenrath & Wiese, Kuchen, Torten, Tiefkühlbackwaren 324
COR Sitzmöbel Helmut Lübke, Polstermöbel 347

Kösener Spielzeug, Plüschtiere, Stoff-
puppen 92
Koziol, Traumkugeln, Geschenkartikel 289
KPM, Porzellan 99
Krafft's Koch Kollektion, Kochgeschirr
382
Krause, Damen-, Herren-, Kinder-
bekleidung 312
Krups, Elektrokleingeräte 378
Kunert, Strumpfwaren, Bekleidung 148,
200, 365
Kunert/Hudson, Strumpfwaren, Freizeit-
bekleidung 353

La City, Damenbekleidung 436
Lacoste, Sport-, Freizeitbekleidung 436
Lafuma, Outdoor-Bekleidung, Ruck-,
Schlafsäcke, Zelte 110
Lagerfeld, Herren-, Damenbekleidung
290
Lagerhaus, Damen-, Herren- und
Kinderbekleidung 197
Lambertz, Printen, Spekulatius, Domino-
steine, Süßwaren 71
Lange, Damenbekleidung 214
Langnese, Lebensmittel, Eis, Tiefkühlkost,
Fertiggerichte 343
LARCA, Outdoor- und Sportartikel,
Outdoor- und Sportbekleidung 366
Laura Lebek, Damen- und Herren-
bekleidung 94
Laurèl, Damenbekleidung, Accessoires
257, 436
Lebek International, Damen- und
Herrenbekleidung 94
Lecomte, Damenbekleidung, Strickwaren
181, 238
Leifheit, Haushaltsgeräte 119, 304
Leplat, Lederwaren 311
Levi Strauss Germany, Jeans, Freizeit-
bekleidung 193, 200, 240, 262, 319, 353,
436
Levi Strauss Signature, Jeans, Freizeit-
bekleidung 193, 200, 240, 262, 319, 353,
436
Levi's, Jeans, Freizeitbekleidung 193, 200,
240, 262, 319, 353, 436
Levi's Dockers, Jeans, Freizeitbekleidung
193, 200, 240, 262, 319, 353, 436
Lichte Porzellan, Porzellan 402
Liegelind, Baby- und Kinderbekleidung
264

Lindt & Sprüngli, Süßwaren, Diabetiker-
süßwaren 72
Lisa D., Damenbekleidung 101
Lloyd Shoes, Schuhe, Lederaccessoires
87, 396, 263
Loden-Frey, Freizeitbekleidung 221
Lorenz Snack-World, Kekse, Gebäck 306
Lorenzo, Hemden 106
Lotos, Damenbekleidung 181, 244
Louis , Motorradbekleidung, Motorrad-
zubehör 171
Louis Féraud, Damen-, Herren-
bekleidung 225
Louis Féraud, Wäsche, Bademoden 406
Lowa, Wander-, Trekkingschuhe, Outdoor-
Ausrüstung 287
LSG-Ringeltaube, Lebensmittel, Genuss-
mittel, Aktionsware 218
Lucia, Damenbekleidung, Strickwaren
181, 238
Lufthansa WorldShop, Reisegepäck,
Freizeitbekleidung, Accessoires 108, 307
Lünebest, Lebensmittel 185
Lurchi, Kinderschuhe 223
Luxorette, Bett-, Tischwäsche 417

M & Ms, Süßwaren 157
Maasmechelen Village, Damen-, Herren-,
Kinderbekleidung, Schuhe 240
Madeleine, Damenbekleidung 139
Magazinmodevertrieb, Damen-
bekleidung 315
Maggi, Lebensmittel 185
Mahler, Babyausstattung, Kinder-
bekleidung, Kinderschuhe 264
Majolika Manufaktur Karlsruhe,
Handgefertigte Keramiken 209
Mammut, Outdoor-Bekleidung,
-Ausrüstung 287
Mandarina Duck, Lederwaren, Klein-
lederwaren 436
Mango, Damenbekleidung 433, 436
Marc Aurel, Gläser, Kristall, Bleikristall
310
Marc Aurel, Damenbekleidung 411
Marc Cain, Damenbekleidung 103, 113
Marc O'Polo, Damen-, Herren- und
Kinderbekleidung 240, 265, 331, 353, 389
Marc O'Polo Junior, Baby- und Kinder-
bekleidung 244
Marc O'Polo Underwear, Wäsche 244

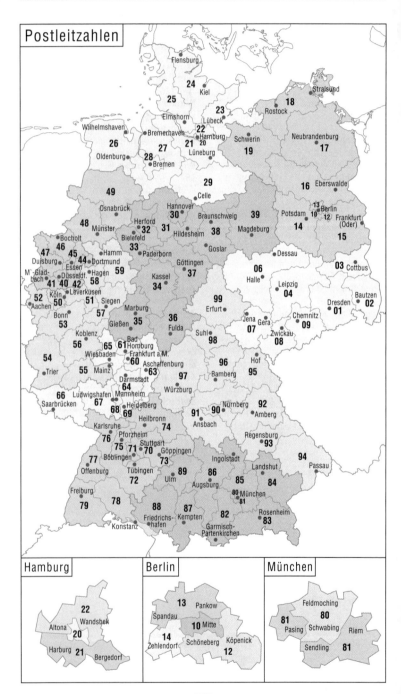

Postleitzahlen

Flensburg

24 Kiel

25

Elmshorn 23 Rostock 18 Stralsund

Wilhelmshaven Bremerhaven 22 Lübeck
26 Hamburg Schwerin Neubrandenburg
21 20 19 17
Oldenburg 28 27 Lüneburg
Bremen

29 16 Eberswalde
Celle

49 Hannover 13 Berlin
Osnabrück 30 Braunschweig 39 Potsdam 10 12
48 Herford 31 Hildesheim 38 Magdeburg 14 Frankfurt (Oder)
Münster 32 15
Bocholt Bielefeld
46 33 Paderborn Goslar Dessau 03 Cottbus
47 45 Hamm
Duisburg 44 Dortmund Göttingen 06 Bautzen
Essen Hagen 37 Halle Leipzig Dresden
M'-Glad- Düsseldf. 59 Kassel 04 01 02
bach 41 40 42 58 34
52 Köln Leverkusen 99 Chemnitz
Aachen 50 51 Siegen Erfurt Bautzen
Bonn 57 Marburg 36 Jena Gera 09
53 Gießen 35 Fulda Suhl 07 Zwickau
Koblenz Bad 98 08
56 65 Homburg Hof
54 Wiesbaden 61 Frankfurt a.M. 96 95
Trier 55 Mainz 60 Aschaffenburg Bamberg
64 Darmstadt 97
66 Ludwigshafen Mannheim Würzburg
Saarbrücken 67 Heidelberg 91 90 Nürnberg 92 Amberg
68 69 Ansbach
Karlsruhe Heilbronn 93
76 Pforzheim 74 Regensburg 94 Passau
77 75 71 70 Göppingen Ingolstadt Landshut 84
Böblingen 73 89 86 85
Offenburg Tübingen Ulm Augsburg 80 München
Freiburg 72 81
79 78 88 87 82 Rosenheim
Friedrichs- Kempten 83
Konstanz hafen Garmisch-
Partenkirchen

Hamburg

22
Altona Wandsbek
20
Harburg 21 Bergedorf

Berlin

13 Pankow
Spandau 10 Mitte
14 Schöneberg Köpenick
Zehlendorf 12

München

Feldmoching
81 80
Pasing Schwabing Riem
Sendling 81

Postleitzahlenregister

00000

01067 **Dresden**, Rösch 406
01109 **Dresden-Klotzsche**, Ringeltaube 218
02625 **Bautzen**, Lorenz Snack-World 306
02681 **Wilthen**, SLM 425
02779 **Großschönau**, Frottana/Möve 161
04109 **Leipzig**, Cinque 293
04109 **Leipzig**, Stollwerck/Gubor 222
04435 **Flughafen Leipzig/Halle**, Ringeltaube 218
04680 **Torgau**, Villeroy & Boch 404
04758 **Oschatz-Merkwitz**, F.a.n. 323
04808 **Wurzen**, Stollwerck/Gubor 222
06112 **Halle/Saale**, Halloren 167
06628 **Bad Kösen**, Kösener Spielzeug 92
06796 **Brehna**, Mustang 117
07318 **Saalfeld**, Stollwerck/Gubor 222
07336 **Könitz**, Könitz Porzellan 402
07407 **Rudolstadt**, Rudolf Kämmer Porzellanmanufaktur 403
07407 **Rudolstadt-Volkstedt**, Aelteste Volkstedter Porzellanmanufaktur 402
07429 **Sitzendorf**, Sitzendorfer Porzellanmanufaktur 403
07629 **Reichenbach**, Porzellanfiguren Gräfenthal 342
07629 **Reichenbach**, Porzellanmanufaktur Reichenbach 402
07745 **Jena**, Wega 207
07768 **Kahla**, Griesson – de Beukelaer 208
07819 **Triptis**, Triptis 403
07937 **Zeulenroda**, Rösch 406
08112 **Wilkau-Haßlau**, Haribo 115
08523 **Plauen**, Modespitze Plauen 333
09111 **Chemnitz**, Bruno Banani 126
09111 **Chemnitz**, Rösch 406
09228 **Chemnitz-Wittgensdorf**, Schiesser 337
09468 **Geyer**, Kunert 148

10000

10115 **Berlin-Mitte**, Trippen 102
10117 **Berlin-Mitte**, Becon Berlin 100
10178 **Berlin-Mitte**, Birkenstock 91
10178 **Berlin-Mitte**, Lisa D. 101
10247 **Berlin-Friedrichshain**, Becon Berlin 100
10369 **Berlin-Lichtenberg**, Becon Berlin 99
10587 **Berlin-Charlottenburg**, Dolzer 362
10623 **Berlin-Charlottenburg**, KPM 99
10709 **Berlin-Wilmersdorf**, Umlauf und Klein 104
12099 **Berlin-Tempelhof**, Bahlsen 174
12277 **Berlin-Marienfelde**, Stollwerck/Gubor 222
12355 **Berlin-Rudow**, Corso 168

12527 **Berlin-Schönefeld**, Ringeltaube 218
13088 **Berlin-Weißensee**, Corso 168
13347 **Berlin-Wedding**, Marc Cain 103
13403 **Berlin-Reinickendorf**, Corso 168
13405 **Berlin-Reinickendorf**, Ringeltaube 218
14057 **Berlin-Charlottenburg**, Marc O'Polo 265
14057 **Berlin-Westend**, Becon Berlin 100
14641 **Wustermark**, Adidas 388
14641 **Wustermark**, B5 430
14641 **Wustermark**, Blacky Dress 431
14641 **Wustermark**, Frottana/Möve 161
14641 **Wustermark**, Gold Dock 432
14641 **Wustermark**, Levi's 193
14641 **Wustermark**, Mango 433
14641 **Wustermark**, Nike 188
14641 **Wustermark**, Salamander 223
14641 **Wustermark**, Tommy Hilfiger 434
18182 **Rövershagen-Purkshof**, Closed 357

20000

20097 **Hamburg-Hammerbrook**, Voss 172
20537 **Hamburg-Hammerbrook**, Louis 171
21029 **Hamburg-Bergedorf**, Corso 168
21337 **Lüneburg**, Lucia 238
21337 **Lüneburg**, Roy Robson 239
21337 **Lüneburg-Schützenplatz**, Cinque 293
21339 **Lüneburg**, Corso 168
22113 **Hamburg-Billbrook**, IFFO/Closed 170
22113 **Oststeinbek**, Tom Tailor 325
22179 **Hamburg-Bramfeld**, Corso 168
22335 **Hamburg-Fuhlsbüttel**, Ringeltaube 219
22399 **Hamburg-Poppenbüttel**, Venice 173
22453 **Hamburg-Niendorf**, Tom Tailor 325
22525 **Hamburg-Bahrenfeld**, Olsen 169
22525 **Hamburg-Eidelstedt**, Tom Tailor 325
22761 **Hamburg-Bahrenfeld**, C. von Daniels 143
22761 **Hamburg-Bahrenfeld**, Dolzer 363
22848 **Norderstedt**, Corso 168
23552 **Lübeck**, Corso 168
23560 **Lübeck**, Campell's Germany/Erasco 236
23560 **Lübeck**, Niederegger 237
23569 **Lübeck-Dänischburg**, Villeroy & Boch 246
23730 **Neustadt i. H.**, Trigema 123
23730 **Neustadt i. H.**, Birkenstock 91
24223 **Raisdorf**, Corso 168
24943 **Flensburg**, Corso 168
25479 **Ellerau**, Jil Sander 135
25761 **Büsum**, Birkenstock 91
25761 **Büsum**, Trigema 123
26129 **Oldenburg-Wechloy**, Corso 168
26316 **Varel**, Bahlsen 174

26316 **Varel**, Friesland 410
26382 **Wilhelmshaven**, Barutti, Masterhand, Bawi 424
26689 **Apen-Augustfehn**, Gardeur 84
26703 **Emden**, VW 427
27232 **Sulingen**, Lloyd Shoes 396
27753 **Delmenhorst-Deichhorst**, Delmod 128
27793 **Wildeshausen-Aldrup**, Stöver Direktverkauf 423
28199 **Bremen-Neuenland**, Ringeltaube 219
28279 **Bremen-Arsten**, Paddock's 118
28279 **Bremen-Habenhausen**, Zero Factory Store 120
28305 **Bremen-Hemelingen**, Wilkens & Söhne 121
28759 **Bremen-Grohn**, Kleine Wolke 119
28816 **Stuhr-Brinkum bei Bremen**, Adidas 388
28816 **Stuhr-Brinkum bei Bremen**, Marc O'Polo 389
28816 **Stuhr-Brinkum bei Bremen**, Nike 390
28816 **Stuhr-Brinkum bei Bremen**, Puma 189
28816 **Stuhr-Brinkum bei Bremen**, Schiesser 278
28816 **Stuhr-Brinkum bei Bremen**, Tommy Hilfiger 434
29227 **Celle**, Cecil, Street One, Fashion Logistik 125
29386 **Hankensbüttel**, Lorenz Snack-World 306
29451 **Dannenberg (Elbe)**, nya nordiska 127

30000

30163 **Hannover-List**, Bahlsen 174
30163 **Hannover-List**, Pelikan 175
30405 **Hannover-Stöcken**, VW 427
30419 **Hannover-Marienwerder**, Bosch 393
30419 **Hannover-Marienwerder**, Paradies 308
30419 **Hannover-Vinnhorst**, Stollwerck/Gubor 222
30669 **Hannover-Flughafen**, Ringeltaube 219
30853 **Langenhagen**, Bahlsen 174
30916 **Isernhagen-Kirchhorst**, Bree 206
31135 **Hildesheim**, Corso 168
31139 **Hildesheim-Neuhof**, Bosch 393
31515 **Wunstorf-Bokeloh**, Kettler 428
31749 **Auetal-Rolfshagen**, RHM 88
31785 **Hameln**, Vorwerk 429
31840 **Hessisch Oldendorf-Fischbeck**, Marc Shoes 192
32049 **Herford**, Bugatti 179
32051 **Herford**, Brax 178
32052 **Herford-Elverdissen**, Ahlers 180
32108 **Bad Salzuflen**, Alba Moda 95
32312 **Lübbecke**, Hucke 235
32423 **Minden-Päpinghausen**, Drabert 291
33335 **Gütersloh-Friedrichsdorf**, Flötotto 162
33378 **Rheda-Wiedenbrück**, Baumhüter 346

33378 **Rheda-Wiedenbrück**, COR 347
33378 **Rheda-Wiedenbrück**, Prophete 348
33378 **Rheda-Wiedenbrück**, Seidensticker 106
33415 **Verl**, Marc Aurel 411
33609 **Bielefeld**, Jobis Factory Shop 105
33609 **Bielefeld**, Seidensticker 106
33609 **Bielefeld**, Trigema 124
33649 **Bielefeld-Brackwede**, Windsor 107
33689 **Bielefeld-Sennestadt**, WorldShop Lufthansa Outlet 108
33803 **Steinhagen-Brockhagen**, Gerry Weber 383
33803 **Steinhagen-Brockhagen**, s.Oliver 356
34219 **Baunatal**, VW 427
34537 **Bad Wildungen**, Trigema 124
34582 **Borken**, Rohde 370
34613 **Schwalmstadt-Ziegenhain**, Rohde 370
35066 **Frankenberg**, Thonet 140
35457 **Lollar**, Bosch 393
35576 **Wetzlar**, Bosch 393
36286 **Neuenstein-Aua**, Trigema 124
36452 **Fischbach**, BAF 138
37079 **Göttingen**, Bosch 393
37154 **Northeim**, Wilvorst 314
37194 **Bodenfelde**, Herkules 114
37441 **Bad Sachsa-Tettenborn-Kolonie**, Birkenstock 91
37441 **Bad Sachsa-Tettenborn-Kolonie**, Trigema 124
37671 **Höxter**, Das Lagerhaus 197
37697 **Lauenförde**, Herlag 231
37697 **Lauenförde**, Kettler 232
37699 **Fürstenberg/Weser**, Porzellanmanufaktur Fürstenberg 144
38037 **Braunschweig**, VW 427
38228 **Salzgitter-Lebenstedt**, Bosch 393
38231 **Salzgitter**, VW 427
38419 **Wolfsburg-Fallersleben**, VW 427
38640 **Goslar**, Bequemschuhe, Highlander 153
38640 **Goslar**, Corso 168
38640 **Goslar**, Odermark 154
39326 **Hermsdorf**, A2 Outlet 181
39326 **Hermsdorf**, Schiesser 336

40000

40213 **Düsseldorf**, Birkenstock 91
40219 **Düsseldorf-Unterbilk**, Harvest Fine Leather 134
40472 **Düsseldorf-Lichtenbroich**, Replay 132
40474 **Düsseldorf-Lohausen**, Ringeltaube 219
40589 **Düsseldorf-Benrath**, Hein Gericke 133
40764 **Langenfeld**, Ara Shoes 230
40880 **Ratingen-Tiefenbroich**, Esprit 339
41061 **Mönchengladbach**, Cinque 293
41065 **Mönchengladbach-Pesch**, Mexx 224
41179 **Mönchengladbach-Dorthausen**, Van Laack-Shop 294
41352 **Korschenbroich**, Mexx 224
41515 **Grevenbroich**, Intersnack 157

41539 **Dormagen**, Bayer 131
41748 **Viersen**, Zaspel 412
41812 **Erkelenz**, Statz 136
42277 **Wuppertal-Oberbarmen**, Vorwerk 429
42653 **Solingen-Gräfrath**, Haribo 115
42657 **Solingen-Höhscheid**, Zwilling 377
42669 **Solingen-Burg**, Carl Mertens 376
42719 **Solingen-Wald**, Krups 378
42897 **Remscheid-Lennep**, Steinhaus 345
42929 **Wermelskirchen**, Ara Shoes 230
44319 **Dortmund-Wickede**, Ringeltaube 219
44534 **Lünen**, Ara Shoes 230
44628 **Herne**, Steilmann, Fashion Factory Store 112
44803 **Bochum**, Opel 111
44867 **Bochum-Wattenscheid**, Steilmann, Fashion Factory Store 112
45141 **Essen**, Corso 168
45659 **Recklinghausen-Hillerheide**, Runners Point 340
45701 **Herten-Westerholt**, Herta 185
45891 **Gelsenkirchen-Schalke**, Steilmann, Fashion Factory Store 112
45964 **Gladbeck**, Runners Point 340
46325 **Borken**, Bierbaum 116
46354 **Südlohn-Oeding**, Hucke 395
47057 **Duisburg-Neudorf-Nord**, Replay 132
47506 **Neukirchen-Vluyn**, Paradies 308
47805 **Krefeld-Fischeln**, Kemper/Féraud 225
47906 **Kempen**, Griesson – de Beukelaer 210
48157 **Münster**, United Labels 303
48268 **Greven**, Ringeltaube 219
48493 **Wettringen**, Cruse Leather 422
48607 **Ochtrup**, Euregio Outlet Center 319
48691 **Vreden**, Bierbaum 116
48734 **Reken**, Langnese-Iglo 343
49076 **Osnabrück**, Coppenrath & Wiese 324
49090 **Osnabrück**, Steilmann, Fashion Factory Store 112
49176 **Hilter am Teutoburger Wald**, Rabe Moden 194
49424 **Goldenstedt**, Lorenz Snack-World 306
49497 **Mettingen-Muckhorst**, Coppenrath & Wiese 324
49549 **Ladbergen**, Lambertz 71

50000

50226 **Frechen**, Birkenstock 91
50226 **Frechen**, C. von Daniels 143
50226 **Frechen**, Replay 132
50226 **Frechen**, Trigema 124
50735 **Köln-Niehl**, Ford 220
50825 **Köln-Ehrenfeld**, Dolzer 363
50827 **Köln-Ossendorf**, Kettner 221
51069 **Köln-Dellbrück**, Gatz-Kanus 217
51147 **Köln-Flughafen**, Ringeltaube 218
51149 **Köln-Gremberghoven**, Schauff 344
51149 **Köln-Westhoven**, Stollwerck/Gubor 222
52070 **Aachen**, Elégance 70

52070 **Aachen**, Zentis 73
52072 **Aachen**, Lambertz 71
52072 **Aachen**, Lindt 72
52146 **Würselen-Broichweiden**, Lambertz 71
52220 **Stolberg-Büsbach**, Dalli 385
52220 **Stolberg-Büsbach**, Mäurer + Wirtz 386
52382 **Niederzier-Huchem-Stammeln**, Krause 312
53175 **Bonn-Bad Godesberg**, Haribo 115
53424 **Remagen**, Schauff 344
53489 **Sinzig**, Trigema 124
53545 **Ockenfels**, Betula 320
53604 **Bad Honnef**, Bernd Berger 89
53604 **Bad Honnef**, Birkenstock 90
53604 **Bad Honnef**, Doris Meyer 165
53604 **Bad Honnef**, Trigema 124
54292 **Trier**, Romika 405
55122 **Mainz-Neustadt**, Schott Zwiesel 242
55232 **Alzey**, Ahorn Sportswear 83
55483 **Hahn-Lautzenhausen**, Ringeltaube 219
55543 **Bad Kreuznach**, Gläser 93
55546 **Volxheim**, Trigema 124
55743 **Idar-Oberstein**, Fissler 198
55768 **Hoppstädten-Weiersbach**, Fissler 198
56203 **Höhr-Grenzhausen**, Merkelbach Manufaktur 195
56203 **Höhr-Grenzhausen**, Rastal 196
56377 **Nassau**, Leifheit 304
56470 **Bad Marienberg**, Lebek, Chevy 94
56751 **Polch**, Griesson – de Beukelaer 208
57392 **Schmallenberg**, Falke Fashion 361
57392 **Schmallenberg-Bad Fredeburg**, Birkenstock 91
57392 **Schmallenberg-Bad Fredeburg**, Trigema 124
58135 **Hagen-Haspe**, Brandt 164
59174 **Kamen**, Kettler 232
59192 **Bergkamen-Rünthe**, Steilmann, Fashion Factory Store 112
59457 **Werl**, Kettler 418
59555 **Lippstadt**, Falke Fashion 361
59757 **Arnsberg**, Berndes 85
59846 **Sundern**, Schulte-Ufer 398
59846 **Sundern**, Severin 399

60000

60314 **Frankfurt-Ostend**, Dolzer 363
60314 **Frankfurt-Ostend**, Lorenz Snack-World 306
60323 **Frankfurt-Westend**, Perlen- & Schmuck-center 141
60326 **Frankfurt-Gallusviertel**, Bosch 393
60546 **Frankfurt am Main-Flughafen**, Ringeltaube 219
61191 **Rosbach v. d. H.**, Trigema 124
61191 **Rosbach-Ober-Rosbach**, Birkenstock 91
63065 **Offenbach**, Goldpfeil 322
63067 **Offenbach**, Bogner Leather 321
63150 **Heusenstamm**, Levi Strauss Germany 193

63165 Mühlheim-Lämmerspiel, Traveller 295
63263 Neu-Isenburg, Lorenz Snack-World 306
63263 Neu-Isenburg, WorldShop Lufthansa Outlet 307
63329 Egelsbach, Ringeltaube 219
63512 Hainburg-Klein-Krotzenburg, Mc Neill/Thorka 166
63741 Aschaffenburg-Strietwald, Kalb 86
63741 Aschaffenburg-Strietwald, Rohrmeier 87
63762 Großostheim, Dressler 158
63762 Großostheim, Petermann 159
63762 Großostheim, Schuler 160
63773 Goldbach bei Aschaffenburg, Basler 150
63773 Goldbach bei Aschaffenburg, Desch 151
63814 Mainaschaff, F.a.n. 241
63814 Mainaschaff, Trigema 124
63839 Kleinwallstadt, St.Emile 216
63843 Niedernberg, s.Oliver 356
63897 Miltenberg/Main, Daniel Hechter, Lagerfeld, Miltenberger 290
63924 Kleinheubach bei Miltenberg/Main, Keramik Basar 215
63936 Schneeberg, Dolzer 362
64711 Erbach, Bosch 393
64720 Michelstadt (Odenwald), Koziol 289
65423 Rüsselsheim, Opel 359
65451 Kelsterbach, Ringeltaube 219
65842 Sulzbach am Taunus, Brügelmann 397
66424 Homburg (Saar), Bosch 393
66482 Zweibrücken, Adidas 388
66482 Zweibrücken, Bogner 213
66482 Zweibrücken, Designer Outlets Zweibrücken 436
66482 Zweibrücken, Falke Fashion 361
66482 Zweibrücken, Möve 267
66482 Zweibrücken, Nike 188
66482 Zweibrücken, Puma 189
66482 Zweibrücken, Roy Robson 239
66482 Zweibrücken, Strenesse 313
66482 Zweibrücken, Trigema 124
66693 Mettlach, Birkenstock 91
66693 Mettlach, Trigema 124
66693 Mettlach, Villeroy & Boch 245
66787 Wadgassen, Villeroy & Boch 246
67663 Kaiserslautern, Birkenstock 91
67663 Kaiserslautern, Opel 359
68305 Mannheim-Waldhof, Tausendundeine Gelegenheit 243
69123 Heidelberg-Wieblingen, Joop Factory Store 176
69226 Nußloch, Betty Barclay 316

70000

70188 Stuttgart-Wangen, Mercedes-Benz 394
70469 Stuttgart-Feuerbach, Bosch 392
70469 Stuttgart-Feuerbach, Dolzer 363

70597 Stuttgart-Degerloch, Comazo 78
70629 Stuttgart-Flughafen, Ringeltaube 219
70771 Leinfelden-Echterdingen, Bosch 393
70806 Kornwestheim, Salamander 223
70806 Kornwestheim, Trigema 124
70839 Gerlingen, Bosch 393
71032 Böblingen, Comazo 78
71063 Sindelfingen, Zweigart & Sawitzki 375
71111 Waldenbuch, Ritter Sport 413
71144 Steinenbronn, Krafft's Koch Kollektion 382
71229 Leonberg, Comazo 78
71332 Waiblingen, Bosch 393
71332 Waiblingen, Comazo 78
71364 Winnenden, Paradies 308
71665 Vaihingen-Kleinglattbach/Enz, Fakir 409
71701 Schwieberdingen, Bosch 393
71726 Benningen, Winkle 98
72072 Tübingen, Rösch 406
72138 Kirchentellinsfurt, Einhorn 212
72160 Horb am Neckar, Kunert 200
72270 Baiersbronn, Comazo 78
72393 Burladingen, Birkenstock 91
72393 Burladingen, Einhorn 212
72393 Burladingen, Rösch 406
72393 Burladingen, Trigema 123
72401 Haigerloch-Karlstal, Doris Meyer 165
72411 Bodelshausen, Madeleine 139
72411 Bodelshausen, Marc Cain 113
72414 Rangendingen, Con-ta 81
72414 Rangendingen, Gönner 156
72414 Rangendingen, Trigema 124
72419 Neufra, Kanz 261
72458 Albstadt-Ebingen, Comazo 77
72459 Albstadt-Lautlingen, Mey 79
72461 Albstadt-Onstmettingen, Gonso 80
72461 Albstadt-Tailfingen, Ahorn Sportswear 83
72461 Albstadt-Tailfingen, Con-ta 81
72461 Albstadt-Tailfingen, Gönner 156
72461 Albstadt-Tailfingen, Gottlieb Haug 82
72469 Meßstetten, Sanetta 244
72477 Schwenningen, Con-ta 81
72510 Stetten am kalten Markt, Schütz 384
72555 Metzingen, Bally 251
72555 Metzingen, Basler 252
72555 Metzingen, Bogner Extra 253
72555 Metzingen, Boss 254
72555 Metzingen, Cinderella 255
72555 Metzingen, Cinque 293
72555 Metzingen, Diesel 256
72555 Metzingen, Escada 257
72555 Metzingen, Esprit 258
72555 Metzingen, Gerry Weber 383
72555 Metzingen, Harlem World 259
72555 Metzingen, Joop 260
72555 Metzingen, Kanz 261
72555 Metzingen, Levi's Dockers 262
72555 Metzingen, Lloyd Shoes 263

72555 **Metzingen**, Mahler 264
72555 **Metzingen**, Marc O'Polo 265
72555 **Metzingen**, Miss Sixty 266
72555 **Metzingen**, Möve 267
72555 **Metzingen**, Nike 268
72555 **Metzingen**, Oilily 269
72555 **Metzingen**, Pepe Jeans London 270
72555 **Metzingen**, Peter Hahn 271
72555 **Metzingen**, Polo Ralph Lauren 272
72555 **Metzingen**, Princess 273
72555 **Metzingen**, Puma 274
72555 **Metzingen**, Reebok 275
72555 **Metzingen**, René Lezard 276
72555 **Metzingen**, Reusch Deutschland 277
72555 **Metzingen**, Roy Robson 239
72555 **Metzingen**, Schiesser 278
72555 **Metzingen**, Seidensticker 279
72555 **Metzingen**, Sigikid 280
72555 **Metzingen**, Strenesse 281
72555 **Metzingen**, Swatch 282
72555 **Metzingen**, Tommy Hilfiger 283
72555 **Metzingen**, Triumph International 284
72555 **Metzingen**, Vaude 285
72555 **Metzingen**, Windsor 286
72555 **Metzingen**, Woick 287
72555 **Metzingen**, Wolford 288
72762 **Reutlingen**, Bosch 393
73037 **Göppingen**, Märklin 152
73119 **Zell u. Aichelberg**, Ostheimer 435
73207 **Plochingen**, Bosch 393
73240 **Wendlingen**, Luxorette 417
73249 **Wernau**, Perry Modelle 419
73266 **Bissingen/Teck**, Lafuma/Big Pack 110
73312 **Geislingen/Steige**, WMF 146
73329 **Kuchen/Fils**, Comazo 78
73329 **Kuchen/Fils**, Runners Point 340
73430 **Aalen**, Nubert Speaker Factory 369
73430 **Aalen**, Schott Zwiesel 74
73430 **Aalen**, Triumph International 284
73525 **Schwäbisch Gmünd**, Gold & Silber 368
73525 **Schwäbisch Gmünd**, Nubert Speaker
Factory 369
73527 **Schwäbisch Gmünd**, Bosch 393
73540 **Heubach**, Triumph International 284
73614 **Schorndorf**, LARCA 366
73650 **Winterbach**, Peter Hahn 426
73660 **Urbach**, Irisette 364
73765 **Neuhausen auf den Fildern**,
Mercedes-Benz GTC 305
74172 **Neckarsulm**, Audi/BRG 202
74232 **Abstatt**, Bosch 393
74321 **Bietigheim-Bissingen**, Bär 109
74348 **Lauffen/Neckar**, Bueckle 233
74360 **Ilsfeld**, Joker Jeans 199
74379 **Ingersheim-Großingersheim**, Tracta
Textil 201
74399 **Walheim**, Sioux 414
74523 **Schwäbisch Hall**, Comazo 78
74575 **Schrozberg**, Con-ta 81
74575 **Schrozberg**, Sioux 414

74653 **Künzelsau**, Mustang 229
74722 **Buchen (Odenwald)**, Seitenbacher 122
74743 **Seckach**, Mustang 117
75172 **Pforzheim**, Bader 326
75179 **Pforzheim-Brötzingen**, Wenz 327
75179 **Pforzheim-Wilferdinger Höhe**,
Klingel-Depot 328
75365 **Calw-Wimberg**, Doris Meyer 165
76131 **Karlsruhe**, Majolika Manufaktur
Karlsruhe 209
76227 **Karlsruhe-Durlach**, Bosch 393
76275 **Ettlingen-Albtal**, Trigema 124
76553 **Gaggenau**, Comazo 78
76698 **Ubstadt-Weiher**, Orwell 408
77652 **Offenburg**, Luxorette 417
77736 **Zell am Harmersbach**, Trigema 124
77815 **Bühl**, Bosch 393
78073 **Bad Dürrheim**, Trigema 124
78315 **Radolfzell**, Reebok 275
78315 **Radolfzell**, Schiesser 336
78315 **Radolfzell**, Seemaxx 338
78658 **Zimmern o. R.**, Comazo 78
78701 **Schramberg**, Junghans Uhren 367
79189 **Bad Krozingen**, Birkenstock 91
79189 **Bad Krozingen**, Doris Meyer 165
79189 **Bad Krozingen**, Trigema 124
79244 **Münstertal**, Stollwerck/Gubor 222
79244 **Münstertal-Untermünstertal**,
Schiesser 336
79395 **Neuenburg**, Stollwerck/Gubor 222
79539 **Lörrach-Tumringen**, OBB – Oberbadische
Bettfedernfabrik 234
79576 **Weil am Rhein-Friedlingen**, Big Star
415
79576 **Weil am Rhein-Friedlingen**, The Outlet
416
79650 **Schopfheim-Langenau**, Burlington 365
79664 **Wehr**, Birkenstock 91
79669 **Zell im Wiesental-Atzenbach**, Irisette
364
79677 **Schönau-Brand**, Irisette 364

80000

80335 **München-Maxvorstadt**, Europa Leisten
298
80335 **München-Maxvorstadt**, Triumph
International 299
80788 **München**, BMW/MINI 297
80807 **München-Schwabing**, Dolzer 301
80993 **München-Moosach**, Bogner 213
81371 **München-Sendling**, Comazo 78
81673 **München-Berg am Laim**, Bosch 393
81739 **München-Neuperlach**, Fujitsu-Siemens
300
81829 **München-Trudering**, Aigner 302
82041 **Oberhaching**, Reebok 155
82065 **Baierbrunn-Buchenhain bei München**,
Timberland 96
82152 **Planegg-Martinsried**, Bassetti 330

82152 **Planegg-Martinsried**, Marc O'Polo 331
82418 **Murnau**, Comazo 78
82467 **Garmisch-Partenkirchen**, Con-ta 81
82496 **Oberau**, Birkenstock 91
82496 **Oberau**, Trigema 124
83024 **Rosenheim**, Gabor 354
83026 **Rosenheim**, Wave Board 355
83233 **Bernau am Chiemsee**, Chiemsee
Seconds 407
83236 **Übersee-Feldwies**, Chiemsee Seconds
407
83417 **Kirchanschöring**, Meindl 211
83451 **Piding**, Adidas 187
83451 **Piding**, Trigema 124
84174 **Eching-Weixerau**, Comazo 78
84416 **Taufkirchen/Vils**, Himolla 400
85049 **Ingolstadt-Friedrichshofen**, Comazo 78
85055 **Ingolstadt**, Bäumler 203
85055 **Ingolstadt**, Cinque 293
85055 **Ingolstadt**, Rosner 204
85055 **Ingolstadt-Feldkirchen**, Ingolstadt
Village 205
85055 **Ingolstadt-Feldkirchen**, Möve 267
85055 **Ingolstadt-Feldkirchen**, Strenesse 313
85057 **Ingolstadt**, Audi/BRG 202
85356 **München-Flughafen**, Ringeltaube 219
85551 **Kirchheim-Heimstetten**, Bogner 213
85551 **Kirchheim-Heimstetten**, Rena Lange
214
85599 **Parsdorf**, Trigema 124
86165 **Augsburg-Lechhausen**, Comazo 78
86199 **Augsburg-Haunstetten**, Fujitsu-Siemens
300
86368 **Gersthofen bei Augsburg**, Deuter 147
86609 **Donauwörth**, Käthe Kruse 130
86720 **Nördlingen**, Strenesse 313
86842 **Türkheim**, Salamander 223
87463 **Dietmannsried**, Töpfer 129
87480 **Weitnau**, Birkenstock 91
87480 **Weitnau-Hofen**, Gönner 156
87509 **Immenstadt/Allgäu**, Kunert 200
87509 **Immenstadt/Allgäu**, Schiesser 278
87509 **Immenstadt-Gießen**, Bosch 393
87527 **Sonthofen**, Comazo 78
87527 **Sonthofen**, Seidensticker 381
87541 **Bad Hindelang**, Birkenstock 91
87541 **Bad Hindelang**, Trigema 124
87544 **Blaichach**, Bosch 393
87600 **Kaufbeuren**, Comazo 78
87645 **Schwangau**, Gönner 156
87700 **Memmingen**, Comazo 78
87719 **Mindelheim**, Kunert 200
88045 **Friedrichshafen**, Griesson –
de Beukelaer 208
88046 **Friedrichshafen**, Ringeltaube 219
88069 **Tettnang-Obereisenbach**, Vaude Sport
401
88131 **Lindau-Reutin**, Lorenz Snack-World 306
88214 **Ravensburg**, Griesson – de Beukelaer
208

88214 **Ravensburg-Weißenau**, Con-ta 81
88239 **Wangen/Allgäu**, Luxorette 417
88361 **Altshausen**, Birkenstock 91
88499 **Riedlingen**, Gönner 349
88499 **Riedlingen**, Silit 350
88629 **Pfullendorf**, Alno 329
89231 **Neu-Ulm-Offenhausen**, Jérome Leplat
311
89231 **Neu-Ulm-Schwaighofen**, Lambertz 71
89331 **Burgau**, Silit 350
89331 **Burgau-Unterknöringen**, Gönner 156
89407 **Dillingen**, Bosch 393
89407 **Dillingen**, Rösch 406
89537 **Giengen/Brenz**, Bosch 393
89537 **Giengen/Brenz**, Steiff 149

90000

90411 **Nürnberg-Marienberg**, Fox's 315
90411 **Nürnberg-Marienberg**, Ringeltaube 219
90411 **Nürnberg-Schafhof**, Puma 190
90425 **Nürnberg-Großreuth**, Lambertz 71
90441 **Nürnberg-Schweinau**, Bosch 393
90765 **Fürth-Stadeln**, Storki Toys 145
91052 **Erlangen**, Via Appia 137
91074 **Herzogenaurach**, Adidas Factory Outlet
186
91074 **Herzogenaurach**, Nike 188
91074 **Herzogenaurach**, Puma 189
91074 **Herzogenaurach**, Sport Hoffmann 191
91171 **Greding**, Reebok 155
91217 **Hersbruck**, Carl Gross 183
91217 **Hersbruck-Altensittenbach**,
Fackelmann 184
91301 **Forchheim**, Madeleine 139
91350 **Gremsdorf**, Gönner 156
91350 **Gremsdorf**, s.Oliver 356
91350 **Gremsdorf**, Trigema 124
91522 **Ansbach**, Comazo 78
91522 **Ansbach-Brodswinden**, Bosch 393
91567 **Herrieden**, Carlo Colucci 182
92348 **Berg b. Neumarkt (Oberpfalz)**,
Trigema 124
92353 **Postbauer-Heng**, Kago 334
92431 **Neunburg vorm Wald**, Lorenz Snack-
World 306
92648 **Vohenstrauß**, Arzberg-Porzellan 360
92660 **Neustadt/Waldnaab**, Nachtmann 310
93049 **Regensburg**, Schildt 341
94060 **Pocking**, Gönner 156
94086 **Bad-Griesbach-Karpfham**, Trigema 124
94227 **Zwiesel**, Hutschenreuther 373
94227 **Zwiesel**, Nachtmann 310
94227 **Zwiesel**, Schott Zwiesel 242
94249 **Bodenmais**, Arzberg-Porzellan 360
94249 **Bodenmais**, Rosenthal 373
94258 **Frauenau**, von Poschinger 142
94518 **Spiegelau**, Nachtmann 310
94566 **Riedlhütte**, Nachtmann 310
95100 **Selb**, Gönner 156

95100 **Selb**, Hutschenreuther 372
95100 **Selb**, Roesle 374
95100 **Selb**, Rosenthal 372
95100 **Selb**, Silit 350
95100 **Selb**, Thomas 372
95100 **Selb**, Trigema 124
95100 **Selb**, Villeroy & Boch 374
95100 **Selb-Plößberg**, Rosenthal 373
95213 **Münchberg**, Esprit home 296
95233 **Helmbrechts-Wüstenselbitz**, V. Fraas 177
95355 **Presseck**, Bodenschatz 335
95463 **Bindlach bei Bayreuth**, Schiesser 278
95469 **Speichersdorf**, Rosenthal 373
95511 **Mistelbach bei Bayreuth**, Sigikid 292
95643 **Tirschenreuth/Oberpfalz**, Hutschenreuther 373
95659 **Arzberg**, Arzberg-Porzellan 360
95679 **Waldershof**, Rosenthal 373
95691 **Hohenberg/Eger**, Hutschenreuther 373
95706 **Schirnding**, Arzberg-Porzellan 360
96050 **Bamberg**, Bosch 393
96052 **Bamberg**, Gönner 156
96052 **Bamberg**, Greiff 97
96103 **Hallstadt**, Trigema 124
96129 **Strullendorf bei Bamberg**, Naturstein Sonderposten 387
96132 **Schlüsselfeld-Aschbach**, F.a.n. 241
96132 **Schlüsselfeld-Elsendorf**, Puma 190
96242 **Sonnefeld**, Hauck 379
96242 **Sonnefeld-Gestungshausen**, Hartan 380
96317 **Kronach**, Rosenthal 373
96465 **Neustadt bei Coburg**, Rolly Toys 309
96472 **Rödental-Mönchröden**, Engel-Puppen 351
96472 **Rödental-Oeslau**, Goebel 352
97084 **Würzburg-Heidingsfeld**, Kneipp 318
97199 **Ochsenfurt**, Admont 317
97199 **Ochsenfurt-Hohestadt**, Kneipp 318
97228 **Rottendorf**, Comazo 78
97228 **Rottendorf**, Prophete 348
97228 **Rottendorf**, s.Oliver 356
97350 **Mainbernheim**, Haribo 115
97355 **Abtswind**, Kaulfuss 75
97359 **Schwarzach**, René Lezard 371
97359 **Schwarzach**, s.Oliver 356
97475 **Zeil am Main**, René Lezard 276
97475 **Zeil am Main**, Schiesser 336
97688 **Bad Kissingen**, Birkenstock 91
97688 **Bad Kissingen**, Trigema 124
97816 **Lohr/Main**, Bosch 393
97840 **Hafenlohr**, Paidi 163
97877 **Wertheim-Bestenheid**, Alfi 420
97877 **Wertheim-Dertingen**, Basler 150
97877 **Wertheim-Dertingen**, Frottana/Möve 161
97877 **Wertheim-Dertingen**, Jobis Factory Shop 105

97877 **Wertheim-Dertingen**, Levi Strauss Germany 193
97877 **Wertheim-Dertingen**, Nike 188
97877 **Wertheim-Dertingen**, Puma 190
97877 **Wertheim-Dertingen**, Reebok 155
97877 **Wertheim-Dertingen**, Seidensticker 106
97877 **Wertheim-Dertingen**, St.Emile 216
97877 **Wertheim-Dertingen**, Strenesse 281
97877 **Wertheim-Dertingen**, Wertheim Village 421
97999 **Igersheim**, Birkenstock 91
97999 **Igersheim**, Trigema 124
98693 **Ilmenau**, Graf von Henneberg Porzellan 402
98693 **Martinroda**, Porzellanfabrik Martinroda 402
98739 **Lichte**, Lichte Porzellan 402
98739 **Lichte**, Wallendorfer Porzellanmanufaktur 403
98739 **Reichmannsdorf**, Porzellanfiguren Gräfenthal 342
98743 **Lippelsdorf**, Wagner & Apel 403
99096 **Erfurt-Daberstedt**, Comazo 78
99338 **Plaue**, Schierholzsche Manufaktur 403
99444 **Blankenhain**, Weimar Porzellan 403
99817 **Eisenach-Hötzelsroda**, Bosch 393
99842 **Ruhla**, Gardé 358

Belgien

B-3630 **Maasmechelen**, Maasmechelen Village 240
B-3630 **Maasmechelen, Belgien**, Marc O'Polo 265
B-3630 **Maasmechelen**, Möve 267
B-3630 **Maasmechelen**, Rena Lange 214

Niederlande

NL-6041 **Roermond**, Cinque 293
NL-6041 **Roermond**, Marc O'Polo 265
NL-6041 **Roermond**, McArthur Glen Designer Outlet 353
NL-6041 **Roermond**, Seidensticker 106
NL-6041 **Roermond**, Möve 267
NL-6041 **Roermond**, René Lezard 276

Österreich

A-6330 **Kufstein**, Kneissl 227
A-6330 **Kufstein**, Riedel 228

Schweiz

CH-8280 **Kreuzlingen**, Strellson 226

Schnäppchentour 1
Von der Nordsee bis zu den Alpen

Schnäppchentour 1
Von der Nordsee bis zu den Alpen

Norddeutschland/Schleswig-Holstein/Niedersachsen

1. Ellerau bei Quickborn: **Jil Sander**, Damenbekleidung
2. Hamburg: **Olsen**, Damenbekleidung
   Tom Tailor, Damen-, Herren- und Kinderbekleidung
3. Lüneburg: **Lucia**, Damenbekleidung, Herrenstrickwaren
   Roy Robson, Herrenbekleidung, Schuhe
4. Celle: **Cecil/Street One**, Damenbekleidung
5. Isernhagen: **Bree**, Taschen, Lederwaren, Lederaccessoires
6. Wolfsburg: **VW**, Autos, Jahreswagen, Gebrauchtwagen
7. Hannover: **Bahlsen**, Kekse, Gebäck, Süßwaren
8. Goslar: **Odermark**, Herrenbekleidung
9. Northeim: **Wilvorst**, Herrenbekleidung

Hessen

10. Frankenberg/Eder: **Thonet**, Stühle
11. Sulzbach bei Frankfurt: **Brügelmann**, Fahrräder, Fahrradzubehör
12. Offenbach/Main: **Bogner Leather**, Lederwaren
    Goldpfeil, Lederwaren
13. Wertheim: **Alfi**, Haushaltswaren, Isolierkannen
    Wertheim Village, Bekleidung, Schuhe, Haushaltswaren

Bayern

14. Goldbach bei Aschaffenburg: **Desch**, Herrenbekleidung
    Basler, Damenbekleidung
15. Großostheim: **Eduard Dressler**, Damen- und Herrenbekleidung
16. Schwarzach bei Würzburg: **René Lezard**, Damen- und Herrenbekleidung
17. Herzogenaurach: **Adidas**, Sporbekleidung, -artikel, -schuhe
    Nike, Sportbekleidung, -artikel, -schuhe
    Puma, Sportbekleidung, -artikel, -schuhe
18. Greding: **Reebok**, Sportschuhe, Sportbekleidung
19. Ingolstadt: **Audi**, Autos, Jahreswagen, Gebrauchtwagen
    Bäumler, Herrenbekleidung
    Ingolstadt Village, Bekleidung, Haushaltswaren, Heimtextilien
    Rosner, Damen-, Herren-, Kinderbekleidung
20. München: **Aigner**, Damen- und Herrenbekleidung, Lederwaren
    Triumph International, Wäsche
21. Planegg-Martinsried bei München:
    Marc O'Polo, Damen-, Herren- und Kinderbekleidung
22. Kirchheim-Heimstetten bei München:
    Bogner, Sport-, Damen- und Herrenbekleidung
23. Kufstein: **Kneissl**, Ski, Skistiefel, Tennisschläger
    Riedel, Gläser

Schnäppchentour 2 und 2a
Von Ostfriesland bis zum Bodensee

Schnäppchentour 2
Von Ostfriesland bis zum Bodensee

Ostfriesland/Niedersachsen
1. Varel: **Friesland**, Porzellan, Geschirr
2. Apen-Augustfehn: **Gardeur**, Damen- und Herrenbekleidung
3. Delmenhorst: **Delmod**, Damenbekleidung
4. Bremen:
   BSF Wilkens Bremer Silberwaren AG, Besteck, Tafelsilber
   Kleine Wolke, Leifheit, Badtextilien, Haushaltsgeräte
5. Stuhr-Brinkum bei Bremen:
   Adidas, Sportbekleidung, -artikel, -schuhe
   Marc O'Polo, Damen-, Herren- und Kinderbekleidung
   Nike, Sportschuhe, Sportartikel und Sportbekleidung
   Tommy Hilfiger, Damen-, Herren- und Kinderbekleidung
6. Sulingen: **Lloyd**, Schuhe

Nordrhein-Westfalen
7. Herford: **Brax**, Hosen
8. Bielefeld:
   Jobis, Damenbekleidung
   Seidensticker, Herrenbekleidung, Hemden
   Windsor, Damen- und Herrenbekleidung
9. Schmallenberg: **Falke Fashion**, Strickwaren, Strümpfe

Hessen
10. Offenbach/Main:
    Bogner Leather, Lederwaren
    Goldpfeil, Lederwaren
11. Heusenstamm: **Levi Strauss Germany**, Jeans, Freizeitbekleidung

Bayern
12. Miltenberg/Main: **Daniel Hechter**, Damen- und Herrenbekleidung

Baden-Württemberg
13. Heidelberg-Wieblingen: **Joop!**, Damenbekleidung
14. Nussloch bei Heidelberg: **Betty Barclay**, Damenbekleidung
15. Künzelsau: **Mustang**, Jeans
16. Kornwestheim: **Salamander**, Damen-, Herren-, Kinderschuhe

17. Metzingen:
    Bally, Schuhe
    Boss, Herren- und Damenbekleidung
    Escada, Damenbekleidung
    Esprit, Damen- und Kinderbekleidung
    Joop!, Damen- und Herrenbekleidung
    Puma, Sportbekleidung, -artikel, -schuhe
    Strenesse, Damen- und Herrenbekleidung
    Sowie ca. **40 weitere bekannte Marken, in der Outlet-Stadt
    Metzingen** (siehe Metzingen)
18. Bodelshausen: **Marc Cain**, Damenbekleidung
19. Burladingen: **Trigema**, Sport- und Freizeitbekleidung, Wäsche
20. Radolfzell/Bodensee:
    Schiesser, Tag- und Nachtwäsche, Bademoden
    Seemaxx, Factory Outlet Centrum (FOC)
21. CH Kreuzlingen:
    Strellson, Damen- und Herrenbekleidung
    Tommy Hilfiger, Damen- und Herrenbekleidung
    Windsor, Damen- und Herrenbekleidung

Schnäppchentour 2a
Alternativroute von Lübbecke bis Remagen

Nordrhein-Westfalen
1. Lübbecke: **Hucke**, Damen-, Herren-, Kinderbekleidung
2. Reken: **Langnese-Iglo**, Lebensmittel, Eis, Tiefkühlkost, Fertiggerichte
3. Borken: **Bierbaum**, Bett- und Tischwäsche, Unterwäsche, Schlafanzüge
4. Herten: **Herta**, Fleisch- und Wurstwaren
5. Gelsenkirchen: **Steilmann**, Damen- und Herrenbekleidung
6. Mönchengladbach:
   Mexx, Damen-, Herren- und Kinderbekleidung
   Van Laack, Damen- und Herrenbekleidung
7. Erkelenz: **Statz**, Damen- und Herrenbekleidung
8. Aachen:
   Lambertz, Printen, Spekulatius, Dominosteine, Süßwaren
   Lindt, Süßwaren, Diabetikersüßwaren

Rheinland-Pfalz
9. Remagen: **Schauff**, Fahrräder

Schnäppchentour 3
Von Berlin nach Salzburg

Schnäppchentour 3
Von Berlin nach Salzburg

Berlin
1. Berlin:
   Becon Factory Outlet, Damen- und Herrenbekleidung
   KPM, Porzellan
   Marc Cain, Damenbekleidung
   Marc O'Polo, Damen-, Herren- und Kinderbekleidung (siehe Metzingen)

Brandenburg
2. Wustermark:
   Adidas, Sportbekleidung, -schuhe, -ausrüstung (siehe Herzogenaurach)
   B5 Designer Outlet Center Berlin-Brandenburg, Bekleidung, Uhren, Sportartikel, Heimtextilien
   Levi's, Jeans, Freizeitbekleidung (siehe Heusenstamm)
   Mango, Damenbekleidung
   Nike, Sportbekleidung, -schuhe, -ausrüstung (siehe Herzogenaurach)
   Salamander, Damen-, Herren- und Kinderschuhe (siehe Kornwestheim)
   Tommy Hilfiger, Damen-, Herren- und Kinderbekleidung

Sachsen-Anhalt
3. Bad Kösen: **Kösener Spielzeug**, Plüschtiere, Stoffpuppen
4. Brehna: **Mustang**, Jeans und Freizeitbekleidung

Sachsen
5. Chemnitz: **Bruno Banani**, Wäsche und Bademoden

Thüringen
6. Jena: **Jenaer Glas**, hitzebeständiges Geschirr, Glaswaren
7. Zeulenroda: **Rösch**, Tag- und Nachtwäsche, Bademoden (siehe Tübingen)

Bayern
8. Helmbrechts-Wüstenselbitz: **V. Fraas**, Schals, Tücher, Decken
9. Münchberg: **Esprit home**, Heimtextilien, Dekostoffe
10. Presseck: **Bodenschatz**, Lederwaren
11. Mistelbach bei Bayreuth: **Sigikid**, Kinderbekleidung, Spielwaren
12. Hersbruck: **Carl Gross**, Herrenbekleidung
13. Herzogenaurach:
    Adidas, Sportbekleidung, -schuhe, -ausrüstung
    Nike, Sportbekleidung, -schuhe, -ausrüstung
    Puma, Sportbekleidung, -schuhe, -ausrüstung

14. Postbauer-Heng: **Kago**, Kamine, Kachelöfen
15. Regensburg: **Kaiser Design/Schildt**, Herrrenbekleidung
16. Selb:
    Hutschenreuther, Porzellan, Prozellanfiguren, Accessoires
    Rosenthal, Porzellan, Glas, Bestecke, Accessoires
    Villeroy & Boch, Porzellan, Kristall, Besteck, Accessoires
17. Neustadt an der Waldnaab: **Nachtmann**, Glaswaren
18. Zwiesel: **Schott Zwiesel,** Glaswaren (siehe Mainz)
19. Frauenau: **Von Poschinger**, Glaswaren
20. Taufkirchen: **Himolla**, Polstermöbel
21. Kirchheim-Heimstetten: **Bogner**, Sport-, Damen-, Herrenbekleidung
22. Rosenheim: **Gabor**, Damen- und Herrenschuhe
23. Bernau und Übersee-Feldwies am Chiemsee:
    Chiemsee, Sport- und Freizeitbekleidung (siehe Übersee-Feldwies)
24. Kirchanschöring: **Meindl**, Wander-, Trekkingschuhe, Trachtenbekleidung
25. Piding:
    Adidas, Sportbekleidung, -schuhe, -ausrüstung (siehe Herzogenaurach)
    Trigema, Sport- und Freizeitbekleidung, Wäsche (siehe Burladingen)

Salzburg/Österreich

Alle Firmen, die in diesen Schnäppchentouren genannt sind, finden Sie mit detail-
lierten Informationen im Hauptteil des Buches unter dem Namen der jeweiligen
Stadt.

Die Daten und Fakten für diesen Schnäppchenführer wurden nach bestem Wissen erarbeitet und geprüft. Da diese Daten jedoch ständigen Veränderungen unterliegen, kann für deren Richtigkeit keine Garantie übernommen werden.

© 2007 Schnäppchenführer-Verlag GmbH
Postfach 44 29
70782 Filderstadt
Fax: 07 11/77 72 06
E-Mail: info@schnaeppchenfuehrer-verlag.de
www.schnaeppchenfuehrer.com

Herausgeber: Heinz Waldmüller
Autoren: Gertrud Born, Maria Koblischke, Armin E. Möller, Heinz Waldmüller
Redaktion, Produktionskoordination:
Beatrice Weber, Parkstrasse62
Kartografie: Jens Ewers, Geokarta
Satz: Frank Weber, Typo·Grafik·DTP

ISBN 10: 3-936161-10-0
ISBN 13: 978-3-936161-10-6